中国电力行业年度发展报告

2018

中国电力企业联合会 编著

中国市场出版社
· 北京 ·

图书在版编目（CIP）数据

中国电力行业年度发展报告 . 2018 / 中国电力企业联合会编著 . —北京：中国市场出版社，2018.7

ISBN 978-7-5092-1677-4

Ⅰ. ①中… Ⅱ. ①中… Ⅲ. ①电力工业－研究报告－中国－2018 Ⅳ. ① F426.61

中国版本图书馆 CIP 数据核字（2018）第 097510 号

中国电力行业年度发展报告 2018
ZHANGGUO DIANLI HANGYE NIANDU FAZHAN BAOGAO 2018

作　　者　中国电力企业联合会
责任编辑　许　慧（xu_hui1985@126.com）
出版发行　中国市场出版社
社　　址　北京市西城区月坛北小街 2 号院 3 号楼　　邮政编码　100837
电　　话　编辑部（010）68012468　读者服务部（010）68022950
　　　　　发行部（010）68021338　68020340　68053489
　　　　　　　　　68024335　68033577　68033539
　　　　　总编室（盗版举报）（010）68020336
经　　销　新华书店
印　　刷　河北鑫兆源印刷有限公司
规　　格　210mm × 285mm　16 开本　　版　　次　2018 年 7 月第 1 版
印　　张　21.50　　印　　次　2018 年 7 月第 1 次印刷
字　　数　415 千字　　定　　价　398.00 元

《中国电力行业年度发展报告2018》编委会

前 言

中国电力企业联合会（以下简称“中电联”）自 2006 年以来，充分利用电力行业统计与调查职能优势，并以企业和相关机构提供的资料为补充，坚持每年组织编撰综合反映电力行业发展情况的年度报告，全面、系统、及时地发布电力行业各专业年度统计与调查数据，并通过专业的分析和图文并茂的展现形式，客观地反映近几年特别是上一年度中国大陆地区电力工业发展成就及趋势性特点，形成了自身独有的风格和鲜明的特色，受到各级政府、电力行业企业和社会各界的广泛关注。

《中国电力行业年度发展报告 2018》（以下简称“《报告 2018》”）共 11 章，全面反映 2017 年电力行业在发展与改革、投资与建设、生产与供应、消费、安全与可靠性、绿色发展、科技与信息化、电力标准化、企业发展与经营、国际交流合作等各领域的发展趋势与特点，突出行业发展成绩，提出行业发展存在的主要问题，并进行了适度展望。《报告 2018》附录列出了 2017 年电力行业大事记、电价水平以及电力生产建设、大型电力企业发展运营等相关数据信息。

在历年编撰工作的基础上，为深入、系统、专业地展示电力行业各专业领域的发展情况，自 2017 年始，中电联组织编撰了国际合作、标准化、信息化、可靠性、信用体系、造价咨询、行业人才等专业领域的年度发展报告，对《报告 2018》专业内容做了深化和补充，以进一步满足各专业领域读者的需求。

我们真诚地希望，《报告 2018》及其系列报告能够成为为会员单位、为社会服务的重要载体，成为电力从业人员和所有关心电力事业的读者了解中国电力发展情况的重要参考资料。

编委会

2018 年 6 月

目 录

附录

第一章 综 述

2017年，在以习近平同志为核心的党中央坚强领导下，全国各地区各部门深入贯彻落实党的十八大、十九大精神，坚持稳中求进工作总基调，坚持以提高发展质量和效益为中心，统筹推进“五位一体”总体布局和协调推进“四个全面”战略布局，以供给侧结构性改革为主线，统筹推进稳增长、促改革、调结构、惠民生、防风险各项工作，砥砺奋进，攻坚克难，经济运行稳中有进、稳中向好、好于预期，经济社会发展主要预期目标全面实现，开启了高质量发展时代新征程。

2017年，我国国内生产总值实现82.7万亿元，增长6.9%，增速比上年提高0.2个百分点，为2011年以来首次回升；第三产业增加值比重为51.6%，与上年持平。规模以上工业增加值比上年增长6.6%，增速提高0.6个百分点，高技术制造业和装备制造业增加值分别比上年增长13.4%和11.3%，工业生产稳步回升、产品结构向价值链中高端延伸发展。固定资产投资比上年实际增长7.0%，其中基础设施投资增长19.0%，民间固定资产投资增长6.0%，增速分别回升1.6和2.8个百分点，对固定资产投资的支撑作用增强。全社会消费品零售总额比上年实际增长10.2%，最终消费支出对经济增长的贡献率为58.8%，比资本形成总额高26.7个百分点，消费的基础性作用有效发挥。外贸进出口总额27.8万亿元，比上年增长14.2%；全年累计顺差2.9万亿元。人均国内生产总值8813美元。

2017年，全国一次能源生产总量35.9亿吨标准煤，比上年增长3.6%。其中，原煤生产35.2亿吨，增长3.3%；天然气生产1480亿立方米，增长8.2%。能源消费总量44.9亿吨标准煤，比上年增长2.9%。其中，煤炭消费占能源消费的比重为60.4%，比上年降低1.6个百分点；天然气、水电、核电、风电等清洁能源消费量占能源消费总量的20.8%，比上年提高1.3个百分点。

2017年，电力行业按照党中央、国务院统一部署，积极落实能源“四个革命、一个合作”发展战略，在保障电力系统安全稳定运行和可靠供应、提供电力能源支撑的同时，加快清洁能源发电发展，加大电力结构优化调整力度，持续推进电力市场化改革，大力推动电力科技创新，狠抓资源节约与环境保护，积极应对气候变化，倡导构建全球能源互联网，持续扩大电力国际合作，电力行业发展取得新的成绩，为国家经济社会发展、能源转型升级和落实国家“一带一路”倡议做出了重要贡献。

电力供应和电网输送能力进一步增强，电源和电网结构进一步优化

供应能力持续增强，电源结构持续优化调整 截至2017年年底，全国全口径发电装机容量177708万千瓦，比上年增长7.7%，增速比上年回落0.5个百分点。其中，水电34359万千瓦（其中抽水蓄能发电2869万千瓦，增长7.5%），增长3.5%；火电110495万千瓦（其中煤电98130万千瓦，增长3.7%），增长4.1%；核电3582万千瓦，增长6.5%；并网风电16325万千瓦，增长10.7%；并网太阳能发电12942万千瓦（其中分布式光伏发电2966万千瓦），增长69.6%。全国人均装机规模1.28千瓦，比上年增加0.09千瓦，超过世界平均水平，电力供应能力持续增强。全国非化石能源发电装机容量68865万千瓦，占全国总装机容量的38.8%，分别比上年和2010年提高2.2和11.7个百分点；100万千瓦级火电机组达到103台，60万千瓦及以上火电机组容量所占比重达到44.7%，比上年提高1.3个百分点，非化石能源发电装机及大容量高参数燃煤机组比重继续提高，电源结构持续优化调整。

新增装机规模创历年新高，新增装机的结构和地区布局进一步优化 全国基建新增发电生产能力13118万千瓦，比上年多投产975万千瓦，是新增装机规模最大的一年；主要是光伏扶贫、光伏领跑者、光伏发电上网电价调整等政策促进太阳能发电装机容量新增5341万千瓦，比上年多投产2170万千瓦。新增水电1287万千瓦，比上年多投产108万千瓦；新增并网风电1819万千瓦，比上年略有减少；新增核电218万千瓦，是5年来核电新增规模最小的一年。新增火电4453万千瓦（其中新增煤电3504万千瓦），国家防范化解煤电产能过剩风险措施初见成效，火电及煤电新增规模连续三年缩小。2017年，新增非化石能源发电装机容量9044万千瓦，占全国新增发电装机容量的68.9%，比上年提高3.6个百分点，新增装机结构进一步优化；东、中部地区新增新能源发电装机容量占全国新增新能源发电装机的76.0%，比上年提高18.1个百分点，新能源发电布局继续向东中部转移。2017年，全国新增抽水蓄能发电装机容量200万千瓦，北方地区累计完成10个电厂、共计725万千瓦火电机组灵活性改造项目，对电网调节能力和新能源消纳能力提升起到了积极作用。

电网规模稳步增长，跨省区输送能力大幅提升 全国新增110千伏及以上交流输电线路长度和变电设备容量58084千米和32595万千伏安，分别比上年多投产1406千米和少投产1990万千伏安；新增直流输电线路和换流容量分别为8339千米和7900万千瓦，分别比上年多投产4948千米和4660万千瓦。截至2017年年底，全国电网35千伏及以上输电线路回路长度183万千米，比上年增长4.0%；变电设

备容量66亿千伏安，比上年增长5.3%。其中，220千伏及以上线路长度69万千米，增长6.2%；变电设备容量40.3亿千伏安，增长9.1%。2017年，全国共投产5条直流、2条交流特高压项目，新增跨区输电能力4350万千瓦，极大提高了电网跨大区能源资源优化配置能力和清洁能源消纳能力。2017年年底，全国跨区输电能力达到1.3亿千瓦；其中，交直流联网跨区输电能力超过1.1亿千瓦，跨区点对网送电能力1334万千瓦。

煤电投资大幅下降，特高压项目投资快速增长 全国主要电力企业[1]电源工程建设完成投资2900亿元，为2011年以来最低水平，比上年下降14.9%。其中，太阳能发电投资增长18.2%；水电投资基本持平，抽水蓄能电站投资142亿元，增长68.6%，是抽水蓄能电站建设投资最多的一年；核电、风电投资分别下降9.9%和26.5%；常规煤电投资706亿元，比上年下降27.4%，带动火电投资（858亿元）下降23.4%。全国电网工程建设完成投资5339亿元，继续保持很高投资规模。其中，特高压输电和配电网建设项目仍是电网投资建设的重点，±1100千伏、±800千伏电压等级投资增加较多，带动特高压建设投资1017亿元，增长16.9%；全国小城镇中心村电网改造全面完成，惠及农村居民1.8亿人；实现平原地区机井通电全覆盖，惠及1.5亿亩农田；贫困村基本通动力电，惠及3.35万个村庄；全年配电网投资2826亿元，电力普遍服务能力持续增强。

电力生产较快增长，新能源发电增量对电量增长的贡献作用显著增强

新能源发电增量对电力生产的贡献作用显著增强 全国全口径发电量64171亿千瓦时，同比增长6.5%，增速比上年提高1.6个百分点。其中，水电11931亿千瓦时，增长1.6%；火电45558亿千瓦时，增长5.3%（其中煤电发电量41498亿千瓦时，增长5.2%）；核电2481亿千瓦时，增长16.4%；并网风电3034亿千瓦时，增

[1] 纳入中电联统计口径的25家大型发电企业：中国华能集团有限公司（以下简称“华能集团”）、中国大唐集团有限公司（以下简称“大唐集团”）、中国华电集团有限公司（以下简称“华电集团”）、国家能源投资集团有限责任公司（以下简称“国家能源集团”）、国家电力投资集团有限公司（以下简称“国家电投集团”）、中国长江三峡集团有限公司（以下简称“三峡集团”）、中国核工业集团有限公司（以下简称“中核集团”）、中国广核集团有限公司（以下简称“中广核”）、广东省粤电集团有限公司（以下简称“粤电集团”）、浙江省能源集团有限公司（以下简称“浙能集团”）、北京能源投资（集团）有限公司（以下简称“京能集团”）、申能股份有限公司（以下简称“申能股份”）、河北省建设投资集团有限公司（以下简称“河北建投”）、华润电力控股有限公司（以下简称“华润电力”）、国投电力控股股份有限公司（以下简称“国投电力”）、新力能源开发有限公司（以下简称“新力能源”）、甘肃省电力投资集团公司（以下简称“甘肃省投”）、安徽省皖能股份有限公司（以下简称“皖能电力”）、江苏省国信资产管理集团有限公司（以下简称“江苏国信”）、江西省投资集团公司（以下简称“江西省投”）、广州发展集团股份有限公司（以下简称“广州发展”）、深圳能源集团股份有限公司（以下简称“深圳能源”）、黄河万家寨水利枢纽有限公司（以下简称“万家寨”）、中铝宁夏能源集团公司（以下简称“中铝宁夏”）、山西国际电力集团有限公司（以下简称“山西国际”）。

长26.0%；并网太阳能发电1166亿千瓦时，增长75.3%。2017年，水电、核电、并网风电和太阳能发电等非化石能源发电量合计比上年增长10.1%，占全口径发电量的比重为30.3%，比重比上年提高1.0个百分点。青海、甘肃、宁夏、内蒙古、新疆、河北、吉林、黑龙江和西藏9个省份新能源发电量占本省发电量的比重超过10%；新能源发电量增量对全国发电量增长的贡献率为28.6%，山东、云南、甘肃等14个省份的新能源发电量增量超过火电发电量增量，新能源对发电生产的贡献作用显著增强。

弃风、弃光现象明显改善 2017年，国家陆续出台了《关于促进西南地区水电消纳的通知》《解决弃水弃风弃光问题实施方案》等政策文件，行业企业也积极行动，综合施策推动解决“三弃”问题，全国弃风弃光现象明显改善。据国家能源局数据，2017年，全国弃风电量419亿千瓦时，同比减少78亿千瓦时，弃风率12%，同比下降5.2个百分点，是三年来首次弃风电量和弃风率“双降”；弃光电量73亿千瓦时，弃光率6%，同比下降4.3个百分点。据调研，四川、云南弃水电量也分别比上年有所减少。

新能源发电设备利用小时同比增加较多，火电利用小时回升 全国并网风电设备利用小时1949小时，比上年增加204小时，已经连续两年增加；太阳能发电设备利用小时1205小时，比上年增加76小时。受电力消费增长回暖拉动、水电发电量低速增长等因素影响，火电设备利用小时4219小时，比上年提高33小时，是自2014年开始连续三年下降后首次回升。水电设备利用小时3597小时，比上年降低22小时；核电设备利用小时7089小时，比上年增加28小时。综合来看，受发电装机结构变化等因素影响，全国6000千瓦及以上电厂发电设备利用小时3790小时，比上年降低7小时，呈现持续下降趋势。

电力建设及生产运行安全可靠 全国没有发生重大以上电力人身伤亡事故，没有发生较大以上设备事故，没有发生电力安全事故，没有发生水电站大坝漫坝、垮坝以及对社会有较大影响的电力安全事件。主要电力可靠性指标总体保持在较高水平，其中，10万千瓦及以上煤电机组、4万千瓦及以上水电机组、燃气轮机组、核电机组的等效可用系数分别为92.76%、92.55%、92.60%、91.10%，除煤电机组略有下降外，其他三类机组分别提高0.11、0.30和2.33个百分点。架空线路、变压器、断路器三类主要输变电设施的可用系数分别为99.497%、99.856%、99.942%。直流输电系统合计能量可用率、能量利用率分别为95.35%、54.42%，分别比上年提高0.68和0.25个百分点；总计强迫停运33次，比上年减少7.5次。全国10(6、20)千伏供电系统用户平均供电可靠率为99.814%，比上年提高0.009个百分点；用户平均停电时间16.27小时/户，比上年减少0.84小时/户；用户平均停电次数3.28次/户，比上年减少 0.29 次 / 户。

电力消费需求进一步回升，电力供需总体宽松

电力消费需求进一步回升　受宏观经济持续稳中向好、新业态和新兴产业蓬勃发展以及夏季高温天气等因素影响，全国全社会用电量 63625 亿千瓦时，同比增长 6.6%，增速连续两年回升。其中，第一产业用电量 1175 亿千瓦时，比上年增长 7.5%；第二产业用电量 44922 亿千瓦时，比上年增长 5.5%，增速比上年提高 2.7 个百分点，拉动全社会用电量增长 3.9 个百分点，是全社会用电量增速提高的最主要动力（其中制造业用电量增长 5.8%，拉动全社会用电量增长 3.0 个百分点）；第三产业用电量 8825 亿千瓦时，增长 10.7%（其中信息传输、计算机服务和软件业用电量增长 14.7%），城乡居民生活用电量 8703 亿千瓦时，增长 7.7%，分别拉动全社会用电量增长 1.4 和 1.0 个百分点。第一、第二、第三产业和城乡居民生活用电量占全社会用电量的比重分别为 1.8%、70.6%、13.9% 和 13.7%；与上年相比，第三产业和城乡居民生活用电量占比分别比上年提高 0.5 和 0.2 个百分点；第二产业及其四大高耗能行业用电量占比均降低 0.7 个百分点。

2017 年，全国人均用电量和人均生活用电量分别为 4589 千瓦时和 628 千瓦时，分别比上年增加 268 千瓦时和 44 千瓦时。

电能替代成效显著　2017 年，在居民采暖、工（农）业生产制造、交通运输、电力供应与消费、家庭电气化及其他领域，大力推进电能替代，成效显著。《北方地区冬季清洁取暖规划（2017—2022 年）》发布实施，京津冀及周边“2+26”城市完成煤改电 127 万户。据统计，国家电网有限公司（以下简称“国家电网”）和中国南方电网有限责任公司（以下简称“南方电网”）经营区域共推广完成电能替代电量 1286 亿千瓦时，占全国全社会用电量的 2.0%。其中，居民采暖领域替代电量 88 亿千瓦时，工（农）业生产制造领域替代电量 773 亿千瓦时，交通运输领域替代电量 128 亿千瓦时，电力供应与消费领域替代电量 239 亿千瓦时，家庭电气化及其他领域替代电量 57 亿千瓦时。

积极推进电力需求侧管理　国家有关部委印发了《关于深入推进供给侧结构性改革做好新形势下电力需求侧管理工作的通知》，并同时修订了《电力需求侧管理办法》，明确了新形势下电力需求侧管理的新定义与新内容，补充了实施主体，增加了实施领域与方向；继续开展工业领域电力需求侧管理专项行动计划（2016—2020 年）。行业企业积极推进电力需求侧管理工作，截至 2017 年年底，全国已有 171 家单位通过电能服务机构能力评定；国家电网、南方电网、内蒙古电力（集团）有限公司（以下简称“内蒙古电力”）和陕西省地方电力（集团）有限公司（以下

简称“陕西地电”）超额完成2017年度电力需求侧管理目标任务，共节约电量157亿千瓦时、电力395万千瓦，有力保障了电力供需平衡，促进了能源电力资源的优化配置。

电力供需形势总体宽松 2017年，全国电力供需延续总体宽松态势，区域间供需形势差异较大。分区域看，华北区域主要是迎峰度夏期间偏紧，7月中旬受持续高温天气影响，区域内绝大部分省级电网用电负荷均创历史新高，河北、山东、天津等地执行有序用电；华中区域电力供需基本平衡；华东和南方区域电力供需平衡有余；东北和西北区域电力供应能力富余较多。

行业绿色发展水平不断提高，节能减排取得新成绩

能效水平持续提高 全国6000千瓦及以上火电厂供电标准煤耗309克/千瓦时，比上年降低3克/千瓦时，煤电机组供电煤耗水平持续保持世界先进水平；电网线损率6.48%，比上年降低0.01个百分点；由于煤电超低排放改造、负荷率下降等原因，6000千瓦及以上火电厂厂用电率6.04%，比上年提高0.03个百分点；火电厂单位发电量耗水量1.25千克/千瓦时，比上年降低0.05千克/千瓦时。

污染物排放大幅下降 根据中电联统计分析，截至2017年年底，全国燃煤电厂100%实现脱硫后排放。其中，已投运煤电烟气脱硫机组容量超过9.4亿千瓦，占全国煤电机组容量的95.8%；其余为采用燃烧中脱硫技术的循环流化床锅炉；已投运火电厂烟气脱硝机组容量约10.2亿千瓦，占全国火电机组容量的92.3%，其中，煤电烟气脱硝机组容量约9.6亿千瓦，占全国煤电机组容量的98.4%。常规煤粉炉以选择性催化还原（SCR）脱硝技术为主，循环流化床锅炉则以选择性非催化还原（SNCR）脱硝技术为主；全国累计完成燃煤电厂超低排放改造7亿千瓦，占全国煤电机组容量比重超过70%，提前两年多完成2020年改造目标任务。2017年，全国电力烟尘、二氧化硫和氮氧化物排放量分别约为26万、120万和114万吨，分别比上年下降25.7%、29.4%和26.5%；每千瓦时火电发电量的烟尘、二氧化硫和氮氧化物的排放量分别为0.06、0.26和0.25克，比上年分别下降0.02、0.13和0.11克；单位发电量废水排放量0.06千克/千瓦时，与上年持平；全国燃煤电厂粉煤灰综合利用率为72%，与上年持平；脱硫石膏综合利用率为75%，比上年提高1个百分点。

碳排放强度持续下降 单位火电发电量二氧化碳排放约844克/千瓦时，比2005年下降19.5%。以2005年为基准年，2006—2017年，通过发展非化石能源、降低供电煤耗和线损率等措施，电力行业累计减少二氧化碳排放约113亿吨，有效减缓了电力二氧化碳排放总量的增长，其中供电煤耗降低对电力行业二氧化碳减排贡献率为45%，非化石能源发展贡献率为53%。

科技创新取得新进展，创新成果获多项大奖

特高压技术继续引领世界大电网技术发展 率先研发应用了特高压直流分层接入技术，全面攻克了 ±1100 千伏直流输电工程系统成套技术，掌握了 1000 千伏特高压交流和 ±800 千伏特高压直流输电关键技术，特高压技术继续引领世界大电网技术发展；世界首台机械式高压直流断路器投运，世界首台特高压柔直换流阀研制成功，我国柔性输电技术取得长足进步；世界上电压等级最高、容量最大的苏南 500 千伏统一潮流控制器建成投运，全球规模最大的冀北新能源虚拟同步机系统实现并网，建成了集成可再生能源主动配电网示范工程，电网控制和新能源接纳能力显著提高；电动汽车、分布式电源的灵活接入取得重要进展，在投运与接入数量规模、运营关键技术、电动汽车与电网互动技术领域，均走在世界前列。

发电技术创新取得新进展 二次再热发电技术具备自主开发制造能力，燃煤耦合生物质发电技术实现示范应用，超超临界关键前沿技术研究有序推进，化石能源清洁高效利用取得新进展；以 CAP1400 和“华龙一号”为标志，中国核电已达到三代核电技术的先进水平，并拥有完整的自主知识产权和核心制造能力；风电开发运行逐步向信息化、数字化、智能化、高可靠性方向发展；百万千瓦水电机组关键部件成功问世，奠定了中国水电技术的世界领导者地位。

电力科技创新成果获多项大奖 电力行业科技项目共获得国家科学技术奖 20 项。其中，“特高压 ±800kV 直流输电工程”获国家科学技术进步奖特等奖，“600MW 超临界循环流化床锅炉技术开发、研制与工程示范”获国家科学技术进步奖一等奖，“燃煤机组超低排放关键技术研发及应用”获国家技术发明奖一等奖。

电力市场建设加快推进，电力市场交易更加活跃

电力市场体系和试点建设加快推进 国家围绕全面深化电力改革出台了一系列涉及输配电价、售电侧改革、增量配电网放开、电力交易规则等方面的政策措施，各省政府也结合实际积极制定电力改革和市场化交易试点方案，有力支持和推进了电力市场体系构建和电力市场交易试点。截至 2017 年年底，售电侧改革试点扩大到 10 个省份，一大批售电企业准入市场交易，活跃了市场环境；22 个省份开展了电力改革综合试点，改革措施各具特点，市场发育日益完善；新批复增量配电业务改革试点 89 个，累计批复试点 195 个，增量配电业务改革有序推进；确定南方（广东起步）、蒙西等 8 个地区作为电力现货市场建设试点，电力市场交易品种逐步丰富。此外，还组织在东北等地区开展电力辅助服务市场建设；电力行业信用体系在健全信用工作体系、联合奖惩制度、制定信用评价管理办法、推进市场主体信息采

集等方面出台了一系列政策性文件，为行业信用体系建设提供了政策保障。

市场化交易比重大幅提高 截至2017年年底，全国共成立北京、广州两个区域性电力交易中心和32个省级电力交易中心。国家加快放开发用电计划，各类市场主体积极参与电力交易，有力地促进了煤电市场化率加快提高，也鼓励了清洁能源发电积极参与市场交易，电力市场化交易规模大幅增加。初步统计，全年市场化交易电量约1.6万亿千瓦时，同比增长超过60%，市场化交易电量占全社会用电量的25.9%，比重比上年提高7个百分点。其中10家大型发电集团[1]合计市场化交易电量占全国市场化交易电量的66%，占这10家大型发电集团上网电量的33%（即上网电量市场化率）。

降低用电成本促进实体经济发展效果显著 历经三年、全面完成各省级电网输配电价核定，核定后的全国平均输配电价比原购销价差降低近1分/千瓦时，核减32个省级电网（除西藏外）准许收入约480亿元；降低在电价环节征收的政府性基金及附加标准25%，减轻社会用电成本160亿元；取消通过电价征收的城市公共事业附加、电气化铁路还贷电价和向发电企业征收的工业企业结构调整专项资金，涉及金额800亿元。以上措施共降低社会用电成本超过1400亿元，有力扶持了实体经济发展，助推产业转型升级。此外，国家调整降低了风电和太阳能光伏发电项目上网电价。

电力企业主营收入快速增长，火电企业利润大幅下降

电力供应企业主营业务收入快速增长 据国家统计局数据，全国规模以上电力供应企业资产总额5.8万亿元，比上年增长4.9%；负债总额3.0万亿元，比上年增长3.4%。据中电联调查，2017年，受宏观经济稳中向好、工业生产形势改善、电能替代加快推进等因素带动电力消费较快增长影响，国家电网、南方电网、内蒙古电力、陕西地电合计主营业务收入29117亿元，比上年增长11.1%；国家电网和南网电网合计公司利润总额1091亿元，比上年增长1.1%。

火电企业利润大幅下降 据国家统计局数据，全国规模以上发电企业资产总额7.6万亿元，比上年增长4.2%；负债总额5.1万亿元，比上年增长3.8%；受电煤价格大幅上涨、市场化交易量增价降等因素影响，全国规模以上火电企业仅实现利润207亿元，比上年下降83.3%，直接造成发电企业利润同比下降32.4%。据中电联调查，截至2017年年底，五大发电集团[2]电力业务收入9559亿元，比上年增长9.1%；

---

[1] 指参加中电联电力交易信息共享平台的华能集团、大唐集团、华电集团、国家能源集团、国家电投集团、三峡集团、中核集团、中广核集团、粤电集团和浙能集团。

[2] 指华能集团、大唐集团、华电集团、国家能源集团和国家电投集团。

电力业务利润总额 310 亿元，比上年下降 64.4%，其中火电业务亏损 132 亿元，继 2008 年后再次出现火电业务整体亏损。

全球能源互联网加快推进，“一带一路”电力合作呈现新的亮点

全球能源互联网加快推进 按照国家主席习近平在“一带一路”国际合作高峰论坛上“建设全球能源互联网，实现绿色低碳发展”的倡议，全球能源互联网建设加快推进，全球能源互联网理念赢得国际认可，并纳入联合国工作框架。全球能源互联网合作组织会员数量增长至五大洲 22 个国家和地区的 265 家，组织体系逐步完善；《全球能源互联网发展战略白皮书》《跨国跨洲电网互联技术与展望》《全球能源互联网发展与展望 2017》等多项课题成果陆续发布；积极组织和宣传全球能源互联网发展理念，为全球能源互联网建设营造良好发展环境。

国际交流影响力不断增强 电力行业企业与国际知名能源电力行业组织、企业保持密切联系与合作，积极参与、组织各类国际组织交流活动，国际交流更加频繁，参与国际能源电力事务的能力、影响力和话语权不断增强。2017 年，主办和承办的国际性会议 49 场，境内外国际展览 69 个，对外签署重要协议及备忘录 60 项。截至 2017 年年底，国内电力行业、企业分别加入了 125 个国际主要行业技术组织与机构，并在其中的 48 个组织或机构担任重要角色单位，102 位各类专家、学者在上述组织担任主要职务；国内电力企业在境外的 128 个国家和地区共设立有效分支机构或办事处 600 个。

电力国际合作有新突破，“一带一路”合作呈现新的亮点 我国对外投资建设的一大批电源、电网项目顺利投产，非洲最大水电站——安哥拉卡古路·卡巴萨水电站开启了中国企业在非洲水电建设新纪元，巴西美丽山水电送出特高压工程一期投产运行，中核集团建设的巴基斯坦恰希玛核电站一期工程全面建成，中广核集团投资建设的英国欣克利角核电站 C 项目主体工程正式动工。2017 年，主要电力企业实际完成对外投资 193 亿美元，新增电力对外投资项目 26 项；对外承包工程新签合同额 488 亿美元，境外承包项目中投产火电机组 1227 万千瓦、水电机组 166 万千瓦；出口设备和技术合计超过 52 亿美元。电力项目合作是“一带一路”合作新的亮点和明星领域，全年主要电力企业在“一带一路”沿线国家完成电力投资项目 12 项，合计项目总投资 126 亿美元；承担大型承包项目 194 个，合计合同金额 306 亿美元，涵盖火电、水电、风电、太阳能发电、核电、输配电等工程领域。

问题与展望

党的十九大做出了“中国特色社会主义进入新时代”的重大论断，我国经济已

由高速发展阶段转入高质量发展阶段。在我国发展新的历史阶段，能源电力行业要推进能源生产和消费革命，构建清洁低碳、安全高效的能源体系，这是能源电力行业的历史性重任，也是建设现代化经济体系的重要基础和支撑。但从当前电力发展改革现状看，还存在很大差距，仍面临着较为严峻的形势和挑战。

电力系统安全稳定运行面临严峻考验 随着我国电力快速发展和持续转型升级，大电网不断延伸，电压等级不断提高，大容量高参数发电机组不断增多，新能源发电大规模集中并网，电力系统形态及运行特性日趋复杂，特别是信息技术等新技术应用带来的非传统隐患增多，对系统支撑能力、转移能力、调节能力提出了更高要求，给电力系统安全稳定运行带来了严峻考验。此外，各类自然灾害使得保障电力系统安全任务更为艰巨，发生大面积停电风险始终存在。

清洁能源消纳问题依然突出 2017 年，在各方共同努力下，通过综合施策，弃风、弃光率有所下降，云南、四川弃水电量有所减少，辽宁、福建核电限电情况有所缓解，但并没有从体制机制上根本解决清洁能源消纳问题，清洁能源发展面临的问题依然突出，如发展协调性不够、系统灵活性不足导致调峰困难、输电通道建设不匹配导致大范围消纳受限、水电流域统筹规划和管理较为薄弱、新能源自身存在技术约束、需求侧潜力发挥不够、市场机制不完善、政策措施有局限等问题依然没有得到较好解决，未来核电和大规模新能源发电并网消纳、西南水电开发与送出的压力和挑战会越来越大，难以适应国家“推进能源生产和消费革命，构建清洁低碳、安全高效的能源体系”的总要求。

煤电企业经营困难，保障煤电清洁发展能力较弱 煤电发电量占全国发电量的 65%，长期以来在电力系统中承担着电力安全稳定供应、应急调峰、集中供热等重要的基础性作用，在未来二三十年内，煤电在清洁发展的基础上，仍将发挥基础性和灵活性电源作用，仍是为电力系统提供电力、电量的主体能源形式。但自 2016 年下半年以来，煤炭供需持续紧张，电煤价格上涨并长期高于国家设定的 500～570 元 / 吨的“绿色区间”，据调研测算，2017 年五大发电集团到场标煤单价比上年上涨了 34%，导致电煤采购成本比上年提高 920 亿元左右；全国煤电行业因电煤价格上涨导致电煤采购成本提高 2000 亿元左右，导致煤电行业大面积亏损。煤电长期经营困难甚至亏损，不利于电力安全稳定供应。

核电建设发展停滞 核电是可以大规模替代煤炭、为电力系统提供稳定可靠电力的清洁能源发电类型，是实现国家 2020 年和 2030 年非化石能源发展目标、构建清洁低碳、安全高效能源体系的重要手段。但近两年核电发展停滞，已连续两年没有核准新的核电项目（除示范快堆项目外），核电投资规模也连续两年下降，在建规模减少到 2017 年年底的 2289 万千瓦，核电发展进度明显慢于《国家电力发展

“十三五”规划》，可能会影响国家非化石能源消费比重目标完成，也与核电产业链（建设周期长、安全要求高、人才培养慢）宜平稳发展这一产业特殊性要求有较大差距。

电力改革与市场化建设进入深水区 两年多来，电力改革全面推进、成效显著，接下来的电力改革将逐步进入攻坚克难、啃硬骨头的深水区。综合体现在：一是政策多门、各地各异。导致各类试点在具体落实过程中，中央各部门之间、中央与地方之间、政府与市场主体之间、电力企业与社会之间协调难度大，规则不规范，市场准入标准各地各异。二是跨省区交易存在壁垒障碍。市场交易体系不健全、品种不完善、信息不对称，制约清洁能源跨区交易与消纳规模，难以体现市场对资源配置的优势。三是电价体系有待完善。当前电力上游至电力各产业链乃至用户侧价格仍以计划调控为主导，缺乏合理的市场化疏导机制，导致发电企业尤其是煤电企业的合理利润空间被肆意挤压，输配电成本归集和电价交叉补贴没有科学的监审标准，电网和社会企业投资配电网积极性受挫，行业可持续发展能力减弱。四是支撑增量配电试点的相关政策规范和发展规划缺乏，相关法规不清晰，配电存量与增量的区域划分与建设发展困难重重，投资效益不确定，安全运营风险加大。

2018 年是全面贯彻党的十九大精神的开局之年，是改革开放 40 周年，是决胜全面建成小康社会、实施“十三五”规划承上启下的关键一年。我国电力发展也进入转方式、调结构、换动力的关键时期，电力供需多元化格局越来越清晰，电力结构低碳化趋势越来越明显，电力系统智能化特征越来越突出。电力行业将按照党的十九大报告提出的“推进能源生产和消费革命，构建清洁低碳、安全高效的能源体系”的总要求，深入研究社会主要矛盾变化对能源电力行业的影响，准确把握能源电力发展大趋势，立足当前、着眼长远，持续推进电力供给侧结构性改革，持续优化供给结构、提高供给质量、满足有效需求，着力解决电力安全稳定运行、清洁能源消纳、煤电企业经营困难及保障清洁发展能力弱、核电发展停滞等突出矛盾和问题，继续加快推进电力改革，扩大电力市场化电量比重，提高电力企业保电供电能力，持续推动电力发展质量变革、效率变革和动力变革，努力实现电力行业平稳健康可持续发展。

第二章　电力发展与改革

第一节　电力发展政策

一、中国共产党第十九次全国代表大会有关精神

大会主题　不忘初心，牢记使命，高举中国特色社会主义伟大旗帜，决胜全面建成小康社会，夺取新时代中国特色社会主义伟大胜利，为实现中华民族伟大复兴的中国梦不懈奋斗。

坚持和发展中国特色社会主义总任务

实现社会主义现代化和中华民族伟大复兴，在全面建成小康社会的基础上，分两步走在本世纪中叶建成富强民主文明和谐美丽的社会主义现代化强国。

新时代我国社会主要矛盾

中国特色社会主义进入新时代，我国社会主要矛盾已经转化为人民日益增长的美好生活需要和不平衡不充分的发展之间的矛盾。

中国特色社会主义事业布局

总体布局是“五位一体”，战略布局是“四个全面”，强调坚定“四个自信”。

全面深化改革总目标

完善和发展中国特色社会主义制度，推进国家治理体系和治理能力现代化。

推进依法治国总目标

建设中国特色社会主义法治体系，建设社会主义法治国家。

新时代的强军目标

建设一支听党指挥、能打胜仗、作风优良的人民军队，把人民军队建设成为世界一流军队。

中国特色大国外交

推动构建新型国际关系，推动构建人类命运共同体。

中国特色社会主义最本质的特征

中国共产党领导，中国特色社会主义制度的最大优势是中国共产党领导，党是最高政治领导力量。

全面建设社会主义现代化国家新征程 从现在到2020年，是全面建成小康社会决胜期。综合分析国际国内形势和我国发展条件，从2020年到本世纪中叶可以分两个阶段来安排。第一个阶段，从2020年到2035年，在全面建成小康社会的基础上，再奋斗15年，基本实现社会主义现代化。第二个阶段，从2035年到本世纪中叶，在基本实现现代化的基础上，再奋斗15年，把我国建成富强民主文明和谐美丽的社会主义现代化强国。

十九大明确 必须树立社会主义生态文明观，坚持绿色发展理念，坚持技术创新，坚持深化改革，推进能源生产和消费革命，构建清洁低碳、安全高效的能源体系。

《十九大报告》部署有关能源电力重点工作领域内容见表2-1。

表2-1 《十九大报告》部署有关能源电力重点工作领域内容

重点工作领域	具体内容
深化供给侧结构性改革	加快建设制造强国，加快发展先进制造业，推动互联网、大数据、人工智能和实体经济深度融合 加强水利、铁路、公路、水运、航空、管道、电网、信息、物流等基础设施网络建设。坚持去产能、去库存、去杠杆、降成本、补短板，优化存量资源配置，扩大优质增量供给，实现供需动态平衡
加快建设创新型国家	加强应用基础研究，拓展实施国家重大科技项目，突出关键共性技术、前沿引领技术、现代工程技术、颠覆性技术创新，为建设科技强国、质量强国、航天强国、网络强国、交通强国、数字中国、智慧社会提供有力支撑
实施区域协调发展战略	加大力度支持革命老区、民族地区、边疆地区、贫困地区加快发展，强化举措推进西部大开发形成新格局，深化改革加快东北等老工业基地振兴，发挥优势推动中部地区崛起，创新引领率先实现东部地区优化发展，建立更加有效的区域协调发展新机制
加快完善社会主义市场经济体制	要完善各类国有资产管理体制，改革国有资本授权经营体制，加快国有经济布局优化、结构调整、战略性重组，促进国有资产保值增值，推动国有资本做强做优做大，有效防止国有资产流失。深化国有企业改革，发展混合所有制经济，培育具有全球竞争力的世界一流企业
推进绿色发展	构建市场导向的绿色技术创新体系，发展绿色金融，壮大节能环保产业、清洁生产产业、清洁能源产业。推进能源生产和消费革命，构建清洁低碳、安全高效的能源体系。推进资源全面节约和循环利用，实施国家节水行动，降低能耗、物耗，实现生产系统和生活系统循环链接
着力解决突出环境问题	坚持全民共治、源头防治，持续实施大气污染防治行动，打赢蓝天保卫战。加快水污染防治，实施流域环境和近岸海域综合治理。提高污染排放标准，强化排污者责任，健全环保信用评价、信息强制性披露、严惩重罚等制度。构建政府为主导、企业为主体、社会组织和公众共同参与的环境治理体系

二、中央经济工作会议有关精神

会议总结了党的十八大以来我国经济发展历程，明确了以新发展理念为主要内容的习近平新时代中国特色社会主义经济思想，全面部署了2018年经济工作。

会议指出，党的十八大以来，我国经济实力再上新台阶，经济年均增长7.1%，成为世界经济增长的主要动力源和稳定器。2018年是贯彻党的十九大精神的开局之年，是改革开放40周年，是决胜全面建成小康社会、实施“十三五”规划承上启下的关键一年。做好2018年经济工作，要全面贯彻党的十九大精神，以习近平新时代中国特色社会主义思想为指导，加强党对经济工作的领导，坚持稳中求进工作总基调，坚持新发展理念，紧扣我国社会主要矛盾变化，按照高质量发展的要求，统筹推进“五位一体”总体布局和协调推进“四个全面”战略布局，坚持以供给侧结构性改革为主线，统筹推进稳增长、促改革、调结构、惠民生、防风险各项工作，大力推进改革开放，创新和完善宏观调控，推动质量变革、效率变革、动力变革，在打好防范化解重大风险、精准脱贫、污染防治的攻坚战方面取得扎实进展，引导和稳定预期，加强和改善民生，促进经济社会持续健康发展。

本次中央经济工作会议精神概括起来讲，就是“四个一”：掌握一个思想，即掌握习近平新时代中国特色社会主义经济思想；领会一个转变，即新时代我国经济发展的基本特征是我国经济由高速增长阶段转向高质量发展阶段；坚持一个方法，即坚持“稳中求进工作总基调”，它是做好经济工作的方法论，是治国理政的重要原则；明确一系列任务，即重点抓好决胜全面建成小康社会三大攻坚战，围绕推动高质量发展做好八项重点工作。

中央经济工作会议提出的八项重点工作见图2-1。

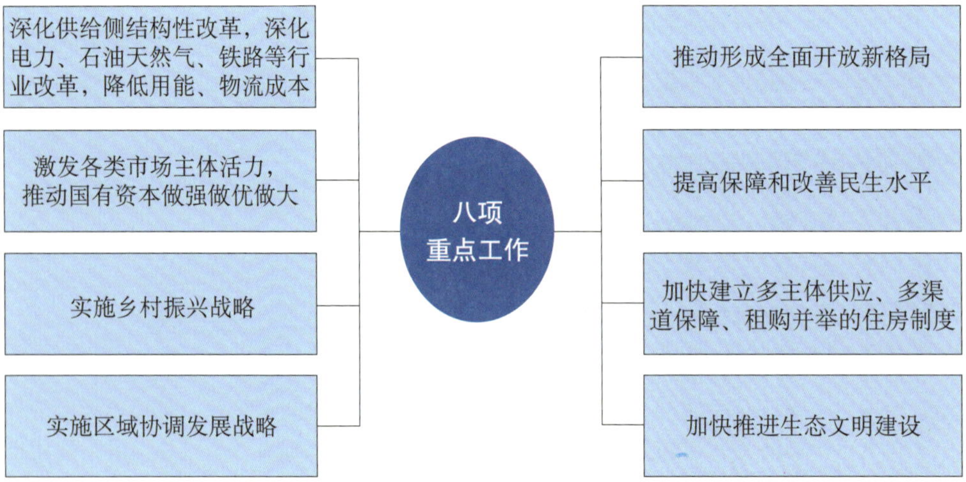

图2-1 中央经济工作会议提出的八项重点工作

三、《政府工作报告》有关精神

2017 年 3 月 15 日，第十二届全国人民代表大会第五次会议通过了《政府工作报告》。报告回顾了过去一年的工作成绩，综合分析国内外形势，部署了 2017 年工作。

2017 年《政府工作报告》部署的有关能源电力重点工作见表 2–2。

表 2–2　2017 年《政府工作报告》部署的有关能源电力重点工作

重点工作	具体内容
用改革的办法深入推进“三去一降一补”	淘汰、停建、缓建煤电产能 5000 万千瓦以上，以防范化解煤电产能过剩风险，提高煤电行业效率，优化能源结构，为清洁能源发展腾空间
深化重要领域和关键环节改革	深化混合所有制改革，在电力、石油、天然气、铁路、民航、电信、军工等领域迈出实质性步伐。抓好电力和石油天然气体制改革，开放竞争性业务
进一步释放国内需求潜力	完成铁路建设投资 8000 亿元、公路水运投资 1.8 万亿元，再开工 15 项重大水利工程，继续加强轨道交通、民用和通用航空、电信基础设施等重大项目建设
以创新引领实体经济转型升级	全面实施战略性新兴产业发展规划，加快新材料、新能源、人工智能、集成电路、生物制药、第五代移动通信等技术研发和转化，做大做强产业集群
促进农业稳定发展和农民持续增收	加强农村公共设施建设。实现农村稳定可靠供电服务和平原地区机井通电全覆盖
加大生态环境保护治理力度	完成以电代煤、以气代煤 300 万户以上，全部淘汰地级以上城市建成区燃煤小锅炉。加大燃煤电厂超低排放和节能改造力度，东中部地区要分别于今明两年完成，西部地区于 2020 年完成 抓紧解决机制和技术问题，优先保障清洁能源发电上网，有效缓解弃水、弃风、弃光状况。安全高效发展核电

四、国务院常务会议有关精神

2017 年国务院常务会议共召开 34 次，其中共用 13 次会议研究决定的事项涉及电力行业或与电力行业相关。

4 月 5 日会议　提出要更多运用市场化、法治化手段，推动“三去一降一补”改革任务取得新的实质性进展，尤其要注重通过完善职工安置、债务处置、资产处理等政策及市场化退出机制促进化解过剩产能，着力提高经济发展质量效益。

4 月 12 日会议　会议通过《中华人民共和国统计法实施条例（草案）》。

4 月 19 日会议　决定推出进一步减税措施，持续推动实体经济降成本增后劲。

从7月1日起，将天然气等增值税税率从13%降至11%。

5月10日会议 听取去产能工作进展和重点行业淘汰落后产能督查情况汇报，推动经济结构优化。钢铁、煤炭行业淘汰落后产能取得积极成效，2017年以来，全国共退出钢铁产能3170万吨、煤炭产能6897万吨，分别完成年度任务的63.4%和46%。

5月17日会议 确定进一步减少涉企经营服务性收费和降低物流用能成本，为企业减负助力。

• 降低企业物流成本。取消电网公司向铁路运输企业收取的电气化铁路还贷电价，等额下浮铁路货物运价。

• 推进省级电网输配电价改革，合理降低输配电价格。扩大发电企业和用户直接交易规模。调整电价结构，通过取消工业企业结构调整专项资金、降低重大水利工程建设基金和大中型水库移民后期扶持基金征收标准、适当降低脱硫脱硝电价等措施，减轻企业用电负担。采取降低管道运输价格、清理查处乱收费等措施，降低省内天然气管网输配价格。

• 减少经营服务性收费。

5月24日会议 决定设立国家职业资格目录，降低就业创业门槛，提升职业水平。

6月7日会议 决定推出新的降费措施，要求兑现全年为企业减负万亿元的承诺。清理能源领域政府非税收入电价附加，取消其中的工业企业结构调整专项资金，将国家重大水利工程建设基金和大中型水库移民后期扶持基金征收标准降低25%。

6月14日会议 决定在部分省（区）建设绿色金融改革创新试验区，推动经济绿色转型升级。

8月23日会议 部署推进央企深化改革降低杠杆工作，促进企业提质增效。当前要抓住央企效益转降回升的有利时机，把国企降杠杆作为“去杠杆”的重中之重，做好降低央企负债率工作。具体任务包括：

• 建立严格的分行业负债率警戒线管控制度。

• 建立多渠道降低企业债务的机制。

• 积极稳妥推进市场化法治化债转股，督促已签订的框架协议抓紧落实。

• 强化问责，对负债率持续攀升的企业要约谈提醒，对造成重大损失或不良影响的严肃追责。

• 在推动新旧动能接续转换中实现产业转型升级和降杠杆。推动火电等行业开展减量减产，严控新增产能。

9月6日会议 确定推进质量认证体系建设的措施，加强事中事后监管，提升中国制造品质。具体要求：

● 引导和强制相结合。对涉及安全、健康、环保等产品实施强制性认证。

● 探索创新质量标准管理方式，对新技术、新产品、新业态实施审慎监管。

● 强化监管，严格资质认定标准，加快推动检验检测认证机构与政府部门脱钩，培育发展检验检测认证服务业。

● 深化质量认证国际合作互认，加快建设质量强国。

9 月 27 日会议 听取推进中央企业重组整合工作汇报，以改革促进结构优化效益提升。提出：

● 大力推广质量管理先进标准和方法。

● 用“互联网 +”、建设“双创”平台等，打造大中小企业协同创新、融通发展格局，发展平台经济。推动央企之间通过资产重组、股权合作、资产置换、战略联盟、联合开发等方式，将资源向优势企业和企业主业集中。

● 严格落实化解过剩产能任务，继续压减管理层级和法人户数推动瘦身健体、提质增效，提高主业核心竞争力。推进“僵尸企业”处置和亏损企业治理。健全企业退出机制，积极推动市场化、法治化债转股。多渠道筹措资金处置央企历史遗留问题。

● 依法保护职工合法权益，保障职工转岗不下岗。

● 推动重点领域国企混合所有制改革，积极稳妥引入社会资本参与央企重组，以重组整合为契机深化内部改革和机制创新。

10 月 30 日会议 通过《深化“互联网 + 先进制造业”发展工业互联网的指导意见》，促进实体经济振兴加快转型升级。大力推动工业企业内网、外网建设。支持有能力的企业发展大型工业云平台，实现企业内部及产业上下游、跨领域各类生产设备与信息系统的广泛互联互通，打破“信息孤岛”，促进制造资源、数据等集成共享。围绕能源等重点制造领域建设网络和平台安全保障管理与技术体系。

12 月 13 日会议 听取国企改革发展和监事会对央企监督检查情况汇报，发挥国资对经济高质量发展的支撑作用。会议指出，有关部门和国企主动作为，监事会把握出资人监管定位，深入企业实地监督，推动国企在改革创新、淘汰落后产能、重组整合、压缩管理层级等方面取得积极成效，国企利润大幅增长，央企利润增速创近 5 年同期最好水平。

五、能源电力发展有关政策性文件

2017 年，国务院、国家发展改革委、财政部、国家能源局等各级政府部门多措并举，出台了一系列政策性文件，涉及能源电力发展总体指导意见，“十三五”专项规划，煤电、大型水电工程、可再生能源发电、微电网发展和电力信用体系建设等多个方面，进一步完善政策和制度，积极有效引导能源电力行业绿色、可持续创新发展。

年度工作指导 2月10日，国家能源局印发《2017年能源工作指导意见》，作为全年能源工作的纲领性文件。提出要通过完成能源领域的九项重点任务，实施五大能源工程，实现全国能源生产总量36.7亿吨标准煤左右、能源消费总量控制在44亿吨标准煤左右、单位国内生产总值能耗同比下降5.0%以上的三大发展目标。4月13日，国家能源局印发了《2017年市场监管工作要点》，提出要持续加大市场监管工作力度，维护公平公正的市场秩序，促进国家能源战略、规划、政策有效实施，推动构建清洁低碳、安全高效的现代能源体系。此外，国家能源局印发了"十三五"14个专项规划中最后两个，即《地热能开发利用"十三五"规划》和《煤炭深加工产业示范"十三五"规划》，促进我国能源"十三五"规划的全面实施。

2017年度能源电力工作指导政策性文件见表2-3。

表2-3 2017年度能源电力工作指导政策性文件

政策目标	文件名称	主要内容
能源指导意见	关于印发2017年能源工作指导意见的通知（国能规划〔2017〕46号）	指出2017年目标为全国能源消费总量控制在44亿吨标准煤左右。非化石能源消费比重提高到14.3%左右，天然气消费比重提高到6.8%左右，煤炭消费比重下降到60%左右，并明确了九大重点任务
市场监管工作要点	关于印发《国家能源局2017年市场监管工作要点》的通知（国能监管〔2017〕81号）	要突出抓好进一步健全市场监管法规及标准、进一步强化市场秩序监管、加快推进电力市场建设和市场化交易、强化保障民生事项监管和行政执法以及进一步加强监管能力建设五项重点工作
专项规划	关于印发《地热能开发利用"十三五"规划》的通知（发改能源〔2017〕158号）	明确"十三五"时期，新增地热能供暖（制冷）面积11亿平方米；新增地热发电装机容量500MW。到2020年，地热供暖（制冷）面积累计达到16亿平方米，地热发电装机容量约530MW。2020年，地热能年利用量7000万吨标准煤，地热能供暖年利用量4000万吨标准煤
	关于印发《煤炭深加工产业示范"十三五"规划》的通知（国能科技〔2017〕43号）	我国在煤炭深加工领域第一个比较完整的专项规划，对"十三五"期间的煤炭深加工产业示范项目提出了技术和环境等方面的要求。明确14个示范项目将在"十三五"期间开工，涵盖煤制油、煤制天然气、低阶煤利用、煤制化学品以及煤与石油综合利用五方面

促进煤电有序发展 为进一步防范和化解煤电产能过剩风险，国家发展改革委、国家能源局发布指导意见和风险预警等相关文件，提出控制规模及其措施，设立煤电建设预警发布机制，有力地抑制了近几年煤电投资持续快速增长的态势，国

家防范和化解煤电过剩产能风险工作取得初步成效。国家发展改革委在回复河北省发改委的复函中明确 2015 年 3 月 15 日后核准的煤电机组，原则上不再安排发电计划，投产后一律纳入市场交易和由市场形成价格。

促进煤电有序发展的政策性文件见表 2–4。

表 2–4　促进煤电有序发展的政策性文件

政策目标	文件名称	主要内容
促进煤电有序发展	印发《关于推进供给侧结构性改革 防范化解煤电产能过剩风险的意见》的通知（发改能源〔2017〕1404 号）	明确提出到 2020 年，全国煤电装机规模控制在 11 亿千瓦以内；具备条件的煤电机组完成超低排放改造，煤电平均供电煤耗降至 310 克 / 千瓦时。通过从严淘汰落后产能，清理整顿违规项目，严控新增产能规模，加快机组升级改造，规范自备电厂管理，保障电力安全供应等六大主要任务保障目标完成
	关于发布 2020 年煤电规划建设风险预警的通知（国能电力〔2017〕106 号）	预警文件显示，从 2017 年至 2020 年，仅湖南、海南两省煤电规划建设风险预警结果为绿色，有 24 个省（自治区、直辖市）的风险预警结果为红色
	关于新核准煤电机组电量计划安排的复函（发改办运行〔2017〕1794 号）	明确了 2015 年 3 月 15 日后核准的煤电机组，原则上不再安排发电计划，投产后一律纳入市场交易和由市场形成价格

支持大中型水利水电工程建设　为进一步明确移民征地管理责任主体，完善库区征地补偿政策，降低水利水电工程建设成本，提高开发企业建设积极性，国务院对《大中型水利水电工程建设征地补偿和移民安置条例》中土地补偿和补助标准和管理主体进行了明确，财政部将扶持基金的征收标准统一降低 25%。

支持大中型水利水电工程建设政策性文件见表 2–5。

表 2–5　支持大中型水利水电工程建设政策性文件

政策目标	文件名称	主要内容
大中型水利水电工程建设	国务院关于修改《大中型水利水电工程建设征地补偿和移民安置条例》的决定（国务院令第 679 号）	修改《条例》的第二十二条“大中型水利水电工程建设征收土地的土地补偿费和安置补助费，实行与铁路等基础设施项目用地同等补偿标准，按照被征收土地所在省、自治区、直辖市规定的标准执行”等相关内容
	关于降低国家重大水利工程建设基金和大中型水库移民后期扶持基金征收标准的通知（财办建〔2017〕29 号）	确定 2017 年 7 月 1 日起，将国家重大水利工程建设基金和大中型水库移民后期扶持基金的征收标准统一降低 25%。降低征收标准后，两项政府性基金的征收管理、收入划分、使用范围等仍按现行规定执行

加强抽水蓄能电站建设 国家能源局发布了资源普查成果，并对抽水蓄能电站规划建设提出生态保护的明确要求。

加强抽水蓄能电站建设政策性文件见表 2-6。

表 2-6 加强抽水蓄能电站建设政策性文件

政策目标	文件名称	主要内容
加强抽水蓄能建设	关于发布海水抽水蓄能电站资源普查成果的通知（国能新能〔2017〕68 号）	普查 8 省市海水抽水蓄能电站资源，源站点 238 个，总装机容量为 4208.3 万千瓦（其中近海为 3744.6 万千瓦，岛屿为 463.7 万千瓦）
	关于在抽水蓄能电站规划建设中落实生态环保有关要求的通知（国能综发新能〔2017〕3 号）	明确抽水蓄能电站规划建设要坚持生态优先、确保底线，认真落实环境保护、法律法规规定的生态环境制约因素有关要求，严格依法推进规划内项目建设

支持可再生能源发电发展 发布了《可再生能源发展“十三五”规划实施的指导意见》，出台了绿证制度以及解决三弃促进消纳，推进分布式风电项目、光伏扶贫项目、光伏领跑者基地、燃煤耦合生物质发电、垃圾焚烧发电等生物质能供热的相关文件，有力地支持促进可再生能源发展。

支持可再生能源发电发展政策性文件见表 2-7。

表 2-7 支持可再生能源发电政策性文件

政策目标	文件名称	主要内容
支持可再生能源发电发展	关于可再生能源发展“十三五”规划实施的指导意见（国能发新能〔2017〕31 号）	明确 2017—2020 年可再生能源集中式地面电站的建站指标，并提出建立以规划为依据的可再生能源电力建设管理机制、各地可再生能源建设规模的确定依据、对做好可再生能源电力项目建设与电网协调等要求
	关于加快推进分散式接入风电项目建设有关要求的通知（国能发新能〔2017〕3 号）	提出各省级能源主管部门应结合实际情况及时对规划进行滚动修编，分散式接入风电项目不受年度指导规模的限制。已批复规划内的分散式风电项目，鼓励各省级能源主管部门研究制定简化项目核准程序的措施。红色预警地区应着力解决存量风电项目的消纳问题，暂缓建设新增分散式风电项目
	关于试行可再生能源绿色电力证书核发及自愿认购交易制度的通知（发改能源〔2017〕132 号）	提出在全国范围内试行可再生能源绿色电力证书核发和自愿认购。并将自 2018 年起，适时启动可再生能源电力配额考核和绿色电力证书强制约束交易

续表

政策目标	文件名称	主要内容
支持可再生能源发电发展	关于促进西南地区水电消纳的通知（发改运行〔2017〕1830号）	通过加快规划内的水电送出通道建设、加强水火互济的输电通道规划和建设、建立健全市场化消纳机制、完善电力辅助服务补偿机制、优化流域水库群联合调度等措施，有效解决西南地区弃水问题，实现水电资源的充分利用和优化配置
	关于印发《解决弃水弃风弃光问题实施方案》的通知（发改能源〔2017〕1942号）	提出确保弃水弃风弃光电量和限电比例逐年下降，到2020年实现在全国范围内有效解决弃水弃风弃光问题的总体目标 通过完善可再生能源开发利用机制，发挥电网关键平台作用，优化电源结构与布局，拓展可再生能源电力本地消纳，完善市场机制与政策体系等手段多措并举解决三弃问题
	关于印发促进生物质能供热发展指导意见的通知（发改能源〔2017〕2123号）	提出到2020年，生物质热电联产装机容量超过1200万千瓦，生物质成型燃料年利用量约3000万吨，生物质燃气年利用量约100亿立方米，生物质能供热合计折合供暖面积约10亿平方米，年直接替代燃煤约3000万吨 强调要大力发展县域农林生物质热电联产，稳步发展城镇生活垃圾焚烧热电联产，加快常规生物质发电项目供热改造，推进小火电改生物质热电联产，建设区域综合清洁能源系统，加快生物质热电联产技术进步等
	关于下达“十三五”第一批光伏扶贫项目计划的通知（国能发新能〔2017〕91号）	共下达14个省（自治区）、236个光伏扶贫重点县光伏扶贫项目，共涉及8698个村级电站，总装机规模4186237.852千瓦
	关于2017年光伏发电领跑基地建设有关事项的通知（国能发新能〔2017〕88号）	要求严格落实基地建设的用地、接网及消纳等各项条件，各基地不得擅自调整基地建设条件、内容和承诺
	关于开展燃煤耦合生物质发电技改试点工作的通知（国能发电力〔2017〕75号）	提出将开展燃煤耦合农林废弃残余物发电技改项目、燃煤耦合垃圾发电和燃煤耦合污泥发电技改项目试点。重点在13个粮食主产省份，优先选取热电联产煤电机组，布局一批燃煤耦合农林废弃残余物发电技改项目
	关于进一步做好生活垃圾焚烧发电厂规划选址工作的通知（发改环资规〔2017〕2166号）	明确了“十三五”至“十五五”期间我国垃圾焚烧发电工程规划选址工作的重要意义、重点任务和保障措施，为优化产业布局、超前谋划选址、保障项目顺利实施、促进产业健康有序发展提供了重要指导

推进微电网建设　国家发展改革委出台了并网型微电网建设的办法和示范项目名单，从政策和项目示范落地两方面着力，推进微电网建设发展。

推进微电网建设政策性文件见表2–8。

表 2-8　推进微电网建设政策性文件

政策目标	文件名称	主要内容
推进微电网建设	关于印发《推进并网型微电网建设试行办法》的通知（发改能源〔2017〕1339号）	明确微电网定义和微型、清洁、自治、友好的基本特征，提出机制上保障微电网对分布式电源资源的统一管理和调度，以及微电网运营采用公平的费用分摊和收益共享机制
	关于印发新能源微电网示范项目名单的通知（发改能源〔2017〕870号）	明确28个新能源微电网示范项目。新增光伏装机为899MW，新增电储能装机超过150MW，其他热储能、风电等其他类型能源也都有体现

第二节　电力改革政策与市场建设

2017年，在中发9号文件及配套文件发布的基础上，国家发展改革委、国家能源局围绕全面深化电力改革制定出台了一系列涉及输配电价、售电侧改革、增量配电网放开、电力交易规则等方面的政策和措施，有力支持和推进了电力市场化体系构建和电力市场交易试点。各省级地方政府主管部门结合各地实际，积极制定电力改革和市场化交易试点方案，有效推进了电力市场建设进程。

一、改革相关政策措施

2017年，国家主管部门围绕有序放开发用电计划、开展输配电价改革、扩大改革试点范围并增加试点类型、化解新能源消纳等问题，制定印发了一系列重要文件，为有序推进电力改革、加快推动能源利用转型提供了政策支持。

2017年电力改革重要政策文件汇总见表2–9。

表 2-9　2017 年电力改革重要政策文件汇总

目的	文件名称	主要内容
稳步持续推进电力改革进程	关于有序放开发用电计划的通知（发改运行〔2017〕294号）	旨在有序放开发电、用电计划，扩大市场化交易电量规模，明确市场化交易电价调整机制，保障跨省跨区送受电计划和优先发电、购电计划。针对煤电机组，提出2018年以后，计划发电量比例逐年减小，“中发9号文”颁布实施后核准的煤电机组，原则上不再安排发电计划

续表

目的	文件名称	主要内容
稳步持续推进电力改革进程	关于全面深化价格机制改革的意见（发改价格〔2017〕1941号）	要求进一步深化垄断行业价格改革，按照“管住中间、放开两头”的总体思路，深化垄断行业价格改革，能够放开的竞争性领域和环节价格，稳步放开由市场调节；保留政府定价的，建立健全成本监审规则和定价机制。结合有序放开发用电计划，扩大市场形成发电、售电价格的范围，加快推进电力市场交易，完善电力市场交易价格规则，健全煤电价格联动机制。建立健全以“准许成本＋合理收益”为核心、约束与激励相结合的网络型自然垄断环节定价制度
继续深入推进输配电价改革	全面推进跨省跨区和区域电网输电价格改革工作的通知（发改办价格〔2017〕1407号）	2017年10月底前完成华北区域电网输电价格核定工作，2017年12月底前完成区域电网输电价格核定工作；组织开展新投产跨省跨区专项输电工程输电价格测算工作，逐项核定；定期对已核价的跨省跨区专项输电工程进行成本监审并复核电价，周期暂定为三年
	《区域电网输电价格定价办法（试行）》《跨省跨区专项工程输电价格定价办法（试行）》《关于制定地方电网和增量配电网配电价格的指导意见》（发改价格规〔2017〕2269号）	区域电网输电价格，按“准许成本加合理收益”核准准许收入后，按两部制电价形式核定，首个核定周期为2018—2019年。跨省跨区专项工程输电价格，初始价格根据经营期电价法核定，定期开展成本监审和评估调整 地方电网和增量配电网配电价格，可以选择招标定价法、准许收入法、最高限价法、标尺竞争法等方法中的一种或几种方法确定，明确价格监管周期；配电网企业可根据实际情况，自主选择分类结算电价或综合结算电价与省级电网企业结算电费
启动电力现货市场建设试点	关于开展电力现货市场建设试点工作的通知（发改办能源〔2017〕1453号）	组织市场主体开展日前、日内、实时电能量交易，实现调度运行和市场交易有机衔接，形成体现时间和位置特性的电能量商品价格。电力现货市场建设试点原则上应按现有电力调度控制区（考虑跨省跨区送受电）组织开展，具备条件的地区可积极探索合并调度控制区。选择南方（以广东起步）、蒙西、浙江、山西、山东、福建、四川、甘肃等8个地区作为第一批试点，试点成熟一个，启动一个
推进增量配电业务改革试点	关于规范开展第二批增量配电业务改革试点的通知（发改经体〔2017〕2010号）	确定第二批增量配电试点项目89个。通知同时要求：规范试点条件，搞好项目核准。坚持公平开放，不得指定投资主体。明确区域划分，确保供电安全。规范配电网运营，平等履行社会责任
尝试分布式发电交易试点	关于开展分布式发电市场化交易试点的通知（发改能源〔2017〕1901号）	明确参与分布式发电市场化交易的项目主要分为两类：单体容量不超过20MW，接网电压等级在35KV及以下；单体容量在20～50MW之间，接网电压等级不超过110KV并在电压等级范围内实现就近消纳 交易模式分为以下几类：分布式发电项目直接售电给电力用户，向电网支付过网费；分布式发电项目委托电网代售电，电网按综合售电价格减去过网费后转付给分布式发电项目单位；电网按国家核定的各类发电标杆上网电价收购电量，度电补贴扣除配电网区域最高电压等级用户对应的输配电价

续表

目的	文件名称	主要内容
市场手段化解“三弃”问题	解决弃水弃风弃光问题实施方案（发改能源〔2017〕1942号）	明确电力受限严重地区弃水弃风弃光状况实现明显缓解的目标。并从完善可再生能源开发利用机制、充分发挥电网关键平台作用、加快优化电源结构与布局、多渠道拓展可再生能源电力本地消纳、加快完善市场机制与政策体系、强化组织实施保障等方面提出了27条具体要求
开展电力辅助服务市场建设	完善电力辅助服务补偿（市场）机制工作方案（国能发6监管〔2017〕67号）	以完善电力辅助服务补偿（市场）机制为核心，全面推进电力辅助服务补偿（市场）工作。要求实现省级及以上电力调度机构调度的发电机组全部纳入电力辅助服务管理范围，电力辅助服务补偿力度要科学化，建立电力中长期交易电力用户参与电力辅助服务分担共享机制
推进电力行业信用体系建设	关于对电力行业严重违法失信市场主体及其有关人员实施联合惩戒的合作备忘录（发改运行〔2017〕946号）	按照“褒扬诚信、惩戒失信”的原则，加快推进电力行业信用体系建设，建立健全失信联合惩戒机制。明确了“强制退出电力市场”等13条惩戒措施

二、改革试点

2017年，售电侧改革试点、电力改革综合试点、增量配电业务改革试点、输配电价改革试点稳步推进。售电侧改革试点已有10个省份，一大批售电企业准入市场交易，活跃了市场环境；电力改革综合试点扩大至22个省份；新批复增量配电网试点89个，累计批复195个；历经三年，已完成各省级电网（西藏除外）输配电价核定，核定后全国平均输配电价较原购销价差降低近1分/千瓦时，核减32个省级电网准许收入约480亿元。截至2017年年底，全国共成立北京、广州2个区域性电力交易中心和32个省级电力交易中心，促进了全国电力交易规模较快增加。

（一）售电侧改革试点

据国家发展改革委的数据，2017年，全国市场化交易电量合计1.63万亿千瓦时，同比增长45%，约占全社会用电量的26%，比上年提高7个百分点，为工商企业减少电费支出603亿元。据不完全统计，2017年，共有28个省份出台相关售电政策性文件103个，售电侧市场竞争机制初步建立，电力市场化交易初具规模。

截至2017年年底，全国注册登记的售电公司超过1万家，在电力交易中心公示的有3044家。分区域来看，售电公司注册范围已经扩围至25个省份。其中位居前三的是山东（396家）、广东（363家）和北京（258家）。

2017年，广东通过建设“批发+零售”的市场架构、“价差传导+统一出清”的交易机制、“计划与市场解耦”的运行机制、“全电量+偏差考核”的月清月结和考核结算机制、“交易校核+安全校核”的市场校核机制，以及“省内+省外”的有效结合，打造了领跑全国的“广东样板”。江苏通过公平、规范、透明的交易规则，以及更广泛的用户覆盖面，市场化交易规模居全国首位。广东、江苏两省售电侧改革试点具体情况如下：

<table>
<tr><th colspan="2">广东</th><th colspan="2">江苏</th></tr>
<tr><td>市场主体</td><td>• 售电公司：374 家，同比增加 153%；发电企业：72 家，同比增加 90%；大用户：765 家，同比增加 18%；一般用户：4869 家，同比增加 1017%；
• 共有 26 家发电企业、11 家大用户、136 家售电公司（代理 4652 家零售用户）参与交易。</td><td>市场主体</td><td>• 售电公司：157 家；发电企业：885 个；电力用户个数：4492 个；
• 参与市场交易的用户 2704 家，实现了 110 千伏及以上电压等级用户全覆盖，35 千伏工业用户全覆盖。</td></tr>
<tr><td>交易情况</td><td>• 市场化交易电量 1157 亿千瓦时，其中双边协商电量 837 亿千瓦时，同比增长 199%；集中竞价电量 320 亿千瓦时，同比增长 100%；
• 合同电量转让：83 亿千瓦时。</td><td>交易情况</td><td>• 电力直接交易电量 1265 亿千瓦时，居全国首位，其中，双边协商交易电量 1037 亿千瓦时，平台集中竞价交易电量 228 亿千瓦时；
• 电力直接交易降低用户电费支出约 26 亿元。</td></tr>
<tr><td>结算情况</td><td>• 结算价差：市场电量平均价差 −65.7 厘 / 千瓦时；
• 让利情况：发电侧总让利 73.4 亿元，除去补贴收益和考核费用，售电公司净获利 12.7 亿元，用户获利 59.6 亿元；
• 偏差情况：发电侧月度偏差电量平均值 21.5 亿千瓦时，售电公司月度偏差平均值为 8%。</td><td rowspan="2">重要事件</td><td rowspan="2">• 2017 年 2 月，被批复为售电侧改革试点，并印发《江苏省售电侧改革试点方案》，8 月印发实施细则；
• 2017 年 9 月，印发全国第一个省级增量配网技术规范《江苏省配电网业务放开技术规范纲要》；
• 2017 年，跨区直接交易规模 30 亿千瓦时，交易中心还达成“青电送苏”“电力援疆”“四川富余水电送苏”等市场化交易框架协议及意向；
• 对于售电公司，江苏引入电量互保，售电公司之间可以签订电量互保协议，一方因特殊原因无法履行合同电量时，经电力调度机构安全校核通过后，由另一方代发（代用）部分或全部电量。</td></tr>
<tr><td>重要事件</td><td>• 2017 年年初，售电市场正式采用统一边际价格出清新规，且供需比相对较高，致电厂让利明显。4 月份调整后，供需双方日趋理性，价差趋缓，电厂压力缓解；
• 2017 年 3 月，广东电力交易中心有限责任公司注册，广东电网持股 70%；7 月，市场管委会成立；
• 开展了跨省份和省内协同的发电权交易，以及年度合同电量集中交易。</td></tr>
</table>

（二）电力改革综合试点

为进一步扩大改革试点范围，国家发展改革委陆续批复了 22 个省份开展电力改革综合试点。与单纯的售电侧改革相比，电力改革综合试点将改革内容扩大到输配电价改革、电力市场建设、售电侧改革、建立跨省跨区电力交易机制等多个方面。

各省结合当地实际，在输配电价核定、成立电力交易中心、促进可再生能源发展、放开售电业务等主要政策措施方面各具特点。

案例：2017 年部分典型省份电力体制改革综合试点比较

选取东、中、西地区在资源禀赋、能源结构、经济发展水平和电力工业发展状况等方面差异较大的山东、湖南、四川、云南 4 个具有地区代表性省份进行比较：

山东		湖南	
交易情况	• 2017 年，交易电量突破 1000 亿千瓦时。其中，组织完成 21 批次跨区跨省电力直接交易，达成交易电量 167.8 亿千瓦时，交易规模居全国首位；组织完成 14 批次省内电力直接交易，达成交易电量 774.7 亿千瓦时，累计为企业节约用电成本约 25 亿元。	交易情况	• 2017 年 10—12 月，共 16 家电厂、55 家售电公司（代理 1068 家用户）、5 家电力用户参与批发市场交易，成交电量 78.52 亿千瓦时，成交综合价差为 -0.32 分 / 千瓦时，发电企业总让利 1827 万； • 祁韶直流定价挂牌交易电量 21.5 亿千瓦时，用户获益 1.72 亿元。
市场供应能力建设	• 2017 年，榆横—潍坊 1000 千伏交流工程、青州换流站配套 1000 千伏交流工程、上海庙—临沂 ±800 千伏特高压直流工程、扎鲁特—青州 ±800 千伏特高压直流等工程先后建成投运，大大提高了“外电入鲁”能力； • 山东省共有 6 个项目获批第二批增量配电业务试点； • 作为第一批现货市场试点，预计 2019 年开始试运行。	市场供应能力建设	• 制定《湖南省电力中长期交易规则（实行）》； • 祁韶特高压直流投运，来自甘肃和西北的清洁电提高了湖南的能源供应能力； • 燃煤发电综合上网电价全国最高，电力交易价差全国最低，发电侧价格联盟亟待破局。
四川		**云南**	
交易情况	• 参与交易用户 859 户、售电公司 9 家、电厂 261 家； • 2017 年，省内市场化交易电量 633.8 亿千瓦时，同比增长 30.7%，其中，水电 398 亿千瓦时、火电 121 亿千瓦时，平均交易电价 0.279 元 / 千瓦时； • 川电外送电量 357 亿千瓦时，同比增长 35.03%。	交易情况	• 截至 10 月底，在昆明电力交易中心准入市场主体 5588 家，其中发电厂 355 家；合计装机容量 6673 万千瓦，占全省发电装机容量的 78%；电力用户 5166 家，售电公司 67 家； • 2017 年，云南省内电力市场化交易电量 703 亿千瓦时，同比增长 19.18%，占全省大工业用电量的 92%。

续表

四川		云南	
市场供应能力建设	• 探索形成了3大市场政策、2种交易方式、4个交易周期、11类交易品种的“32411”四川电力交易市场体系； • 围绕直购电、留存电量和富余电量，发展和衍生了自备替代、丰期增量、市场留存等11个交易品种； • 充分发挥“北京＋四川”两级交易平台协同作用，深挖外送通道能力，外送规模屡创新高。	市场供应能力建设	• 逐步构建了“中长期交易为主，日前短期交易为补充”的“云南模式”，交易品种涵盖年、月、日前3个交易周期的9个交易品种，且是目前国内唯一开展日前电量交易的电力市场； • 2017年，昆明交易中心全体人员与云南电网公司解除劳动关系； • 全面跟进增量配电业务改革，2批共批复10个试点。

（三）增量配电业务改革放开试点

截至2017年年底，在106家第一批增量配电业务改革试点项目中，共有61家确定项目业主；其中非电网企业控股的试点达到38家。

第一批增量配电业务改革试点项目业主选择情况见图2-2。

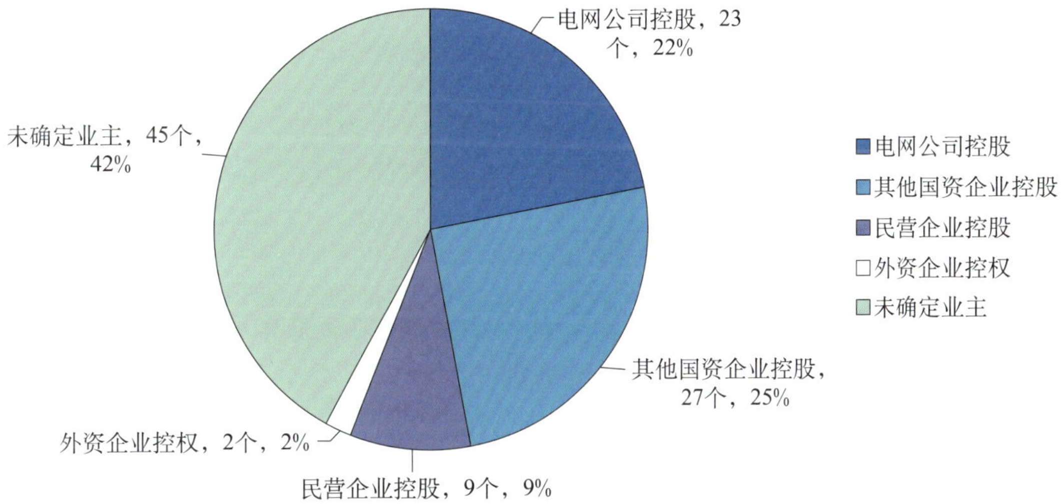

图2-2 第一批增量配电业务改革试点项目业主选择情况

第一批增量配电网业务改革试点项目涉及29个省份，其中13个省份具有民企控股或参与试点。在已确定业主的61个试点项目中，民企控股或参与的项目22个，其中绝对控股9个。

为规范增量配电网业务许可工作，国家能源局资质中心陆续印发《关于非电网企业存量配电项目电力业务许可有关问题的复函》《配电网运营权售电公司用电业务许可证（供电类）申请表》等文件。截至2017年年底，第一批增量配电网试点项目中，共有7家试点获颁电力业务许可证（供电类）。

2017 年 11 月，国家发展改革委、国家能源局印发《关于加快推进增量配电业务改革试点的通知》，要求部署第三批试点申报工作，争取实现试点项目地级以上城市全覆盖。

第一、二批增量配电业务改革试点分省分布情况见图 2–3。

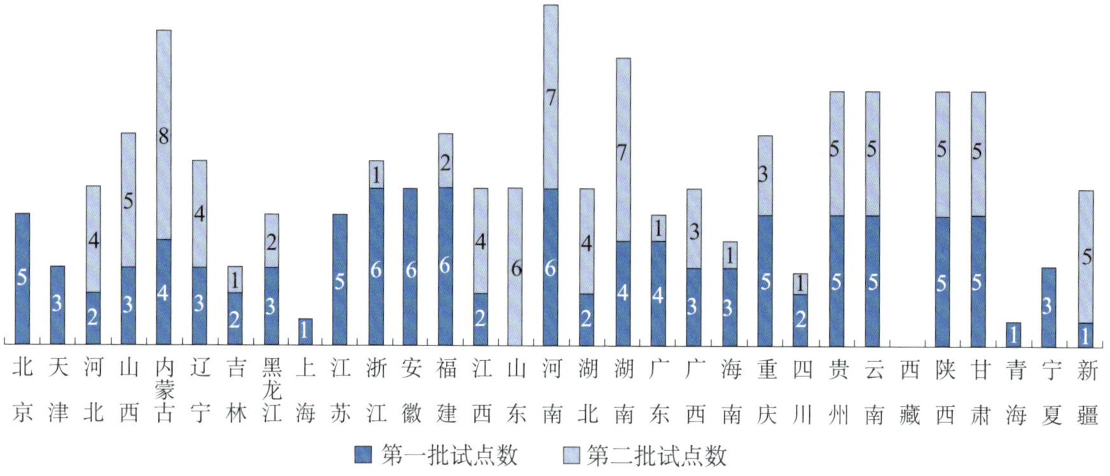

图 2–3　第一、二批增量配电业务改革试点分省分布情况

（四）电力交易机构

截至 2017 年年底，共成立 2 个区域性电力交易中心、32 个省级电力交易中心。北京电力交易中心由国家电网 100% 控股；广州电力交易中心由南方电网持股 66.7%，其他 5 方合计持股 33.3%；广东、昆明、贵州、广西、山西、湖北、重庆 7 个电力交易中心采取股份制方式组建，其他 25 家电力交易中心采用电网企业全资子公司模式组建。12 月，在南方电网的支持下，昆明电力交易中心全体人员与云南电网公司解除劳动关系，实施“人、财、物”独立运营的体制。

2017 年 11 月，北京、广州电力交易中心和全国 32 家省级电力交易中心联合在北京正式成立全国电力交易机构联盟。

三、电力市场交易

（一）全国电力市场交易

2017 年，国家电网、南方电网、内蒙古电力销售电量合计为 48661 亿千瓦时[1]，市场化交易电量（含发电权交易）合计为 16324 亿千瓦时[2]，市场化交易电量占电网销售电量（即销售电量市场化率）的 33.5%，占全国全社会用电量的 25.9%。

［1］ 来源于中电联行业统计数据。
［2］ 来源于中电联电力交易信息共享平台数据。

其中，省内市场交易电量合计13400亿千瓦时，占全国市场化电量的82%，省间（含跨区）市场交易电量合计2924亿千瓦时（按受端口径计入、不含西电东送协议电量），占全国市场化电量的18%。

分区域来看，华北、华东、南方区域市场交易电量规模超过3000亿千瓦时，分别占全国市场化交易电量的25.1%、24.6%、18.8%，三地区合计占全国市场化交易电量的70%。华北、南方、西北区域销售电量市场化率超过35%。上述区域对全国电力市场交易规模同比增长的贡献作用很大，对电力市场建设有引领作用。华中、东北区域销售电量市场化率相对较低，与华中区域水电比重较高、东北区域用电增速较慢等因素有关。2017年分区域市场化交易电量见图2-4。

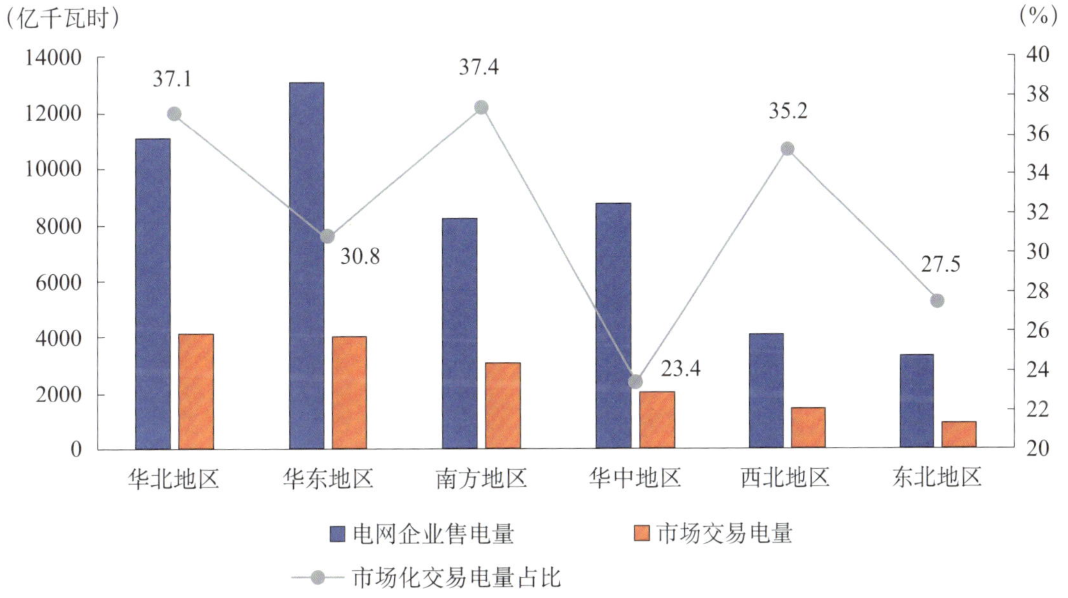

图2-4　2017年分区域市场化交易电量

分省来看，销售电量市场化率排序前三名的省级电网分别是蒙西（68.5%）、云南（65.7%）、贵州（54.0%）；电力市场交易电量规模排前三名的省份分别为江苏（1618亿千瓦时）、广东（1471亿千瓦时）和浙江（1302亿千瓦时）；外受电市场化交易电量排前三名的省份分别是浙江（515亿千瓦时）、（山东400亿千瓦时）和江苏（313亿千瓦时）。

2017年，省间（含跨区）市场化交易较上年活跃，市场化机制配置电力资源成效初步显现，省间交易电量占全国电力市场化交易电量的17.9%。华北、华东区域省间市场化交易电量占本区域市场化电量比重较高，分别达到24.3%、24.9%，主要是北京、上海、天津、河北贡献突出，其中三个直辖市的省间市场化交易电量占各自市场化交易电量的比重均超过60%。2017年分地区市场化交易电量情况见图2-5。

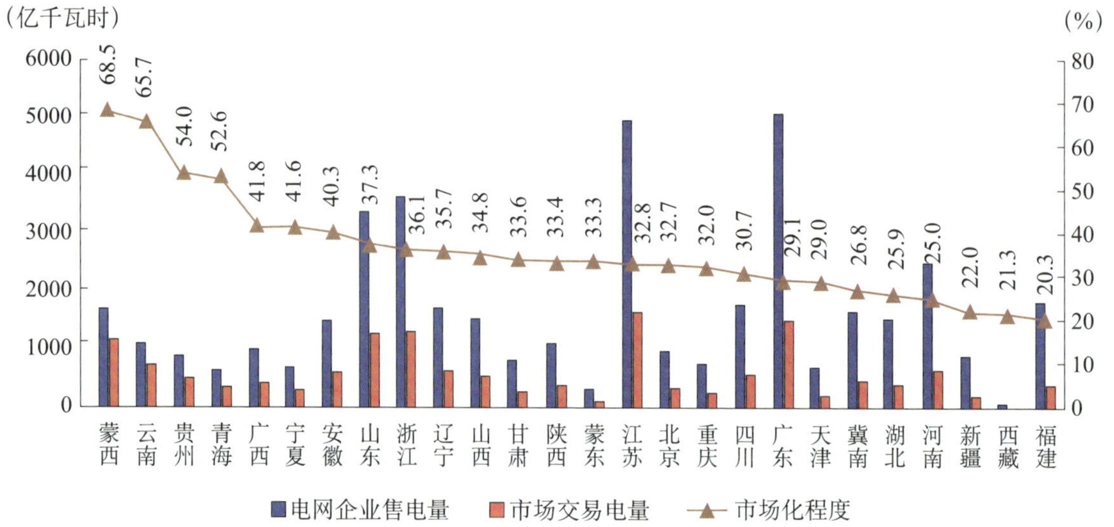

图 2-5　2017 年分地区市场化交易电量情况

（二）大型发电集团分类发电市场化交易规模

2017 年，10 家大型发电集团[1]合计市场化交易电量 10850 亿千瓦时（不含发电权交易），占全国市场化交易电量的 66%，占 10 家大型发电集团上网电量的 33%（即上网电量市场化率）；10 家大型发电集团省间（含跨区）市场化交易电量合计 1692 亿千瓦时，占其市场化交易电量的 16%。

2017 年 10 家大型发电集团各类电源上网电量及交易电量情况如下：

燃煤发电	燃气发电
• 煤电机组上网电量 22809 亿千瓦时，占其总上网电量的 69.2%； • 市场化交易电量 8240 亿千瓦时，市场化率为 36%，其中跨区、跨省外送市场化交易电量 737 亿千瓦时； • 煤电上网电量平均电价为 0.366 元 / 千瓦时，市场化交易（含跨区跨省市场化交易）平均电价为 0.326 元 / 千瓦时。	• 气电机组累计上网电量 656 亿千瓦时，占其总上网电量的 2.0%； • 2017 年大型发电集团气电机组参与市场交易的省份仅有广东省，其市场化交易电量为 16 亿千瓦时，平均交易电价为 0.660 元 / 千瓦时。
水电	**风电**
• 水电机组上网电量 5703 亿千瓦时，占其总上网电量的 17.3%； • 水电市场化交易电量 1764 亿千瓦时，市场化率达到 31%，其中跨区跨省交易电量约 817 亿千瓦时，占市场化交易电量的比重为 46%。	• 风电机组累计上网电量 1381 亿千瓦时，占其总上网电量的 4.2%； • 风电市场化交易电量 384 亿千瓦时，市场化率为 28%，其中跨区跨省交易电量约 104 亿千瓦时，占市场化交易电量的比重为 27%。

[1] 指参加中电联电力交易信息共享平台的华能集团、大唐集团、华电集团、国家能源集团、国家电投集团、三峡集团、中核集团、中广核集团、粤电集团和浙能集团。

续表

光伏发电	核电
• 光伏发电上网电量 183 亿千瓦时，占其总上网电量的 0.6%； • 市场交易电量 52 亿千瓦时，市场化率为 29%，其中跨区跨省交易电量 13.9 亿千瓦时，占其市场交易电量的比重为 27%。	• 核电发电上网电量 2216 亿千瓦时，占其总上网电量的 6.7%； • 市场交易电量 394 亿千瓦时，市场化率为 18%，其中跨区跨省交易电量 21 亿千瓦时。

注：1. 数据来源于参加中电联电力交易信息共享平台的 10 家中央及地方大型发电企业集团；
2. 煤电上网电量平均电价指计划与市场电量加权平均电价。

（三）大型发电企业分类发电市场化交易价格

2017 年，10 家大型发电集团各类电源平均市场化交易电价分别为：煤电 0.326 元 / 千瓦时、水电 0.221 元 / 千瓦时、风电 0.346 元 / 千瓦时、光伏 0.682 元 / 千瓦时、气电 0.660 元千瓦时、核电 0.361 元 / 千瓦时。其中，煤电平均交易价格较标杆电价降幅最大的是云南，其平均市场化交易电价为 0.207 元 / 千瓦时，与标杆电价相比降幅为 0.129 元 / 千瓦时；其次为广东、北京和山西，其平均市场化交易电价分别为 0.375 元 / 千瓦时、0.285 元 / 千瓦时、0.260 元 / 千瓦时，降幅均超过 0.070 元 / 千瓦时。

2017 年部分省区煤电平均市场化交易价格情况见图 2–6。

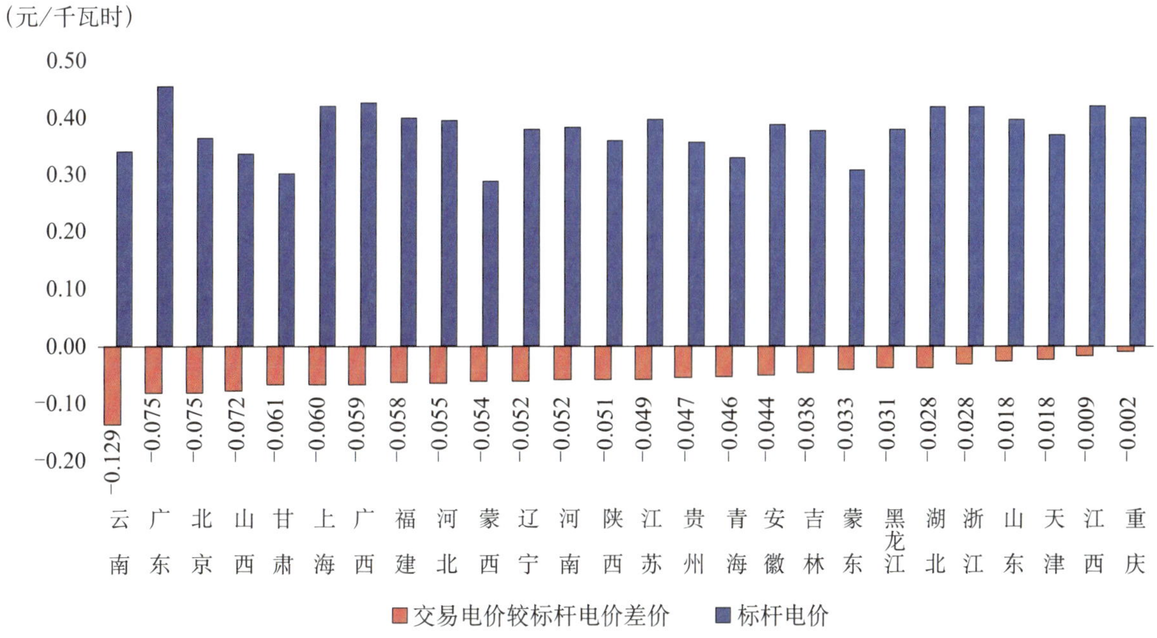

图 2–6 2017 年部分省区煤电平均市场化交易价格情况

第三节　电价政策与电价水平

2017 年，为扶持实体经济，助推企业产品转型升级，优化企业发展环境，在电价方面采取了“一改革、两降低、三取消”的政策措施，电力行业企业为社会让利取得了显著成效：

一改革	两降低	三取消
• 2017 年已实现输配电价改革省级电网（除西藏外）全覆盖。 • 累计核减电网准许收入约 480 亿元。	• 降低电价征收的政府性基金及附加：一是重大水利工程建设基金，二是大中型水库移民后期扶持资金。 • 征收标准降低 25%，降价金额 160 亿元。	• 一是取消了通过电价征收的城市公共事业附加；二是取消了电气化铁路还贷电价；三是取消了向发电企业收取的工业企业结构调整专项资金。 • 三项共涉及金额 800 亿元。

一、电价政策

（一）输配电价改革相关政策

2017 年，为了进一步推进输配电价改革，国家发展改革委共印发了四份文件：

《全面推进跨省跨区和区域电网输电价格改革工作的通知》

要求在省级电网输配电价改革实现全覆盖的基础上，组织开展区域电网输电价格核定工作。力争 2018 年年底前完成所有已核价跨省跨区专项输电工程成本监审和输电价格复核工作。

《区域电网输电价格定价办法（试行）》

区域电网输电价格原则上采用两部制电价形式。其中：电量电费反映区域电网提供输电服务的成本；容量电费反映区域电网为省级电网提供可靠供电、事故备用等安全服务的成本。

《跨省跨区专项工程输电价格定价办法（试行）》

跨省跨区专项工程输电价格形式按功能确定，执行单一制电价。

《关于制定地方电网和增量配电网配电价格的指导意见》

配电网配电价格可以选择招标定价法、准许收入法、最高限价法、标尺竞争法等方法中的一种或几种方法确定。

（二）风电项目上网价格政策

2017 年 5 月，国家能源局印发《开展风电平价上网示范工作的通知》，提出，2018 年 1 月 1 日之后，Ⅰ～Ⅳ类资源区新核准建设的陆上风电标杆上网电价分别调整为每千瓦时 0.40 元、0.45 元、0.49 元、0.57 元，比 2016—2017 年的电价每千瓦时降低 7 分、5 分、5 分、3 分。此外，还要求各省（市）结合本地区风能资源条件和风电产业新技术应用条件，组织各风电开发企业申报风电平价上网示范项目。

（三）光伏发电项目上网价格政策

2017 年 12 月，国家发展改革委印发《2018 年光伏发电项目价格政策的通知》，决定调整 2018 年光伏发电标杆上网电价政策。提出在 2018 年 1 月 1 日之后投运的光伏电站，一类、二类、三类资源区标杆电价每千瓦时分别由 2017 年的 0.65 元、0.75 元和 0.85 元降低为 0.55 元、0.65 元和 0.75 元，比调整前的标杆电价每千瓦时均下调 0.10 元。

2018 年 1 月 1 日之后投运的分布式光伏发电，对“自发自用、余电上网”模式，全电量补贴标准降低为每千瓦时 0.37 元，比现行补贴标准每千瓦时下调 0.05 元。村级光伏扶贫电站（0.5 兆瓦及以下）标杆电价、户用分布式光伏扶贫项目度电补贴标准保持不变。

二、电价水平

（一）煤电标杆电价

2017 年 6 月，财政部先后印发《关于降低国家重大水利工程建设基金和大中型水库移民后期扶持基金征收标准的通知》和《关于取消工业企业结构调整专项资金的通知》，国家发展改革委也印发《关于取消、降低部分政府性基金及附加合理调整电价结构的通知》，要求自 2017 年 7 月 1 日起，取消向发电企业征收的工业企业结构调整专项基金，将国家重大水利工程建设基金和大中型水库移民后期扶持基金征收标准降低 25%，腾出的电价空间用于提高燃煤电厂标杆上网电价，缓解燃煤发电企业经营困难。

2017 年各省份燃煤发电标杆电价情况见附录 2。

（二）新能源标杆电价

1. 陆上风电标杆电价

2016 年 12 月，国家发展改革委印发《关于调整光伏发电陆上风电标杆上网电价的通知》，调整陆上风电标杆上网电价。

全国陆上风电标杆上网电价见表 2-10。

表 2-10　全国陆上风电标杆上网电价

单位：元 / 千瓦时（含税）

资源区	陆上风电标杆上网电价			各资源区所包括的地区
	2015 年	2016 年	2018 年	
Ⅰ类资源区	0.49	0.47	0.40	内蒙古自治区除赤峰市、通辽市、兴安盟、呼伦贝尔市以外其他地区；新疆维吾尔自治区乌鲁木齐市、伊犁哈萨克族自治州、克拉玛依市、石河子市
Ⅱ类资源区	0.52	0.50	0.45	河北省张家口市、承德市；内蒙古自治区赤峰市、通辽市、兴安盟、呼伦贝尔市；甘肃省嘉峪关市、酒泉市；云南省
Ⅲ类资源区	0.56	0.54	0.49	吉林省白城市、松原市；黑龙江省鸡西市、双鸭山市、七台河市、绥化市、伊春市，大兴安岭地区；甘肃省除嘉峪关市、酒泉市以外其他地区；新疆维吾尔自治区除乌鲁木齐市、伊犁哈萨克族自治州、克拉玛依市、石河子市以外其他地区；宁夏回族自治区
Ⅳ类资源区	0.61	0.60	0.57	除Ⅰ类、Ⅱ类、Ⅲ类资源区以外的其他地区

注：2018 年 1 月 1 日以后核准并纳入财政补贴年度规模管理的陆上风电项目执行 2018 年的标杆上网电价。2 年核准期内未开工建设的项目不得执行该核准期对应的标杆电价。2018 年以前核准并纳入以前年份财政补贴规模管理的陆上风电项目但于 2018 年年底前仍未开工建设的，执行 2018 年标杆上网电价。2018 年以前核准但纳入 2018 年 1 月 1 日之后财政补贴年度规模管理的陆上风电项目，执行 2018 年标杆上网电价。

2. 光伏发电标杆电价

2017 年 12 月，国家发展改革委印发《2018 年光伏发电项目价格政策的通知》，调整 2018 年光伏发电上网电价。

2018 年全国光伏发电上网电价见表 2-11。

表 2-11　2018 年全国光伏发电上网电价

单位：元 / 千瓦时（含税）

资源区	2017 年	2018 年				各资源区所包括的地区
	光伏电站标杆电价	光伏电站标杆电价		分布式发电度电补贴标准		
		普通电站	村级光伏扶贫电站	普通项目	分布式光伏扶贫项目	
Ⅰ类资源区	0.65	0.55	0.65	0.37	0.42	宁夏，青海海西，甘肃嘉峪关、武威、张掖、酒泉、敦煌、金昌，新疆哈密、塔城、阿勒泰、克拉玛依，内蒙古除赤峰、通辽、兴安盟、呼伦贝尔以外地区

续表

<table>
<tr><th rowspan="3">资源区</th><th>2017 年</th><th colspan="4">2018 年</th><th rowspan="3">各资源区所包括的地区</th></tr>
<tr><th rowspan="2">光伏电站标杆电价</th><th colspan="2">光伏电站标杆电价</th><th colspan="2">分布式发电度电补贴标准</th></tr>
<tr><th>普通电站</th><th>村级光伏扶贫电站</th><th>普通项目</th><th>分布式光伏扶贫项目</th></tr>
<tr><td>Ⅱ类资源区</td><td>0.75</td><td>0.65</td><td>0.75</td><td rowspan="2">0.37</td><td rowspan="2">0.42</td><td>北京，天津，黑龙江，吉林，辽宁，四川，云南，内蒙古赤峰、通辽、兴安盟、呼伦贝尔，河北承德、张家口、唐山、秦皇岛，山西大同、朔州、忻州、阳泉，陕西榆林、延安，青海、甘肃、新疆除Ⅰ类外其他地区</td></tr>
<tr><td>Ⅲ类资源区</td><td>0.85</td><td>0.75</td><td>0.85</td><td>除Ⅰ类、Ⅱ类资源区以外的其他地区</td></tr>
</table>

注：1. 西藏自治区光伏电站标杆电价为 1.05 元 / 千瓦时。

2. 2018 年 1 月 1 日以后纳入财政补贴年度规模管理的光伏电站项目，执行 2018 年光伏发电标杆上网电价。

3. 2018 年以前备案并纳入以前年份财政补贴规模管理的光伏电站项目，但于 2018 年 6 月 30 日以前仍未投运的，执行 2018 年标杆上网电价。

4. 2018 年 1 月 1 日以后投运的分布式光伏发电项目，按上表中补贴标准执行。

（三）输配电价

全国输配电价改革试点全面完成，仅有新疆、黑龙江、蒙东、西藏的省级电网输配电价尚未公布。输配电价区域差异较大，华东、华北、华中地区高于西北、东北地区，尤其是北京、上海等地的输配电价居全国较高水平，贵州、云南等处于全国较低水平。

截至 2017 年年底已批复的省级电网输配电价见附录 3。

（四）销售电价

分别选择浙江、福建、湖北、四川、辽宁五个省份，作为东、中、西、东北地区典型省份销售电价供参考，具体见附录 4。

第四节 电力行业信用体系

电力行业信用体系建设是我国社会与能源信用体系建设的重要组成部分，信用制度的创建、完善和普及有利于打造电力行业高质量的发展环境。2017 年，在国家有关部委的推动和部署下，随着电力体制改革不断深化，行业信用体系建设工作取得积极成效。

一、政策环境

2017 年，政府有关部门为推动电力行业信用体系建设工作，在建立健全信用工作体系、联合奖惩制度、制定信用评价管理办法、推进市场主体信息采集等方面出台了一系列的政策性文件，为行业信用体系建设提供了政策保障。

2017 年国家出台的与行业信用体系建设相关的重要文件见表 2-12。

表 2-12　2017 年国家出台的与电力行业信用体系建设相关的重要文件

作用	文件名称	主要内容
建立健全信用工作体系	国家能源局关于成立能源行业信用体系建设领导小组的通知（国能发资质〔2017〕43 号）	成立能源行业信用体系建设工作领导小组，统一领导和统筹协调能源行业信用体系建设各项工作，全面推进能源行业信用体系建设 领导小组由国家能源局领导及有关司局，能源行业协会、中央企业的负责人组成
	国家发展改革委办公厅关于委托中国电力企业联合会开展电力行业信用体系建设有关工作的复函（发改办运行〔2017〕1492 号）	积极支持行业协会协同开展电力行业信用体系建设工作，充分发挥中电联的工作优势，协同政府部门加快推进电力行业信用体系建设工作 同意中电联作为电力行业市场主体相关备案信息共享单位，各级电力交易机构和市场主体应配合做好有关工作，加大电力行业市场主体信息备案、信息核查、信用信息平台建设、信用信息归集、信息安全保护等工作力度 配合政府部门加强守信联合激励对象和失信联合惩戒对象名单管理与制度建立，完善名单归集和发布的标准，初期由中电联负责名单归集和发布工作 推动行业标准出台，规范电力行业信用评价工作。支持电力行业信用评价标准纳入行业标准统一发布，通过实施信用评价增强信用约束成效 中电联作为受托单位，要与有关单位协同配合形成合力，加大投入，加强组织，促进电力行业信用体系建设不断完善
制定信用评价管理办法	国家能源局印发《能源行业市场主体信用评价工作管理办法（试行）》（国能发资质〔2017〕37 号）	明确了全国性能源行业组织作为信用评价机构，对从事煤炭、石油、天然气、电力、新能源和可再生能源等能源的生产、建设、输送、供应和服务等相关活动的法人和其他组织，根据能源行业各领域统一的评价标准开展信用评价 对信用评价标准、评价程序、动态管理、评价结果公开与应用、监督管理等内容做出规定

续表

作用	文件名称	主要内容
建立健全联合奖惩制度	国家发展改革委等17个部委联合印发《关于对电力行业严重违法失信市场主体及其有关人员实施联合惩戒的合作备忘录》(发改运行〔2017〕946号)	国家17个部委进行联合签署，对电力行业严重违法失信市场主体及其有关人员开展联合惩戒工作 建立健全失信联合惩戒机制，明确了联合惩戒的对象、措施、实施方式与动态管理，法律及政策依据与实施部门
	国家发展改革委 人民银行关于加强和规范守信联合激励和失信联合惩戒对象名单管理工作的指导意见（发改财金规〔2017〕1798号）	建立守信联合激励对象（“红名单”）和失信联合惩戒对象名单（“黑名单”）制度，完善守法诚信褒奖和违法失信惩戒的联动机制 科学制定联合奖惩对象名单的认定标准，严格红黑名单认定程序，规范名单信息的共享和发布，依据名单实施联合奖惩，构建自主自新的信用修复机制，建立健全诚信状况重点关注对象警示机制，依法依规退出名单，保护市场主体权益，加强个人隐私和信息安全保护
规范信用信息采集	能源行业信用信息数据归集工作方案（国能综通资质〔2017〕114号）	以能源行业市场主体的基本情况、良好记录、不良记录等信用记录为重点，依托能源行业信用信息平台，建立具备合法性、准确性和完整性的信用信息档案，实现信用信息电子化归集、存储、共享和数据化管理，进一步加强和规范信用信息数据归集工作 明确信用信息数据归集的内容、途径和方式，对历史数据与新产生数据归集的时间做出工作安排并提出了工作要求
	能源行业市场主体信用行为清单（2018版）(国能综发资质〔2017〕4号)	清单包括惩戒行为清单（法人）、惩戒行为清单（自然人）、激励行为清单（法人）、激励行为清单（自然人）四个部分 收录的法人受惩戒行为事项共127项，自然人受惩戒行为事项共50项，法人受激励行为事项共14项，自然人受激励行为事项共11项 每部分均由信用行为事项、类别、信用行为奖惩标准、信用行为分类、信用行为认定依据等要素构成

二、行业信用体系建设

国家发展改革委、国家能源局建立涉电力领域信用体系建设“5+5”协调机制，负责协调电力行业信用工作，并将电力行业树立为行业信用体系建设的标杆，运用“三件套”（落实联合惩戒备忘录、认定公布黑名单、抓好重点关注名单）和“四连环”（信息采集、信息公示、信用承诺、信用监管）工作体系，实现信用建设工作的不断深化。

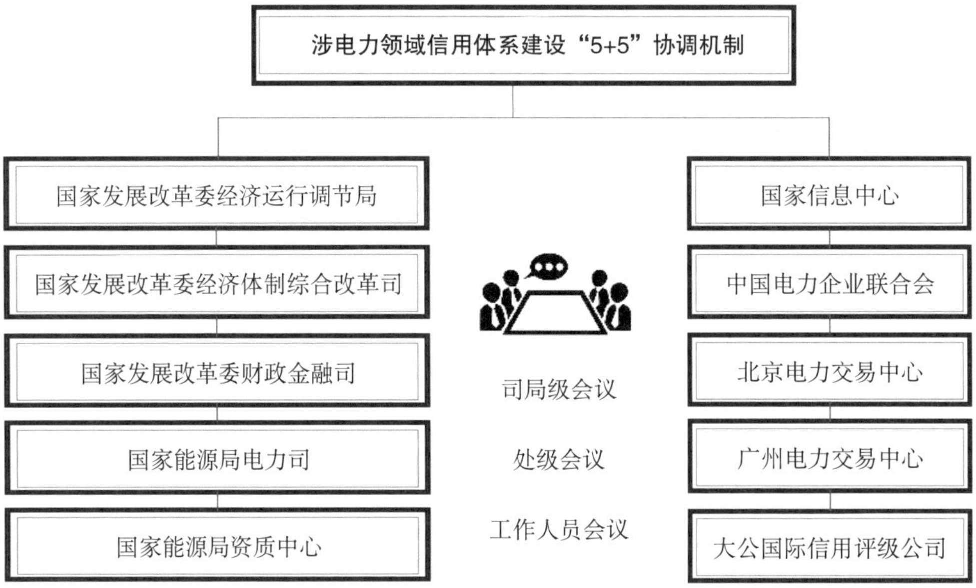

2017 年 7 月 18 日，中电联在北京组织召开以“弘扬诚信精神 培养信用电力 开创电力行业信用体系建设新局面”为主题的电力行业信用体系建设工作会议，全面推进电力行业信用体系建设。

2017 年 12 月 8 日，国家能源局召开能源行业信用体系建设领导小组会议，国家电网公司作为电力企业代表、中电联作为电力行业协会代表与国家能源局签署信用信息共享合作备忘录。

（一）建立完善组织体系

截至 2017 年年底，电力行业已形成机构较为齐全、职责分工明确的信用体系建设组织体系，电力行业信用体系建设组织机构与职责分工见图 2-7。

1. 机构设立情况

截至 2017 年年底，电力行业信用体系建设办公室已在华北（北京）、华东（上海）、内蒙古、黑龙江、吉林、辽宁、山东、山西、甘肃、青海、新疆、河南、江苏、湖北、湖南、江西、云南、贵州、四川、广西、广东（含佛山）、福建、海南、安徽、浙江等 25 个省份设立了评价中心，各评价中心按照行业信用体系建设有关要求，全面推进当地工作。

2. 专家队伍建设

建立完善信用专家智库，吸引行业优秀人才加入电力行业信用体系建设专家队伍。截至 2017 年年底，行业已汇集 300 多名专业素质高、业务技术精、创新能力强的信用评价核心专家队伍，专家的专业覆盖了企业管理、安全生产、财务管理、

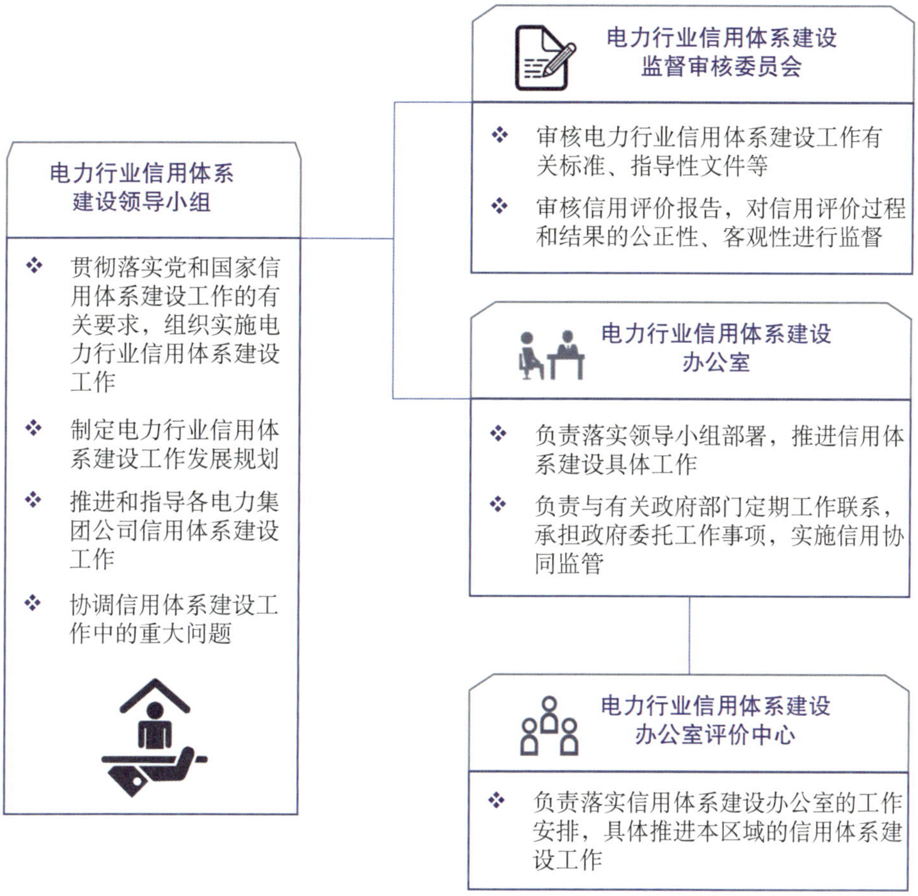

图 2-7 电力行业信用体系建设组织机构与职责分工

人力资源等领域。建立电力行业信用评价师资队伍，对 2300 余名从事信用评价的工作人员进行信用评价业务专项培训，为行业信用体系建设提供人才保障。

（二）建立健全制度体系

在 2014 版《电力企业信用评价规范（DL/T 1381-2014）》《电力行业供应商信用评价规范（DL/T 1383-2014）》等行业标准的基础上，结合电力工业发展以及电力体制改革对信用体系建设的最新要求，升级编制《涉电力领域市场主体信用评价规范》（以下简称“《规范》”），第一批升级编制的规范包括发电、电网、设计、建设、售电、电能服务、电力大用户等 7 个专业领域。《规范》根据各专业特点，重点围绕企业在生产经营活动和履行社会责任过程中的守信意愿、守信能力、守信表现 3 个方面展开，并对信用等级直接降为 C 级的情形进行定义。《规范》已按国家发展改革委、国家能源局等有关部门要求进行上报，审批后将形成电力行业信用评价全国统一标准。

2017 年升级编制的《涉电力领域市场主体信用评价规范》各专业评分细则核心指标内容见图 2-8。

图 2-8　2017 年升级编制的《涉电力领域市场主体信用评价规范》各专业评分细则核心指标内容

（三）开展行业信用评价

评价数量　依据《电力企业信用评价规范》等行业标准，对全国 77 家企业开展信用评价初评工作，对 76 家企业开展信用评价复评工作。

评价结果　初评企业中 AAA 级 35 家、AAA- 级 25 家、AA+ 级 12 家、AA 级 5 家；复评企业中 AAA 级 68 家、AAA- 级 3 家、AA+ 级 2 家、AA 级 2 家、A 级 1 家。

开展试评价　在售电市场发展较为活跃的广东省选择了 8 家具有代表性的售电公司进行信用试评价，验证了《售电公司信用评价规范》的适用性。

加强监管　根据《能源行业市场主体信用评价工作管理办法（试行）》，电力行业信用评价结果有效期规定为 2 年，有效期满前 3 个月，市场主体申请信用复评；有效期满后，市场主体未申请信用复评的，评价结果逾期作废，2017 年共有 31 家企业因逾期未参加复评而被取消信用等级。电力行业对市场主体信用评价结果进行动态监测、追踪与信用评价复查，加强对企业信用情况的监管力度。

（四）信用信息采集与管理

根据《售电公司准入与退出管理办法》提出的“一注册”“一承诺”“一公示”“三备案”及《国家发展改革委办公厅关于委托中国电力企业联合会开展电力行业信用体系建设有关工作的复函》的有关要求，截至2017年年底，中电联在全国范围内归集了2314家售电公司注册信息，其中，从北京电力交易中心归集售电公司注册信息1987家，广州电力交易中心290家，内蒙古电力交易中心37家，为行业实现信用动态监管提供数据支撑。

售电公司注册信息数量分布见表2-13。

表2-13 售电公司注册信息数量分布

地区	数量（家）	地区	数量（家）	地区	数量（家）	地区	数量（家）
北京	233	河北	199	山西	127	山东	390
安徽	138	江苏	71	湖南	107	河南	196
江西	58	四川	108	重庆	66	辽宁	58
吉林	33	内蒙古	111	陕西	40	甘肃	68
宁夏	24	青海	5	新疆	29	广东	100
广西	122	云南	42	贵州	26	海南	—

（五）宣传窗口建设

1.“信用电力”网站与信息平台建设

2017年年底，以电力行业市场主体信用信息备案、采集、信用评价等重点工作内容为载体，开发建设的“信用电力”网站与信息平台一期正式部署上线并投入使用，实现行业市场主体信用信息备案、采集、公示、查询、政策发布等功能。

“信用电力”网站与信息平台主要功能模块见图2-9。

图2-9 “信用电力”网站与信息平台主要功能模块

2. 对外宣传

2017 年 8 月，“信用电力”微信公众号完成创建，共发布电力行业信用工作动态 70 余篇，编制、印发《电力行业信用体系建设工作简报》18 期。

（六）涉电力领域严重失信问题专项治理

按照国家发展改革委《关于梳理报送涉电领域严重失信主体名单的通知》要求，对电力规划、建设、生产、输配、交易、经营、使用过程中存在严重失信行为的机构、企业和个人进行收集、梳理，共归集失信行为记录 621 条。

对涉电力领域信用体系建设“5+5”协调机制成员单位报送的 4000 余条失信记录进行分类归集，失信行为集中表现在合同履约、拖欠电费、安全环保、信息公布等多个方面。通过公开共享电力行业严重违法失信企业信用信息，强化信用约束，推进电力行业依法诚信经营。

（七）建立信用承诺机制

2017 年 7 月 18 日，《信用电力自律公约》签约仪式在电力行业信用体系建设工作会上举行。华能集团、大唐集团、华电集团、国家能源集团、国家电投集团、三峡集团、中国能建集团等 114 家电力行业市场主体成为首批签约单位，其中电力行业新兴市场主体 68 家。截至 2017 年年底，已有 321 家企业签署公约，并在“信用中国”“信用电力”等网站进行公示，接受社会公众监督。

截至 2017 年年底已签署《信用电力自律公约》企业的专业分布见图 2-10。

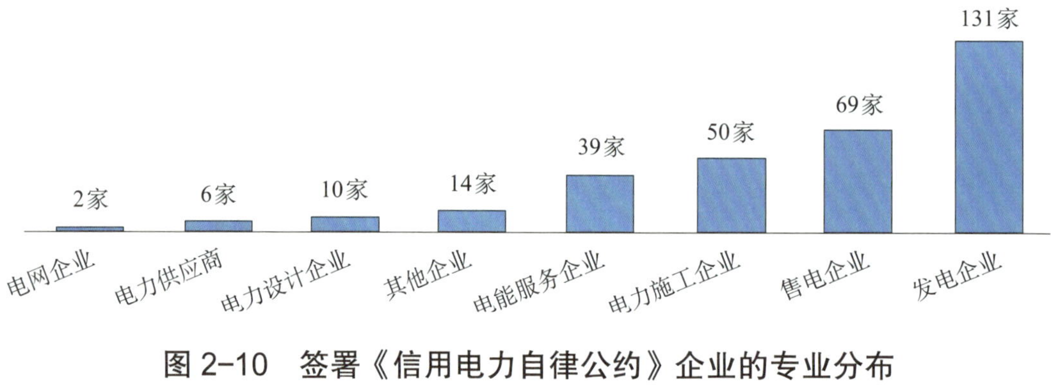

图 2-10　签署《信用电力自律公约》企业的专业分布

三、企业信用体系建设

电力企业高度重视信用体系建设工作，积极响应国家社会信用体系建设重大部署，认真贯彻国家关于行业信用体系建设要求，积极参与行业信用体系建设，在参与政策文件与行业标准制定，完善公司相关规章制度，加强和创新企业治理，提升企业信用水平，降低电力市场交易成本，增强全员诚信意识，推动建立客观、公正、合理的企业信用评级等方面开展了卓有成效的工作。

国家电网案例

总体思路

一平台	三应用	四面向
• 建立公司统一的信用信息平台。	• 内部应用； • 外部应用； • 管理应用。	• 面向国家和行业信用工作要求； • 面向公司总部业务管理； • 面向公司各单位实际业务需要； • 面向与公司系统外部信用信息互通共享。

公司顶层设计

• 研究编制《国家电网公司信用体系建设三年规划（2018—2020）》（初稿）； • 分析公司信用体系建设面临的形势与社会需求，明晰建设的总体指导思想和基本原则，规划重点和实施路径等。	• 研究制定《国家电网公司 2017 年信用体系建设工作意见》和《国家电网公司 2017 年信用体系建设实施方案》； • 推动公司信用体系建设在“四大业务板块”的落地实施并取得实质性进展。
• 研究制定《国家电网公司信用体系建设管理办法》（初稿）； • 明确目标任务、责任分工、工作流程、评价规则和管理要求，统一规范公司信用体系建设工作。	• 研究制订《国家电网公司信用评价规范（试行）》（初稿）； • 为公司建立健全合规管理体系、履行合规责任、打造诚信文化建立了规范奠定了基础。

积极探索实践，打造“诚信国网”

- **电力市场交易方面**　制订《电力市场主体注册管理办法》，对已注册的发电企业、用户、售电企业等市场主体进行信用监督。信用评级机构记载有不良记录的，将纳入主管部门“黑名单”。
- **物资供应商管理方面**　加强供应商资质能力核实和绩效评价，加大对供应商不良行为的处理力度，强化招标采购管理，实施电子化全过程阳光采购，体现“质量优先、价格合理、诚信共赢”的招标采购理念。
- **用户信用评价及反窃电方面**　以国网浙江电力为试点，开展基于大数据分析的用户信用评价研究，防范欠费风险；以国网天津、上海电力为试点，将用户窃电行为纳入社会信用体系建设范畴，维护国家公共财产安全。
- **弘扬信用文化方面**　组织干部员工学习领会“诚信”内涵。编印《企业文化手册》，发布员工守则和基本礼仪规范。开展“最美国网人”评选，积极参与道德模范推荐评选，为员工树立讲诚信标杆。

开展信用体系建设工作优秀典型案例

- **天津公司** “五步法”创新物资业务领域信用体系建设：明确内涵，厘清边界，构建体系，设计模型，实践修订。
- **山东公司** 多措并举深化融合营销、物资业务领域信用体系建设，以“激励守信、惩戒失信”为原则构建省域电费征信体系；探索开展物资领域供应商生产质量、诚信履约、服务能力信用信息数据收集。
- **江苏公司** 以大数据推进财务业务领域信用体系建设，构建财务信用评价理论模型，利用公司近 3 年相关业务同业对标数据进行模型信度验证，以“资金流”为主线，探索营销和物资等业务对财务信用影响的关键因子。
- **浙江公司** “上下联动、内外结合”深入探索营销业务领域信用体系建设，以客户窃电行为全面纳入社会信用体系为基础，全方位收集营销专业上下游各利益相关方信息；注重内部专业协同和社会信息资源共享；注重与外部社会资源整合，建立与税务、金融等其他专业机构沟通共享机制。

南方电网案例

信用管理制度建设

- 制定完善《合同管理办法》《档案管理办法》《档案管理业务指导书》等管理制度及配套作业标准。
- 广州电力交易中心制定《南方区域售电公司市场注册规范指引》《南方区域电力市场信用体系建设业务协同推进工作方案》。
- 广东、昆明、贵州交易中心已开始建立与保证金、银行保函等挂钩的信用评价机制来约束市场主体未签三方合同、倒欠电网公司偏差费用等违约、违规行为。

信用管理系统建设情况

- 各交易中心积极推进交易信息系统建设，就市场主体的各种交易行为进行记录考核；
- 公司合同管理、档案管理已完成信息化建设，纳入公司“6+1”企业级信息系统，实现了合同及档案全过程信息化管理，夯实了信用体系建设基础。

守信激励、失信惩戒方面的工作情况

- 全面清理区域内市场主体注册情况，重点梳理涉及电力市场交易违约、拖欠电费、不服从电力调度指令、妨害电力安全生产等方面的严重失信主体；
- 2017 年南方电网区域内严重失信主体 13 家，不服从电力调度指令的电厂 2 家，长期拖欠电费企业 11 家。

诚信道德教育及宣传建设情况

- 将“诚信”作为公司的核心价值导向，把诚信作为公司发展必须遵循的基本规则，作为公司品牌塑造的基本法则，使诚信成为公司经营的灵魂；
- 开展公平、公开、公正采购，保障供应商和承包商权益，开展加强供应商诚信管理专项整治行动；
- 下属各级单位积极践行“诚信”理念，广东佛山供电局联合属地电力行业协会，成立全国首个市级信用评价中心，推动区域“信用电力”迈出实质性一步。
- 运用多种方式对诚信理念予以宣贯，融入行为识别体系，倡导诚信理念；
- 制定《公司员工守则》《电网工程建设员工安全施工行为规范》等员工行为规范；

诚信道德教育及宣传建设情况

- 融入教育培训体系，突出诚信教育和要求，引导员工诚信做人，规矩做事；
- 融入企业文化活动，培育诚信行为，开展“唱响我们的价值观”“我为总纲代言”“同心结南网”等企业文化活动；
- 融入典型选树标准，树立诚信导向，把诚信作为评先选优活动的重要标准。
- 广东电网电力科学研究院、广东电网河源供电局、广东电网佛山供电局、云南电网电力科学研究院等多家企业获得电力行业信用企业 AAA 等级。

华能集团案例

基本原则

• 服务国家； • 树立品牌。	• 实事求是； • 规范务实。	• 全员参与； • 持续改进。	• 分步实施； • 防控风险。

建设现状

集团本部方面

- 首批《信用电力自律公约》签约单位；
- 组建独立的信用体系建设领导小组；
- 信用体系建设涵盖的各个专业在企业内部有相应的制度标准，集团公司层面下达与信用评价指标直接相关的一类管理制度 45 项；
- 编制专项信用体系指标管理办法；
- 建立信用信息平台。

区域公司、基层电厂方面

- 两家区域分公司、八家基层电厂成立了独立的信用体系建设领导小组，初步建立起信用体系工作机制；
- 山东分公司、海南分公司、长春热电厂、九台电厂、日照电厂、济宁电厂、嘉祥发电、曲阜热电、白杨河发电、左权煤电获得 AAA 级信用企业称号；
- 其他区域公司和电厂目前正处于信用体系完善阶段或评估准备阶段。

建设目标

总体目标

- 建立完备的集团信用管理体系，本部及所属各单位全部获得 AAA 级信用认证。

近期目标	中期目标	远期目标
• 2018 年 12 月 31 日之前初步建立公司信用体系，包括组织机构、管理标准、制度规范等； • 开展信用信息平台建设； • 开展人才的选拔培养工作； • 实现 80% 的省级公司和 60% 的直属单位通过 AAA 级信用评估。	• 2019 年 12 月 31 日前进一步对现有信用体系及相关工作进行完善和纠偏； • 对选拔出的人才进行重点培养；对集团所属各区域公司及重点电厂进行自评价，开展将评价结果纳入绩效考核的试点工作； • 做好信用信息系统的上线及试运行；所属各单位全部完成信用测评。	• 2020 年 12 月 31 日前进一步健全完善信用体系和考核制度，奖惩机制全面发挥作用，广泛应用在市场准入、工程招标、电量交易、物资采购、环境保护、捐资助学以及评级评优等方面； • 建立信用评价专家库； • 信用建设形成持续改进、不断完善的良性发展模式。

国家电投集团案例

基本原则

- 积极响应；
- 全员共建。
- 健全法制；
- 规范发展。
- 强化管理；
- 重在应用。

建设目标

- 到 2020 年，建成比较完善的企业信用基础性规章制度和标准体系，信用监管体制基本健全，守信激励和失信惩戒机制全面发挥作用；
- 集团公司全体员工诚信意识普遍增强，企业在国内外的生产经营和投资活动的信用良好，信用评级等级高，违法失信风险可控、在控。

守信激励、失信惩戒方面开展的工作情况

生产安全领域

- 建立生产安全事故隐患排查治理、安全监督等安全生产制度，完善安全生产承诺和安全生产不良信用记录及安全生产失信行为惩戒制度。

企业经营领域

- 制定企业各类产品生产经营各项管理制度和标准，制定财务管理各项制度，并在全集团公司系统内严格执行，及时监督和检查，确保按合同办事和履约。

招投标领域

- 大力推进招投标信息公开，加强供应商管理，加大对供应商不良行为处置力度，加强招标投标相关信息资源整合，推动招标投标相关信息的共享。

工程建设领域

- 提出对工程建设各方主体和从业人员信用标准要求；
- 加大对发生重大工程质量、安全责任事故或有其他重大失信行为的企业及负有责任的从业人员的惩戒力度；
- 建立企业和从业人员信用评价结果与资质审批、执业资格注册、资质资格取消等审批审核事项的关联管理机制；
- 逐步建立科学、有效的建设领域从业人员信用评价机制和失信责任追溯制度，将肢解发包、转包、违法分包、拖欠工程款和农民工工资等列入失信责任追究范围。

环保管理领域

- 积极响应污染物达标排放、持证排污等多方面的要求，做好环保管理工作。

综合统计领域

- 制定统计管理规定和统计报表制度，开展企业诚信统计承诺活动，营造诚实报数光荣、失信造假可耻的良好风气。

劳动用工领域

- 建立各类人事管理制度，进一步落实和完善企业劳动保障守法诚信制度。

第三章　电力工程建设

第一节　电源工程

一、基建投资

（一）总体情况

2017 年，电力供需形势持续宽松，国家防范化解煤电产能过剩风险、继续推进电力绿色发展，电源投资大幅下降，结构持续优化。全国主要电力企业电源工程建设完成投资 2900 亿元，为 2011 年以来最低，同比下降 14.9%。

2011—2017 年电源工程建设完成投资及增速见图 3-1。

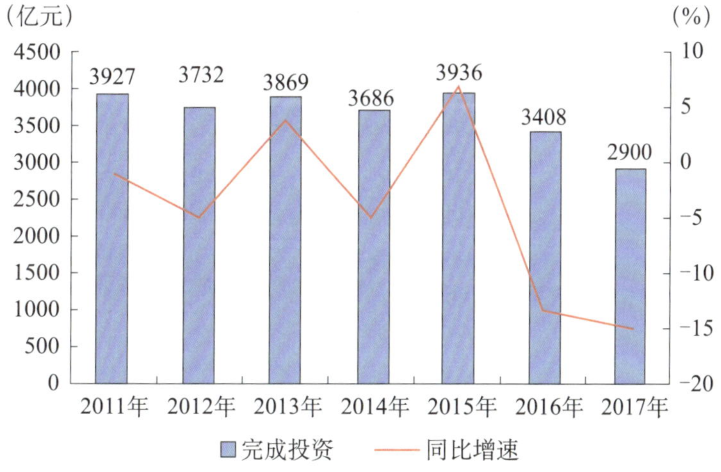

图 3-1　2011—2017 年电源工程建设完成投资及增速

（二）分类型情况

分类型看，与上年比，除太阳能发电完成投资同比增长 18.2%、水电投资略高于上年外，火电、风电投资均大幅下降。

2016 年、2017 年分类型电源工程建设完成投资及增速见图 3-2，完成投资占电源总投资比重见图 3-3。

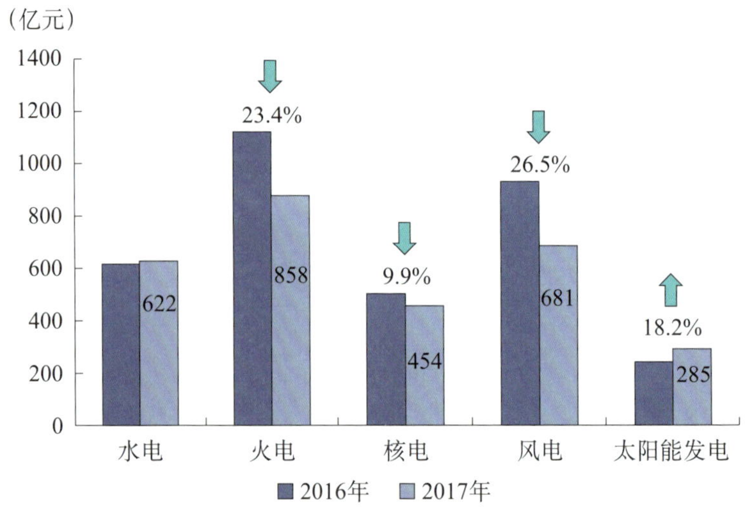

图 3-2　2016 年、2017 年分类型电源工程建设完成投资及增速

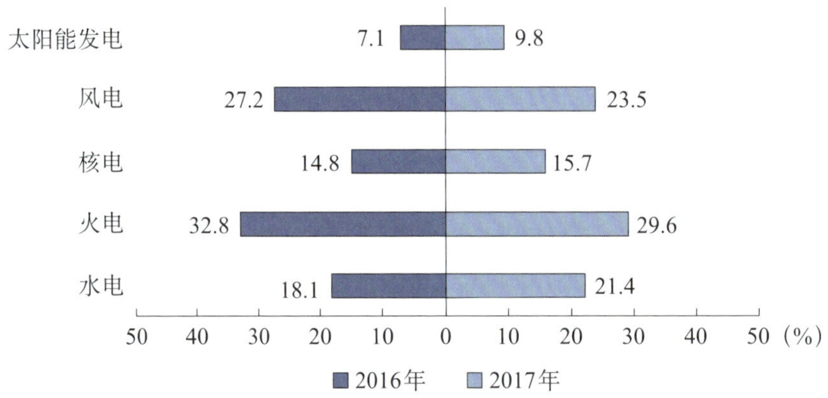

图 3-3　2016 年、2017 年分类型电源工程建设完成投资占电源总投资比重

水电投资与上年基本持平，抽水蓄能投资创历史新高　受西南水电开发难度和成本明显上升、弃水问题突出等因素影响，全国水电新开工项目明显减少，导致 2013—2016 年水电投资连续四年减少。2017 年，水电（含抽水蓄能发电）完成投资 622 亿元，主要是 2016 年、2017 年分别新开工 24 台和 26 台抽水蓄能机组，全年抽水蓄能电站建设完成投资 142 亿元，同比增长 68.6%，是历年抽水蓄能电站建设投资最多的一年。

2011—2017 年水电工程建设完成投资见图 3-4，抽水蓄能电站投资占水电总投资比重见图 3-5。

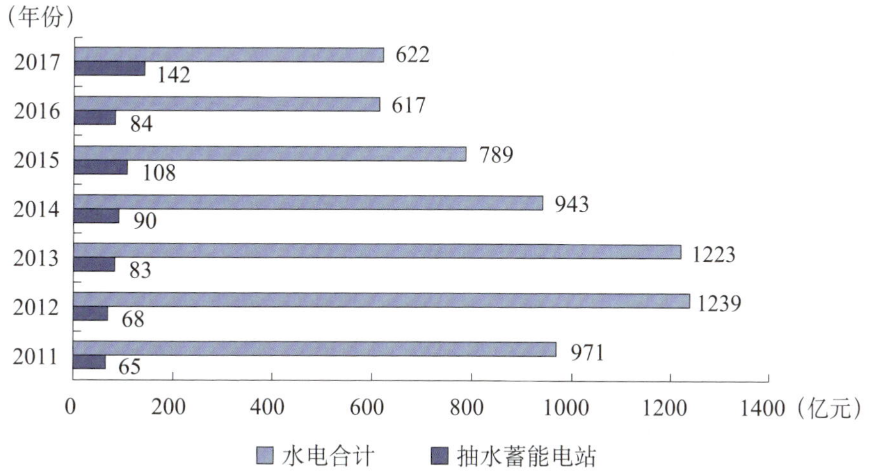

图 3-4 2011—2017 年水电工程建设完成投资

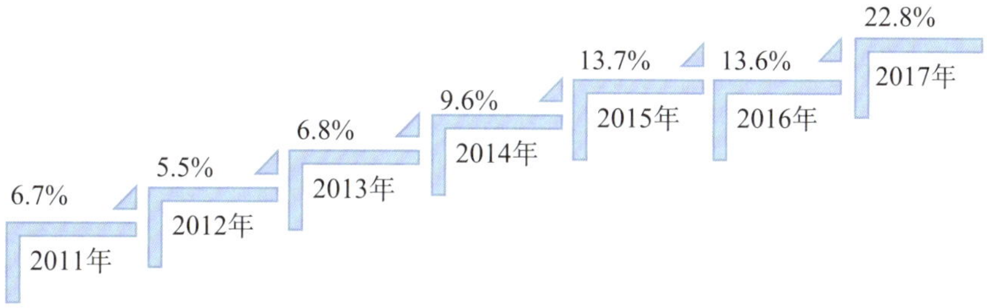

图 3-5 2011—2017 年抽水蓄能电站投资占水电总投资比重

火电及其煤电投资规模大幅下降，为近十年来最低水平 2017 年，国家大力推进防范化解煤电产能过剩风险工作取得成效，全年燃煤发电投资 706 亿元，同比下降 27.4%，带动火电投资（2017 年为 858 亿元）同比下降 23.4%；2017 年，火电及其煤电投资均为 2006 年以来最低水平。全国燃气发电投资完成 144 亿元，与上年持平。

2011—2017 年火电工程建设完成投资见图 3-6。

核电投资为 2009 年以来最低水平 随着核电项目逐渐投产运行，加之近几年新开工项目规模较小，2017 年核电建设仅完成投资 454 亿元，同比下降 9.9%，为 2009 年以来最低。

新能源发电投资向东、中部地区转移 全年新能源发电投资规模 966 亿元，同比下降 17.3%。其中，风电投资 681 亿元，同比下降 26.5%，已经连续 2 年规模减小；太阳能发电投资 285 亿元，同比增长 18.2%，已连续四年增长。东、中部地区风电、太阳能发电投资占全国风电、太阳能发电投资的比重分别为 69.8% 和 70.2%，分别比上年提高 15.5 和 15.9 个百分点；西部、东北地区风电、太阳能发电投资占

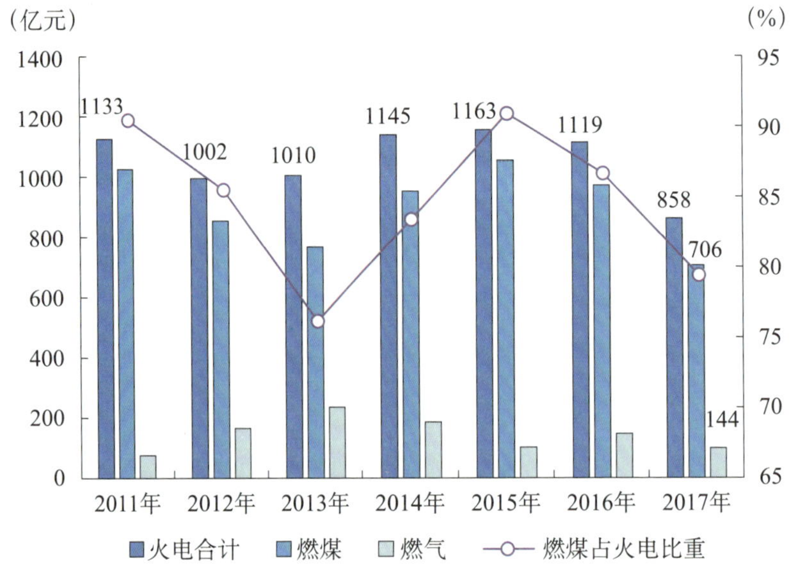

图 3-6　2011—2017 年火电工程建设完成投资

比分别为 30.2% 和 29.8%，分别比上年降低 15.5 和 15.9 个百分点；新能源投资持续向东中部地区转移。

（三）分区域分省份情况

1. 分区域投资

与上年相比，2017 年除东北和华中区域外，其他四区域电源投资均有所下降。从各区域投资特点看，华北区域以火电和风电投资为主，分别占全国同类型投资的 27.4% 和 31.6%。东北区域投资规模最小。华东区域以核电、风电投资为主，分别占全国同类型投资的 45.0% 和 26.4%。华中区域以清洁能源发电投资为主，清洁能源发电投资占本区域电源投资的 82.4%。西北区域主要以火电投资为主，占全国同类型投资的 18.5%，该区域风电投资延续上年的下降态势，2017 年大幅下降 71.9%，带动西北区域电源投资大幅下降 47.2%。南方区域核电投资占全国同类型投资的 34.9%。

2016 年、2017 年分区域电源工程建设完成投资及增速、占全国投资比重分别见图 3-7 和图 3-8，2017 年分区域分类型电源工程建设完成投资见图 3-9。

2. 分省份投资

2017 年，四川、江苏、广东、河北、山东、福建、浙江、辽宁、云南、内蒙古 10 个省份电源投资超过 100 亿元，其合计电源投资占全国电源投资的 66.0%。其中，四川、云南以水电投资为主，江苏、广东、福建以核电投资为主，河北、山东、内蒙古以火电投资为主。

2017 年分省份电源工程建设完成投资及增速见图 3-10。

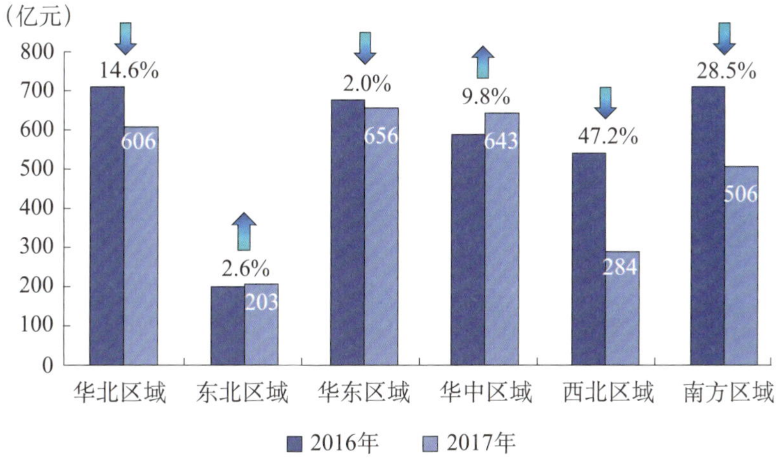

图 3-7　2016 年、2017 年分区域电源工程建设完成投资及增速

注：西藏计入西北区域，蒙东计入东北区域，蒙西计入华北区域，下同。

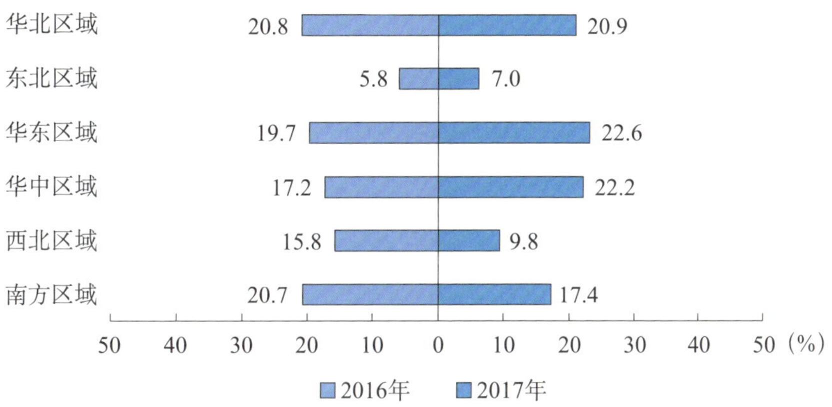

图 3-8　2016 年、2017 年分区域电源工程建设完成投资占全国比重

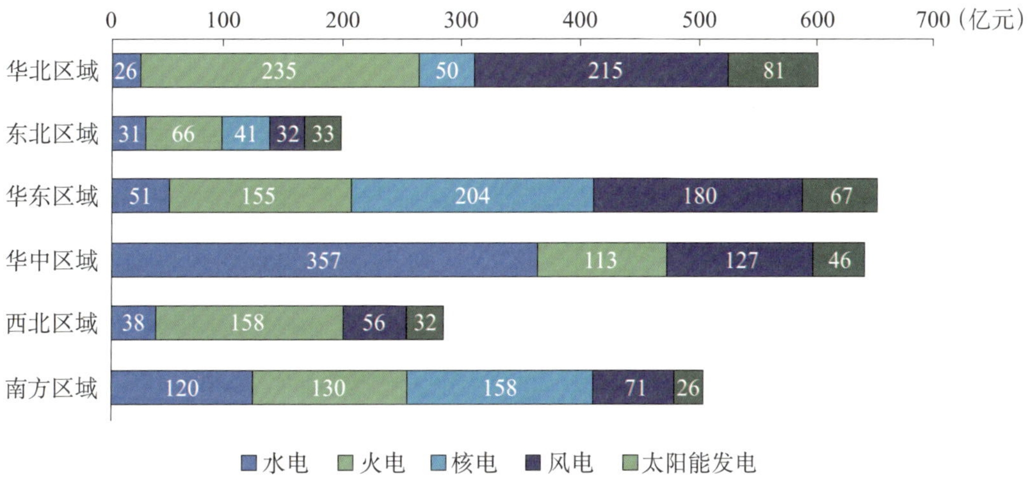

图 3-9　2017 年分区域分类型电源工程建设完成投资

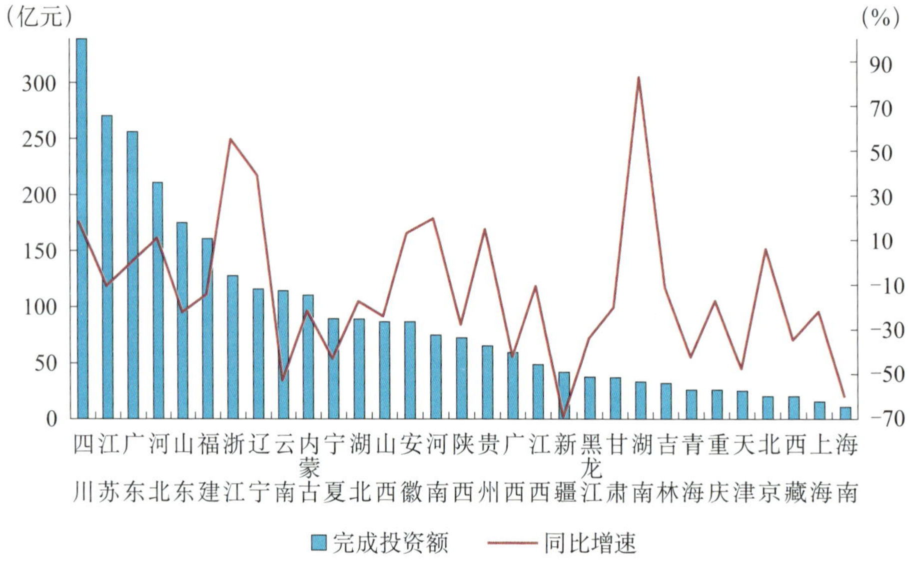

图 3-10　2017 年全国分省份电源工程建设完成投资及增速

水电投资主要集中在四川　四川水电投资 324 亿元，比上年增加 20.9%，占全国水电投资的 52.1%；云南水电投资 89 亿元；浙江、广东、河北、安徽、山东抽水蓄能电站项目投资超过 10 亿元。

火电投资分布相对集中　广东、河北、宁夏、内蒙古、江苏火电投资超过 50 亿元，5 省火电合计完成投资 381 亿元，占全国火电投资的 44.4%。国家实施化解煤电产能过剩措施效果显现，17 个省份煤电投资同比下降，其中山东、宁夏比上年分别减少 59 亿元和 53 亿元，分别比上年下降 59.3% 和 41.5%；河北、内蒙古、江苏、山东煤电投资超过 40 亿元，主要集中在东部和西部省份；气电投资完成最多的省份是广东（64 亿元）、北京（20 亿元）、江苏（16 亿元），3 省合计占全国气电投资的 69.9%；国家深入实施大气污染防治行动计划，京津冀及周边省份气电投资规模逐步扩大，北京、天津、河北、山西、河南、山东 6 省份气电投资合计 47 亿元，比上年增长 26.4%。

2017 年 5 省份火电完成投资及占全国比重情况见图 3-11；2017 年全国分省份气电完成投资情况见图 3-12。

各省核电投资规模同比缩小　由于连续 2 年没有新开工项目，在建规模缩小，有核电项目的 7 个省份的核电投资均不同程度缩小。广东、江苏、福建 3 省合计核电投资占全国核电投资的 66.2%。

2017 年广东、江苏等 7 省份核电完成投资及占全国比重见图 3-13。

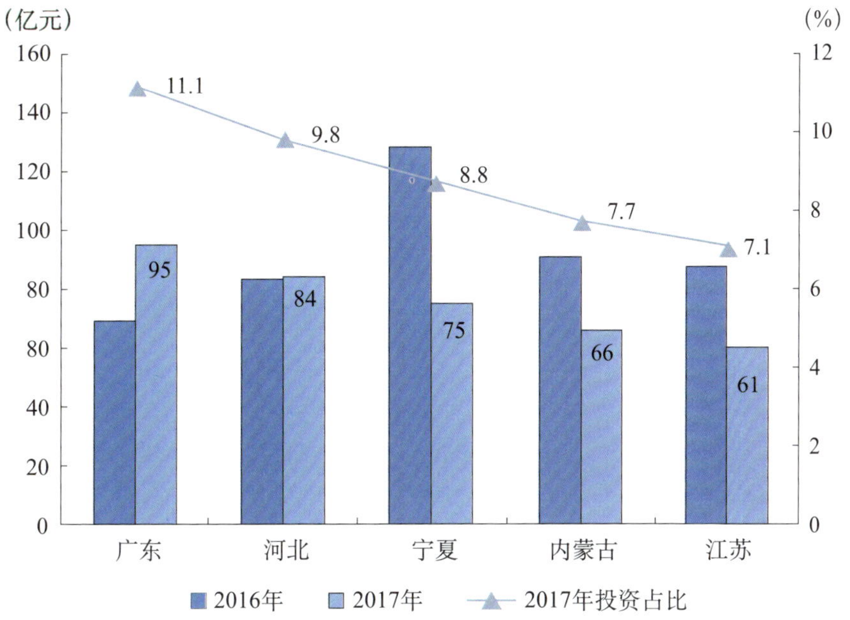

图 3-11　2017 年 5 省份火电完成投资及占全国比重

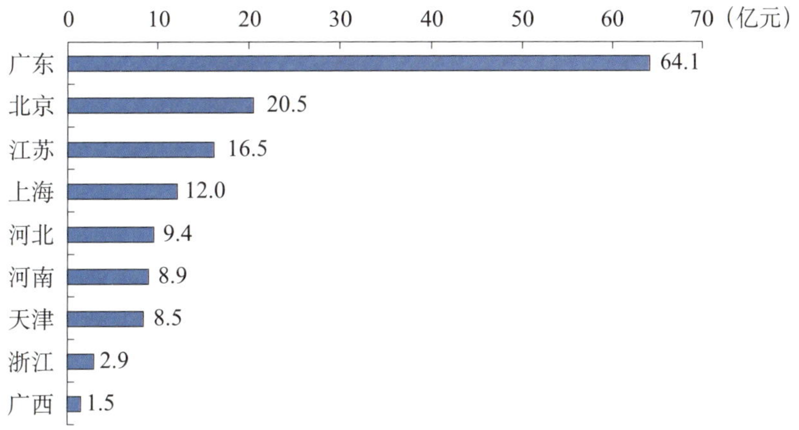

图 3-12　2017 年全国分省份气电完成投资

	广东	江苏	福建	山东	辽宁	浙江	广西
完成投资额（亿元）	128	97	76	50	41	32	31
占　比（%）	28.1	21.4	16.6	11.0	9.1	6.9	6.7

图 3-13　2017 年广东、江苏等 7 省份核电完成投资及占全国比重

东、中部省份风电投资占比较大 河北、江苏、山西、福建、内蒙古、山东、河南、陕西风电投资超过30亿元，8省共计完成风电投资430亿元，占全国风电投资的63.2%。东、中部地区风电投资所占比重分别47.5%和22.3%，同比分别提高12.2和3.3个百分点。风电投资建设向东中部转移趋势愈加明显。

2016年、2017年分地区风电完成投资占比见图3-14。

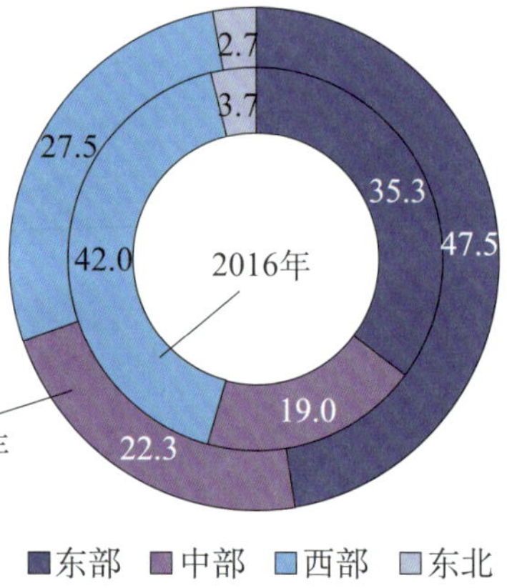

图3-14　2016年、2017年分地区风电完成投资占比

太阳能发电投资主要集中在11个省份 山东、浙江、山西等11个省份太阳能发电完成投资超过10亿元，占全国太阳能发电的比重为77.4%，除青海外，全部为东、中部省份；受弃风弃光问题影响，新疆太阳能发电投资仅为0.021亿元。

2016年、2017年分地区太阳能发电完成投资占比见图3-15，2017年11个省份太阳能发电完成投资及占全国比重见图3-16。

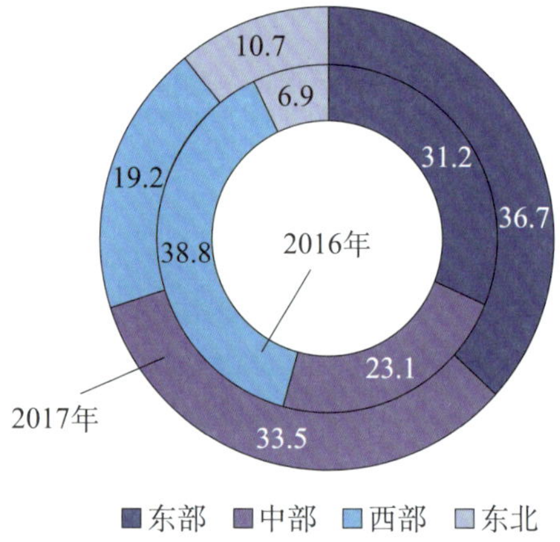

图3-15　2016年、2017年分地区太阳能发电完成投资占比

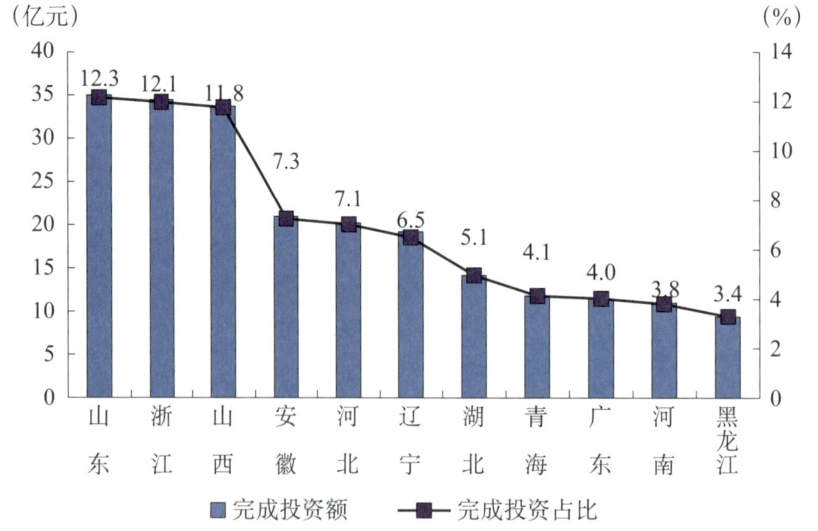

图3-16　2017年11个省份太阳能发电完成投资及占全国比重

二、新增装机

（一）全国情况

全国发电新增生产能力 13118 万千瓦，比上年多投产 975 万千瓦，主要是新增太阳能发电装机 5341 万千瓦，比上年多投产 2170 万千瓦。国家防范化解煤电产能过剩风险措施初见成效，全年新增火电装机 4453 万千瓦（其中煤电 3504 万千瓦），比上年减少 595 万千瓦。2017 年，全国新增非化石能源发电装机 9044 万千瓦，其中，新增新能源发电装机占比首次超过 50%，电源结构持续优化。

2011—2017 年全国新增发电装机容量见图 3-17，2017 年全国分类型新增发电装机容量见图 3-18，2016 年、2017 年全国分类型新增装机容量占比见图 3-19。

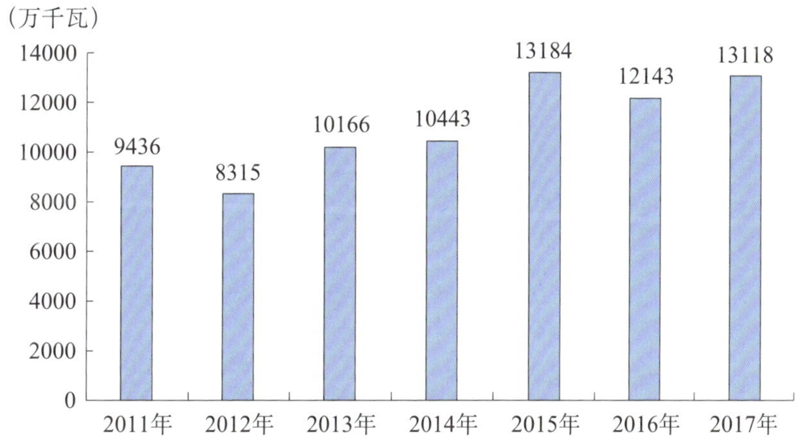

图 3-17　2011—2017 年全国新增发电装机容量

水电新增规模略有增加　全国新增水电（含抽水蓄能发电）装机容量 1287 万千瓦，略高于上年。新投产大型常规水电项目主要有四川大渡河猴子岩水电站 3 台合计 127.5 万千瓦、四川长河坝水电站 4 台合计 260 万千瓦、云南苗尾水电站 3 台合计 105 万千瓦。2017 年，全国新投产抽水蓄能发电装机容量 200 万千瓦，分别是深圳抽水蓄能电站 1 台 30 万千瓦、溧阳抽水蓄能电站 6 台共计 150 万千瓦、海南琼中抽水蓄能电站 1 台 20 万千瓦。

2011—2017 年全国新增水电装机容量见图 3-20。

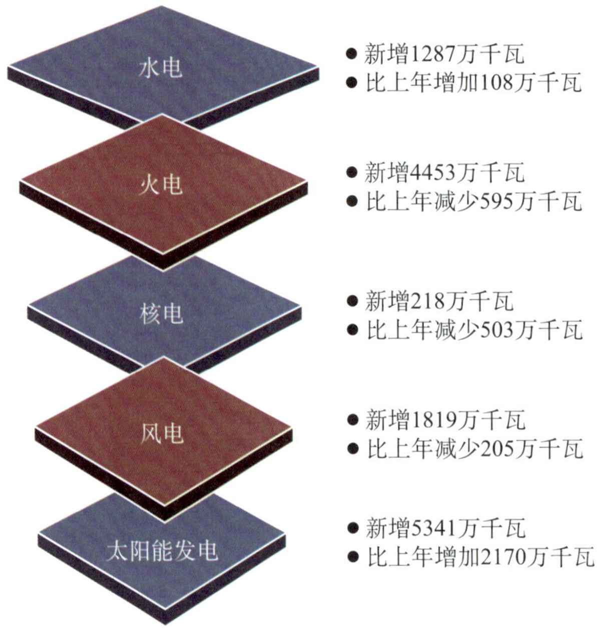

图 3-18　2017 年全国分类型新增发电装机容量

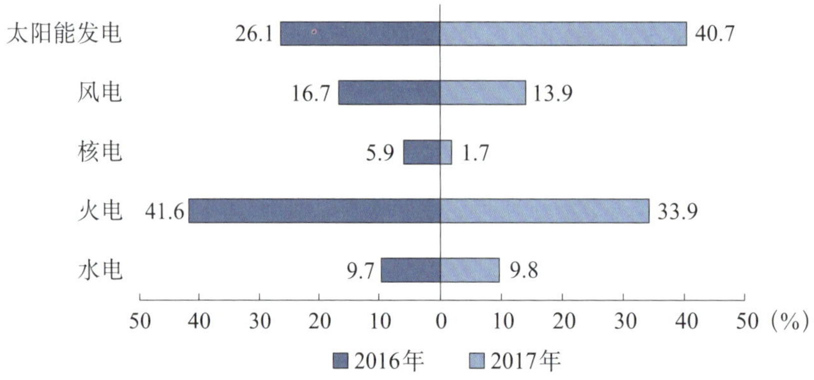

图 3-19　2016 年、2017 年全国分类型新增装机容量占比

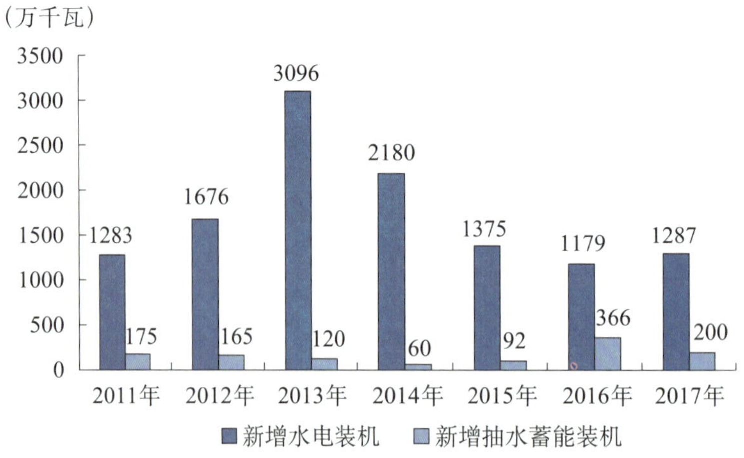

图 3-20　2011—2017 年全国新增水电装机容量

火电新增规模连续三年减少 全国新增火电装机容量比上年减少 595 万千瓦，连续三年减少。全年新投产 100 万千瓦级火电机组 7 台，分别是大唐三门峡电厂三期扩建工程 1 台、国投电力湄洲湾电厂二期 2 台、国家电投江苏盐城热电搬迁项目 2 台、皖能电力铜陵电厂扩建工程 1 台和张家港沙洲电力有限公司沙洲二厂 1 台。

2011—2017 年全国新增火电装机容量见图 3-21。

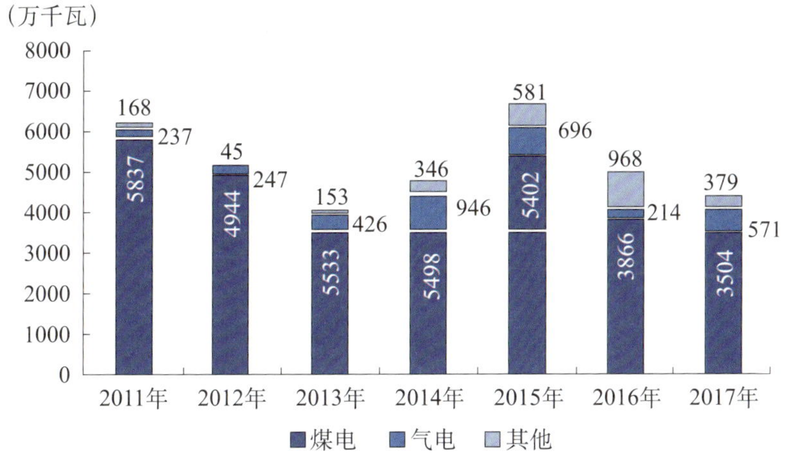

图 3-21 2011—2017 年全国新增火电装机容量

核电新增规模创五年来最低 全国新增核电机组 2 台合计 218 万千瓦，是五年来核电新增规模最小的一年。新投产的 2 台核电机组分别是福建福清核电站 4 号机组和广东阳江核电站 6 号机组。

2011—2017 年全国新增核电装机容量见图 3-22。

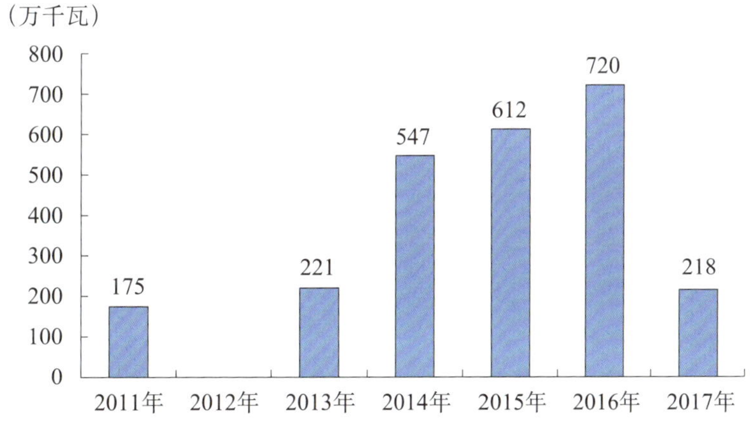

图 3-22 2011—2017 年全国新增核电装机容量

风电新增装机规模小幅下降 2017 年全国新增风电装机容量 1819 万千瓦，比上年下降 10.1%。

2011—2017 年全国新增风电装机容量见图 3-23。

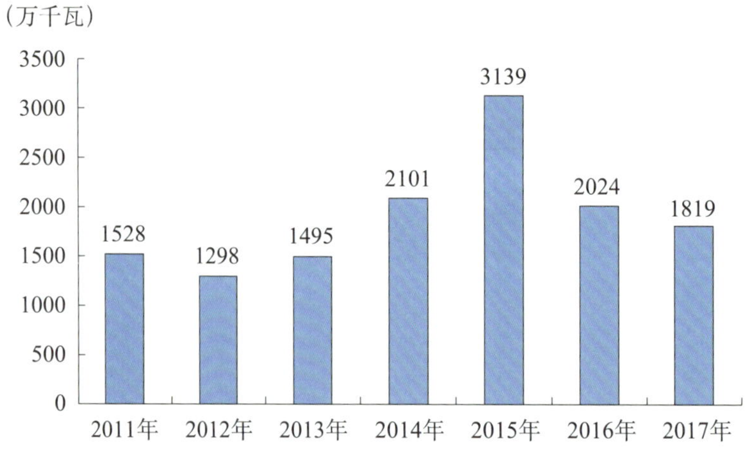

图 3-23　2011—2017 年全国新增风电装机容量

新增太阳能发电成为电源新增主力　近几年，国家陆续出台了一系列促进太阳能发电产业发展的政策，启动光伏扶贫、光伏领跑者等项目建设，加之受电价调整等因素影响，光伏电站和分布式光伏发电爆发式发展，2017 年全国新增太阳能发电装机容量 5341 万千瓦，比上年多投产 2170 万千瓦，创年度新增规模新高，占全国新增发电装机容量的 40.7%，比重比上年提高 14.6 个百分点。

2011—2017 年全国新增太阳能发电装机容量见图 3-24。

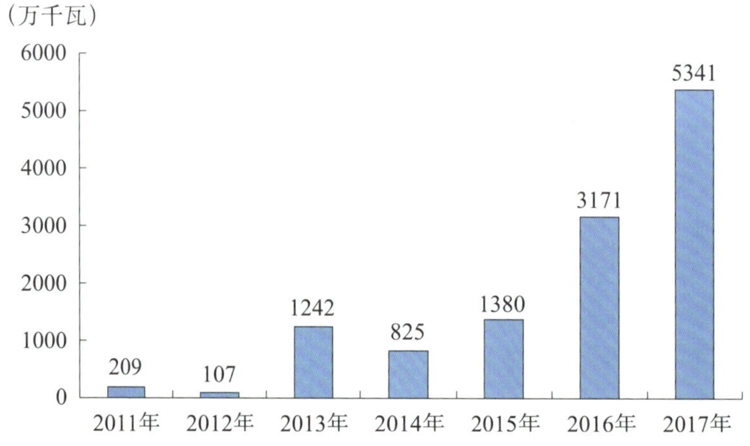

图 3-24　2011—2017 年全国新增太阳能发电装机容量

（二）分区域分省份情况

1. 分区域新增装机

华北区域主要以新增火电和太阳能发电为主，其合计新增容量占华北区域新增装机的 85.4%，其中新增火电 1310 万千瓦，为各区域最大；东北区域新增规模较少，且新增以火电和太阳能发电为主；华东区域新增装机容量最多，占全国新增装机容量的 28.4%，其中，新增太阳能发电 1892 万千瓦，占全国新增太阳能发电装机容量的 35.4%；华中和西北区域新增规模基本相当，其中，华中区域新增水电规模最大，为 727 万千瓦，占全国新增水电规模的 56.5%；南方区域新增规模最小，但新增清洁能源规模占本区域新增规模的 91.7%。

2016 年、2017 年分区域新增装机容量及增速见图 3-25，2017 年分区域分类型新增装机容量见图 3-26。

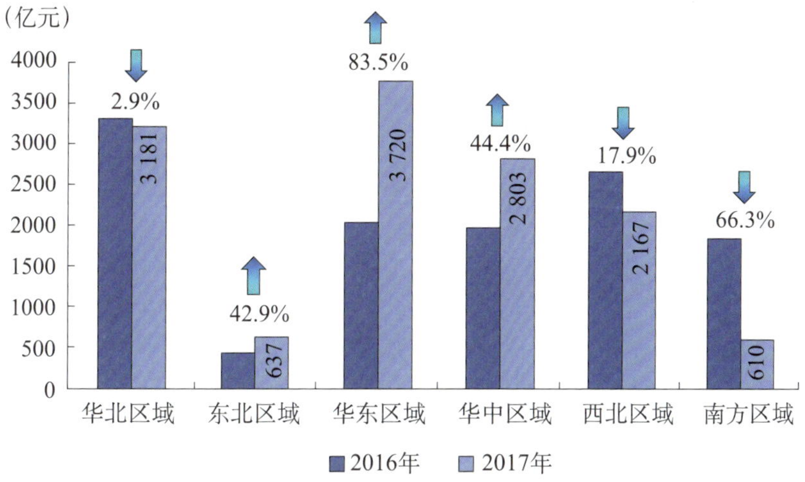

图 3-25　2016 年、2017 年分区域新增装机容量及增速

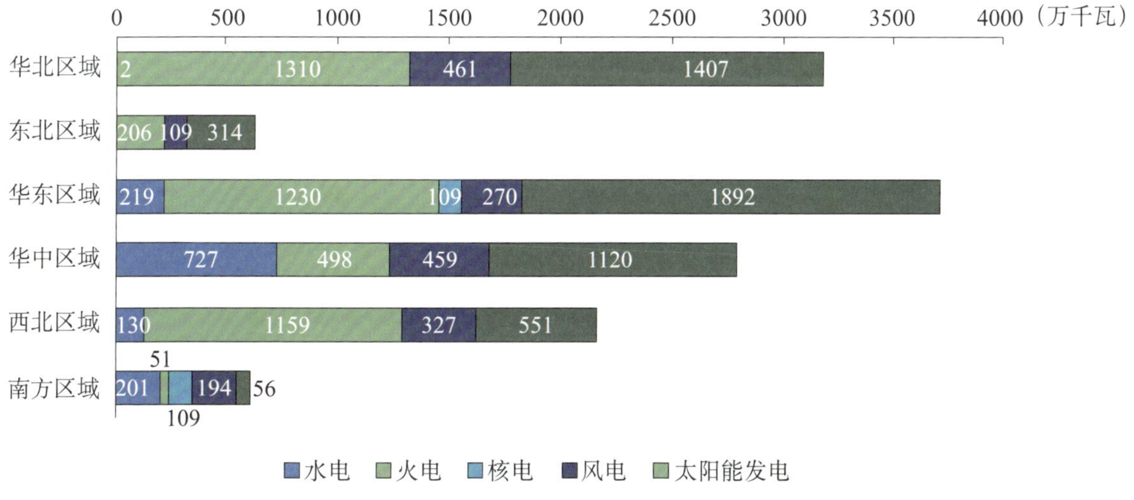

图 3-26　2017 年分区域分类型新增装机容量

2. 分省份新增装机

山东、江苏新增发电装机容量超过 1000 万千瓦，安徽、河南、四川、浙江、河北、新疆、福建、陕西、宁夏新增发电装机容量超过 500 万千瓦，11 个省份新增装机容量合计占全国新增容量的 71.1%。

2017 年 11 个省份新增装机容量及占全国新增装机容量的比重见图 3-27。

图 3-27　2017 年 11 个省份新增装机容量及占全国新增装机容量比重

水电新增装机主要集中在四川　四川新增水电装机容量约占全国新增水电装机容量的一半，比上年多投产 293 万千瓦；江苏、云南新增规模超过 100 万千瓦，其中，江苏新增水电全部为抽水蓄能机组，占全国新增抽水蓄能装机容量的 75%。

2016 年、2017 年主要省份新增水电装机容量见图 3-28。

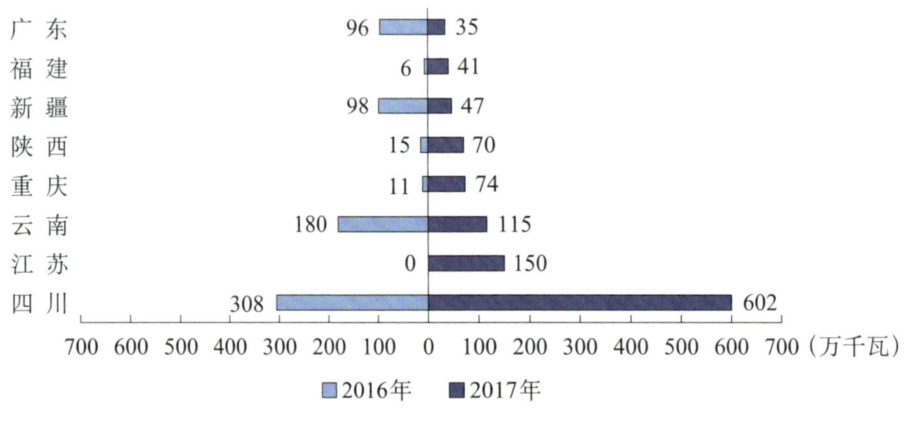

图 3-28　2016 年、2017 年主要省份新增水电装机容量

火电新增主要分布在 5 个省份　共有 15 个省份新增火电装机容量超过 100 万千瓦；江苏、山东、新疆、宁夏、河南 5 个省份合计新增火电装机容量 2783 万千瓦，占全国火电新增装机容量的 62.5%，其中，除江苏新增气电比重较高外，其他 4 省份新增火电以煤电为主；5 个省份合计新增煤电装机容量 2267 万千瓦，占全国新增煤电装机容量的 64.7%；江苏和北京新增气电分别为 386 万千瓦和 100 万千瓦。

2017 年 5 省份新增火电装机容量及占全国新增火电装机容量比重见图 3-29。

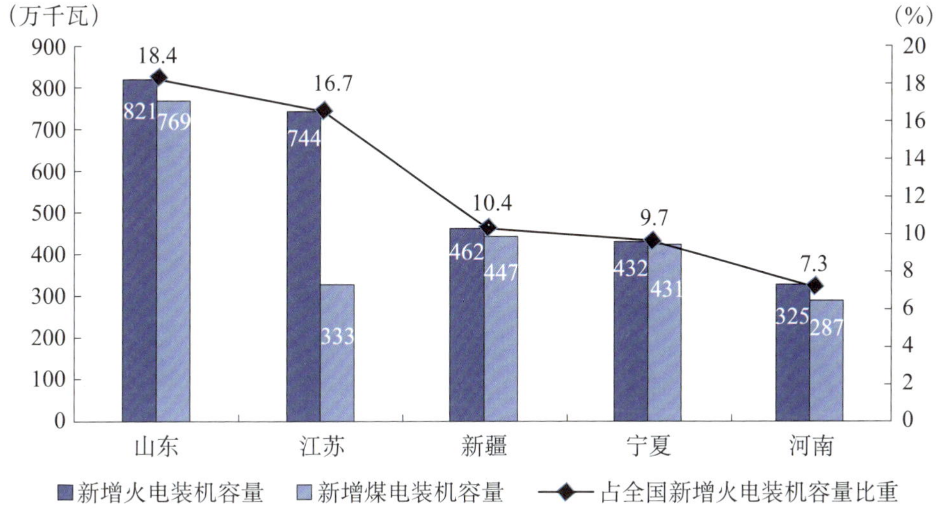

图 3-29　2017 年 5 省份新增火电装机容量及占全国新增火电装机容量比重

新能源发电新增装机持续向东、中部地区转移　2017 年，东部、中部地区新增新能源发电装机 5441 万千瓦，占全国新增新能源发电装机的 76.0%，比上年提高 18.1 个百分点。

2016 年、2017 年分地区新增新能源发电装机布局见图 3-30。

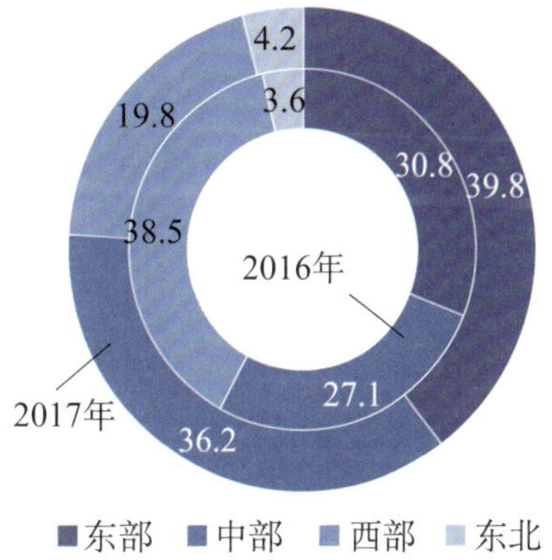

图 3-30　2016 年、2017 年分地区新增新能源发电装机布局

近几年，“三北”地区受弃风问题影响，引发产业发展政策和企业投资策略不断调整，东、中部地区逐步成为风电开发布局重点。2017 年东、中部地区分别新增风电装机容量 570 万、475 万千瓦，合计占全国新增风电装机容量的 57.4%，比上年提高 7.3 个百分点。

从太阳能发电建设布局看，西部向东部、中部地区转移趋势更加明显，东、中部地区分别新增太阳能发电装机 2280 万、2115 万千瓦，合计占比 82.3%，比上年提高 19.4 个百分点。

2017 年新增新能源发电装机占本省新增装机比重超过 50% 的省份新增新能源发电装机容量见表 3-1。

表 3-1　2017 年新增新能源发电装机占本省新增装机比重超过 50% 的省份新增新能源发电装机容量

省份	新增新能源发电装机容量占比（%）	新增风电装机容量（万千瓦）	新增太阳能发电装机容量（万千瓦）	省份	新增新能源发电装机容量占比（%）	新增风电装机容量（万千瓦）	新增太阳能发电装机容量（万千瓦）
天津	99.1	11	11	上海	82.5	0	29
江西	96.2	5	115	河北	79.8	107	450
吉林	96.2	67	216	湖北	71.4	67	254
西藏	96.1	0	47	河南	63.4	135	428
山西	89.3	109	280	广西	63.3	82	6
青海	88.7	160	85	陕西	63.1	132	203
浙江	84.7	15	639	贵州	61.3	31	19
湖南	83.8	50	180	辽宁	57.5	20	43
安徽	83.1	48	758	山东	50.7	200	645

三、投产重点项目

2017 年电源工程投产重点项目详见附录 5。

● 国投福建湄洲湾第二发电厂 2×1000MW 机组工程

工程位于福建省湄洲湾北岸经济开发区莆田市，建设规模为 2 台 100 万千瓦超超临界燃煤机组，同步配套建设烟气脱硫脱硝装置等环保设施。项目采用技术先进、高效节能百万千瓦级超超临界机组，汽轮机参数 27MPa/600℃ /600℃。厂区依托湄洲湾码头煤炭基地，充分发挥产业联动优势，促进港、煤、电协同效应。

工程于 2015 年 2 月 6 日开工建设，两台机组分别于 2017 年 7 月 20 日及 9 月 27 日投产。

该项目为福建省“十二五”能源重点建设项目，自建设以来获评多项重量级奖项。2017 年 9 月 7 日，在第 30 届 IPMA（国际项目管理协会）全球大会上，该项目被授予“国际卓越项目管理大奖金奖”，同时也是超大型项目唯一金奖，是我国首个获此殊荣的电力项目。

● 国家电投江苏滨海 2×1000MW 新建工程

工程位于江苏省盐城市滨海县，建设规模为 2 台 100 万千瓦超超临界燃煤机组，额定功率 1050MW，汽轮机进汽参数 27MPa/600℃/610℃。项目首次采用汽机房局部负挖节能技术，节能示范、推广应用价值显著。

工程于 2015 年 9 月 19 日开工建设，两台机组分别于 2017 年 9 月 9 日及 11 月 15 日投产。

工程成功应用了国家重点节能低碳技术、建筑业十项新技术、电力建设五项新技术及其他自主创新技术，通过了电力建设新技术应用示范工程专项评价，并荣获发明专利和电力建设科技进步奖。

四、开工重点项目

全国主要发电企业开工电源项目容量 5871 万千瓦，比上年减少 2211 万千瓦，其中火电开工项目容量明显减少。分省份看，四川是开工项目容量最多的省份（基本均为水电），约占全国开工项目容量的 30.2%；全国开工项目装机容量超过 200 万千瓦的省份共有 9 个，合计开工容量占全国开工容量的 74.4%。

2017 年电源工程开工重点项目见附录 6。2017 年全国主要发电企业电源开工规模见表 3-2。

表 3-2 2017 年全国主要发电企业电源开工规模

分类		容量（万千瓦）	开工规模最多的省份及容量（万千瓦）						
全国总计		5871	四川	福建	浙江	河北	山西	安徽	
			1775	421	352	347	321	317	
水电	合计	2715	四川	浙江	河南	湖南	福建	河北	内蒙古
			1750	320	140	140	120	120	120
	其中：抽水蓄能电站	840	浙江	河南	湖南	河北	内蒙古		
			320	140	140	120	120		
火电	合计	1622	甘肃	安徽	福建	江苏	河北	新疆	
			270	267	200	149	145	140	
	其中：煤电	1281	甘肃	安徽	福建	河北	新疆	贵州	
			270	267	200	145	140	132	
核电		60	福建						
			60						

五、在建项目

2017 年年底，全国电源工程在建项目装机容量 20804 万千瓦，比上年增加 47 万千瓦。其中，火电在建容量占比为 41.5%，水电在建规模主要集中在四川、浙江和云南。在建容量超过 1000 万千瓦的省份共有 6 个，合计容量占全国在建规模的 51.1%。四川是在建规模最大的省份，占全国在建规模的 17.3%。全国在建项目装机容量最多的 5 个省份是四川、广东、河北、江苏、山东。2017 年全国电源工程在建规模见表 3–3。

表 3–3　2017 年全国电源工程在建规模

分类		容量（万千瓦）	在建规模较大的省份及容量（万千瓦）					
全国合计		20804	四川	广东	云南	河北	山东	福建
			3594	2036	1529	1217	1163	1081
水电	合　计	7887	四川	浙江	云南	河北	广东	
			3340	530	503	480	330	
	其中：抽水蓄能	2805	浙江	河北	广东	山东	安徽	
			530	480	330	300	300	
火电	合　计	8637	广东	河北	宁夏	内蒙古	新疆	
			1118	813	664	628	609	
	其中：燃煤	7274	河北	宁夏	内蒙古	新疆	山东	
			722	664	628	608	534	
核电		2289	广东	江苏	福建	山东	浙江	
			567	449	292	270	250	

2017 年全国电源在建重点项目见附录 7。

六、煤电停缓建项目

为防范化解煤电产能过剩风险，确保完成 2017 年《政府工作报告》提出的煤电调控目标任务，按照《关于推进供给侧结构性改革 防范化解煤电产能过剩风险的意见》（发改能源〔2017〕1404 号）等相关文件要求，2017 年 9 月 26 日，国家发展改革委、国务院国有资产监督管理委员会、国家能源局联合印发《2017 年分省煤电停建和缓建项目名单的通知》（发改能源〔2017〕1727 号），明确规定了 2017 年停建和缓建项目。2017 年分省煤电停、缓建项目名单见附录 8。

（一）停建煤电项目

2017 年停建煤电项目 29 个，合计容量 3520 万千瓦，涉及 9 个省份，具体包括山西（11项，1006万千瓦）、内蒙古（5项，456万千瓦）、江西（1项，200万千瓦）、山东（2项，594万千瓦）、广东（2项，448万千瓦）、广西（2项，270万千瓦）、陕西（2项，202万千瓦）、甘肃（2项，140万千瓦）、新疆（2项，204万千瓦）。

（二）缓建煤电项目

2017年缓建煤电项目50个，合计容量5517万千瓦，涉及17个省份和地区，具体包括河北（4项，210万千瓦）、山西（6项，742万千瓦）、内蒙古（4项，431万千瓦）、黑龙江（2项，155万千瓦）、安徽（2项，96万千瓦）、福建（4项，664万千瓦）、河南（4项，580万千瓦）、湖北（5项，438万千瓦）、广东（1项，200万千瓦）、四川（1项，200万千瓦）、贵州（2项，198万千瓦）、云南（1项，30万千瓦）、甘肃（1项，35万千瓦）、青海（2项，202万千瓦）、宁夏（7项，936万千瓦）、新疆（2项，264万千瓦）、新疆建设兵团（2项，136万千瓦）。

第二节　电网工程建设

一、基建投资

（一）总体情况

2017年，全国电网工程建设完成投资5339亿元，比上年下降1.7%，仍处于较高投资水平。其中，直流工程859亿元，占电网投资的16.1%，比上年增长73.6%，拉动电网投资增长6.7个百分点；交流工程4276亿元，比上年下降10.7%。

2010—2017年全国电网投资及增速见图3-31。

图3-31　2010—2017年全国电网投资及增速

（二）分区域情况

华北和华东区域电网投资超过1000亿元，分别为1239亿元和1133亿元。华北、华东、华中和西北区域电网投资均有不同程度下降，其中华中区域电网投资同比下降20.2%，这四个区域电网投资占全国比重均比上年有所降低。

2016年、2017年分区域电网投资占全国电网投资比重、分区域电网投资及增速分别见图3-32和图3-33。

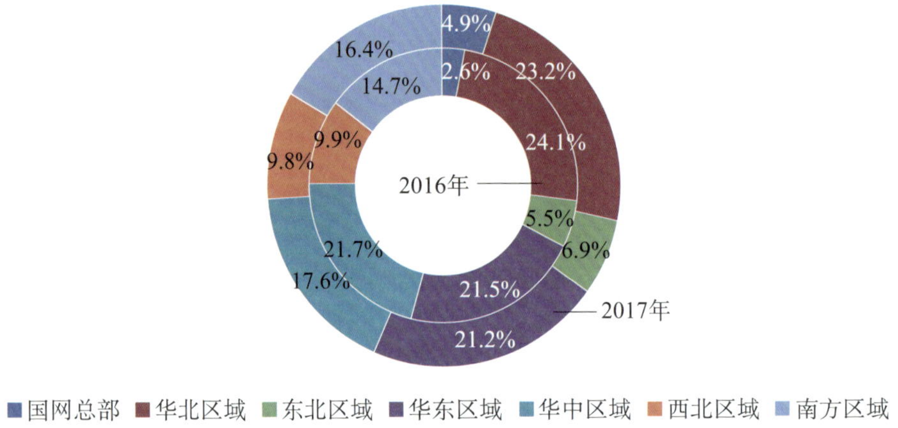

图3-32　2016年、2017年分区域电网投资占全国电网投资比重

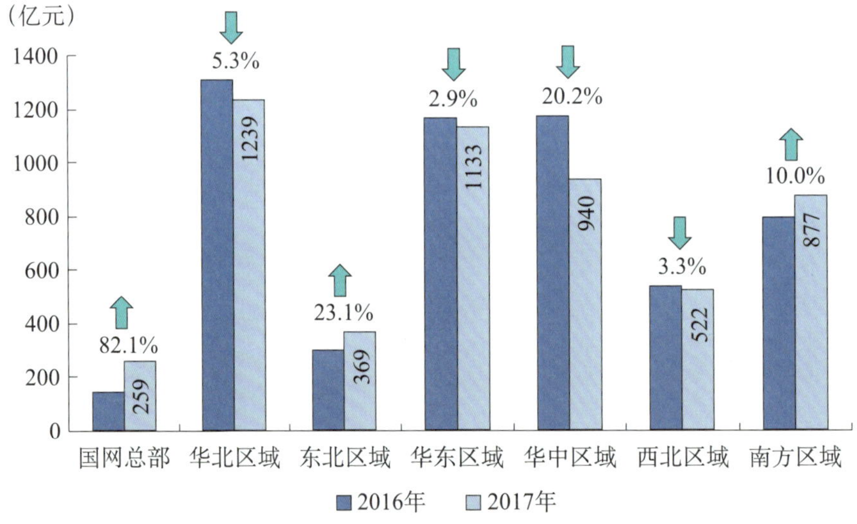

图3-33　2016年、2017年分区域电网投资及增速

（三）分电压等级情况

特高压输电项目投资增加较多　220千伏及以上等级电网工程完成投资2273亿元，同比增长6.6%。多条特高压交直流工程处于建设投产期，±1100千伏、±800千伏电压等级电网投资同比增加较多，特别是±800千伏电压等级电网投资729

亿元，为各电压等级投资之最；500 千伏电压等级电网投资 485 亿元，同比增长 13.4%；其他电压等级电网投资同比均有不同程度的下降，其中 ±500 千伏、1000 千伏电压等级电网投资同比分别下降 58.8%、57.9%。

2016 年、2017 年全国分电压等级电网完成投资及增速见图 3-34，2017 年全国分电压等级电网完成投资占全国电网投资比重见图 3-35。

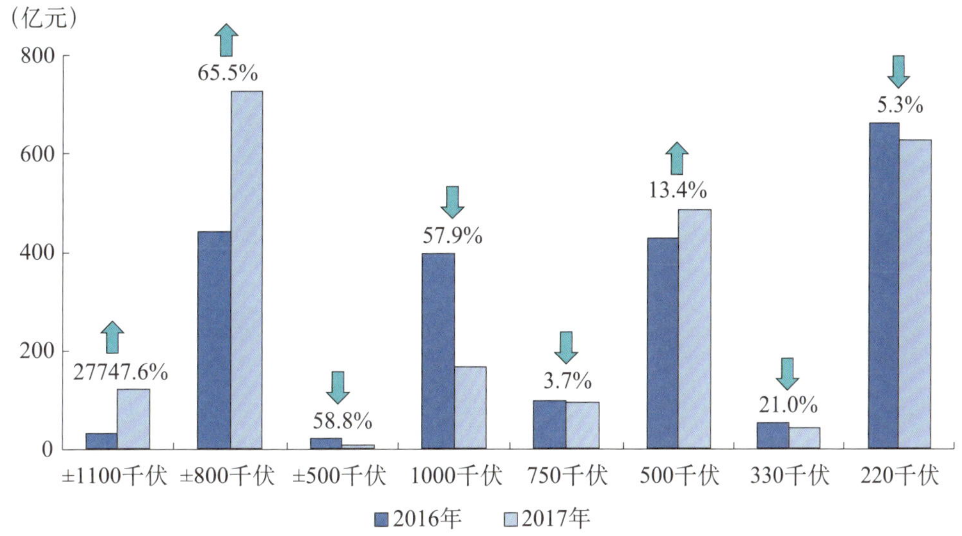

图 3-34　2016 年、2017 年分电压等级电网完成投资及增速

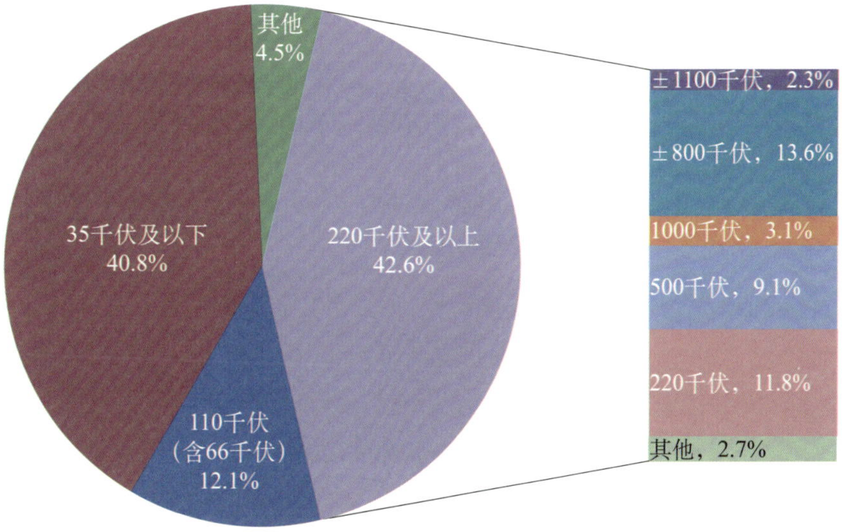

图 3-35　2017 年全国分电压等级电网完成投资占全国电网投资比重

配电网投资继续保持较大规模　国家持续推动配电网建设改造行动计划及新一轮农村电网改造升级，2017 年，全国完成配电网投资 2826 亿元，继续保持较大规模，但增速有所下降。其中，110 千伏（含 66 千伏）和 35 千伏及以下电网投资分

别下降 18.7% 和 6.1%，占全国电网投资比重分别回落 2.5 和 1.9 个百分点。

2011—2017 年配电网投资及增速见图 3-36，2017 年 110 千伏及以下配电网投资见图 3-37。

图 3-36　2011—2017 年配电网投资及增速

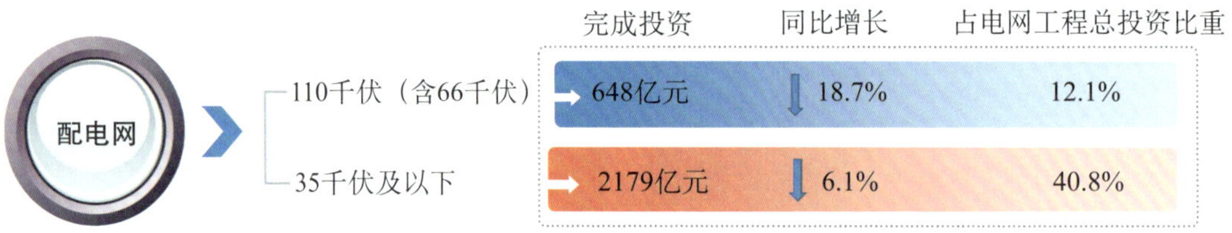

图 3-37　2017 年 110 千伏及以下配电网投资

二、新增输变电能力

（一）全国情况

全国新增 110 千伏及以上交流输电线路长度和变电设备容量分别为 58084 千米和 32595 万千伏安，分别比上年增长 2.5% 和下降 5.8%；新增直流输电线路和换流容量分别为 8339 千米和 7900 万千瓦，分别比上年增长 145.9% 和 143.8%。

随着国家大气污染防治行动计划安排的交直流项目陆续投产，使得 2017 年成为特高压项目投产的高峰期，全年共投产 5 条直流、2 条交流特高压项目，新增特高压直流输电线路和换流容量分别为 8339 千米和 7700 万千瓦，交流线路长度和变电容量分别为 2577 千米和 2100 万千伏安，极大地提高了电网跨区能源电力资源优化配置能力和清洁能源消纳能力。

2017 年投产的特高压线路见表 3-4。

表 3-4 2017 年投产的特高压线路

直流工程名称	起点	终点	变电 / 换流容量（万千伏安 / 万千瓦）	线路长度（千米）
锡盟—泰州 ±800 千伏特高压直流工程	内蒙古	江 苏	2000	1620
晋北—南京 ±800 千伏特高压直流工程	山 西	江 苏	1600	1119
扎鲁特至青州 ±800 千伏特高压直流工程	内蒙古	山 东	2000	1234
酒泉—湖南 ±800 千伏特高压直流工程	甘 肃	湖 南	1600	2413
滇西北至广东 ±800 千伏特高压直流输变电工程（双极低端投运）	云 南	广 东	500	1953
胜利—锡盟 1000 千伏特高压交流输变电工程	内蒙古	内蒙古	600	480
榆横—潍坊 1000 千伏特高压交流输变电工程	陕 西	山 东	750	2097

在交流工程中，与上年相比，1000 千伏和 750 千伏工程新增能力下降较多；220～500 千伏工程新增能力均有不同程度增加，110 千伏电压等级变电容量同比下降 17.9%。从新增规模占比看，110 千伏（含 66 千伏）和 220 千伏电网工程新增建设规模占比较大，其合计新增线路长度和新增变电容量分别占全国新增 110 千伏及以上线路长度和变电容量的 75.4% 和 57.7%。

2016 年、2017 年全国新增 110 千伏及以上交流输电线路及变电设备容量分别见图 3-38、图 3-39。

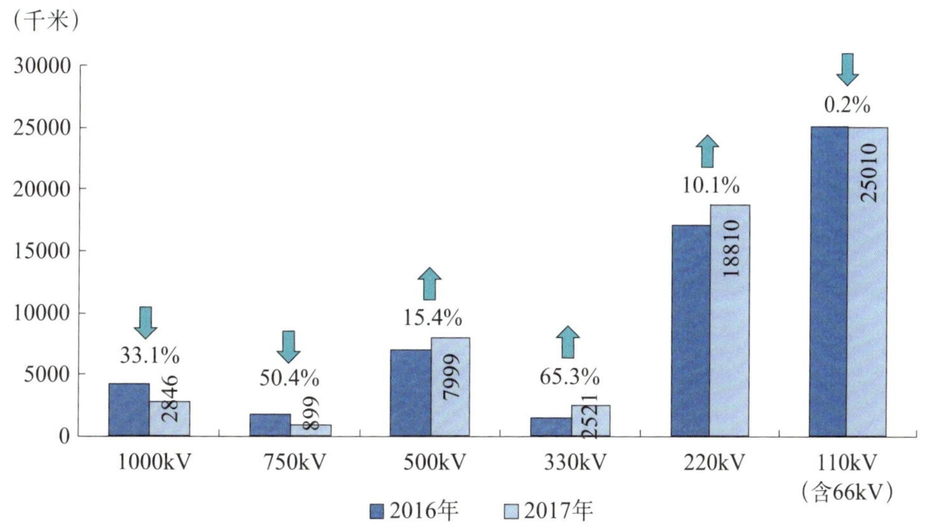

图 3-38 2016 年、2017 年全国新增 110 千伏及以上交流输电线路

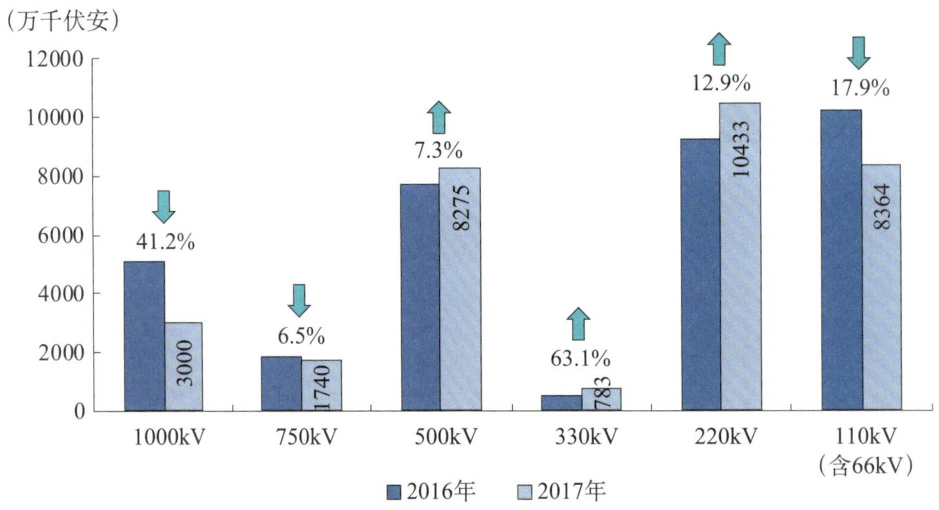

图 3-39　2016 年、2017 年全国新增 110 千伏及以上交流变电设备容量

（二）分区域情况

华东、西北和南方区域新增 110 千伏及以上交流输电线路长度同比减少；华北、东北和华中区域新增线路长度同比增加，新增 110 千伏及以上输电线路长度均超过 10000 千米。从占全国新增线路比重看，华北区域占比最大，为 23.9%。

2017 年分区域新增 110 千伏及以上交流输电线路及增速见图 3-40。

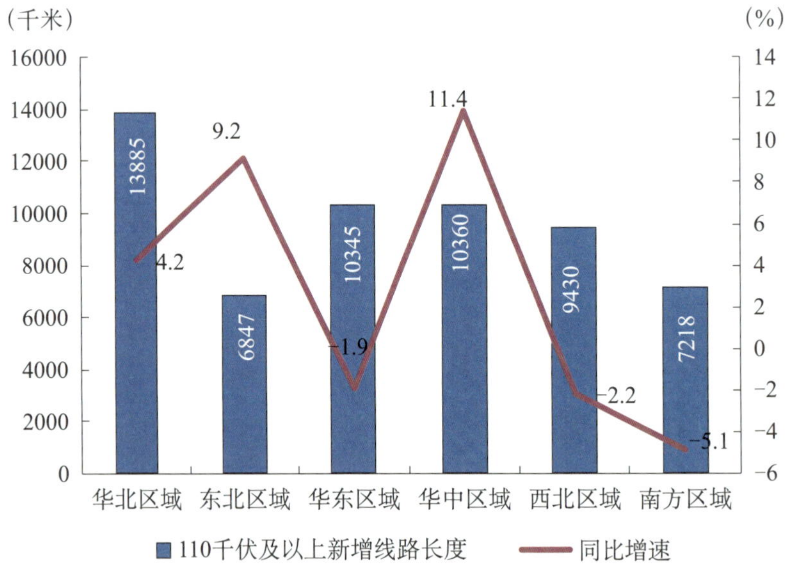

图 3-40　2017 年分区域新增 110 千伏及以上交流输电线路及增速

除华中和南方区域外，其他区域新增 110 千伏及以上交流变电设备容量均有不同程度减少；其中东北区域新增同比下降超过 30%。华北区域新增 110 千伏及以上

变电设备容量 9628 万千伏安，占比最大。

2017 年分区域新增 110 千伏及以上交流变电设备容量及增速见图 3-41。

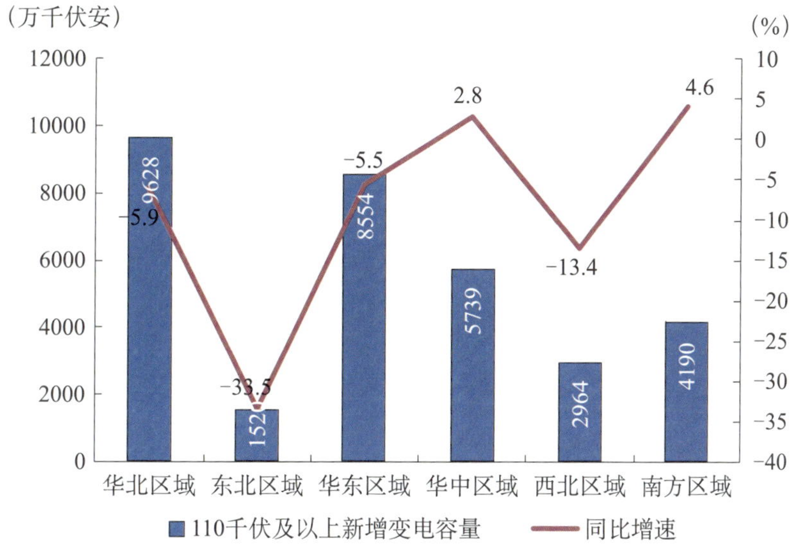

图 3-41　2017 年分区域新增 110 千伏及以上交流变电设备容量及增速

三、投产重点项目

2017 年投产 500 千伏及以上电压等级重点项目详见附录 9。

（一）直流输电项目

● 酒泉—湖南 ±800 千伏特高压直流输电工程

工程起于甘肃酒泉祁连换流站，止于湖南湘潭韶山换流站，途经甘肃、陕西、重庆、湖北、湖南 5 个省份，线路长 2413 千米，额定电压 ±800 千伏，额定输送容量 800 万千瓦。工程是迄今为止输电距离最长的特高压输电工程，是国家为保障甘肃首个千万千瓦级风电基地电能外送规划建设的重大输变电工程。

工程于 2015 年 9 月开工建设，2017 年 6 月投入运行。

工程投运后，湖南每年接受来自甘肃酒泉风电基地约 400 亿千瓦时电量，可减少燃煤运输 1800 万吨，减排烟尘 1.5 万吨、二氧化硫 8.8 万吨、氮氧化物 8 万吨、二氧化碳 2960 万吨。

● 山西晋北—江苏南京 ±800 千伏特高压直流输电工程

工程起于山西朔州市晋北换流站，止于江苏淮安市南京换流站，途经山西、河北、河南、山东、安徽和江苏 6 省。线路长 1118.5 千米，额定输送容量 800 万千瓦。

工程于2015年8月开工建设，2017年6月投入运行。工程全面采用我国自主研发的特高压直流输电技术和装备。

该项目是国家大气污染防治行动计划"四交四直"工程之一，是"西电东送、北电南供"的重要工程，肩负着山西煤电、风电开发与联合外送使命，对促进山西能源基地开发与能源外送，扩大新能源消纳范围，满足华东地区用电需求以及加快能源结构调整、增加清洁能源供应、缓解环保压力具有重要意义。

● 内蒙古锡盟—江苏泰州 ±800千伏特高压直流输电工程

工程起于内蒙古锡盟换流站，落点江苏泰州换流站，途经内蒙古、河北、天津、山东、江苏5个省份。线路全长1620千米，换流容量2000万千瓦。

工程于2015年12月开工建设，2017年10月投入运行，是世界上首个将±800千伏直流输电容量由800万千瓦提升到1000万千瓦、额定电流提升至6250安的特高压换流站工程。

该项目是国家大气污染防治行动计划12条重点输电通道之一，工程投运后，每年可向江苏地区输送电量550亿千瓦时，相当于运输煤炭2520万吨，可减少排放二氧化碳4950万吨、二氧化硫12.4吨、氮氧化物13.1万吨。项目对实现"蒙电外送"战略、促进内蒙古资源优势尽快转变为经济优势起到极大的推动作用。

● 扎鲁特—青州 ±800千伏特高压直流输电工程

工程起于内蒙古通辽市扎鲁特换流站，止于山东青州市青州换流站，途经内蒙古、河北、天津、山东4个省份，额定输电容量为1000万千瓦，线路全长1233.8千米。

工程于2016年8月开工建设，2017年12月投入运行。

该项目是推动东北电力协调发展的重大工程，对促进东北能源基地开发，提高当地电力外送能力，带动装备制造业转型升级，落实国家大气污染防治行动计划，改善大气环境质量等，具有重要意义。

（二）交流输电项目

● 锡盟—胜利1000千伏特高压交流输电工程

工程线路全线位于内蒙古锡林郭勒盟，新建胜利变电站，扩建锡盟变电站，新增变电容量600万千伏安，线路全长2×240千米。

工程于2016年5月开工建设，2017年7月正式投产。

该项目是国家大气污染防治行动计划12条重点输电通道之一，工程全面投产后，每年可新增390亿千瓦时电力外送能力，对于促进内蒙古能源基地开发、加快资源优势向经济优势转化、满足京津冀鲁地区电网负荷增长需求、实现更大范围资源优化配置等具有重要意义。

四、开工重点建设项目

2017年，为解决川渝和华中四省之间500千伏跨区长链式电网存在的稳定问题，提高川渝电网与华中电网间的互济能力，促进西南水电开发和大规模外送，改善东中部地区能源消费结构和大气环境质量，渝鄂直流背靠背联网工程开工建设。

2017年开工500千伏及以上电压等级重点电网建设项目见附录10。

五、在建重点项目

截至2017年年底，在建项目主要有准东—皖南特高压直流工程、上海庙—山东临沂特高压直流工程、淮南—南京—上海1000kV特高压交流苏通GIL管廊工程和渝鄂直流背靠背联网工程。

2017年年底在建500千伏及以上电压等级重点电网项目见附录11。

第三节　电力建设工程造价

一、电源工程

（一）化石能源发电

2017年燃煤发电工程单位造价同比略有上涨，建筑工程费上涨是主因，安装工程费和其他费用也略有上涨，设备购置费略有下降。

由于水泥和钢材价格上涨幅度较大，导致建筑工程费上涨约10%；安装工程主要材料中的中低压管道、烟道以及电缆的材料价格上升较多，高压管道材料价格略有上升，导致安装工程费平均上涨约3%；设备购置费总体下降约1.5%，锅炉、汽轮机价格基本持平，汽轮发电机的价格略有下降；辅机中，电气设备价格降幅较大，平均下降10%左右，汽轮机行车、输煤皮带机、气力除灰设备等价格平均上涨约7%，其他辅机设备价格保持稳定。

2017年燃煤发电工程单位造价见图3-42，汽轮发电机价格见图3-43。

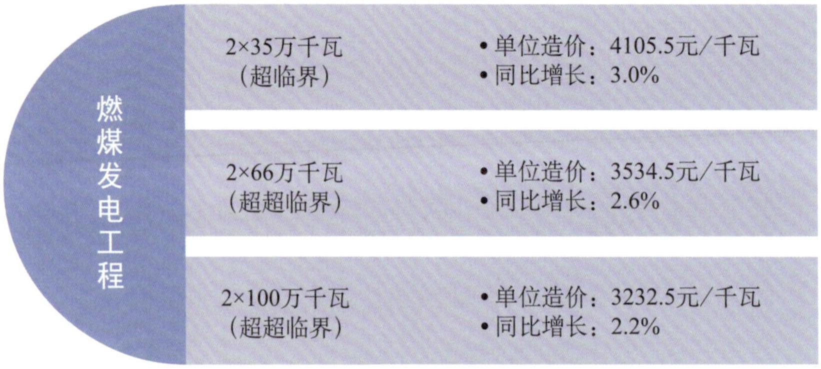

图 3-42　2017 年燃煤发电工程单位造价

图 3-43　2017 年汽轮发电机价格

燃气—蒸汽联合循环电站工程单位造价同比有所下降。其中设备购置费下降明显，燃气轮机价格平均下降约 9.6%，发电机下降约 2%，变压器下降约 10%，分散控制系统下降约 4.5%，而余热锅炉上涨 5.2% 左右，其他设备价格变化不大。

2017 年燃气—蒸汽联合循环电站工程单位造价变化情况见图 3-44。

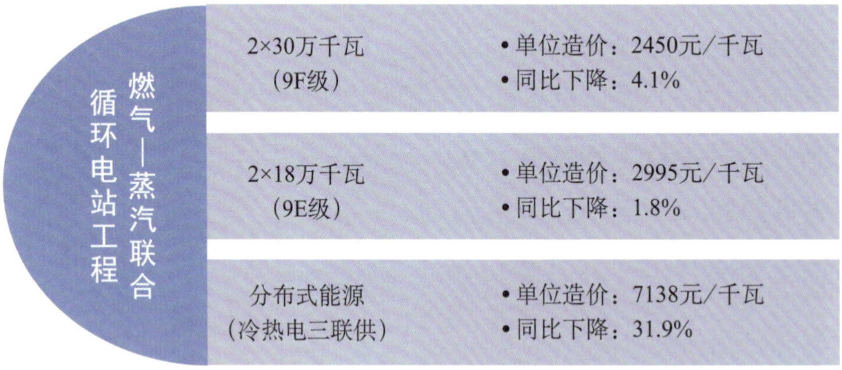

图 3-44　2017 年燃气—蒸汽联合循环电站工程单位造价

（二）非化石能源发电

由于工程建设地点、选型等方面的差异性，非化石能源发电工程单位造价升降不一。

2017 年非化石能源发电工程单位造价见图 3-45。

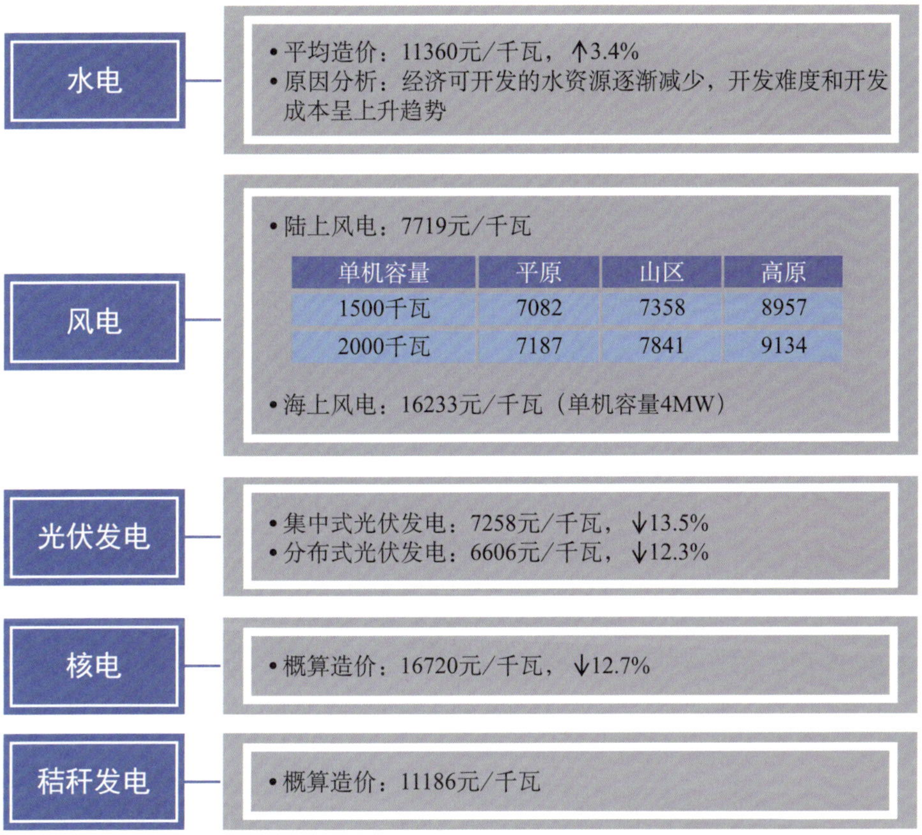

图 3-45　2017 年非化石能源发电工程单位造价

二、电网工程

（一）输电线路

500 千伏及以下电压等级架空输电线路工程单位造价总体上涨，主要是角钢、铝锭等材料的价格大幅上涨，导致塔材、导线的价格上涨幅度较大；同时建设场地征用及清理费用也有一定提高。750 千伏电压等级架空输电线路工程单位造价有所下降，主要是因为工程样本中的建设场地征用及清理费用下降较大。1000 千伏电压等级架空输电线路工程由于制造工艺及施工技术越来越成熟，单位造价下降明显。交流电缆工程由于工程建设地点及施工环境的不同，建筑工程费的巨大差异导致单位工程造价变化较大。

2017 年输电线路工程单位造价见图 3-46。

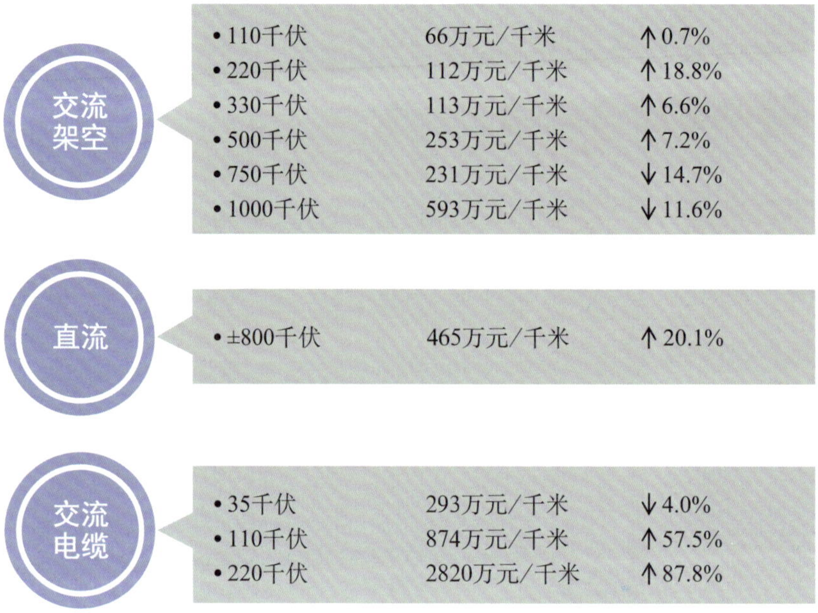

图 3-46　2017 年输电线路工程单位造价

（二）换流站

±800 千伏电压等级换流站工程单位造价有一定幅度增长。

2017 年新建直流换流站工程单位造价见图 3-47。

图 3-47　2017 年新建直流换流站工程单位造价

（三）变电站

新建变电站工程单位造价与变电站容量关系较大，容量较小的变电站，单位容量所分摊的建筑工程费、安装工程费、设备购置费及其他费用较大，导致单位工程造价相对较高。2017 年，电气设备购置费比上年有所下降，其中主变压器价格下降约 10%，高压电抗器价格下降约 7%，柱式、罐式、GIS 断路器价格下降约 9%。

新建变电站工程单位造价见图 3-48。

110千伏	1×4万千伏安	GIS组合电器	458
		SF6断路器	371
	2×5万千伏安	GIS组合电器	333
		SF6断路器	278
	1×6.3万千伏安	GIS组合电器	423
	2×6.3万千伏安	GIS组合电器	281
		SF6断路器	254
220千伏	1×18万千伏安	SF6断路器	376
	2×18万千伏安	柱式断路器	292
	2×18万千伏安	GIS组合电器	303
	3×18万千伏安	GIS组合电器	272
	1×24万千伏安	GIS、智能化	382
	2×24万千伏安	柱式断路器	194
		GIS组合电器	229
		GIS、智能化	231
330千伏	2×24万千伏安	GIS组合电器	277
	2×36万千伏安	GIS组合电器	264
500千伏	1×75万千伏安	柱式断路器	219
	2×100万千伏安	GIS、智能化	133
		HGIS组合电器	130
	2×120万千伏安	HGIS组合电器	108
750千伏	1×150万千伏安	罐式断路器	242
	2×150万千伏安	罐式断路器	230

图 3-48 新建变电站工程单位造价（单位：元 / 千伏安）

第四章 电力生产与供应

第一节 电力生产与供应能力

一、发电生产能力

（一）全国总体情况

全国发电装机容量规模继续扩大 截至2017年年底，全国发电装机容量177708万千瓦，同比增长7.7%，增速比上年回落0.5个百分点。

2010—2017年全国发电装机容量及增速见图4-1。

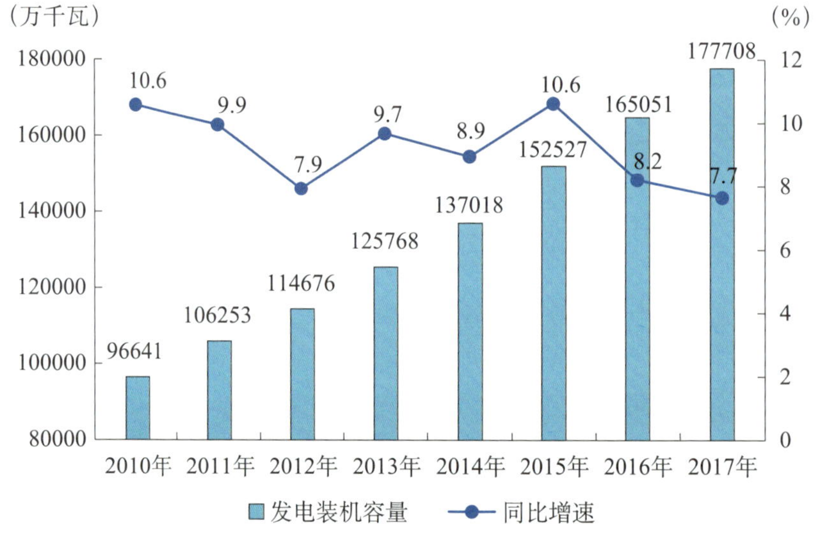

图4-1 2010—2017年全国发电装机容量及增速

（二）分类型情况

受非化石能源发电快速发展拉动，装机结构清洁化趋势明显 截至2017年年底，全国非化石能源发电装机容量占全国发电总装机容量的38.8%，分别比上年和2010年提高2.2个和11.7个百分点。

2017年年底全国分类型发电装机容量及增速见图4-2，全国分类型发电装机容量占比见图4-3。

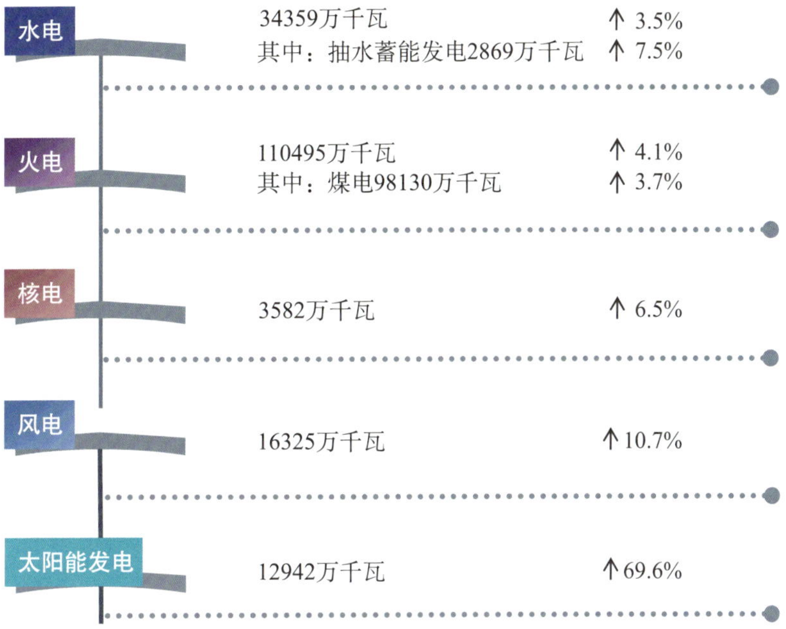

图 4-2　2017 年年底全国分类型发电装机容量及增速

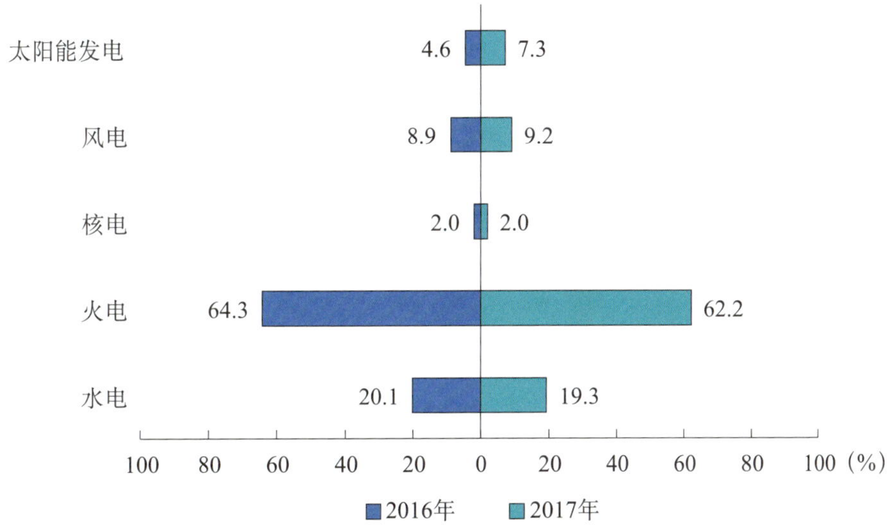

图 4-3　2017 年全国分类型发电装机容量占比

煤电装机占比持续下降，火电结构不断优化　燃煤发电装机容量占发电装机容量的比重从 2010 年的 66.9% 持续下降到 2017 年的 55.2%。

2017 年火电分类装机结构及占总装机容量比重情况如下：

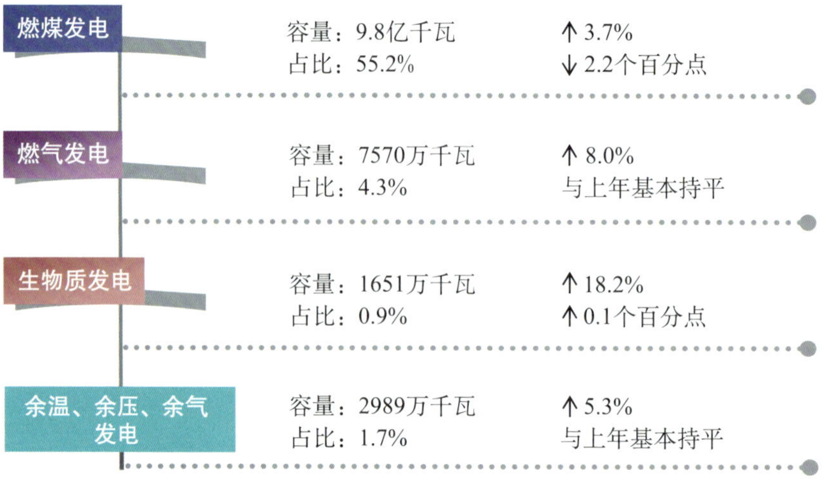

2010—2017年煤电装机容量、燃气发电装机容量及占总装机容量比重分别见图4-4和图4-5。

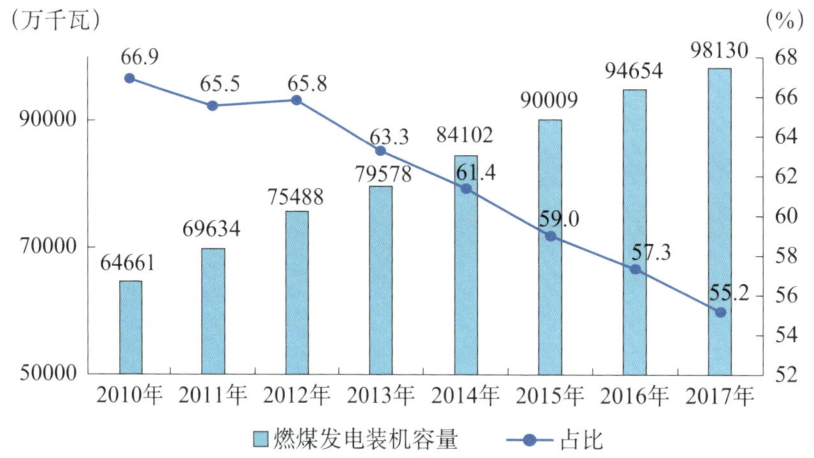

图4-4　2010—2017年煤电装机容量及占总装机容量比重

图4-5　2010—2017年燃气发电装机容量及占总装机容量比重

专栏 大型电厂

截至2017年年底，纳入中电联统计范围的百万千瓦级电厂共449座，装机容量82415万千瓦，分别比上年增加14座和3655万千瓦。

百万千瓦及以上电厂分类型情况为：

水电厂
- 66座
- 16250万千瓦
- 5708亿千瓦时
- 3590平均利用小时

火电厂
- 370座
- 62616万千瓦
- 26478亿千瓦时
- 4329平均利用小时

核电厂
- 13座
- 3550万千瓦
- 2453亿千瓦时
- 7045平均利用小时

全国最大的水电厂（站）、火电厂、核电站为：

装机容量最大的水电厂（站）：三峡水电站，容量2240万千瓦。

装机容量最大的火电厂：大唐内蒙古托克托发电公司，容量672万千瓦。

装机容量最大的核电站：中广核辽宁红沿河核电有限公司，容量448万千瓦。

（三）分区域分省份情况

1. 分区域

截至2017年年底，华北、华东、华中和南方区域发电装机容量超过3亿千瓦。华北区域火电装机容量占比达77.1%，风电装机在六大区域中最多；华东区域火电装机容量仅次于华北，占比为74.5%，核电装机在六大区域中最多；华中和南方区域水电装机容量多，占比分别为42.6%和37.9%，火电装机规模略高于水电装机规模，新能源发电装机规模相对较小，但发展较快；西北区域新能源发电发展较快，占本区域总装机比重为32.8%，在六大区域中最高，其中太阳能发电装机容量在六大区域中最多；东北区域装机规模较小，但风电装机容量占本区域总装机比重为19.8%，在六大区域中最高。

2017年，除西北区域外，各区域煤电装机容量占本区域发电装机容量的比重均比上年有所下降，其中华东区域煤电装机占比下降4.0个百分点，下降幅度最大，华北区域煤电装机容量占比达到 70.1%；华中、南方区域煤电装机容量与水电装机容量大体相当，占比低于 50%。

华东区域气电装机容量最多，占全国气电装机容量的 46.9%，南方和华北区域气电装机主要集中在广东和北京。

生物质发电装机主要分布在华东、华北和南方区域，其装机容量分别为 494 万、376 万和 327 万千瓦。

2017 年分区域电网发电装机容量及同比增速、分类型发电装机容量、火电分类型发电装机容量及煤电占比分别见图 4-6、图 4-7 和图 4-8。

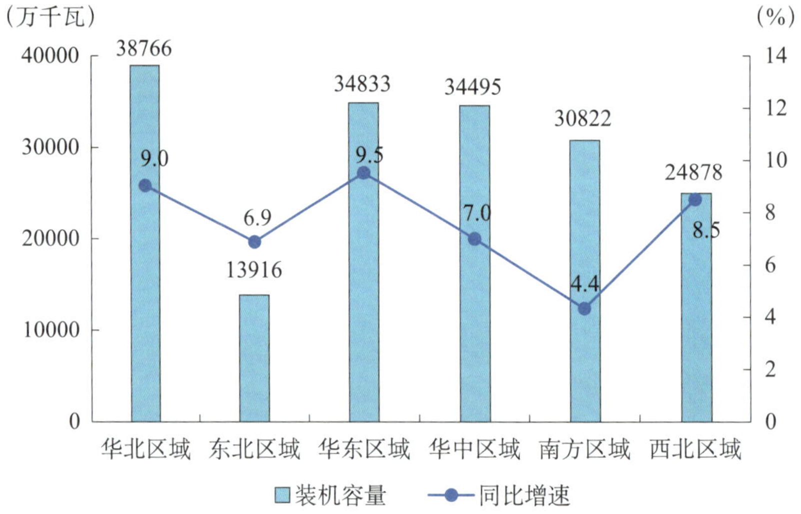

图 4-6　2017 年分区域电网发电装机容量及同比增速

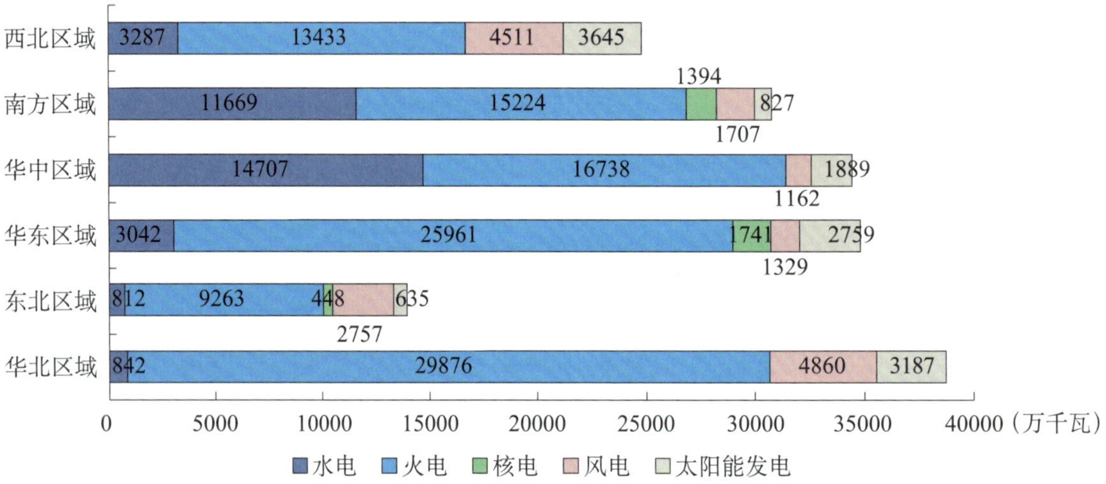

图 4-7　2017 年分区域电网分类型发电装机容量

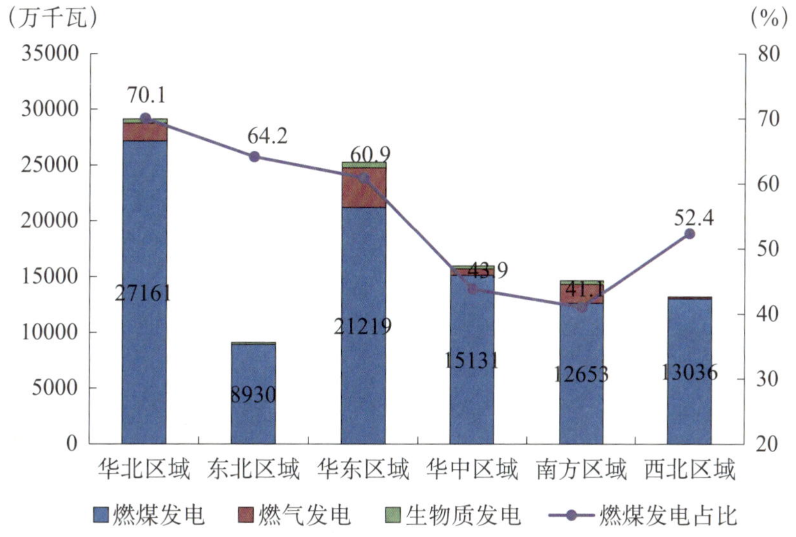

图 4-8　2017 年分区域电网火电分类型发电装机容量及煤电占比

2. 分省份

分省份看，山东、内蒙古、江苏和广东发电装机容量突破 1 亿千瓦。其中，山东发电装机容量规模最大（12556 万千瓦），同比增长 14.8%，四川、云南、浙江、新疆和山西发电装机容量超过 8000 万千瓦。

（1）水电。

水电装机容量超过 1000 万千瓦的省份有 10 个，其合计装机容量占全国水电装机容量的 82.0%。四川、云南水电装机容量分别为 7714 万和 6281 万千瓦，分别占本省发电装机容量的 79.4% 和 70.1%；西藏和湖北水电装机比重超过 50%。

2017 年水电装机规模较大或比重较高省份水电装机容量及占比见图 4-9。

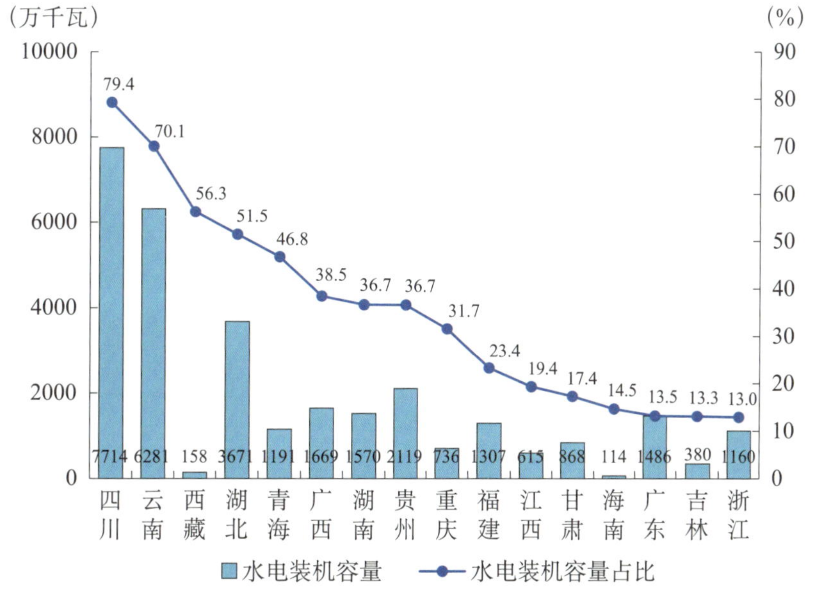

图 4-9　2017 年水电装机规模较大或比重较高省份水电装机容量及占比

（2）火电。

山东火电装机容量超过 1 亿千瓦，江苏超过 9000 万千瓦；内蒙古、广东、河南、山西和浙江在 6000 ~ 8000 万千瓦之间，均是电力发供电大省；新疆、安徽和河北超过 4000 万千瓦。从火电装机容量占比看，上海和天津超过 90%；河南、北京、山西、江苏、安徽、山东、陕西、黑龙江和广东高于 70%；西藏、青海、四川和云南低于 20%。

全国有 13 个省份煤电装机容量超过 3000 万千瓦，其中山东 9762 万千瓦，是煤电装机最多的省份。海南、青海、北京和西藏煤电装机容量低于 500 万千瓦。

全国有 20 个省份煤电装机容量占本省发电装机容量的比重超过 50%，其中，河南达到 79.2%，是煤电装机容量占比最高的省份；青海、云南、四川、北京和西藏低于 15%。

广东、江苏和浙江燃气发电装机容量超过 1000 万千瓦。其中，广东达到 1571 万千瓦，是燃气发电装机容量最多的省份；北京、上海燃气发电装机容量超过 500 万千瓦，其中，北京 950 万千瓦，占全市发电装机容量的 78.0%，是燃气发电装机容量占比最高的省份。

山东、广西、浙江、江苏、安徽和广东生物质发电装机容量超过 100 万千瓦，其中，浙江、江苏、山东和广东垃圾焚烧发电装机容量超过 50 万千瓦；广西、山东、黑龙江和安徽秸秆、蔗渣、林木质等发电装机容量超过 60 万千瓦，其中广西秸秆、蔗渣、林木质等发电装机容量最多。

2017 年火电装机容量超过 3000 万千瓦省份的煤电装机容量及占比见图 4-10，2017 年生物质发电装机容量超过 100 万千瓦的省份生物质发电装机容量及增速见图 4-11。

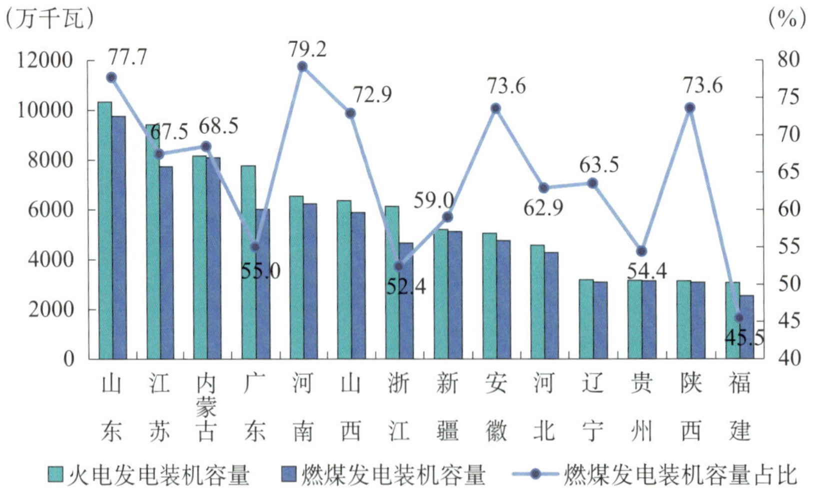

图 4-10　2017 年火电装机容量超过 3000 万千瓦省份煤电装机容量及占比

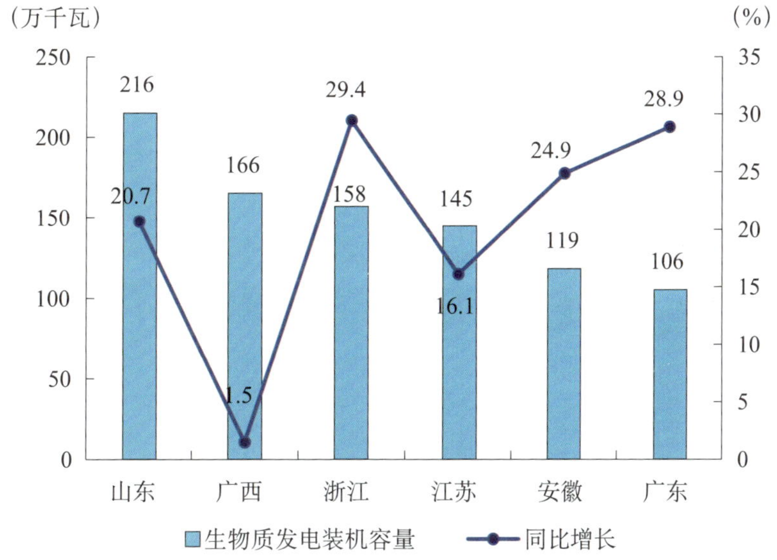

图 4-11　2017 年生物质发电装机容量超过 100 万千瓦的省份生物质发电装机容量及增速

（3）核电。

广东核电装机容量超过 1000 万千瓦，福建、海南核电装机容量占本省装机容量的比重超过 15%。

2017 年分省份核电装机容量见图 4-12。

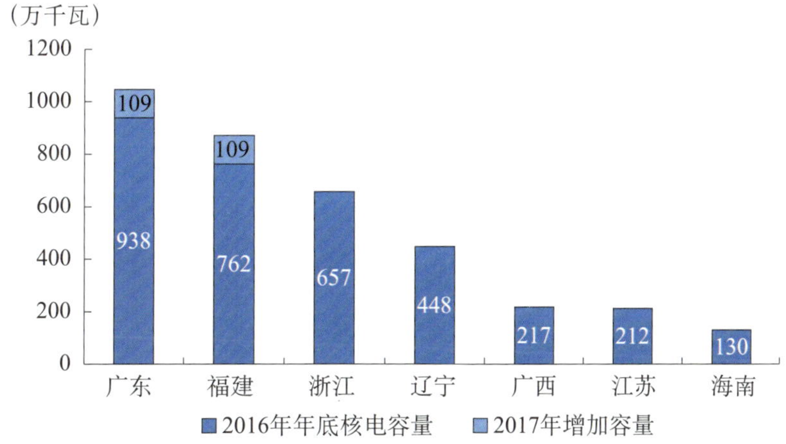

图 4-12　2017 年分省份核电装机容量

（4）新能源发电。

内蒙古、新疆、山东、甘肃等 10 个省份新能源发电装机容量超过 1000 万千瓦，其合计容量占全国新能源发电装机容量的 65.5%，其中内蒙古规模最大，为 3413 万千瓦；全国新能源发电装机容量比重超过全国平均水平（16.5%）的省份有 15 个，除江西和安徽外，均分布在“三北”地区。

2017 年新能源发电装机容量比重超过 10% 的省份新能源发电装机及占比见图 4-13。

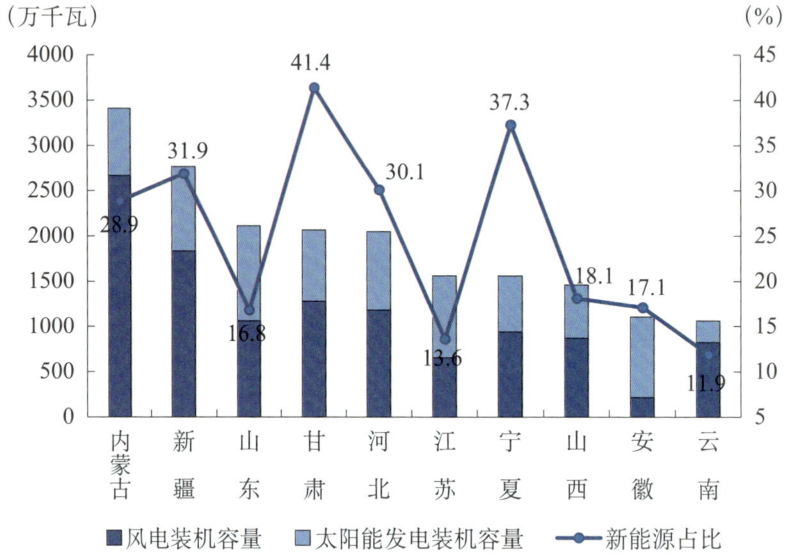

图 4-13　2017 年新能源发电装机容量比重超过 10% 的省份新能源发电装机及占比

风电装机容量超过 500 万千瓦的省份有 12 个，其合计容量占全国风电装机容量的 80.3%。其中，内蒙古最多，为 2670 万千瓦；新疆、甘肃、河北和山东超过 1000 万千瓦。

太阳能发电装机容量超过 300 万千瓦的省份有 16 个，其合计容量占全国太阳能发电装机容量的 87.5%。其中，山东超过 1000 万千瓦，青海占比最高，达到 31.1%。

（四）机组分容量等级结构情况

单机 30 万千瓦及以上容量机组占水电装机容量近 50%　截至 2017 年年底，纳入电力行业 6000 千瓦以上机组统计调查范围的水电机组容量 29252 万千瓦，占全国 6000 千瓦及以上水电机组容量的 94.1%。在调查范围内的水电机组中，单机容量不足 5 万千瓦机组占比为 21.2%。

2016 年、2017 年全国水电机组容量等级结构见图 4-14。

2010 年以来，单机容量 60 万千瓦及以上机组容量占水电装机容量的比重增长较快，但近两年由于大型水电机组投产较少，比重略有降低。30 万至不足 60 万千瓦机组容量占水电装机容量的比重逐年降低，但近两年略有回升。

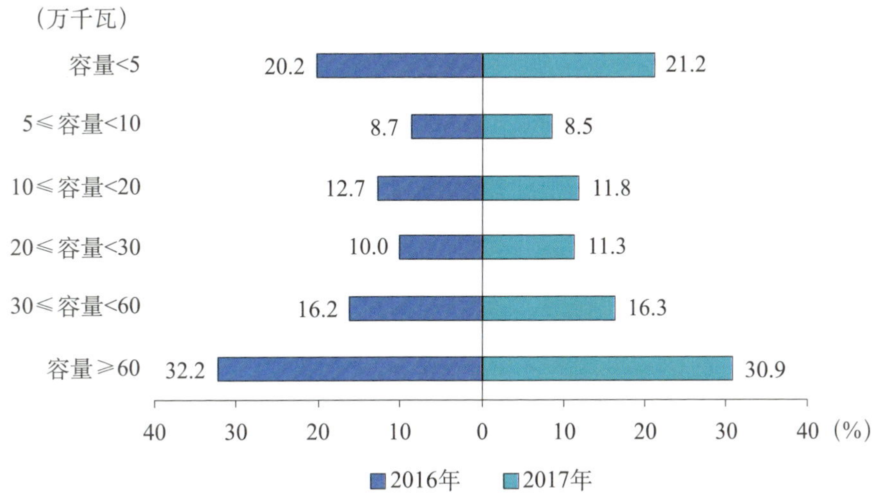

图 4-14　2016 年、2017 年全国水电机组容量等级结构

单机 30 万千瓦及以上火电机组容量占比约为 80%　截至 2017 年年底，纳入电力行业 6000 千瓦以上机组统计调查范围的火电机组容量 102501 万千瓦，占全国 6000 千瓦及以上火电机组容量的 93.2%。在调查范围内的火电机组中，单机 30 万千瓦及以上火电机组容量占比约为 80%，比上年提高 0.4 个百分点。

2016 年、2017 年火电机组分容量等级占比情况见图 4-15。

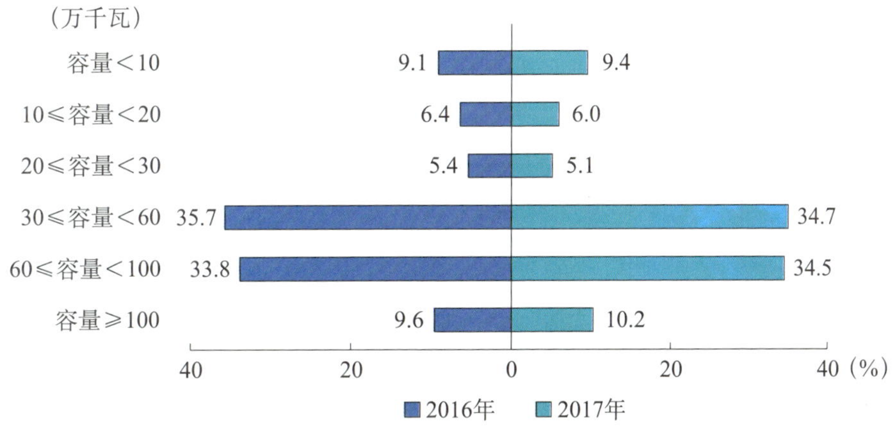

图 4-15　2016 年、2017 年火电机组分容量等级占比情况

2010 年以来，单机 100 万千瓦及以上容量等级的火电机组容量占比逐年提高，2017 年年底已经超过 10%，单机 60 万至不足 100 万千瓦容量等级和单机 30 万至不足 60 万千瓦容量等级火电机组容量占比均超过 1/3。总体看，单机 30 万千瓦及以上容量等级火电机组占比从 2010 年逐年上升到 2017 年的 79.4%，累计提高 6.7 个百分点。

2010—2017 年 30 万千瓦及以上容量等级火电机组容量占火电机组总容量比重见图 4-16。

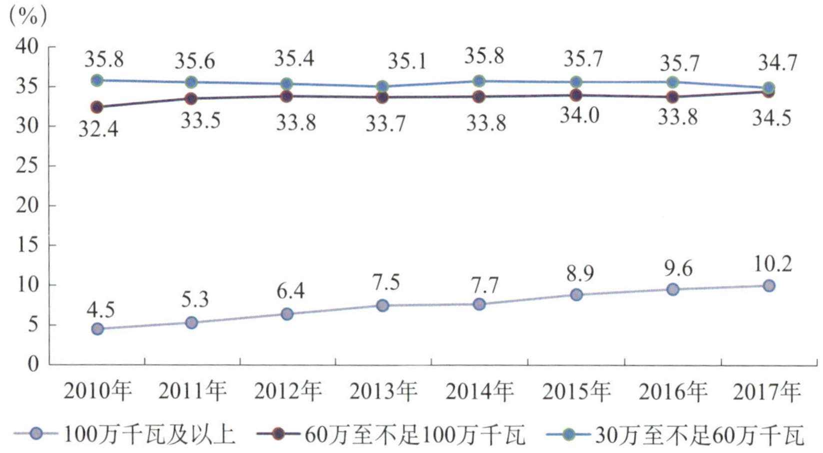

图 4-16　2010—2017 年 30 万千瓦及以上容量等级火电机组容量占火电机组总容量比重

分区域看，大容量火电机组主要集中在负荷中心区域。华东、华中和南方区域的单机 100 万千瓦级火电机组容量占比超过全国平均水平，且 60 万千瓦及以上火电机组容量占比超过 50%；而西北、东北和华北地区，单机 30 万～60 万千瓦容量火电机组占比较高，东北区域不足 10 万千瓦容量火电机组占比最高。

分区域各容量等级火电机组容量占本区域火电机组总容量比重情况见图 4-17。

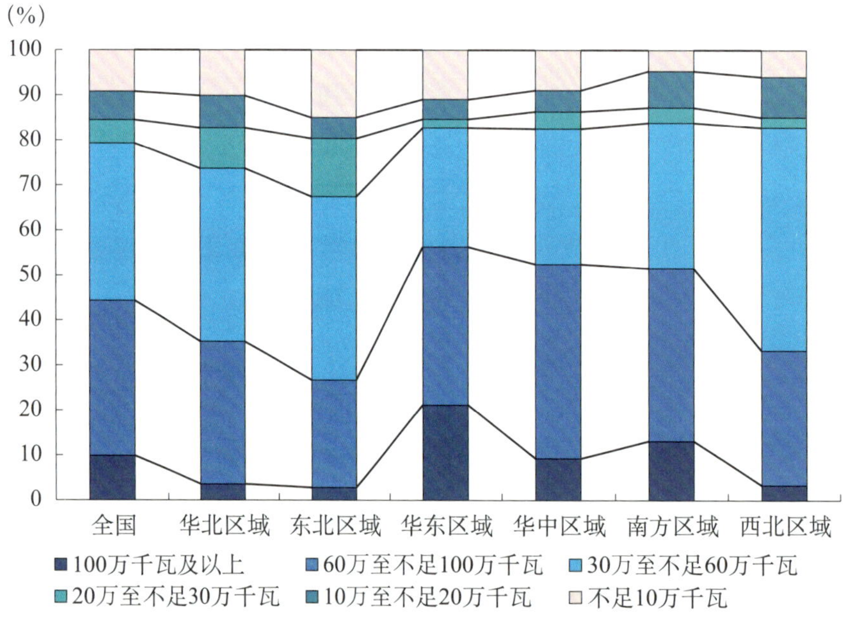

图 4-17　分区域各容量等级火电机组容量占本区域火电机组总容量比重情况

二、电网供应能力

（一）电网规模

全国电网输送能力进一步增强 截至2017年年底，全国电网35千伏及以上输电线路回路长度183万千米，比上年增长4.0%，其中220千伏及以上输电线路回路长度69万千米，比上年增长6.2%。全国电网35千伏及以上变电设备容量66亿千伏安，比上年增长5.3%，其中220千伏及以上变电设备容量40亿千伏安，比上年增长9.1%。2017年，特高压电网建设项目陆续投产，输电线路回路长度、变电设备容量增幅较大。

2017年年底全国35千伏及以上输电线路回路长度及变电设备容量见表4-1。

表4-1 2017年年底全国35千伏及以上输电线路回路长度及变电设备容量

电压等级		输电线路回路长度		变电设备容量	
		长度（万千米）	增长率（%）	容量（亿千伏安）	增长率（%）
35千伏以上合计		182.6	4.0	66.3	5.3
220千伏及以上全部电压等级		68.6	6.2	40.3	9.1
其中	1000千伏	1.0	39.0	1.6	63.3
	±800千伏	2.1	69.8	1.1	119.1
	750千伏	1.9	4.8	1.5	7.1
	500千伏	18.7	4.4	14.4	7.2
	其中：±500千伏	1.4	0.1	1.9	7.2
	330千伏	3.0	6.4	1.3	6.6
	220千伏	41.5	4.6	20.3	4.9

分省份看，全国共有16个省份的220千伏及以上输电线路回路长度超过2万千米，分别是内蒙古、江苏、河北、四川、山东、广东、云南、浙江、河南、山西、新疆、湖北、辽宁、安徽、湖南和甘肃，其中内蒙古、江苏、河北、四川、山东和广东分别达至4.5万、4.2万、3.7万、3.6万、3.6万和3.4万千米，这些省份基本都是电力消费大省或电力输送、交换大省。全国共有16个省份的220千伏及以上变电设备容量超过1亿千伏安，分别是江苏、广东、山东、浙江、河北、四川、内蒙古、河南、辽宁、山西、湖北、上海、安徽、福建、云南和新疆，比上年增加

了新疆，其中江苏和广东分别达到3.7亿和3.2亿千伏安。

（二）跨区输电

全国电网跨区输送能力进一步提升 中国电网已实现除台湾省以外的全国联网，截至2017年年底，全国跨区输电能力12615万千瓦。其中，交直流联网跨区输电能力11281万千瓦；跨区点对网送电能力1334万千瓦。

全国跨区域联网及输电线路见表4–2。

表4–2 全国跨区域联网及输电线路

送端地区	线路工程名称	电压等级（千伏）	输送能力（万千瓦）	投产时间	受端地区
全国总计			12615		
华北	小 计		2630		
	阳城送华东电网	500	330	2007年	华东
	锡盟—泰州特高压直流工程	±800	1000	2017年	
	晋北—南京特高压直流工程	±800	800	2017年	
	晋东南—南阳—荆门特高压交流	1000	500	2009年，2011年扩建	华中
东北	小 计		1500		
	高岭直流背靠背		300	2009年，2012年扩建	华北
	辽宁绥中电厂送华北电网	500	200	2015年	
	扎鲁特至青州特高压直流工程	±800	1000	2017年	
华中	小 计		3840		
	葛南直流	±500	300	1989年，2011年扩建	华东
	龙政直流	±500	300	2003年	
	宜华直流	±500	300	2006年	
	向上直流	±800	640	2010年	
	林枫直流	±500	300	2011年	
	锦苏直流	±800	720	2012年	
	宾金直流	±800	800	2014年	
	湖南鲤鱼江水电站送南方电网	500	180	2003年	南方
	江城直流	±500	300	2004年	

续表

送端地区	线路工程名称	电压等级（千伏）	输送能力（万千瓦）	投产时间	受端地区
西北	小　计		4381		
	陕西府谷、锦界送华北电网	500	360	2007 年	华北
	宁东—山东直流	±660	400	2012 年	
	榆横—潍坊 1000 千伏特高压交流工程	1000	750	2017 年	
	宁东—浙江直流	±800	800	2016 年	华东
	灵宝直流背靠背		111	2005 年，2009 年扩建	华中
	德宝直流	±500	300	2009 年	
	哈郑直流	±800	800	2013 年	
	酒泉—湖南特高压直流工程	±800	800	2017 年	
	青藏联网工程	±400	60	2011 年	西藏
南方	小　计		264		
	贵州二郎电厂送重庆	500	264	2015 年	华中

（三）内地与港澳地区及邻国联网

截至 2017 年年底，中国内地与香港、澳门联网，为香港、澳门特别行政区送电。中国分别与俄罗斯、蒙古国、越南、缅甸和老挝等国实现了跨国输电线路互联和电量交易。在大湄公河次区域，缅甸电厂以 1 回 500 千伏、2 回 220 千伏和 1 回 110 千伏线路向中国供电；中国以 3 回 220 千伏、3 回 110 千伏线路向越南供电，以 1 回 115 千伏线路向老挝供电。中国东北电网与俄罗斯远东电网建成了 1 回 500 千伏、2 回 220 千伏和 2 回 110 千伏输电线路；中国新疆通过 35 千伏、内蒙古通过 220 千伏和 110 千伏输电线路与蒙古国实现一定规模的电力交易。

中国与俄罗斯、蒙古国、越南和缅甸等周边国家跨国电力交易初步实现。

第二节　电力生产

一、发电量

（一）全国总体情况

全国全口径发电量 64171 亿千瓦时，同比增长 6.5%，增速比上年提高 1.6 个百分点。

2010—2017 年全口径发电量及同比增速见图 4-18。

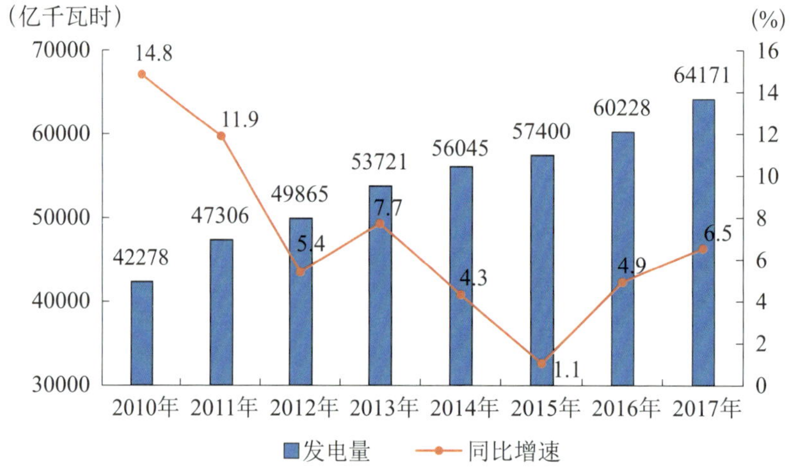

图 4-18　2010—2017 年全口径发电量及同比增速

根据国家统计局数据，2017 年，全国规模以上电厂发电量 62758 亿千瓦时，比上年增长 5.7%。分月来看，发电量增长较为平稳，受上年同期基数的影响，上半年发电量增速总体快于下半年。

2017 年全国规模以上电厂分月发电量及增速见图 4-19。

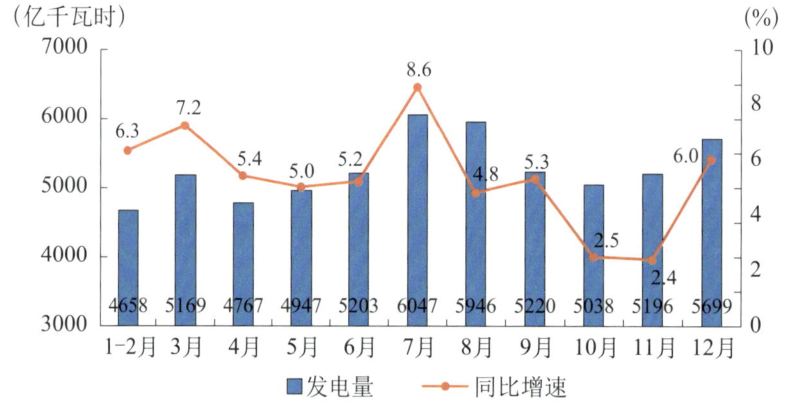

图 4-19　2017 年全国规模以上电厂分月发电量及增速

（二）分类型情况

2017 年，全国各能源类型发电量均实现正增长。

2017 年全国分类型发电量及其同比增速见图 4-20，2016 年、2017 年分类型发电量占全国发电量比重见图 4-21。

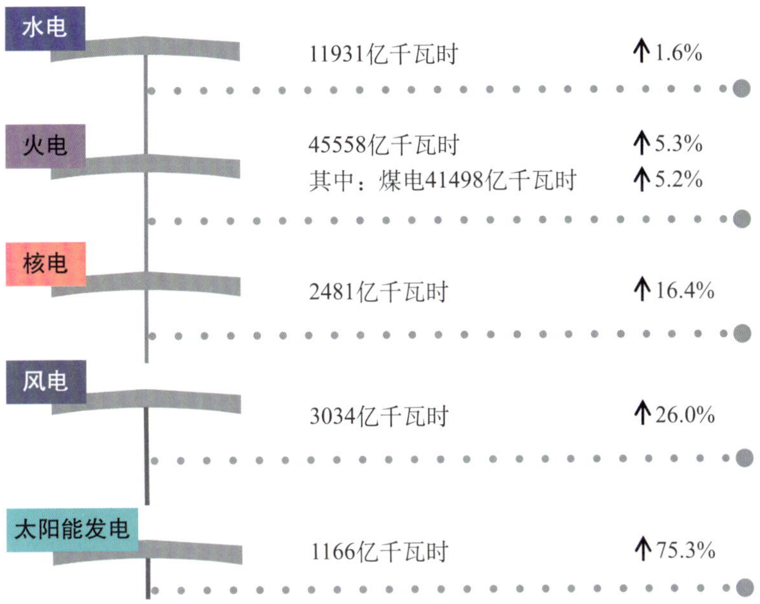

图 4-20　2017 年全国分类型发电量及其同比增速

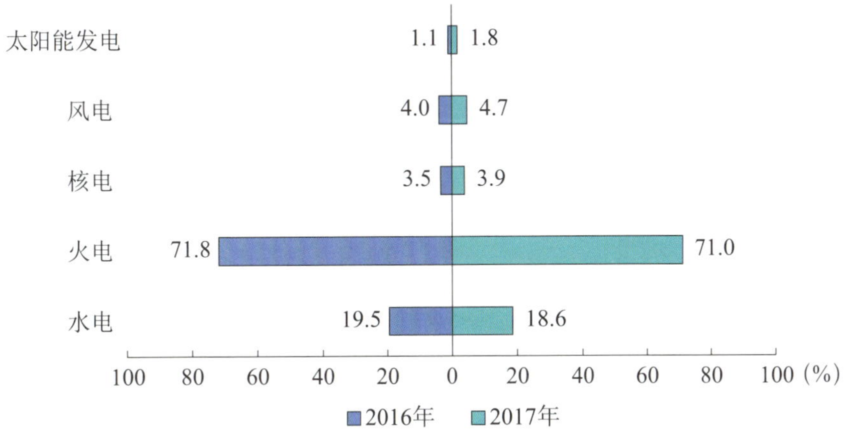

图 4-21　2016 年、2017 年分类型发电量占全国发电量比重

火电发电量比重继续下降　受消费增速回升拉动，火电发电量增速比上年提高 3.0 个百分点，但增速仍低于全口径发电量 1.3 个百分点，火电发电量比重已从 2011 年的 82.5% 持续下降到 2017 年的 71.0%。其中，2017 年煤电发电量同比增长 5.2%，占比（64.7%）比 2011 年降低 11.2 个百分点；燃气发电量同比增长 7.7%，占比（3.2%）稳步提高。

2017 年不同类型火电机组发电量、增速及占全国发电量比重如下：

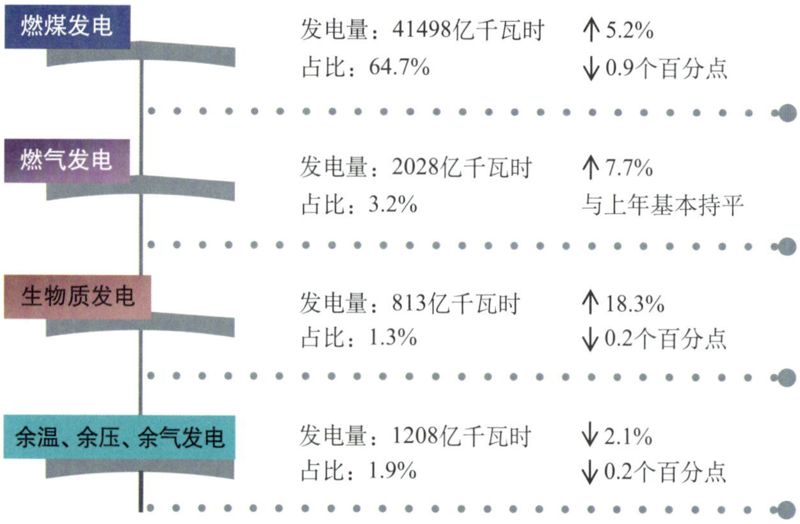

非化石能源发电量快速增长　2017年，全国非化石能源发电量19426亿千瓦时，同比增长10.1%；占总发电量的比重为30.3%，比上年提高1.0个百分点。其中，新能源（并网风电和太阳能）发电量4200亿千瓦时，同比增长36.6%，比总发电量增速高30.1个百分点，对全国发电量增长的贡献率为28.6%；占总发电量的比重为6.5%，分别比2010年和2016年提高5.4个和1.4个百分点。水电发电量受上年基数影响，上半年负增长，下半年总体回升，全年发电量11931亿千瓦时，同比增长1.6%，比上年回落4.0个百分点。生物质发电量813亿千瓦时，同比增长18.3%。核电发电量2481亿千瓦时，同比增长16.4%。

2010—2017年风电、太阳能发电量合计及占比见图4-22。

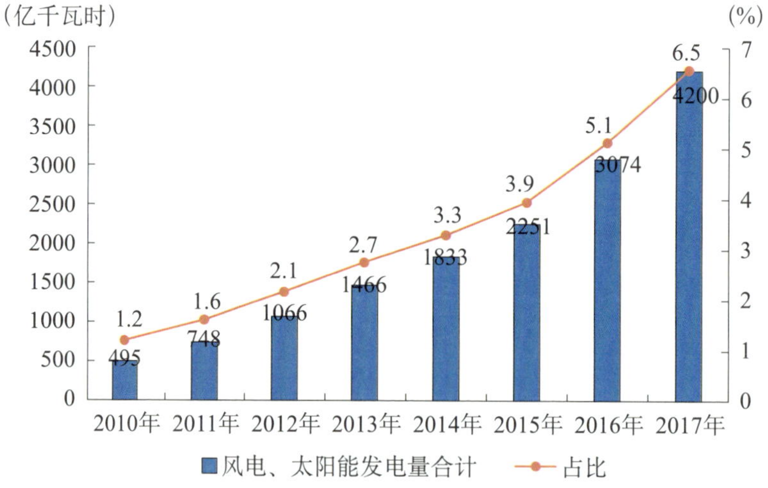

图4-22　2010—2017年风电、太阳能发电量合计及占比

（三）分区域分省情况

1. 分区域发电量

华北、华东区域发电量及其火电发电量均超过 1 万亿千瓦时，火电发电量占比分别为 90.6% 和 82.3%。华东区域核电发电量 1244 亿千瓦时，同比增长 16.9%，核电发电量规模在六大区域中最大。华中、南方区域发电量超过 1 万亿千瓦时，水电发电量占比（46.6% 和 38.1%）明显高于其他区域，加上华东区域，三个区域新能源发电规模均较小、占比偏低。西北、东北和华北区域新能源（风电和太阳能）发电量超过水电发电量，是这三个区域的第二大发电类型；华北区域新能源发电量 1271 亿千瓦时，在各区域中最多；西北区域新能源发电量 1137 亿千瓦时，同比增长 38.6%，对区域发电量增长的贡献率为 35.3%。西北区域发电量同比增长 12.5%，在六大区域中增速最高，对全国发电量增长的贡献率最大，为 22.7%。

国家加快调整能源结构，新能源发电加快发展，煤电发电量占比逐年下降，但仍然是现阶段最重要的发电类型，华北区域煤电发电量占比超过 90%，东北、华东和西北区域占比在 80% 左右，华中和南方区域占比略低于水电。华东、华北和南方区域燃气发电量超过 500 亿千瓦时，其中华东区域燃气和生物质发电量分别达到 777 亿和 285 亿千瓦时，在六大区域中规模最大。

2017 年分区域发电量及增速、发电量占全国发电量比重及贡献率、分类型发电量占本区域发电量比重分别见图 4-23、图 4-24、图 4-25。

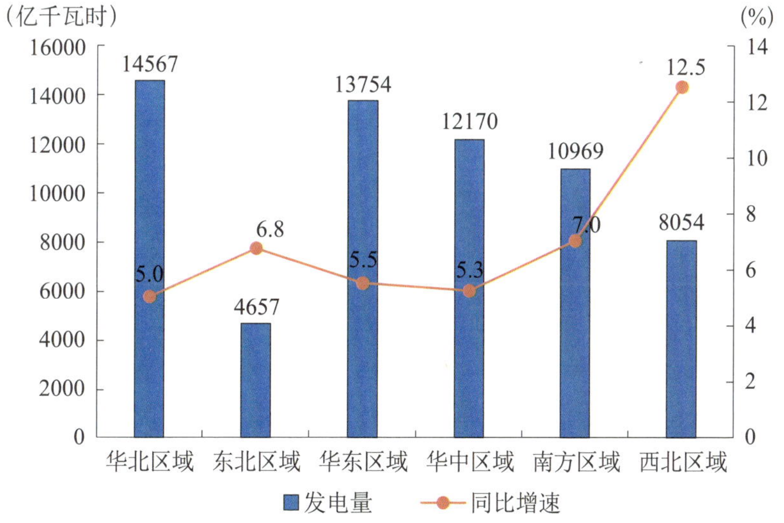

图 4-23 2017 年全国分区域发电量及增速

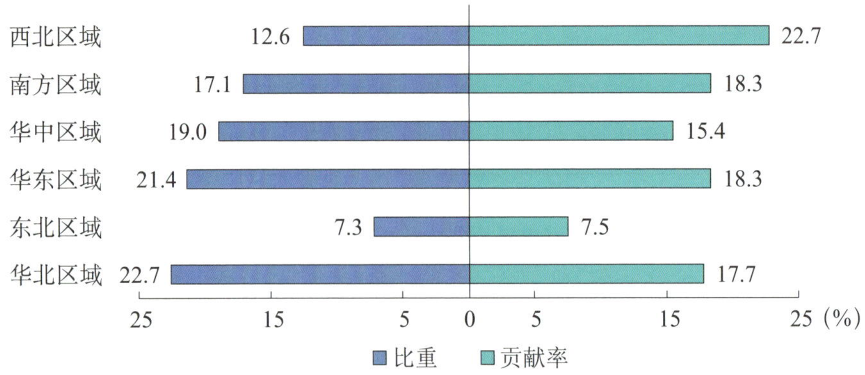

图 4-24　2017 年分区域发电量占全国发电量比重及贡献率

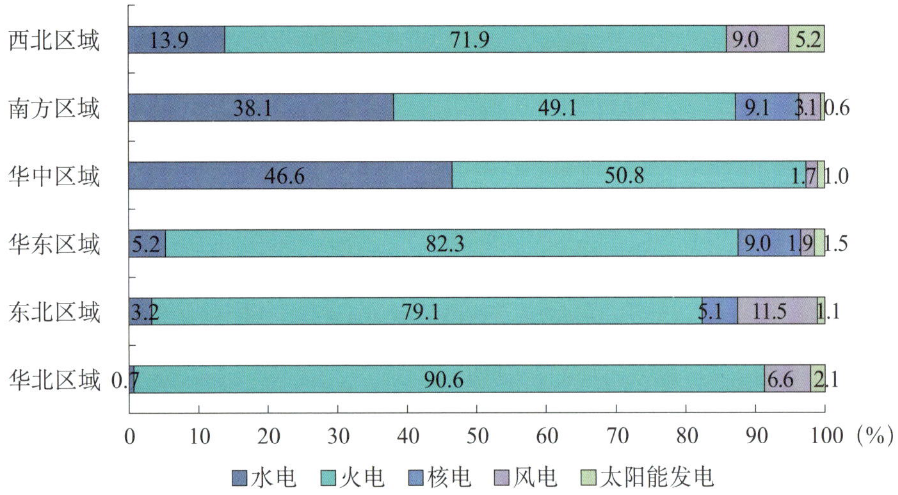

图 4-25　2017 年分区域分类型发电量占本区域发电量比重

2. 分省份发电量

江苏、山东、内蒙古和广东发电量超过 4000 亿千瓦时，其中江苏、山东和广东为东部电力消费大省，内蒙古是主要能源输出省份。四川、浙江和新疆发电量在 3000 亿～4000 亿千瓦时之间，其中浙江为用电大省，四川和新疆是主要能源输出省份，其输出电力分别以水电和火电为主。发电量不足 1000 亿千瓦时的省份有黑龙江、上海、吉林、重庆、青海、天津、北京、海南和西藏。

2017 年分省份发电量及增速见图 4-26。

（1）水电。

水电发电量超过 500 亿千瓦时的省份有 5 个，均为中、西部地区省份，其合计发电量占全国水电发电量的 71.3%。四川和云南水电发电量超过 2000 亿千瓦时，分别占本省发电量的 88.6% 和 84.6%；湖北超过 1000 亿千瓦时，其水电发电量占比达 56.5%。在水电装机较多的省份中，青海水电发电量占比超过 50%（53.9%）；

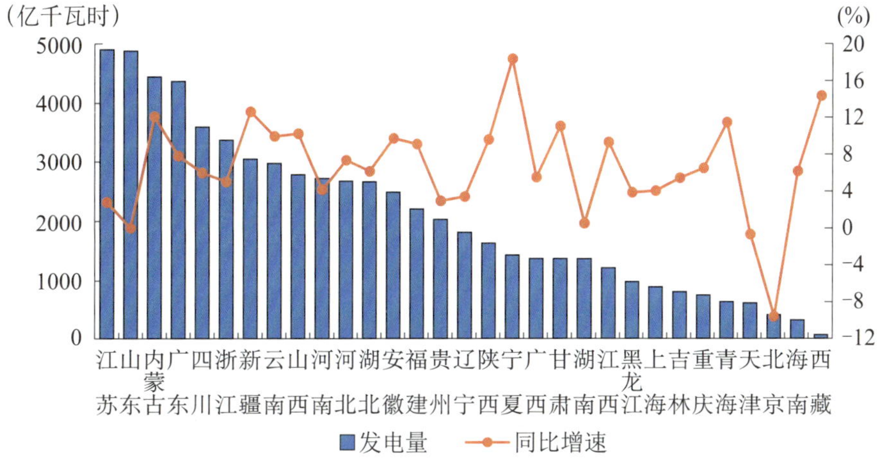

图 4-26　2017 年分省份发电量及增速

受来水分布不均以及上年基数影响，福建、湖南水电发电量分别比上年减少 215 亿和 62 亿千瓦时。

2017 年水电发电量超过 400 亿千瓦时的省份水电发电量及占比见图 4-27。2017 年部分省份水电发电量对全国水电发电量增长的贡献率见图 4-28。

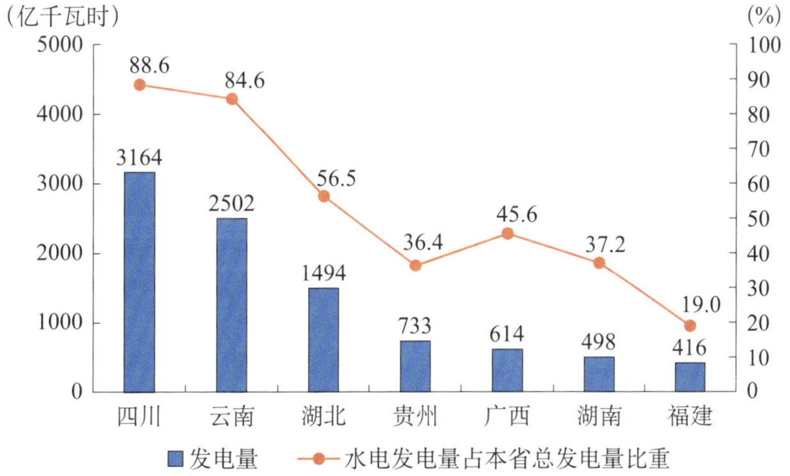

图 4-27　2017 年水电发电量超过 400 亿千瓦时的省份水电发电量及占比

（2）火电。

山东、江苏、内蒙古、广东、浙江、河南、山西、新疆、安徽和河北 10 个省份火电及煤电发电量超过 2000 亿千瓦时，其合计火电及煤电发电量分别占全国同类型发电量的比重为 67.0% 和 68.0%。其中，山东和江苏火电发电量超过 4000 亿千瓦时，分别占本省总发电量的 94.9% 和 91.7%；内蒙古和广东超过 3000 亿千瓦时，分别占本省总发电量的 84.5% 和 72.8%。除山东、江苏外，天津、上海、北京、河

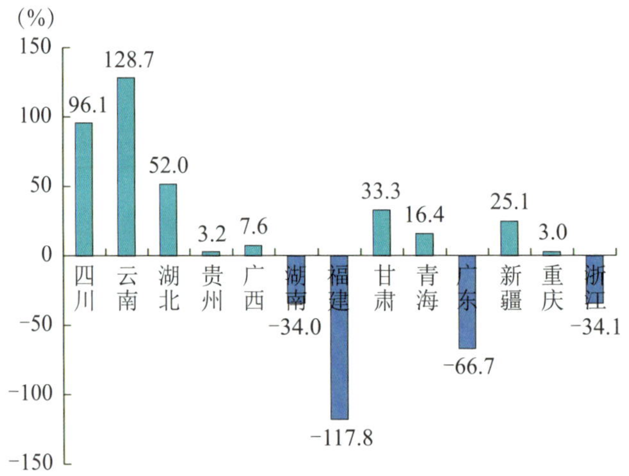

图 4–28　2017 年部分省份水电发电量对全国水电发电量增长的贡献率

南、安徽、山西火电发电量占本省总发电量的比重也超过 90%；水电大省广西、湖北、青海、四川、云南的火电发电量占比低于 50%，其中，青海为 24.8%，四川、云南低于 10%。受煤价上涨、新增非化石能源发电以及跨省、跨区输电变化的影响，各火电大省的火电发电量对全国火电发电量增长的贡献率差异较大，其中内蒙古、广东、福建、山西、浙江和安徽贡献突出，山东贡献为负。

山东煤电发电量超过 4000 亿千瓦时，江苏、内蒙古在 3000 亿～4000 亿千瓦时之间，受消纳外来清洁能源电力影响，江苏和山东煤电发电量分别比上年降低 2.5% 和 1.7%。北京、西藏煤电发电量低于 100 亿千瓦时。

2017 年煤电发电量超过 2000 亿千瓦时的省份煤电发电量及增速见图 4–29，2017 年部分省份火电发电量对全国火电增长的贡献见图 4–30。

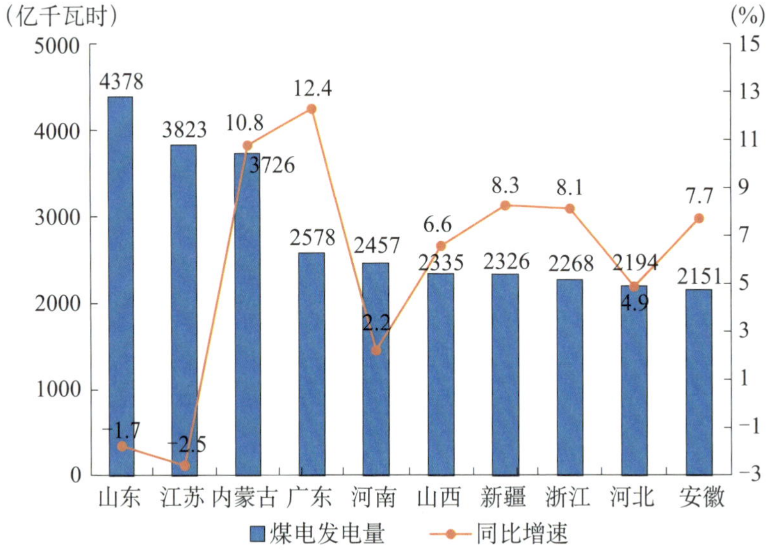

图 4–29　2017 年煤电发电量超过 2000 亿千瓦时的省份煤电发电量及增速

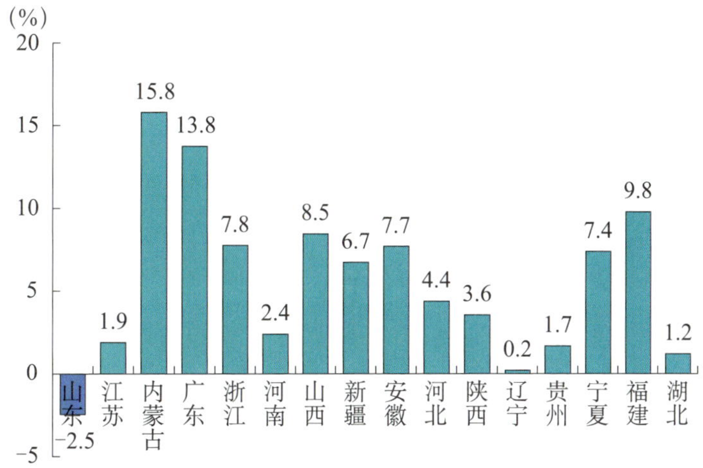

图 4-30　2017 年部分省份火电发电量对全国火电增长的贡献率

2017 年，广东、江苏和北京燃气发电量分别为 515 亿、449 亿和 347 亿千瓦时，三省合计燃气发电量占全国燃气发电量的 64.7%。其中，北京受供暖期天然气供应紧张和外来输电等因素影响，全年燃气发电量同比降低 6.5%；江苏燃气发电量同比增长 45.9%。浙江、山西、上海、天津燃气发电量也超过 100 亿千瓦时。

2017 年燃气发电量超过 100 亿千瓦时的省份燃气发电量及增速见图 3-31。

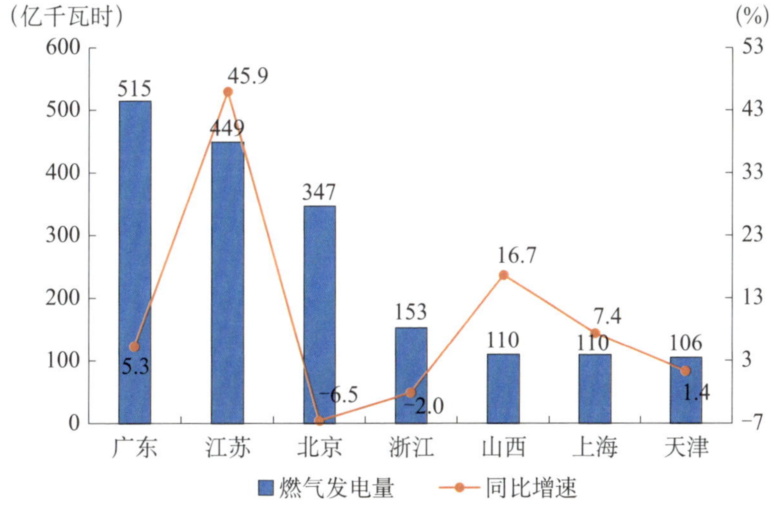

图 4-31　2017 年燃气发电量超过 100 亿千瓦时的省份燃气发电量及增速

2017 年，山东、江苏、浙江、安徽和广东生物质发电量超过 50 亿千瓦时，五省合计生物质发电量占全国生物质发电量的 50.4%，全国共有 19 个省生物质发电量超过 10 亿千瓦时。

2017 年分省份生物质发电量见图 4-32。

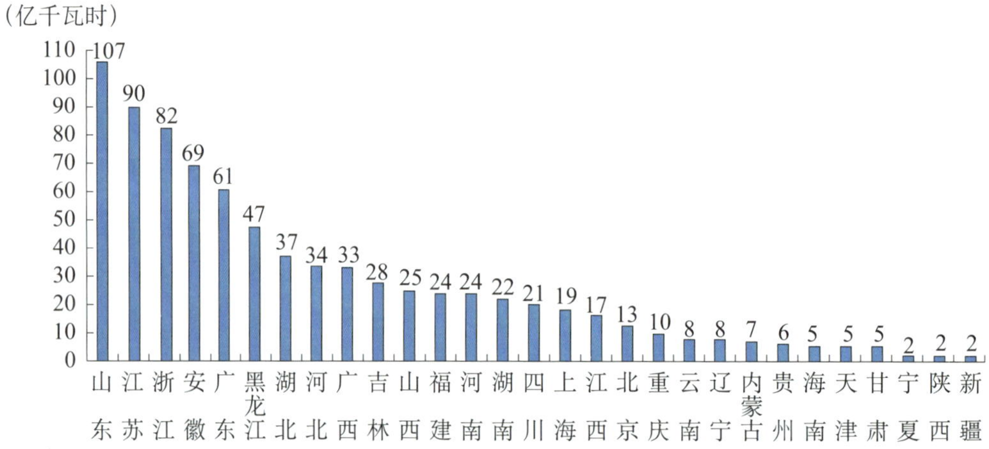

图 4-32　2017 年分省份生物质发电量

（3）核电。

广东、福建、浙江、辽宁、江苏、广西和海南 7 省核电发电量均实现同比增长，受新投产机组增加较多等因素影响，福建、海南、广西增速超过 20%。广东是核电发电量最多的省份。福建核电发电量占本省发电量的比重达到 25.6%，海南为 24.4%。

2017 年 7 省份核电发电量及占本省总发电量的比重见图 4-33。

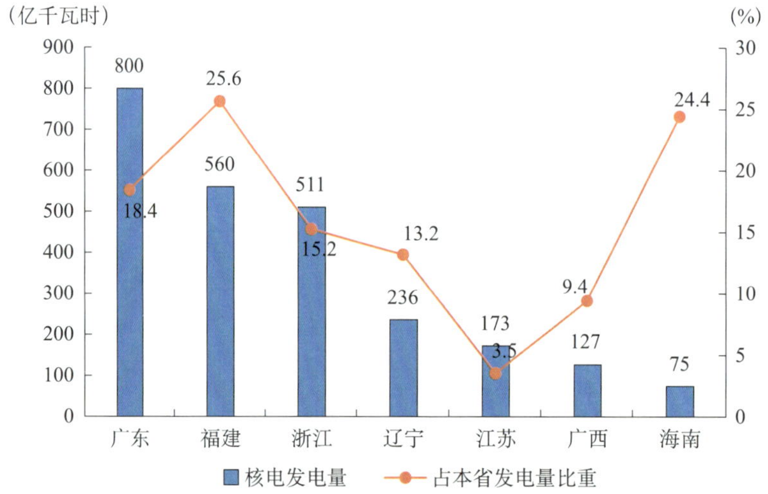

图 4-33　2017 年 7 省份核电发电量及占本省总发电量的比重

（4）新能源发电。

2017 年，在各方共同努力下，新能源发电消纳形势比上年明显转好，全国弃风弃光势头得到有效遏制，弃电量、弃电率实现“双降”。全国有 15 个省份基本不弃风，累计弃风率同比降低 5.2 个百分点；有 20 个省份基本不弃光，累计弃光率同比降低 4.3%[1]。

2017 年，青海、甘肃、宁夏、内蒙古、新疆、河北、吉林、黑龙江和西藏的新能源发电量占本省发电量的比重超过 10%，其中青海、甘肃、宁夏和内蒙古超过 15%。新能源发电成为内蒙古、新疆、河北、山东、宁夏、山西、江苏、黑龙江、安徽和吉林等 12 个省份的第二大发电类型。山东、云南、甘肃、北京、青海、辽宁、黑龙江和四川等 14 个省份的新能源发电量增量超过火电发电量增量，新能源发电对发电生产的贡献作用逐步增强。

2017 年新能源发电量超过 100 亿千瓦时的省份新能源发电量及占比见图 4-34。

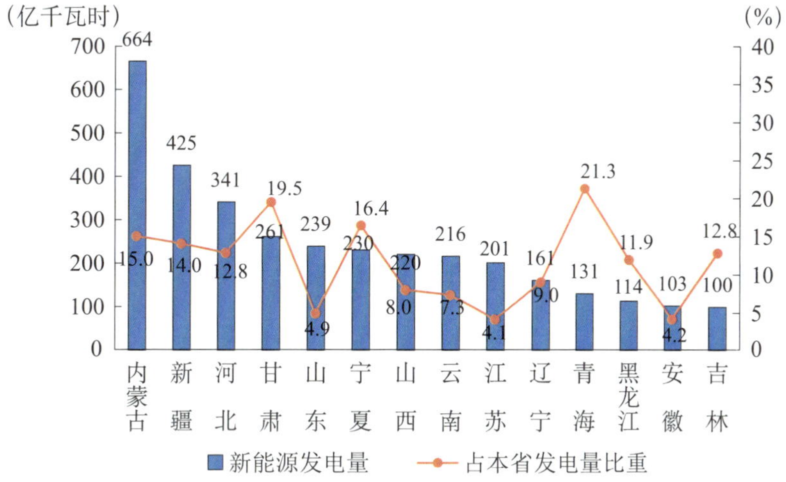

图 4-34　2017 年新能源发电量超过 100 亿千瓦时的省份新能源发电量及占比

内蒙古、河北、新疆等 11 个省份风电发电量超过 100 亿千瓦时，其风电发电量合计占全国风电发电量的 78.2%。其中，内蒙古风电发电量超过 400 亿千瓦时，河北、新疆超过 200 亿千瓦时。甘肃、内蒙古、黑龙江、吉林、宁夏和新疆风电发电量占本省发电量的比重超过 10%，河北和辽宁占比超过 8%。

内蒙古、青海、新疆、甘肃和宁夏等 11 个省份太阳能发电量超过 50 亿千瓦时，其太阳能发电量合计占全国太阳能发电量的 76.0%。其中，青海、内蒙古和新疆太阳能发电量超过 100 亿千瓦时，江苏、河北、宁夏、甘肃、山东和安徽超过 60 亿千瓦时。

2017 年部分省份风电和太阳能发电量增速见图 4-35。

[1] 数据来源于国家可再生能源中心并网风电、光伏发电生产情况统计数据。

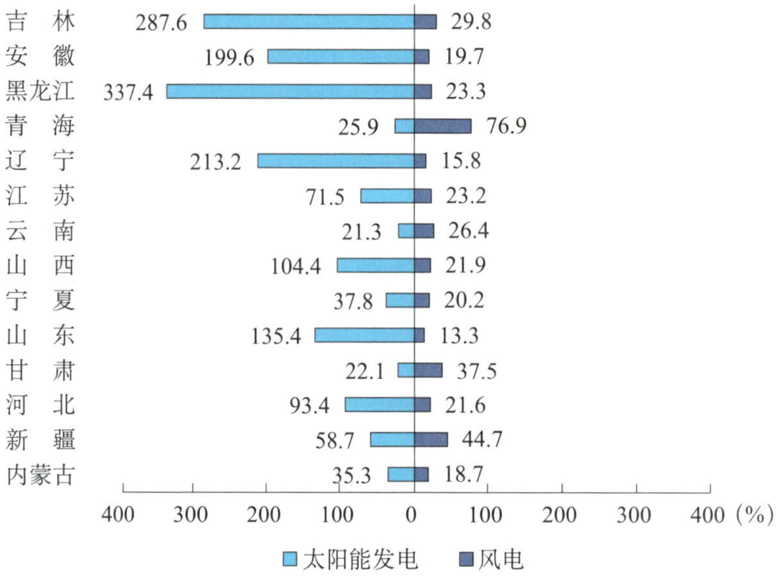

图 4-35　2017 年部分省份风电和太阳能发电量增速

二、统调最高发电负荷

根据国家电力调度控制中心数据，2017 年，由于各区域电力供需形势总体平稳、电网资源优化配置能力加强，受夏季高温天气影响，全国电网统调最高发电负荷（即最高发电电力，下同）同比增长 7.8%，增速与上年基本持平。分区域看，除南方区域外，其他各区域统调最高发电负荷均有不同程度的提高。

2017 年分区域最高发电负荷及增速见图 4-36。

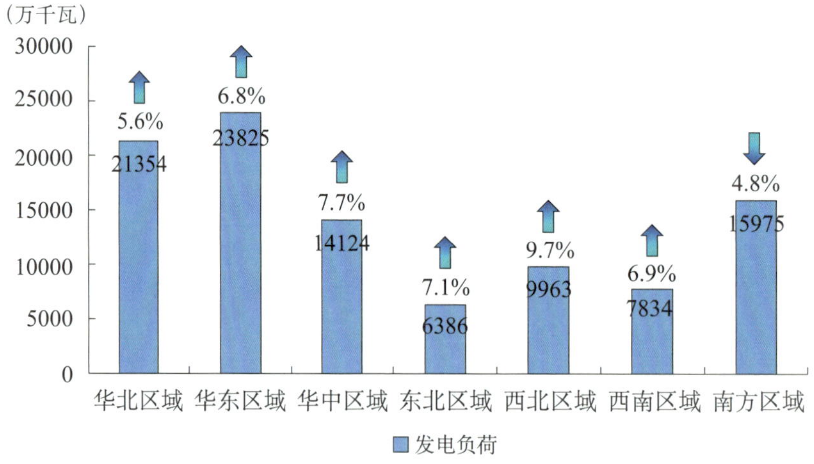

图 4-36　2017 年分区域最高发电负荷及增速

三、发电设备平均利用小时

（一）全国总体情况

全国 6000 千瓦及以上电厂发电设备利用小时 3790 小时，同比降低 7 小时。受上年高基数等因素影响，水电利用小时同比降低 22 小时；受电力消费增长拉动、水电发电量低速增长等因素影响，火电设备利用小时同比增加；其他类型发电设备利用小时均同比增加。

2010—2017 年全国火电设备平均利用小时见图 4-37，2016 年、2017 年全国分类型发电设备利用小时及变化见表 4-3。

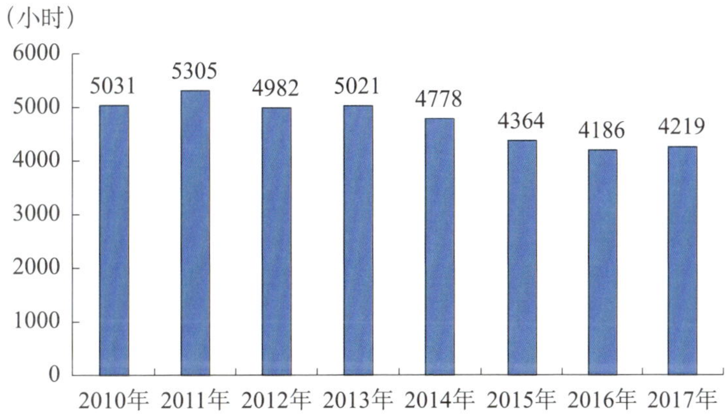

图 4-37　2010—2017 年全国火电设备平均利用小时

表 4-3　2017 年全国分类型发电设备利用小时及变化

单位：小时

	合计	水电	火电			核电	风电	太阳能发电
			合计	其中：煤电	其中：气电			
发电利用小时	3790	3597	4219	4312	2761	7089	1949	1205
同比变化小时数	−7	−22	33	37	60	28	204	76

（二）分省份情况

半数水电大省的水电平均利用小时同比下降　在水电装机容量超过 1000 万千瓦的 10 个省份中，仅有四川、湖北、云南和广西 4 个省份的水电设备利用小时高于全国平均水平，其中四川最高，为 4236 小时。在这 10 个省份中，云南、湖北、青海、广西和四川水电利用小时同比增加，福建、广东和浙江水电利用小时下降较多。

2017 年水电装机容量超过 1000 万千瓦省份的水电利用小时及变化见表 4-4。

表 4-4　2017 年水电装机容量超过 1000 万千瓦省份水电利用小时及变化

单位：小时

	四川	云南	湖北	贵州	广西	湖南	广东	福建	青海	浙江
水电利用小时数	4236	4059	4120	3287	3814	3245	2869	3259	2816	1790
利用小时同比变化	2	268	251	−28	11	−376	−762	−1517	244	−714

大部分省份火电设备平均利用小时同比提高　福建、江西、广东、浙江等 17 个省份火电设备平均利用小时同比增加。其中，受上年基数和水电减发因素影响，福建火电设备利用小时同比提高 718 小时；江西、广东、青海、湖南、浙江、陕西同比提高超过 200 小时。宁夏、河北、江苏、江西等 11 个省份火电设备平均利用小时高于全国平均水平，其中河北、江西、宁夏超过 5000 小时，江苏、新疆、陕西、山东、内蒙古、安徽超过 4500 小时。

北京受华北地区天然气短缺、加大接受外送电量以及“煤改气”等因素影响，火电设备利用小时同比下降 566 小时；山东主要受多条特高压投产后外来电增加较多，以及省内新投产火电装机较多、电力消费增速趋缓等因素影响，火电设备利用小时同比下降 527 小时；广西和重庆分别下降 353 和 319 小时；江苏、天津和甘肃下降超过 100 小时，其中江苏主要是受消纳外来清洁能源和火电发电装机（特别是燃气发电）增长较快等因素影响；广西、四川、云南和西藏火电利用小时不足 3000 小时。

2017 年火电装机容量超过 3000 万千瓦的省份火电设备利用小时见图 4-38。

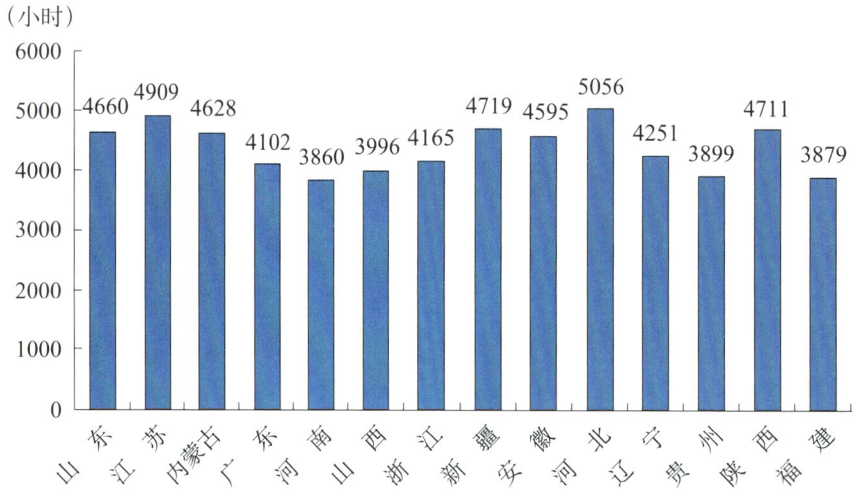

图 4-38　2017 年装机容量超过 3000 万千瓦的省份火电设备利用小时

宁夏、河北、江苏、江西等 14 个省份煤电设备平均利用小时高于全国平均水平，其中宁夏、河北、江苏超过 5000 小时，江西、浙江、新疆、陕西、山东、内蒙古、海南、安徽和上海超过 4500 小时。广西、四川、北京、云南和西藏不足 3000 小时。

福建、江西、广东、浙江等 13 个省份煤电利用小时同比增加。山东和重庆分别下降 559 和 386 小时，广西和江苏下降超过 200 小时。

2017 年煤电装机容量超过 2000 万千瓦的省份煤电设备利用小时见图 4-39。

图 4-39　2017 年煤电装机容量超过 2000 万千瓦的省份煤电设备利用小时

绝大部分省份核电设备利用小时同比提高　除广西和海南受上年新投产核电机组等因素影响，核电设备利用小时下降外，其余 5 省的核电利用小时同比提高，江苏超过 8000 小时。2017 分省核电利用小时及变化情况见表 4-5。

表 4-5　2017 年分省核电利用小时及变化情况

单位：小时

	江苏	浙江	广东	福建	广西	海南	辽宁
核电利用小时数	8149	7766	7748	6974	5839	5737	5273
利用小时同比变化数	578	105	232	27	−1346	−527	291

绝大部分省份风电设备利用小时同比提高　在风电装机容量超过 200 万千瓦的 21 个省份中，内蒙古、新疆、甘肃、河北、山东、宁夏、山西、云南、辽宁、江苏、黑龙江和吉林 12 个省份风电设备平均利用小时高于全国平均水平，其中内蒙古、新疆、甘肃、河北、山东、宁夏、山西、云南、辽宁、江苏超过 2000 小时；四川低于 1500 小时。

西藏、河南、浙江、江西、安徽等 10 个省份风电设备利用小时同比降低，其他省份风电利用小时同比增加，其中，新疆增加最多（增加 458 小时），西藏降低超过 200 小时。

2017 年风电利用小时超过 2000 小时的省份风电设备利用小时见图 4-40。

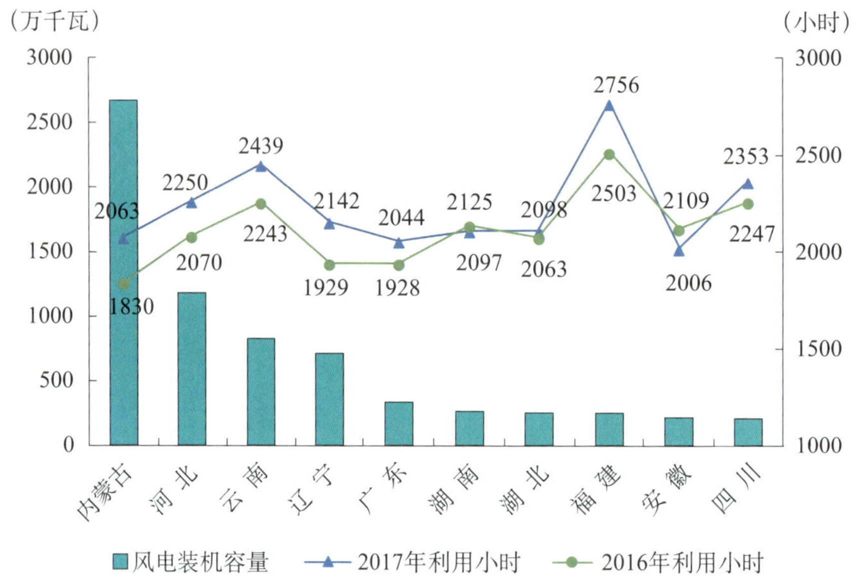

图 4-40　2017 年风电利用小时超过 2000 小时的省份风电设备利用小时

绝大部分省份太阳能发电设备利用小时同比提高　有 24 个省份太阳能发电利用小时同比提高。其中，北京提高超过 600 小时，重庆和天津超过 500 小时，新疆、河南、福建和江西超过 200 小时；黑龙江、贵州等 7 个省份同比降低。

在太阳能发电装机容量超过 200 万千瓦的 18 个省份中，内蒙古、青海、山西、宁夏、河北、云南、陕西 7 个省份太阳能发电设备利用小时高于全国平均水平，其中内蒙古最高，为 1524 小时。安徽、湖北、河南、江西和广东低于 1000 小时。

2017 年太阳能发电装机容量超过 300 万千瓦省份的太阳能发电设备利用小时见图 4-41。

（三）火电机组分容量等级设备利用小时

根据对 25 家大型发电企业火电机组调查统计，60 万～100 万千瓦（不含 100 万）等级机组的发电利用小时最高，100 万千瓦及以上机组等级的火电利用小时同比增加最多（增加 175 小时），30 万～60 万千瓦（不含 60 万）和 20 万～30 万千瓦（不含 30 万）等级机组利用小时分别提高 135 和 94 小时，其他容量等级机组的火电利用小时总体降低，10 万千瓦以下容量等级机组的利用小时下降幅度超过 200 小时。

2017 年全国大型发电企业火电机组分容量等级设备利用小时及变化见表 4-6。

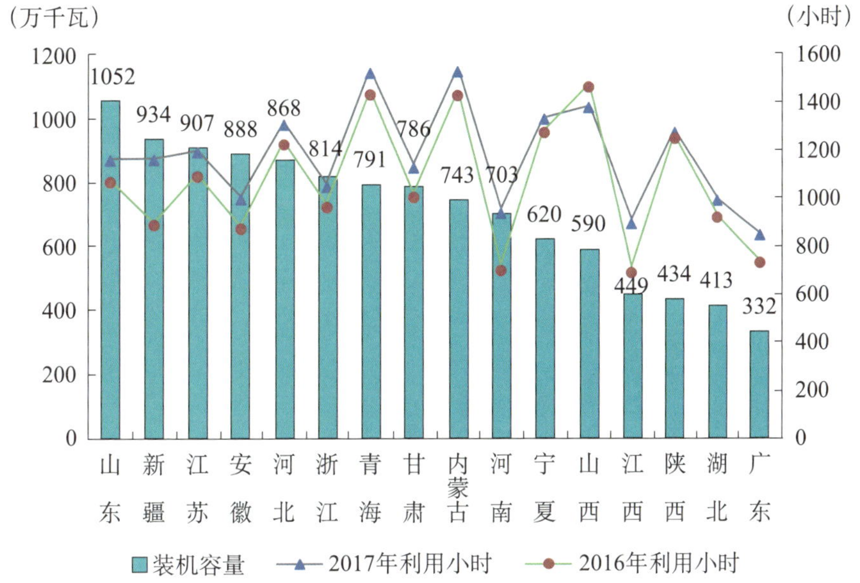

图 4-41　2017 年太阳能发电装机容量超过 300 万千瓦的省份太阳能发电设备利用小时

表 4-6　2017 年全国大型发电企业火电机组分容量等级设备利用小时及变化

单位：小时

	合计	机组≥100 万千瓦	60 万千瓦≤机组＜100 万千瓦	30 万千瓦≤机组＜60 万千瓦	20 万千瓦≤机组＜30 万千瓦	10 万千瓦≤机组＜20 万千瓦	0.6 万千瓦≤机组＜10 万千瓦
利用小时数	4229	4847	4333	4010	3861	3609	4575
同比变化	143	175	162	135	94	−150	−266

第三节　电力供应

一、供电量

全国电力企业供电量 54357 亿千瓦时，同比增长 7.1%。供电量超过 2000 亿千瓦时的省份有 8 个，比上年新增了四川，合计供电量占全国电力企业供电量的 52.4%。供电量增速超过全国平均水平（7.8%）的省份有 16 个，其中增速超过 10%

的省份有新疆（19.2%）、西藏（18.6%）、内蒙古（15.5%）、云南（13.1%）、山西（12.7%）、宁夏（11.6%）和陕西（10.7%）。

2017 年分省份供电量及增速见图 4-42。

图 4-42 2017 年分省份供电量及增速

二、跨区输电

受电力消费需求较快增长、多条特高压工程投产加大跨区跨省新能源消纳规模等因素影响，2017 年全国跨区输送电量 4236 亿千瓦时，比上年增长 12.1%，增速比上年提高 5.2 个百分点。

2006—2017 年跨区输送电量及增速见图 4-43。

图 4-43 2006—2017 年跨区输送电量及增速

西南、西北和华中三个区域输出电量规模大，合计输出电量占全国跨区输送电量的 75.4%。其中，西北输出电量 1294 亿千瓦时，同比增长 27.7%，拉动全国跨区送电增长 7.4 个百分点，极大缓解了西北部分省份弃风弃光形势。

2017 年全国跨区域输电情况见表 4-7。

表 4-7　2017 年全国跨区域输电情况

送端	受端	输电量（亿千瓦时）	比上年增长（%）
华北	华　东	262	62.1
	华　中	31	−42.5
	西　北	22	9.0
	蒙古国	12	10.0
东北	华　北	221	6.7
华中	华　东	349	3.5
	南　方	247	−1.8
西北	华　北	512	2.8
	华　东	201	176.5
	华　中	521	29.2
西南	华　东	1101	2.2
南方	西　南	216	−0.9
	华　中	91	−7.7
	香　港	130	8.7
	澳　门	40	−8.2

输出电量占本区域发电量的比重超过 10% 的区域有西南和西北区域，其中，西南区域输出电量比重为 28.4%。输入电量占全社会用电量比重超过 10% 的区域为华东区域，华中、西南和华北区域输入电量占比超过 5%。

分区域输出电量占发电量的比重和输入电量占用电量的比重见图 4-44。

三、跨省输电

（一）省间输出电量

受跨省输电线路投产增加送电能力等因素拉动，2017 年全国跨省输出电量 11300 亿千瓦时，同比增长 12.6%，增速比上年提高 7.6 个百分点。其中，云南送广

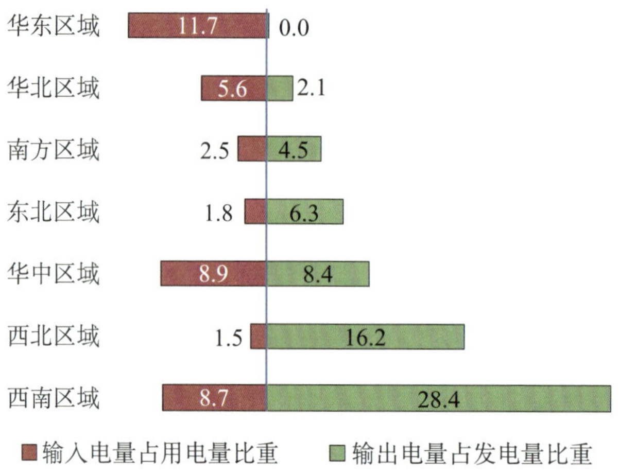

图 4-44　分区域输出电量占发电量的比重和输入电量占用电量的比重（单位：%）

东 1242 亿千瓦时，同比增长 12.9%，占全国跨省输出电量的 11.0%。输出电量超过 100 亿千瓦时的省份有 20 个，其中，输出电量超 1000 亿千瓦时的省份有内蒙古、云南和四川，合计输出电量占全国跨省输出电量的 39.0%。

2017年省间（含省与区域间）输出电量超过150亿千瓦时的省份输电量见表4-8。

表 4-8　2017 年省间（省与区域间）输出电量超过 150 亿千瓦时的省份输电量

输出省份	输入省份	输出电量（亿千瓦时）	比上年增长（%）
吉　林	辽宁	208	6.0
辽　宁	华北	306	6.4
内蒙古	河北	842	8.8
	辽宁	453	11.4
河　北	华北	406	6.9
山　西	河北	384	-0.6
	北京	193	-4.8
	江苏	257	58.9
浙　江	上海	151	58.0
安　徽	浙江	312	14.7
	江苏	243	24.5
湖　北	上海	243	2.2
	广东	171	6.4

续表

输出省份	输入省份	输出电量（亿千瓦时）	比上年增长（%）
四　川	江苏	387	1.0
	浙江	390	6.0
	上海	324	-0.6
	重庆	258	33.2
陕　西	河北	210	2.1
宁　夏	山东	302	3.2
	浙江	201	176.5
贵　州	广东	488	-11.4
云　南	广东	1242	12.9
新　疆	河南	360	11.5

云南输出电量占本省发电量比例最高，达到48.5%，四川输出电量比例也达到40%。与上年相比，云南、四川和宁夏输出电量占本省发电量比重分别比上年提高0.3、1.0和5.1个百分点，贵州回落5.3个百分点。

2017年输出电量超过100亿千瓦时的省份输出电量占本省发电量比重见图4-45。

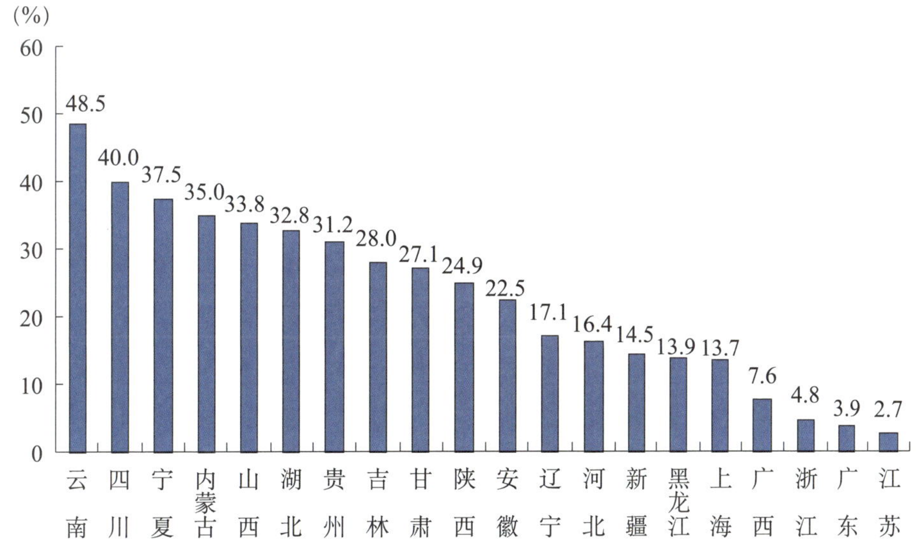

图4-45　2017年输出电量超过100亿千瓦时的省份输出电量占本省发电量的比重

（二）省间净输入电量

净输入电量超过100亿千瓦时的省份有13个，其中，广东净输入电量1611亿千瓦时，同比增长2.3%。2017年净输入电量超过100亿千瓦时的省份净输入电量见图4-46。

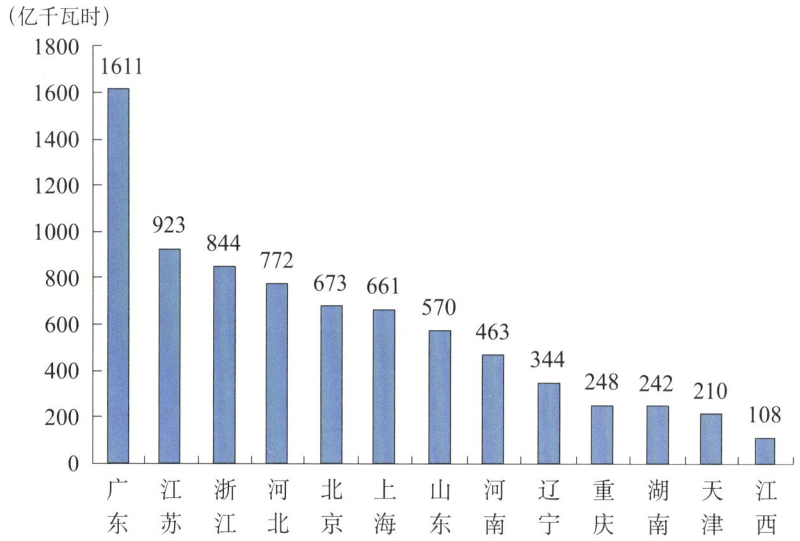

图4-46　2017年净输入电量超过100亿千瓦时的省份净输入电量

北京净输入电量占全市全社会用电量的比重达到63.1%，上海占比超过40%，广东、天津、重庆、河北和浙江占比超过20%。2017年净输入电量超过100亿千瓦时的省份净输入电量占本省全社会用电量比重见图4-47。

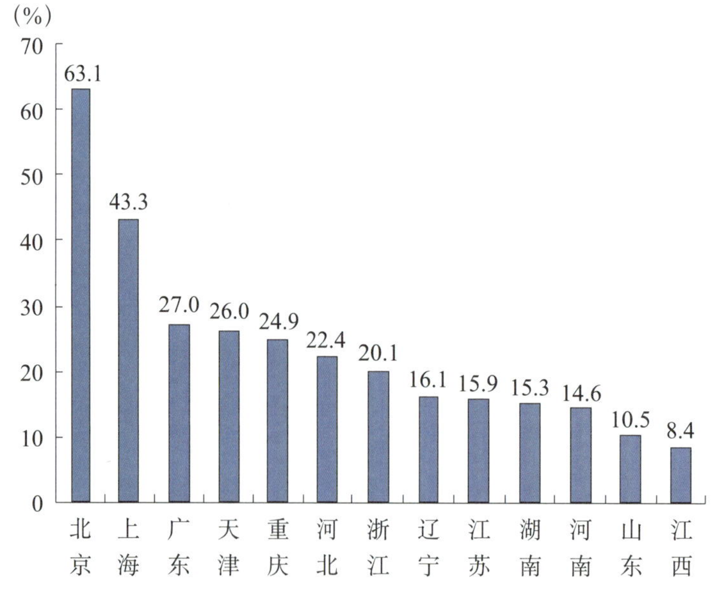

图4-47　2017年净输入电量超过100亿千瓦时的省份净输入电量占本省全社会用电量比重

四、中国内地与港澳地区及邻国交换电量

2017 年，中国内地与港澳地区及邻国之间合计完成交换电量 258 亿千瓦时，同比增长 2.3%。其中，购入电量 60 亿千瓦时，增长 1.5%；送出电量 198 亿千瓦时，增长 2.5%。

2017 年中国内地与港澳地区及邻国之间交换电量见图 4-48。

图 4-48　2017 年中国内地与港澳地区及邻国之间交换电量

第五章　电力消费

第一节　电力消费

一、用电量

（一）全国情况

1. 全社会用电

受宏观经济持续稳中向好、新业态和新兴产业蓬勃发展以及夏季高温天气等因素影响，全国电力消费需求继续回暖。2017 年，全国全社会用电量 63625 亿千瓦时，同比增长 6.6%，增速比上年提高 1.6 个百分点。

2010—2017 年全社会用电量及其增速见图 5-1。

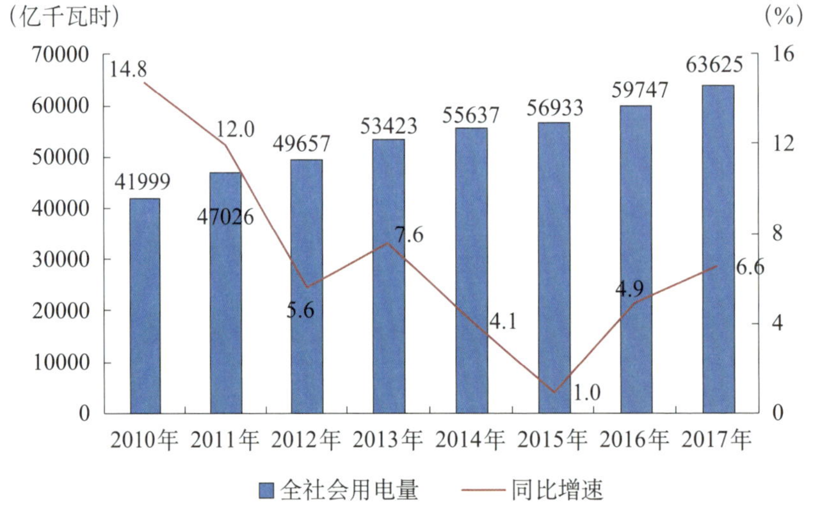

图 5-1　2010—2017 年全社会用电量及其增速

分季度看，一至四季度全社会用电量增速分别为 6.9%、5.8%、7.8% 和 5.7%，受夏季极端高温天气影响，第三产业和城乡居民生活用电量增速提高，对全社会用电量增长的拉动作用增强。第二产业用电延续上年下半年回暖态势，各季度用电量对全社会用电量增长的拉动力均超过 3 个百分点，四季度拉动作用有所减弱。

2010—2017 年分季度全社会用电量增速见图 5-2，2017 年分季度分产业用电量增长对全社会用电量增长的拉动见图 5-3。

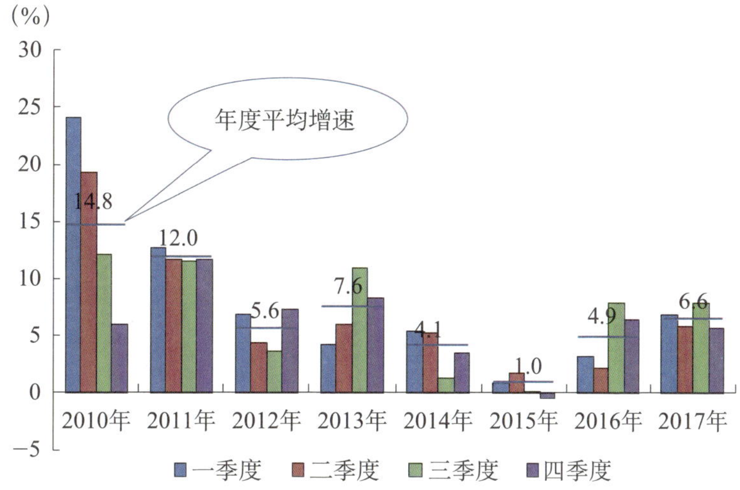

图 5-2　2010—2017 年分季度全社会用电量增速

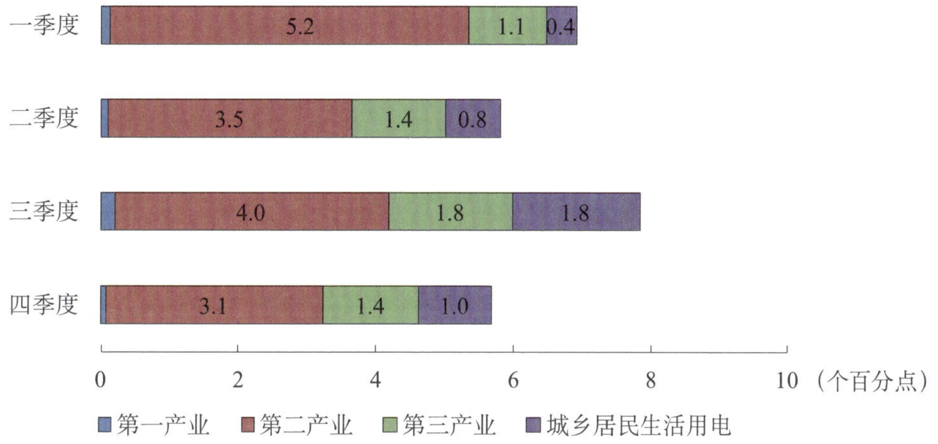

图 5-3　2017 年分季度分产业用电量增长对全社会用电量增长的拉动

分月份看，各月用电量增长相对比较平稳。受夏季高温影响，7 月、8 月用电量规模明显高于其他月份；受环保限产、上年基数等因素影响，10 月、11 月用电增速有所回落。

2017 年分月全社会用电量及其增速见图 5-4。

2. 用电结构

电力消费结构持续优化。第一、第二、第三产业和城乡居民生活用电量占全社会用电量的比重分别为 1.8%、70.6%、13.9% 和 13.7%。与上年相比，第三产业和城乡居民生活用电量占比分别比上年提高 0.5 和 0.2 个百分点；第二产业及其四大高耗能行业用电量占比均降低 0.7 个百分点。

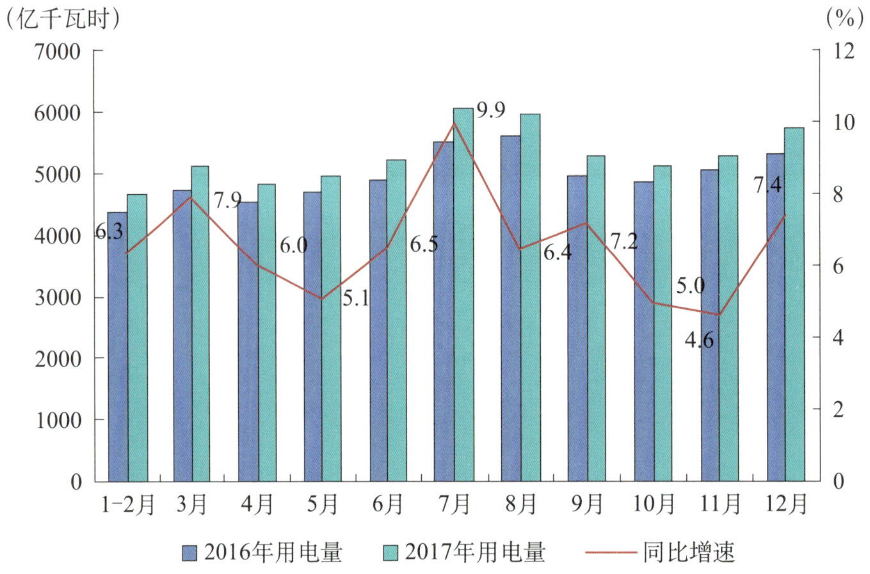

图 5-4　2017 年分月全社会用电量及其增速

注：本报告图中 1～2 月用电量是指 1～2 月合计用电量的平均值；1～2 月增速是指 1～2 月合计用电量增速，下同。

2016 年、2017 年全国电力消费结构见图 5-5。

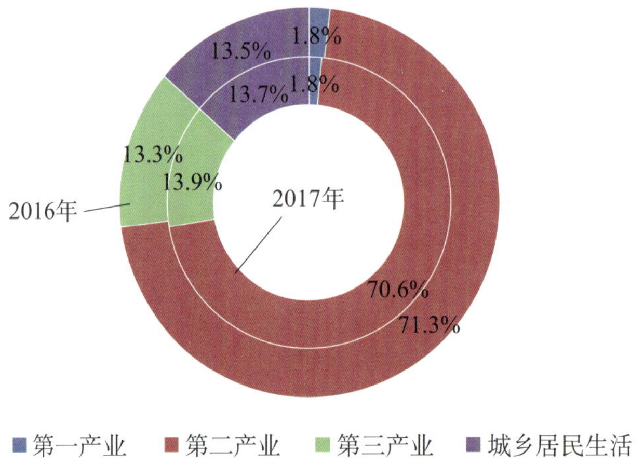

图 5-5　2016 年、2017 年全国电力消费结构

（1）各产业及城乡居民生活用电。

第二产业用电延续 2016 年下半年回暖态势，拉动全社会用电量增长 3.9 个百分点，拉动力比上年提高 1.9 个百分点，是全社会用电量回升的根本原因。受新业态、新兴产业蓬勃发展及夏季高温影响，第三产业和城乡居民生活用电保持较快增长，对全社会用电增长的拉动作用与上年基本相当。

2017 年各产业及城乡居民生活用电情况见图 5-6。

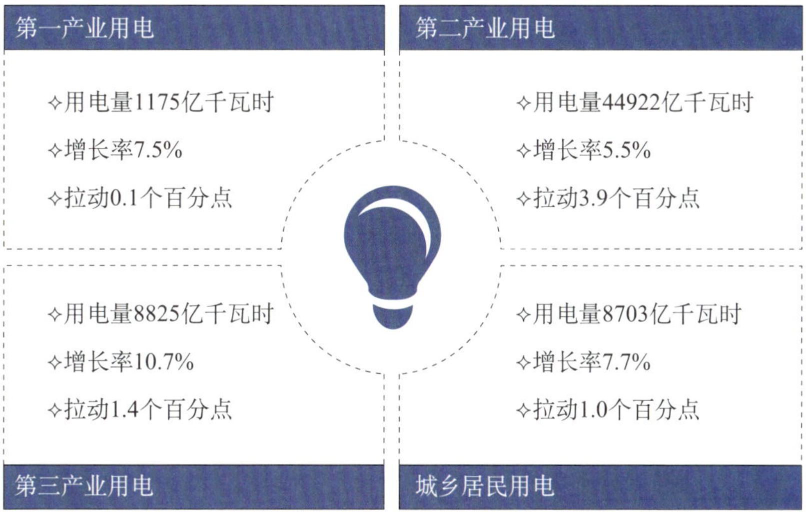

图 5-6 2017 年各产业及城乡居民生活用电情况

（2）工业及其重点行业用电。

工业 全国工业用电量 44133 亿千瓦时，比上年增长 5.5%，拉动全社会用电量增长 3.8 个百分点，占全社会用电量比重为 69.4%。其中，轻、重工业用电量同比分别增长 6.8% 和 5.2%，增速分别比上年提高 2.4 和 2.7 个百分点。

与上年相比，工业用电量占全社会用电量比重回落 0.7 个百分点，其中代表高技术产业、装备制造业等新兴产业的通用及专用设备制造业、交通运输 / 电气 / 电子设备制造业和医药制造业用电量合计占比提高 0.3 个百分点。

2017 年工业用电量构成见图 5-7。

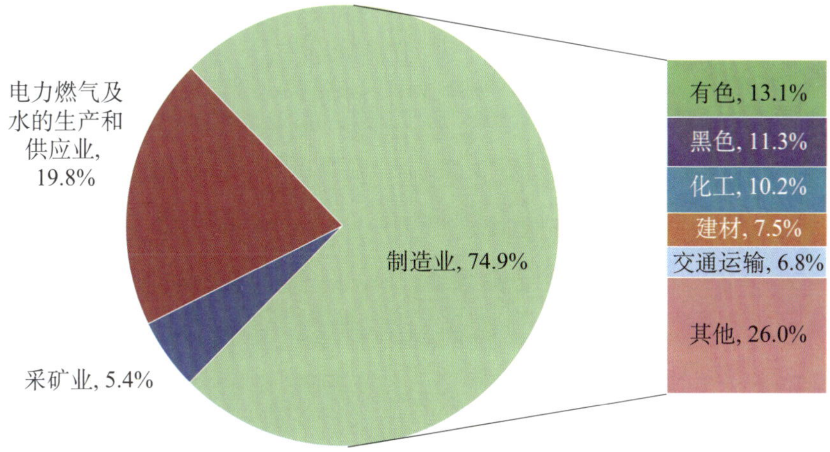

图 5-7 2017 年工业用电量构成

制造业 制造业用电量占全社会用电量的 51.9%。各季度增速分别为 9.0%、5.3%、5.4% 和 4.2%，分别拉动全社会用电增长 4.4、2.9、2.7 和 2.3 个百分点。

2017 年制造业用电情况见图 5-8。

图 5-8　2017 年制造业用电情况

分行业看，20 个制造业行业用电量均实现正增长，11 个行业用电量增速高于制造业用电量增速。

2017 年用电量大于 300 亿千瓦时的制造业行业用电量及其增速见图 5-9。

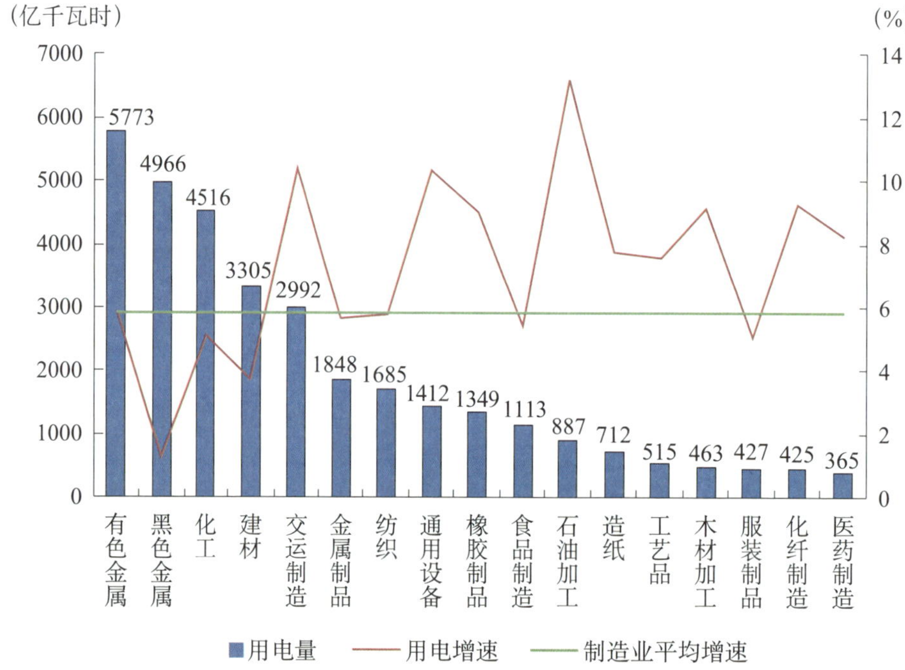

图 5-9　2017 年用电量大于 300 亿千瓦时的制造业行业用电量及其增速

重点行业　化学原料及化学制品制造业（以下简称“化工”）、非金属矿物制品业（以下简称“建材”）、黑色金属冶炼及压延加工业（以下简称“黑色”）、有色金属冶炼及压延加工业（以下简称“有色”）四大高耗能行业合计用电量 18560 亿千瓦时，同比增长 4.0%，增速比上年提高 4.1 个百分点；拉动全社会用电量增长 1.2 个百分点，是全社会用电量增速比上年继续回升的重要原因之一；四大高耗能行业用电占全社会用电量比重为29.2%，比上年回落0.7百分点。

四大高耗能行业用电增长的季度走势有所分化，其中，化工行业用电增速逐季上升；建材行业相对平稳；黑色行业受行业去产能、清除“地条钢”和环保督查等多重因素影响，二、三季度持续负增长；有色行业受7月份以来清理整顿电解铝违法违规产能影响，各季度用电增速逐季回落。

2017年四大高耗能行业各季度用电增长率见图5-10，四大高耗能行业用电量及占全社会用电量比重见图5-11。

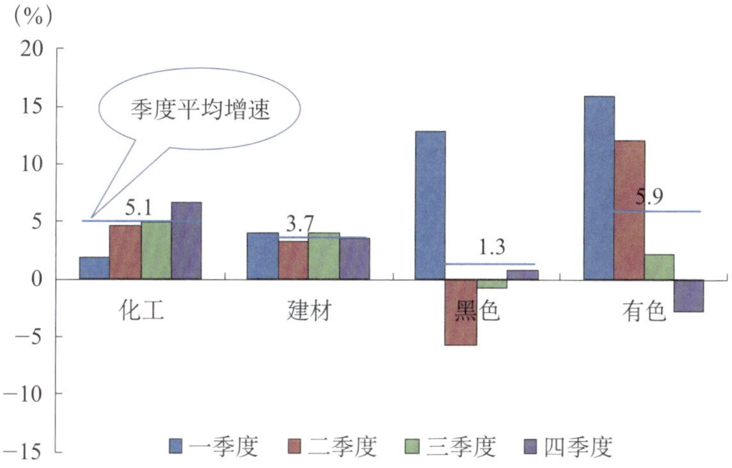

图5-10 2017年四大高耗能行业各季度用电增长率

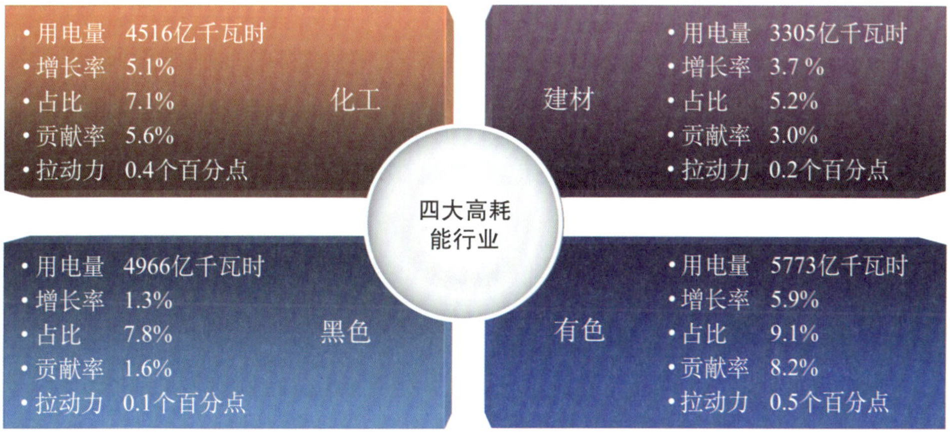

图5-11 2017年四大高耗能行业用电量及占全社会用电量比重

（二）分区域、分省份情况

1. 分区域用电

全社会用电 华东、华北、华中和南方区域全社会用电量超过10000亿千瓦时，四个区域合计用电量占全国全社会用电量的 82.2%。各区域用电均实现正增长，其中，西北、南方和华东区域全社会用电量增速高于全国平均水平；华东、华北和南方区域用电量增长分别拉动全国全社会用电量增长 1.6、1.3 和 1.2 个百分点；除华东区域外，其他区域用电量增长对全国全社会用电增长的拉动力比上年均有不同程度提高，其中，西北、南方和华北区域拉动力分别比上年提高 0.6、0.5 和 0.3 个百分点。

2016 年、2017 年分区域用电量及其增速见图 5-12。

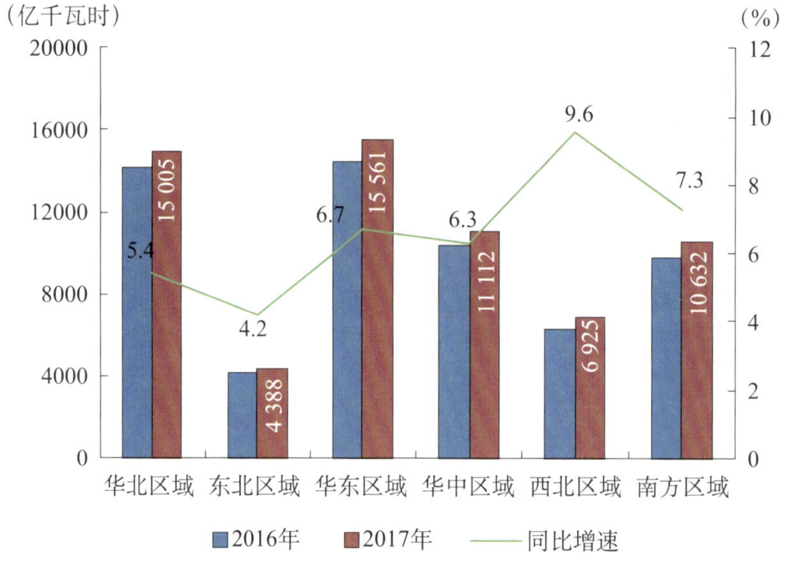

图 5-12　2016 年、2017 年分区域用电量及其增速

分产业用电　从拉动力看，西北区域主要是第二产业用电拉动，第三产业和居民用电量拉动力偏弱；西北、南方和华东区域第二产业用电拉动力明显高于其他区域，也是其全社会用电量增长快于全国平均水平的主要原因。

从产业结构看，西北和华北区域第二产业用电量占比超过 70%，西北区域第三产业和城乡居民生活用电量比重低于 10%，华北区域城乡居民生活用电量比重也远低于全国平均水平。与上年相比，各区域第二产业用电量占比均有不同程度降低，其中华北、东北、华东和华中区域第二产业用电量占比分别回落 1.1、0.8、0.7 和 0.7 个百分点；各区域第三产业用电量占比同比提高，其中华东、南方、华北和华中区域第三产业用电量占比同比分别提高 0.6、0.6、0.6 和 0.5 个百分点，用电结构持续优化。

2017 年各产业对本区域用电量增长的拉动见图 5-13，2017 年各区域分产业用电量占比见图 5-14。

重点行业用电　西北和南方区域四大高耗能行业用电量增速高于全国高耗能用电量平均增速（4.0%），西北和华北区域四大高耗能行业用电量占本区域全社会用

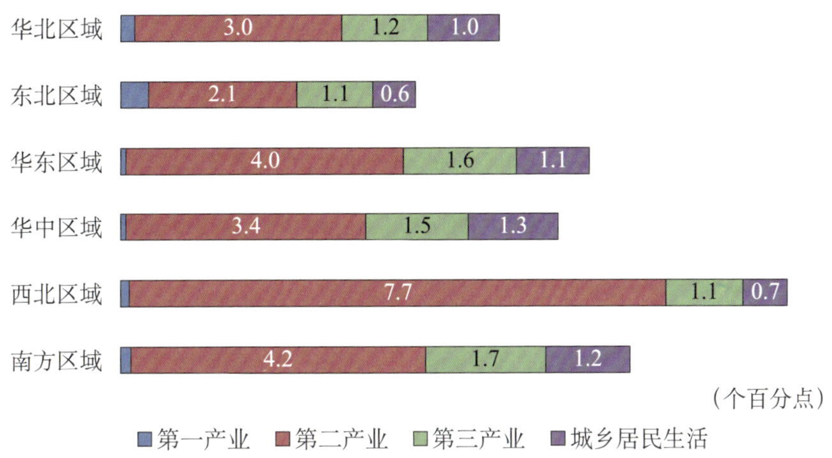

图 5-13　2017 年各产业用电量增长对本区域用电量增长拉动

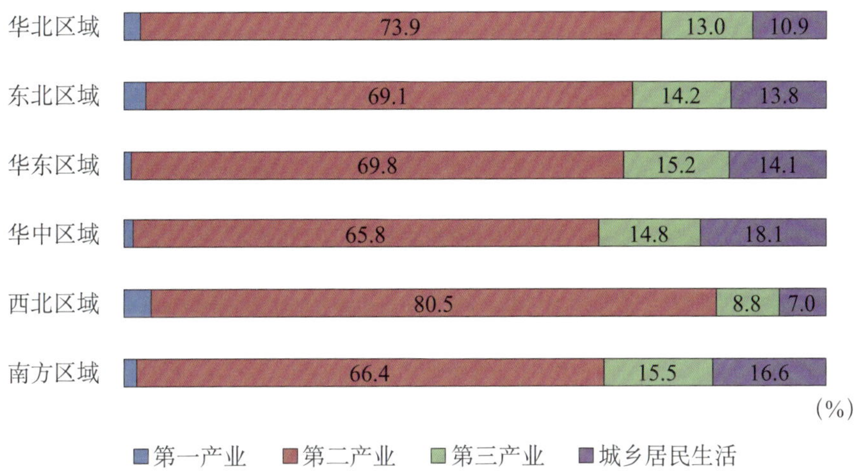

图 5-14　2017 年各区域分产业用电量占比

电量的比重（分别为 51.7% 和 35.5%）高于全国平均水平（29.2%），四大高耗能行业用电呈现恢复性增长态势，是全年高耗能行业用电增长的主要力量。

从各区域四大高耗能行业合计用电量占比看，西北区域占比为 51.7%；华东区域由于多数省份产业结构调整较早，呈现多元化态势，四大高耗能行业用电量仅占区域全社会用电量的 18.0%。

东北和华北区域黑色和有色行业用电量各占本区域四大高耗能行业合计用电量的的 1/3 左右，华东区域化工和黑色行业用电量各占本区域四大高耗能行业合计用电量的 1/3 左右，华中区域四大高耗能行业用电量占比相当，西北区域有色行业用电量占本区域四大高耗能行业合计用电量的比重超过 50%。

2017 年分区域四大高耗能行业合计用电量及增速见图 5-15，2017 年分区域四大高耗能行业用电量占比见图 5-16。

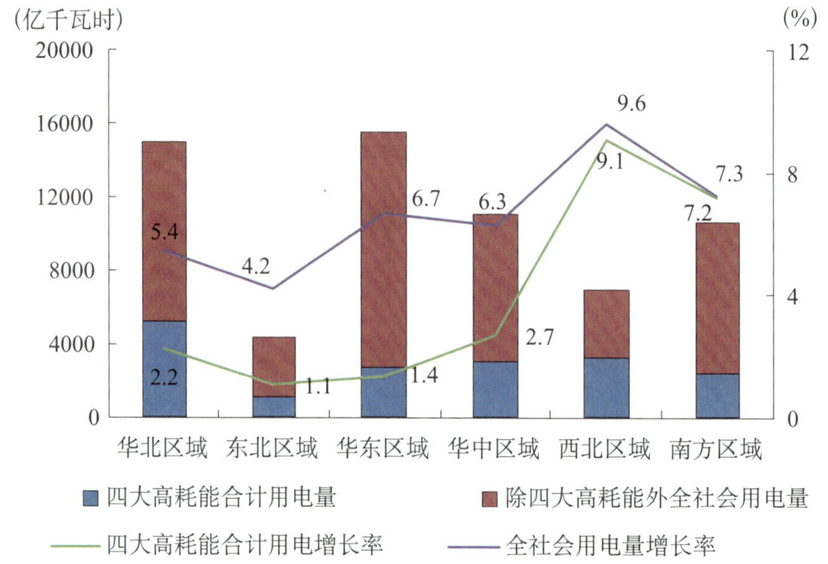

图 5-15　2017 年分区域四大高耗能行业合计用电量及增速

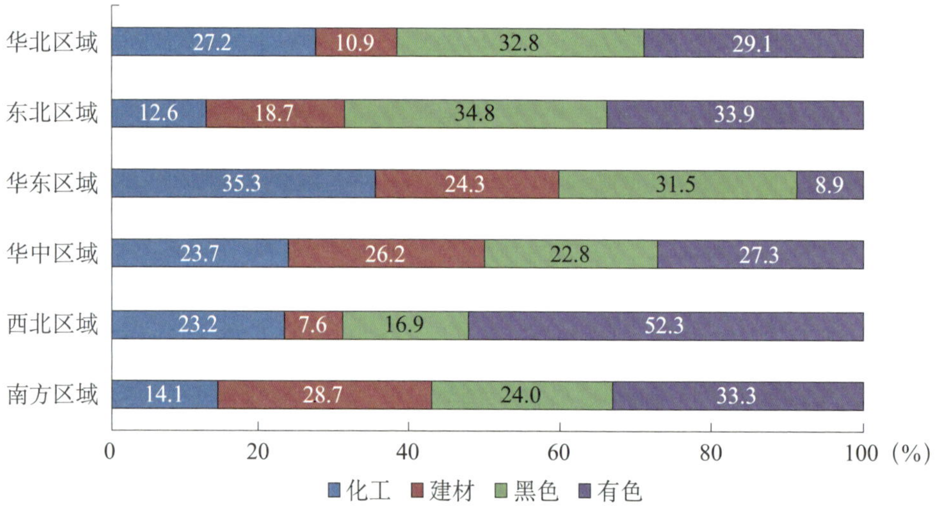

图 5-16　2017 年分区域四大高耗能行业用电占比

化工行业　主要分布在华北和华东区域，两个区域化工行业合计用电量占该行业全国用电量的 54.0%。除南方区域外，其他区域化工行业用电量均实现正增长，其中西北、东北和华北区域增速高于该行业全国用电量增速。与上年相比，除西北区域外，其他区域化工行业用电量增速均有不同程度提高。

建材行业　除东北和西北区域外，其他区域建材行业用电量占比相对均衡，约占该行业全国用电量的 20% 左右。南方、西北和华东区域建材行业用电增速高于该行业全国增速；与上年相比，除西北和华北区域外，其他区域建材行业用电增速同比提高。

黑色行业　华北区域黑色行业用电量占全国同行业用电量的 35.2%。除华北和西北区域正增长外，其他区域黑色行业用电量有不同程度下降；与上年相比，西北、华北和东北区域增速提高，其他区域增速同比回落。

有色行业　主要分布在西北和华北区域，两个区域合计用电量占该行业全国用电量的 59.3%。华北和东北区域用电增速同比下降，分别比上年回落 7.1 和 7.0 个百分点。

2017 年四大高耗能行业分区域用电量占全国同行业用电量比重、增速分别见图 5-17 和图 5-18。

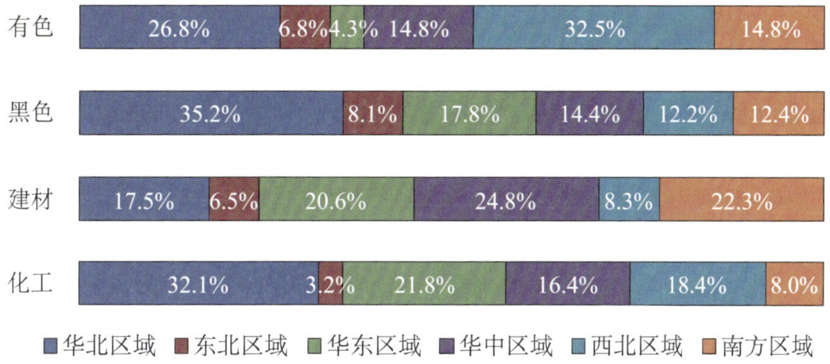

图 5-17　2017 年四大高耗能行业分区域用电量占比

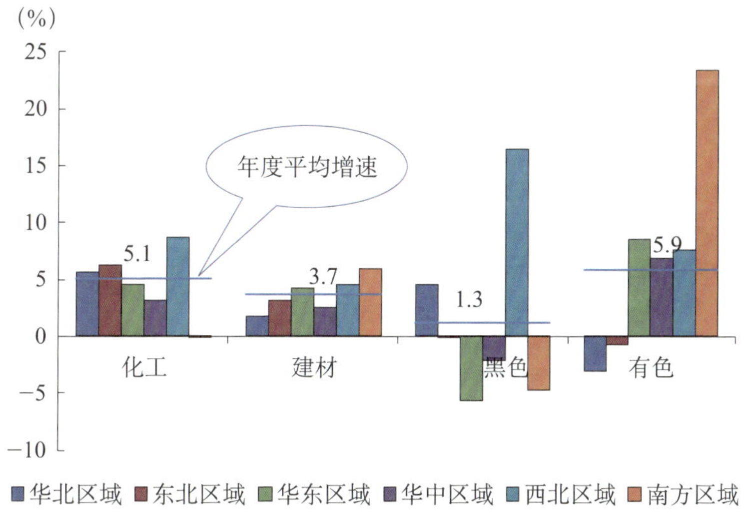

图 5-18　2017 年四大高耗能行业分区域用电量增速

2. 分省份用电

广东、江苏、山东、浙江、河北、河南、内蒙古、新疆、四川、辽宁和福建 11 个省份全社会用电量超过 2000 亿千瓦时，11 省合计用电量 39886 亿千瓦时，同比增长 6.0%，占全国全社会用电量的 62.7%，对全国全社会用电量增长的贡献率为 58.0%，除内蒙古、新疆、浙江和福建外，其他 7 个省份用电增速均低于全国平均增速。

2017 年分省份全社会用电量及增速见图 5-19。

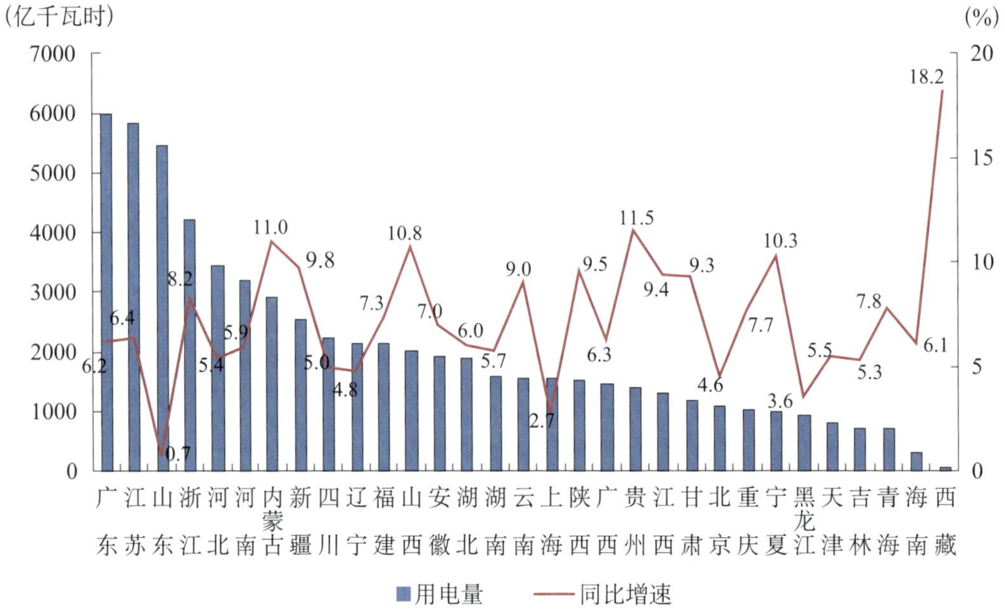

图 5-19　2017 年分省份全社会用电量及增速

全国所有省份的全社会用电量均实现正增长。15 个省份的用电量增速高于全国平均水平（6.6%），其中增速超过 10% 的省份有西藏（18.2%）、贵州（11.5%）、内蒙古（11.0%）、山西（10.8%）和宁夏（10.3%）。

2017 年分省份全社会用电量增速与全国平均增速比较见图 5-20。

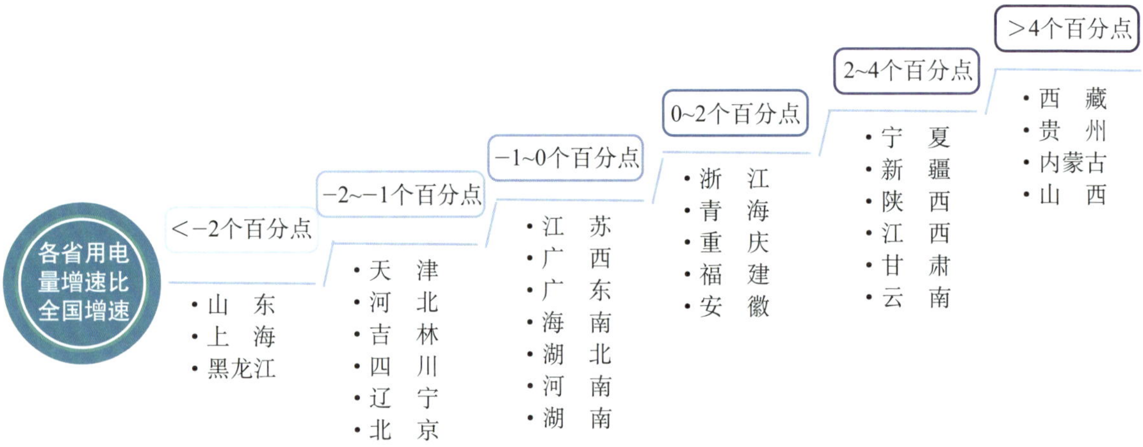

图 5-20　2017 年分省份全社会用电量增速与全国平均增速比较

二、统调最高用电负荷

根据国家电力调度控制中心数据，2017 年，受宏观经济持续稳中向好、夏季高温天气等因素影响，全国电网统调最高用电负荷（即最高发受电电力，下同）同比增长 7.8%，增速比上年提高 0.1 个百分点。分区域看，各区域统调最高用电负荷增速均比上年有不同程度的提高，华北、华东、华中、西北、西南和南方电网最大用电负荷均出现在夏季，东北电网最大负荷出现在冬季，西北电网冬季最大负荷与夏季相当，呈“冬夏双峰”态势。

2017 年分区域最高用电负荷及增速见图 5-21，2016 年、2017 年分月份最高用电负荷及增速见图 5-22。

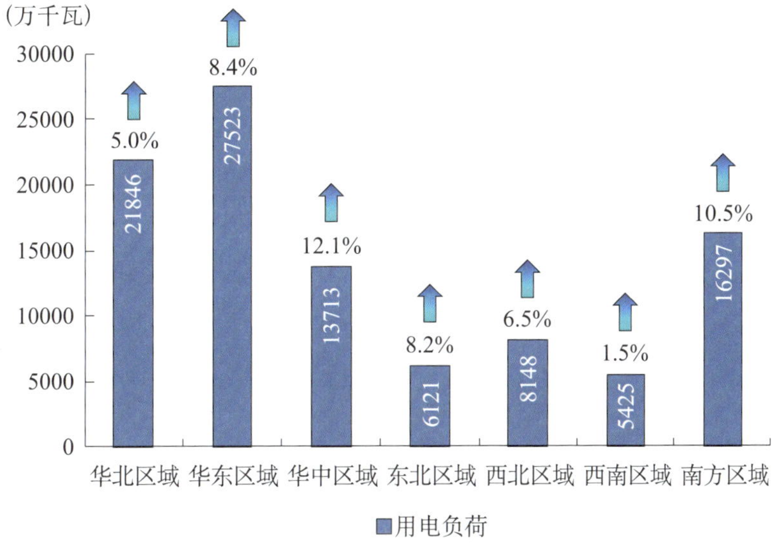

图 5-21　2017 年分区域最高用电负荷及增速

注：数据来源于国家电力调度控制中心旬报。

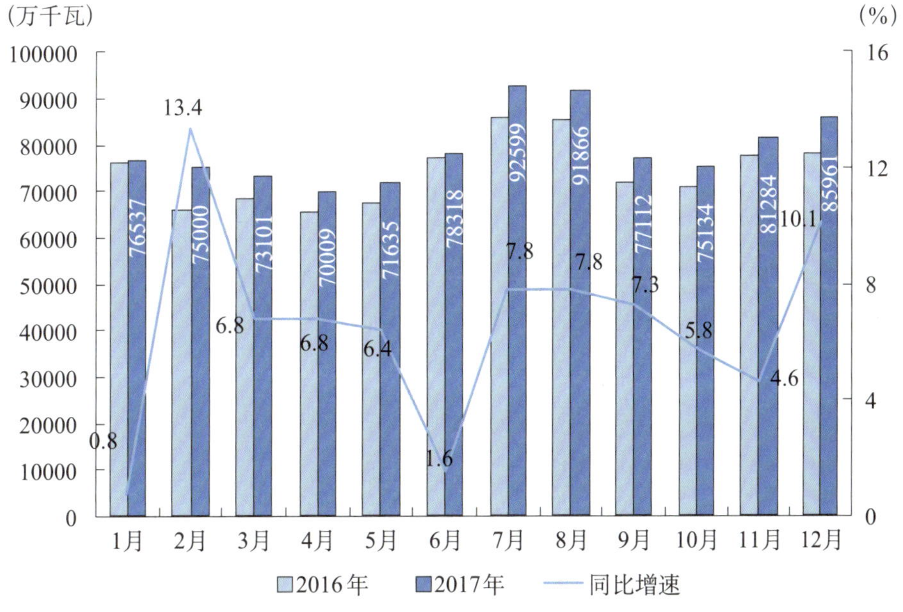

图 5-22　2016 年、2017 年分月份最高用电负荷及增速

注：数据来源于国家电力调度控制中心旬报。

第二节　电能替代

一、相关政策

2017 年，按照《关于推进电能替代的指导意见》要求，中央和地方政府相继出台相关扶持政策，大力推进北方地区冬季清洁取暖，扎实推进电能替代，推动完善峰谷电价机制，鼓励用户在低谷期使用电力储能蓄热。支持港口岸电设施建设，研究建立岸电供售电机制。

（一）国家政策

2017 年国家出台的与电能替代相关的政策性文件见表 5-1。

表 5-1　2017 年国家出台的与电能替代相关的政策性文件

类型	文件名称	主要内容
规划类政策	国家能源局关于印发 2017 年能源工作指导意见的通知（国能规划〔2017〕46 号）	扎实推进电能替代。推动完善峰谷电价机制，鼓励用户在低谷期使用电力储能蓄热。探索建立电力富余地区电能替代用户与风电等发电企业直接交易机制，扩大直接交易规模。支持港口岸电设施建设，研究建立岸电供售电机制。建立充电收益分配机制，增加居民小区供电容量，加快推进居民区充电桩建设。加快公用建筑和公共场所充电设施建设。完善京津冀、长三角、珠三角等重点区域城际高速公路快充网络。推进充电设施互联互通示范项目建设。升级公共充电设施新国标，2017 年所有新建公共充电设施执行新国标。开展充电设施发展经验交流
	北方地区冬季清洁取暖规划（2017—2020 年）（发改能源〔2017〕2100 号）	到 2019 年，北方地区清洁取暖率达到 50%，替代散烧煤（含低效小锅炉用煤）7400 万吨。到 2021 年，北方地区清洁取暖率达到 70%，替代散烧煤（含低效小锅炉用煤）1.5 亿吨。供热系统平均综合能耗降低至 15 千克标煤 / 平方米以下。热网系统失水率、综合热损失明显降低。新增用户全部使用高效末端散热设备，既有用户逐步开展高效末端散热设备改造。北方城镇地区既有节能居住建筑占比达到 80%。力争用 5 年左右时间，基本实现雾霾严重城市地区的散煤供暖清洁化，形成公平开放、多元经营、服务水平较高的清洁供暖市场
	住房城乡建设部关于印发建筑节能与绿色建筑发展"十三五"规划的通知（建科〔2017〕53 号）	积极推进农村建筑用能结构调整。积极研究适应农村资源条件、建筑特点的用能体系，引导农村建筑用能清洁化、无煤化进程。积极采用太阳能、生物质能、空气热能等可再生能源解决农房采暖、炊事、生活热水等用能需求。在经济发达地区、大气污染防治任务较重地区农村，结合"煤改电"工作，大力推广可再生能源采暖

续表

类型	文件名称	主要内容
规划类政策	港口岸电布局方案（交办水〔2017〕105号）	到2020年，全国沿海和内河主要港口以及船舶排放控制区内港口50%以上已建的集装箱、客滚、邮轮、3000吨级以上客运和5万吨级以上干散货专业化泊位，实现具备向船舶提供岸电的能力。考虑各港口的不同地理区位、泊位能力、吞吐量等多种因素，综合运用数学规划与筛选相结合的方法确定岸电布局方案：到2020年年底前，在全国主要港口和排放控制区共布局493个具备向船舶供应岸电能力的专业化泊位，其中沿海366个、内河127个
	住房城乡建设部、国家发展改革委、财政部、国家能源局关于推进北方采暖地区城镇清洁供暖的指导意见（城建〔2017〕196号）	因地制宜推进天然气和电供暖。京津冀大气污染传输通道城市和“禁煤区”，应结合当地条件加快发展天然气供暖和电供暖，宜气则气，宜电则电，避免重复建设。在天然气资源落实的条件下，因地制宜选择天然气分布式能源、燃气壁挂炉、燃气热电联产、燃气锅炉等多种方式，推进天然气供暖。在部分地区，宜将燃气锅炉作为集中供暖区域的调峰和应急保障热源。在电力资源充足地区，优先发展用户终端电供暖方式，综合运用各类热泵、高效电锅炉等多种方式推进电供暖，积极发展电供暖与蓄热相结合供暖模式
	关于深入推进供给侧结构性改革做好新形势下电力需求侧管理工作的通知（发改运行规〔2017〕1960号）	实施电能替代。各有关部门和企业要在需求侧领域合理实施电能替代，促进大气污染治理，扩大电力消费市场，拓展新的经济增长点。要不断创新电能替代领域、替代方法和替代内容，进一步扩大电能替代范围和实施规模
环保类政策	京津冀及周边地区2017年大气污染防治工作方案	实施冬季清洁取暖重点工程，将“2+26”城市列为北方地区冬季清洁取暖规划首批实施范围。全面加强城中村、城乡结合部和农村地区散煤治理，10月底前完成小燃煤锅炉“清零”工作，新增居民建筑采暖要以电力、天然气、地热能、空气能等采暖方式为主，不得配套建设燃煤锅炉。实施工业企业采暖季错峰生产。出台有利于清洁取暖的经济政策机制
	京津冀及周边地区2017—2018年秋冬季大气污染综合治理攻坚行动方案（环大气〔2017〕110号）	全面完成以电代煤、以气代煤任务。淘汰燃煤锅炉方式主要包括取缔关闭、集中供热替代、煤改气、煤改电，改用地热、风能、太阳能、配备布袋除尘器的生物质能
	“十三五”节能减排综合工作方案（国发〔2017〕74号）	推动能源结构优化。加强煤炭安全绿色开发和清洁高效利用，推广使用优质煤、洁净型煤，推进煤改气、煤改电，鼓励利用可再生能源、天然气、电力等优质能源替代燃煤使用。在居民采暖、工业与农业生产、港口码头等领域推进天然气、电能替代，减少散烧煤和燃油消费。到2020年，煤炭占能源消费总量比重下降到58%以下，电煤占煤炭消费量比重提高到55%以上，非化石能源占能源消费总量比重达到15%，天然气消费比重提高到10%左右

续表

类型	文件名称	主要内容
补贴类政策	关于开展中央财政支持北方地区冬季清洁取暖试点工作的通知（财建〔2017〕238号）	中央财政支持试点城市推进清洁方式取暖替代散煤燃烧取暖，并同步开展既有建筑节能改造，鼓励地方政府创新体制机制、完善政策措施，引导企业和社会加大资金投入，实现试点地区散烧煤供暖全部“销号”和清洁替代，形成示范带动效应。 试点示范期为3年，中央财政奖补资金标准根据城市规模分档确定，直辖市每年安排10亿元，省会城市每年安排7亿元，地级城市每年安排5亿元

（二）地方政策

2017年地方政府出台的扶持电能替代项目的价格政策性文件见表5-2。

表5-2　2017年地方政府出台的扶持电能替代项目的价格政策性文件

类型	文件名称	主要内容
补贴类政策	关于北京市燃油锅炉电能替代资金支持的意见（京环函〔2017〕588号）	补助范围，补助标准，“油改电”市级财政补助工程界限，市级财政补助申请及拨付程序，监督管理要求
	2017年度上海港岸电项目补贴资金申报工作	根据《上海港靠泊国际航行船舶岸基供电试点工作方案》，本次资金申报支持范围包括岸电项目建设费，以及截止到2016年12月31日，船舶使用岸电所致的电费差价和岸电设施运行维护费。补贴标准按照《工作方案》第六条规定执行，其中已获得交通运输部节能减排专项资金支持的岸电项目，在申报本市补贴时，将扣除已获得的补贴金额，对剩余部分按照本市补贴标准予以支持
电价类政策	福建省物价局关于进一步完善电动汽车充电服务价格有关问题的通知（京环函〔2017〕588号）	经营性集中式充电设施充电服务价格上限标准：电动乘用车1.00元/千瓦时（不含电费），电动公交车0.8元/千瓦时（不含电费），下浮不限。经营者可在规定的上限价格之内确定具体价格。其他经营性充电设施电动汽车充电服务价格参照执行
	四川省发展和改革委员会关于暂定煤改电等电能替代电价有关事项的通知（南发改价格〔2017〕291号）	对四川省2017年1月1日以后新建电锅炉和改造燃煤、燃油、燃气锅炉电能替代等项目输配电价按藏区留存电量单一制输配电价执行。 对上述新建电锅炉和改造燃煤、燃油、燃气锅炉电能替代的增量电量，在国家未进一步明确之前，暂缓征收各种基金及附加。 除电能替代输配电价外，其电量和电价均实行市场化交易，鼓励电能替代用户与水电发电企业签订长期电力直接交易合同，或由省电力交易中心挂牌交易。 各地结合实际，除国家和省鼓励政策外，可在权限范围内制定实施鼓励电能替代的政策措施

二、行业发展

（一）行业替代情况

1. 居民采暖领域

分散电采暖 主要应用在难以获得城市集中供暖的城镇、农村冬季采暖区。包括碳晶、石墨烯、发热电缆、电热膜和蓄热式电暖气等技术，分布在北京、黑龙江、山东等省份。

电（蓄）热锅炉 主要应用于负荷集中度中等及以下的建筑密集小区的集中采暖。包括直热电锅炉和蓄热电锅炉等技术，分布在福建、北京、河北等省份。

热泵 主要应用于建筑物集中供暖或城市（郊区）未实现集中供暖的居民小区建筑采暖。包括污水源、水源热泵、土壤源热泵、空气源热泵、低品位余热源热泵等技术，分布在北京、河南、山东等省份。

2017 年全国居民采暖领域替代电量见表 5-3。

表 5-3 2017 年全国居民采暖领域替代电量

替代领域	技术类型	替代电量（亿千瓦时）	比重（%）	国家电网（亿千瓦时）	南方电网（亿千瓦时）
替代电量小计		88	100.0	86	2.7
居民采暖领域	分散电采暖	20	22.7	20	0
	电（蓄）热锅炉	17	19.5	17	0.5
	热泵	51	57.8	49	2.2

2. 工（农）业生产制造领域

工业电锅炉 主要应用在工业产品加工工艺过程需要热水（蒸汽）的各类行业，包括直热式和蓄热式工业电锅炉等技术，分布在山东、福建、河南等省份。

建材电窑炉 主要应用在陶瓷、岩棉、微晶玻璃等行业，包括陶瓷电窑炉、水泥（石灰、石膏和岩棉）电窑炉、微晶玻璃电熔窑炉和砖瓦电窑炉等技术，分布在河北、山东、浙江等省份。

冶金电炉 主要应用在冶金生产过程中的金属加工、铸造等行业，包括直热电阻炉、间接加热电阻炉、电弧炉和中（高）频感应电炉等技术，分布在江苏、河北、山东等省份。

辅助电动力 主要应用在采矿、石油、燃气、冶金等企业辅助生产加工环节，包括电动鼓风机、电动空压机、电动挖掘机、电液锤和电动破碎机等技术，分布在江苏、河北、浙江等省份。

矿山采选 主要应用于企业物料生产过程中的运输环节，包括采矿电铲和矿山采选皮带廊等技术，分布在河北、山东、安徽等省份。

农业电排灌 主要应用在农田排灌、喷灌、园林喷浇灌、水塔送水、养殖业给排水、抗洪排涝等领域，采用电排灌技术，分布在河北、山东、新疆等省份。

农业辅助生产 主要应用在粮食、饲料、烤烟、茶叶等领域，包括电保温设备、电动制氧机和电动喷淋等技术，分布在黑龙江、山东、河北等省份。

农产品加工 主要应用在农产品加工、食品加工、烟草加工等行业，包括电烤烟、电制茶和电烤槟榔等技术，分布在黑龙江、湖北、浙江等省份。

2017 年全国工（农）业生产制造领域替代电量见表 5-4。

表 5-4 2017 年全国工（农）业生产制造领域替代电量

替代领域	技术类型	替代电量（亿千瓦时）	比重（%）	国家电网（亿千瓦时）	南方电网（亿千瓦时）
替代电量小计		774	100.0	757	16.3
工（农）业生产制造领域	工业电锅炉	103	13.3	97	6.0
	建材电窑炉	159	20.6	150	9.0
	冶金电炉	268	34.6	267	0.1
	辅助电动力	129	16.7	129	0.1
	矿山采选	68	8.8	68	0.2
	农业电排灌	34	4.4	34	0.4
	农业辅助生产	11	1.4	11	0.1
	农产品加工	2	0.2	1	0.4

3. 交通运输领域

电动车 主要应用在公交车、出租车、物流环节等专用车及公务与私人乘车等领域，分布在广东、山西、山东等省份。

轨道交通 主要应用在电气化铁路和城市轨道交通领域，分布在河南、广东、广西等省份。

港口岸电 主要应用在港口、内河、湖泊等船舶停靠等区域，包括船舶停靠岸电、电动集装箱起重机（轨道式、轮胎式）、港口码头电动皮带廊装卸和岸电入海等技术，分布在冀北、山东、上海等省份和地区。

机场桥载 APU 主要应用于各省市已有机场地区，以机场桥 APU 技术为主，分布在河南、上海、山东等省份。

2017 年全国交通运输领域替代电量见表 5-5。

表 5-5 2017 年全国交通运输领域替代电量

替代领域	技术类型	替代电量（亿千瓦时）	比重（%）	国家电网（亿千瓦时）	南方电网（亿千瓦时）
替代电量小计		128	100.0	104	25.5
交通运输领域	电动车	15	11.8	11	5.0
	轨道交通	95	74.2	75	20.0
	港口岸电	15	11.7	15	0.4
	机场桥载 APU 替代	3	2.3	3	0.1

4. 电力供应与消费领域

燃煤自备电厂清洁替代 主要是利用水电、风电、光伏以及高效火电机组在发电资源丰富时期的富裕电量，替代企业燃煤自备电厂发电，分布在河南、四川、广西等省份。

油田钻机油改电 主要应用在油田钻井领域，主要技术是电钻机技术，分布在黑龙江、辽宁、山东等省份。

油气管线电力加压 主要应用在油气海上运输或陆路运输管线领域，以电力加压机技术为主，分布在甘肃、辽宁、新疆等省份。

电（蓄）冷空调 主要应用在商业写字楼、商场和城市综合体等夏季冷负荷场合，以及工业园区食品加工、啤酒工业、奶制品工业等用冷量大的制造业，分布在广东、陕西、山东等省份。

大型公共建筑热泵 主要应用在商业写字楼、商场和城市综合体等冬季热负荷场合，包括污水源热泵、水源热泵、土壤源热泵、低品位余热源热泵等，分布在上海、山东、湖北等省份。

2017 年全国电力供应与消费领域替代电量见表 5-6。

表 5-6　2017 年全国电力供应与消费领域替代电量

替代领域	技术类型	替代电量（亿千瓦时）	比重（%）	国家电网（亿千瓦时）	南方电网（亿千瓦时）
替代电量小计		239	100.0	196	43.1
电力供应与消费领域	燃煤自备电厂	157	65.7	124	33
	油田钻机油改电	9	3.8	9	0
	油气管线电力加压	30	12.7	30	0.1
	电（蓄）冷空调	40	16.8	30	10
	大型公共建筑热泵	3	1.0	3	0

5. 家庭电气化及其他领域

家庭电气化及其他领域电能替代是指在家居生活中全面推广电厨炊（电饭煲、电高压锅、微波炉、电磁炉、电热饮水机、电热水壶）、电洗浴（即热式 / 蓄热式电洗浴热水器）等技术，在商业楼宇推广商用全电厨房等技术，在工业制造推广辅助生产制造机器人等技术，以及未包含在上述领域分类中的替代技术。全国家庭电气化及其他领域累计实施电能替代项目 19369 个，完成替代电量 57.43 亿千瓦时，约占全国替代电量总量的 4.47%。

2017 年全国家庭电气化及其他领域替代电量见表 5-7。

表 5-7　2017 年全国家庭电气化及其他领域替代电量

替代领域	技术类型	替代电量（亿千瓦时）	比重（%）	国家电网（亿千瓦时）	南方电网（亿千瓦时）
替代电量小计		58	100.0	9	48
家庭电气化及其他领域	家庭电气化	42	73.4	9	33
	其　他	15	26.6	0	15

（二）行业案例介绍

行业电能替代应用场景复杂多元，经对各类电能替代项目进行汇总和分析，并采用统一标准进行经济性测算，选取典型案例做具体介绍。

案例　西北某高铁区域配套供热工程

项目为高铁区域广场综合建筑群体的供热工程。该区域主要包括商业大厦、综合服务中心、长途客运站、北广场地下空间、市政大楼、酒店、南广场地下空间。供热总面积为 43 万平方米。采用电蓄热系统，充分利用夜间低谷时段对风电进行消纳，将电能转变为可以储存的热能，达到清洁供暖的目的。项目执行当地峰谷电价，谷段电价为 0.31 元 / 千瓦时，谷段时间为 23:00～07:00。

项目建设采用电极式电锅炉及蓄热装置。在谷段利用电极式锅炉加热，并将热能储藏在蓄热装置中，峰段将蓄热装置中的热能释放出来满足供热需要。项目初投资 1.2 亿元，年用电量 5618 万千瓦时，年增加电费 56 万元，年维护费用 20 万元，经计算，该项目年采暖运行费用单价为 2 元 / 平方米。

该项目由当地政府主导，协调用户、风电场、电网企业三方有效协议合作。通过三方合作，用户获得了 0.01 元 / 千瓦时的电采暖价格，风电场减少弃风率增发电量，电网企业增加售电量，实现了三方共赢的效果。三方合作模式如下：

采暖用户	风电场企业	电网企业
• 出资建设蓄热电采暖锅炉； • 安排合理的供暖方式，充分利用弃风电量供热； • 负责电采暖锅炉的运营维护。	• 按电采暖项目用电量1:1.3增发的前提下，依据电采暖项目用电计量数据，按照0.30元/千瓦时（含增值税）给予用户作为电价补贴。	• 保证该风电场在区域平均利用率的基础上，按该项目用电量的1:1.3增发电量。电网企业按照当地峰谷电价收取电采暖电费。

项目投运后年收益 1118 万元，投资回收期约为 6 年。每年可减少煤炭消耗量 6911.8 吨，按标准煤计算，可实现每年减排二氧化碳 12309 吨、二氧化硫 371.3 吨、氮氧化物 185.6 吨。

三、综合成效

（一）节能减排效果显著，大气环境质量得到有效改善

• 认真落实国家主席习近平指示，在国家能源局、原环境保护部等政府主管部门的领导下，大力实施电能替代，提高能源利用率，减少污染物排放，节能减排成效显著。

• 协助配合各级政府大力推进京津冀及周边“2+26”城市居民的“煤改电”任务。北京平原地区、天津武清区等地率先建成“无煤区”，有效促进了北方地区散煤治理和大气质量改善。

• 充分考虑各省及地区的资源禀赋和技术条件，重点在中部、东部、西部省市能耗和污染严重的冶金、纺织、机械制造等行业积极开展示范工程，有力支撑了国家重点能耗地区节能减排。

• 全年开展电采暖、建材窑炉、冶金电炉等有效缓解燃煤污染替代技术 19340 项，累计替代电量 447 亿千瓦时，相当于减少散烧煤 1805 万吨，减少二氧化碳排放 4499 万吨，减少二氧化硫排放 135 万吨，减少氮氧化物排放 63 万吨，减少粉尘污染物排放 1227 万吨，治理燃煤污染效果显著。

（二）不断拓展替代范围，推动能源领域供给侧结构性改革

电能替代领域不断扩大，设备和关键技术取得进步和突破，对我国制造业创新发展、提质增效，促进供给侧结构性改革，加快经济转型升级发挥了积极作用。

• 集中力量攻关了一批市场潜力大、经济性好的关键技术，解决了一些高能量密度冷 / 热储能材料、超高温电加热窑炉等技术应用难题，拓展了电能替代技术应用领域。

• 催生了电能替代新技术、新产业、新业态、新模式。一批先进电能替代设备逐渐由“全进口”转变为“全国产”，甚至实现了“走出去”发展战略。

• 促进相关产业机构占领新兴市场，扩大电能替代产业规模，形成电能替代集团化、产业化、专业化新局面，有效推动了社会用能结构不断优化，促进国家经济转型升级。

（三）助力经济转型升级，催生电能替代新技术、新产业、新业态、新模式

结合各地实际，开展分地域、分领域、分技术替代潜力挖掘，不断拓展新兴业务，实现替代领域新突破，带动各行各业实施电能替代。

• 开拓了医疗行业中医药制造替代新领域。如河北某公司开展了保定中医药产业园医药电烘干技术替代燃煤烘干，替代效果良好，获得了省环保督导组的认可。

• 重点突破了全电厨房、智能家居领域替代新技术。如国网北京公司成功研发了“互联网 + 全电 e 餐车”，可满足野外及特殊条件下的全电厨房需求。

• 重点突破了港口岸电领域替代新技术。如国网浙江公司实现了京杭运河（浙江段）服务区岸电全覆盖，形成了可复制推广的岸电经营新模式。

• 重点突破了农产品加工领域替代新技术。如国网江苏公司在屠宰加工行业发掘推广“电螺杆热泵 + 余热回收”技术替代燃煤、燃气锅炉及管网蒸汽，并推动示范项目落地。新领域电能替代技术的突破，重塑了各领域能源利用方式，有效促进能源生产和消费变革。

（四）有效缓解弃风、弃光，促进清洁能源消纳

按照国家主席习近平“宜气则气，宜电则电”的指导方针，国网公司主动加强配套电网建设，充分利用东北、西北、华北地区富余风电、光伏发电等清洁能源，缓解了“三北”弃风、弃光、弃水难题。

• 在“三北”风、光电清洁能源富裕地区实现了蓄能供暖、风（光）电供暖，促进了当地富裕风、光清洁能源就地消纳。国网青海公司在“三江源”国家级自然保护区玛多县利用光伏发电推广电采暖，有效保护了“三江源”的生态

环境。

（2）在西南水电清洁能源富裕地区，组织当地清洁高效发电企业与燃煤自备电厂开展了清洁替代交易，化解当地电力产能过剩、削减燃煤等难题。国网四川公司实施了燃煤自备电厂停发消纳清洁富余水电的举措，大幅降低了企业用电成本，有效缓解了我国西南地区富裕清洁能源就地消纳难题。

（五）工作成效

全国累计实施电能替代项目 101807 个，累计完成替代电量 1286 亿千瓦时，相当于在能源消费终端环节减少散烧煤 5196 万吨，减排二氧化碳 12953 万吨、碳粉尘 3533 万吨、二氧化硫 390 万吨、氮氧化物 182 万吨。其中，国家电网公司完成 96225 个项目，完成替代电量 1150 亿千瓦时；南方电网公司完成 5582 个项目，完成替代电量 136 亿千瓦时。

第三节　电力需求侧管理

随着我国经济进入高质量发展阶段，电力供需形势相对宽松，电力需求侧管理面临的外部形势和内涵发生较大变化，工作方向和重心需要及时调整。同时，能源消费革命和技术革命以及新一轮电力体制改革的推进，为电力需求侧管理提供了新的发展机遇，以促进能源持续性转型发展。为适应电力需求侧管理新的发展需求，政府有关部门和行业组织积极努力，进一步完善电力需求侧管理定义和内容，清晰目标定位，加强工作机制建设；电网企业圆满完成国家考核任务，工业企业及园区对电力需求侧管理与响应的认识普遍提高，电能服务机构、售电公司作为市场第三方积极参与，山西、安徽、宁夏、内蒙古等省份工作取得了显著成效。

一、政府推动工作

（一）修订《电力需求侧管理办法》

为贯彻落实供给侧结构性改革有关部署，促进供给侧与需求侧相互配合、协调推进，做好新形势下电力需求侧管理工作，国家发展改革委等六部委印发《关于深入推进供给侧结构性改革做好新形势下电力需求侧管理工作的通知》（发改运行规〔2017〕1690 号）（以下简称“《通知》”）；并对 2011 年 1 月 1 日发布的《电力需求侧管理办法》进行了修订。

《通知》总结了近年来电力需求侧管理工作取得的积极成效：一是有序用电不

断规范，成为保障电力供需平衡的重要手段；二是节约用电积极引导，成为节能减排的有效措施；三是科学用电持续推进，成为经济运行的重要组成部分。《通知》还分析了当前电力需求侧管理面临的新形势、新机遇和新内涵，提出在做好电力电量节约、促进节能减排工作的基础上，应重点围绕推进电力体制改革、实施电能替代、促进可再生能源消纳、提高智能用电水平等方面开展工作；《通知》结合新形势和新任务，颁发了《电力需求侧管理办法》(修订版)。

《电力需求侧管理办法》(修订版)明确了新形势下电力需求侧管理新定义与新内容，补充了实施主体，增加了实施领域与方向：

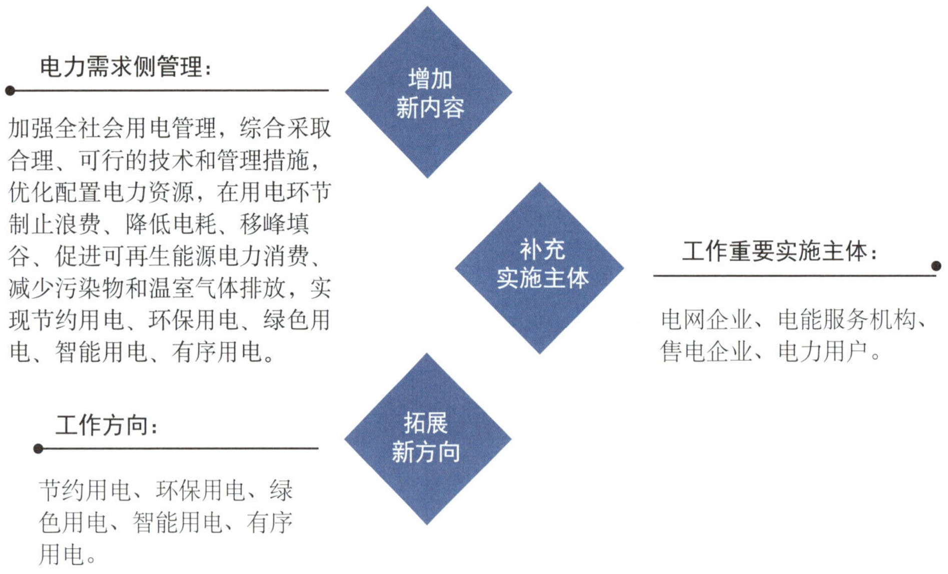

《电力需求侧管理办法》(修订版)就明确的五个实施领域与方向做了如下具体阐述：

节约用电|关键词：提能效降成本

- 继续实施电网企业电力需求侧管理目标责任考核评价制度，组织开展园区、企业、综合服务商务区电力需求侧管理示范，引领和促进工业、建筑领域节电、降耗、提效；
- 继续组织开展能效电厂项目示范，制定和发布先进节电技术推广目录。

环保用电|关键词：开展电能替代

- 在需求侧实施电能替代燃料、燃油、薪柴等，促进能源消费清洁化，支持大气污染治理，重点推进京津冀等大气污染严重地区的“煤改电”工作，以及北方地区的可再生能源供暖工作；
- 鼓励电力用户采用地源、水源、空气源热泵、电蓄热、电蓄冷、储能等成熟的电能替代技术；
- 支持开展电能替代新技术示范、区域示范、新园区示范。

绿色用电|关键词：消纳清洁能源

- 鼓励电力用户优化用电负荷特性、参与调峰调频，缓解发电侧调峰压力，促进多消纳清洁能源；
- 因地制宜开展需求响应促进可再生能源电力消纳试点；
- 探索将需求响应资源统一纳入电力运行调度，探索经济激励机制，对需求响应参与方给予经济补偿，鼓励通过灵活的电价机制引导电力用户购买可再生能源电力。

智能用电|关键词："互联网+"用电

- 鼓励电能服务公司、充换电设施运营商等创新智能用电服务内容和模式，探索开展电能云服务；
- 鼓励电力用户自主提供智能需求响应服务，推动建设用电大数据中心，拓展用电大数据采集范围，整合数据资源，逐步实现用电数据的集成和安全共享，为电力经济运动分析、用电和节电决策等提供支持；
- 鼓励基于用电大数据的创新创业，支持开展基于用电大数据的新型增值服务。

有序用电|关键词：开展需求响应

- 建立优先购电用户目录，组织制定有序用电预案，进行必要演练，增强操作能力；
- 电网企业负荷监测能力达到70%，负荷控制能力达到10%，100千伏安以上用户全部纳入负荷管理范围；
- 扩大需求响应试点范围，推动将需求响应纳入电力市场；逐步形成占年度最大用电负荷3%左右的机动调峰能力，重点用能单位应将用电数据接入国家电力需求侧管理平台等。

（二）开展工业领域电力需求侧管理专项行动

为贯彻落实国家能源生产和消费革命的战略部署，工业和信息化部（以下简称"工信部"）开展工业领域电力需求侧管理专项行动计划（2016—2020 年）。以建立"政府引导、企业主体、专业服务"的工作体系为依托，以电力消费为突破口，引导工业企业转变能源消费方式，促进电力需求侧与供给侧良性互动，推动工业领域实现能源消费革命。围绕专项行动重点任务开展具体工作，并通过遴选示范和需求侧管理参考产品，起到引领和推动技术应用的作用。

1. 遴选全国工业领域电力需求侧管理第三批示范企业（园区）

2017 年，工信部公布全国工业领域电力需求侧管理第三批示范企业（园区），截至 2017 年年底，已累计公布三批国家级示范企业共 77 家。

全国工业领域电力需求侧管理示范企业分省分布见图 5-23。

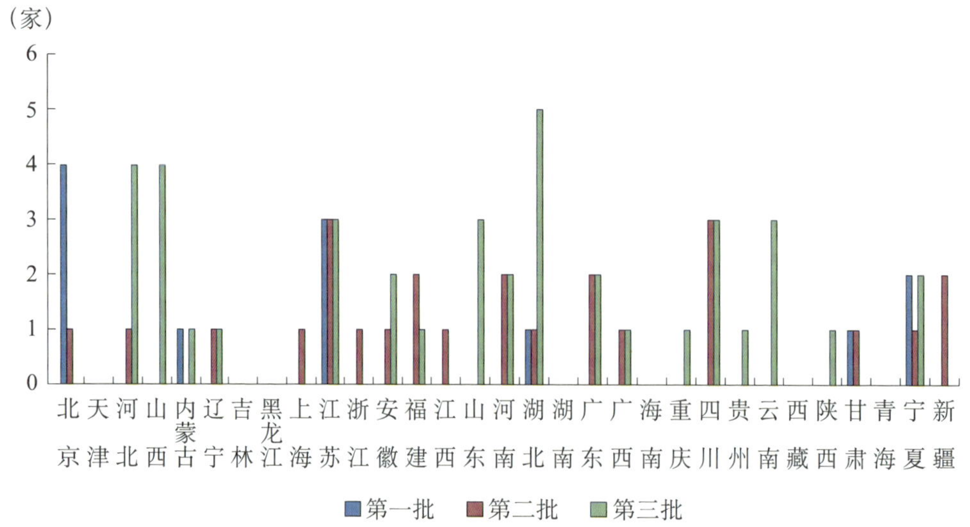

图 5-23　全国工业领域电力需求侧管理示范企业分省分布

2017 年，工信部在示范企业基础上增加了示范园区遴选，共评选出 3 家全国工业领域电力需求侧管理示范园区，具体情况如下：

泰州医药高新技术产业开发区

- 泰州医药高新技术产业开发区起步于1992年创办的泰州经济开发区，2006年启动建设中国医药城，2009年升级为国家级高新技术产业开发区，是国家新型工业化示范基地（第三批）、中国创业投资（医药）示范基地。园区占地总面积121.9平方公里，有工业企业1500多家，规模以上企业158家，销售过亿元企业53家。
- 电力需求侧管理工作机制完备，成立了电力需求侧管理领导小组，设置园区有关工作实施方案、用电管理制度、节约用电制度和设备事故处理制度等一系列措施，保障工作顺利开展。园区建设了电力需求侧管理服务平台，以三大体系、六层架构为基础整合政府、电网、用户、服务机构和认证机构，共同开展具体工作。园区最大负荷10.95万千瓦，进行了配电网升级改造，供电可靠性达到了99.9993%，同时实践了尖峰电价与可中断负荷的需求响应项目，在约定响应日全区可中断负荷项目节约电量为1.75万千瓦时，实现负荷削减1.78万千瓦，年节约电量3233万千瓦时。

万华烟台工业园

- 万华烟台是集石油化工、煤化工、盐化工、精细化工、化工新材料于一体，以万华自主技术创新产品为主、产业链高度集成、最具有产业特色和竞争优势的绿色生态化工园区。
- 园区用电负荷主要为电视、变频器等转动设备；园区热电区域配备两套25000kVA发电机组；目前电网35kV、10kV、0.65kV（0.4kV）均配置并联电容器并分散分布，实现无功就地平衡；成立能源管理系统项目组，搭设能源管理平台，80%用电设备实现电能监测。通过能源管理系统可掌控园区实时电能分配情况、重点设备负荷情况，分析各装置不同运行方式下的能源损耗，总结能源损耗与工艺条件、设备运行方式、运行参数的相关性。年节约电量1529.3万千瓦时，节省费用1085.8万元，取得良好效益并极具推广价值。

张家港经济技术开发区	
	• 张家港经济技术开发区创建于1993年，2011年升级为国家级技术开发区，占地153平方公里，以纺织服装、金属冶金、机电装备、食品加工及其他配套企业为主产业，企业总数3000余家。开发区最高用电负荷为50万千瓦，年用电量约35亿千瓦时，其中1000kVA以上企业107家，200kVA及以上企业占园区企业的80%，主要用能行业为金属制品、光伏组件、装备制造业。 • 在电力需求侧管理工作方面已建立相关机制，成立了电力需求侧管理领导小组，设立了专项资金；已建立电力需求侧管理平台，累计270余家企业上线；积极推进新能源利用和能源互联网发展，在园区内投资80亿元建设园区光伏电站，同步打造燃料电池热电联供自立型系统，最大限度地提升能源综合利用效益；引导区内企业实施电能质量治理、节能改造、路灯改造等项目，节电效果明显，年节约电量4000万千瓦时。

2. 建立并公布全国工业领域电力需求侧管理参考产品（技术）第一批目录

为支持技术创新，健全电力需求侧管理产品、技术、工艺、设备的研发、生产、推广应用体系，工信部组织建立全国工业领域电力需求侧管理参考产品（技术）目录，并于 2017 年 7 月公布第一批目录，共 22 项产品（技术）。

2017 年全国工业领域电力需求侧管理参考产品（技术）第一批目录见表 5-8。

表 5-8 全国工业领域电力需求侧管理参考产品（技术）第一批目录

类别	子类别	数量
电力供需互动响应	电力需求侧管理系统	8
	电能监测终端	3
	需求响应终端	2
	智能微电网	1
能效电厂	电能质量治理	3
	电机及拖动系统节能	2
移峰填谷	电蓄冷（热）、储能技术应用	2
其 他	设备故障实时监控	1

二、行业工作

2017 年，中电联发挥电力专业优势，以推动电力需求侧管理发展为己任，积极配合国家发展改革委、工信部以及各地主管部门深入推进电力需求侧管理市场化服务，在指南编制及相关研究、第三方评审、产品技术推广、电能服务产业培育和培训宣传等方面开展了卓有成效的工作。

指南编制及相关研究

组织编写《工业企业电力需求侧管理工作指南》；完成《能源互联网发展战略和电力需求侧管理研究》《工业领域推动智慧能源发展及能源供给侧结构性改革》课题研究；按照中电联团体标准要求，编制发布《工业园区电力需求响应系统技术规范》，编制完成《工业园区电力需求侧管理系统建设》总则和设计要求。

示范企业园区评审

配合工信部开展第三批“工业领域电力需求侧管理示范企业、示范园区”评审工作，进行材料审查、现场复核及专项评审。为工信部公布三批 77 家示范企业、3 个示范园区提供技术支撑服务。配合工信部筹备第四批工业领域电力需求侧管理示范企业、示范园区材料申报工作及评审准备事宜。

产品（技术）推广

参与起草《工业领域电力需求侧管理产品（技术）推广管理办法（暂行）》，开展工业领域电力需求侧管理参考产品（技术）遴选工作，配合工信部遴选并发布首批 22 项参考产品（技术）目录，并开展第二批电力需求侧推荐产品（技术）征集。成功举办 2017 年电力需求侧技术创新经验交流专题会议。

电能服务产业培育

完善工业领域电力需求侧管理电能服务机构管理机制，累计评定 171 家，其中一级机构 40 家、二级机构 131 家；因年审不合格、主动退出或申报评价机构备案等原因累计取消评定的机构 57 家。按照《工业企业实施电力需求侧管理工作评价办法（试行）》持续开展评价工作，目前共 37 家企业通过评价，其中 AAA 级 2 家，AA 级 21 家，A 级 14 家。

信息化建设及培训

建立工业领域电力需求侧管理门户网站和微信公众号，及时刊发电力需求侧管理热点、重点资讯，编制工作简报等。微信关注近万人，网站刊发信息千余条，累计印发工作简报 26 期。已累计组织 16 期电能服务相关专题培训，培训人数 1600 余人。

为切实做好电力需求侧管理工作，自 2015 年开始，中电联组织开展了工业领域电力需求侧管理服务机构（以下简称“电能服务机构”）的能力评定工作。

完成评定数量　累计完成 7 批次 171 家电能服务机构的能力评定。其中，2017 年完成 3 批次 34 家电能服务机构的能力评定。

2015 年以来中电联完成的对电能服务机构能力评定批次及等级数量见图 5-24。

地域分布　171 家电能服务机构主要分布在北京（32 家）、江苏（27 家）、广东（16 家）、安徽（13 家）、山西（15 家）、宁夏（10 家）、内蒙古（9 家）、山东（7 家）等 8 省份，合计占比达 75.4%；辽宁、吉林、湖南、海南、四川、贵州、西藏、青海、新疆等 9 省份暂无本地电能服务机构。

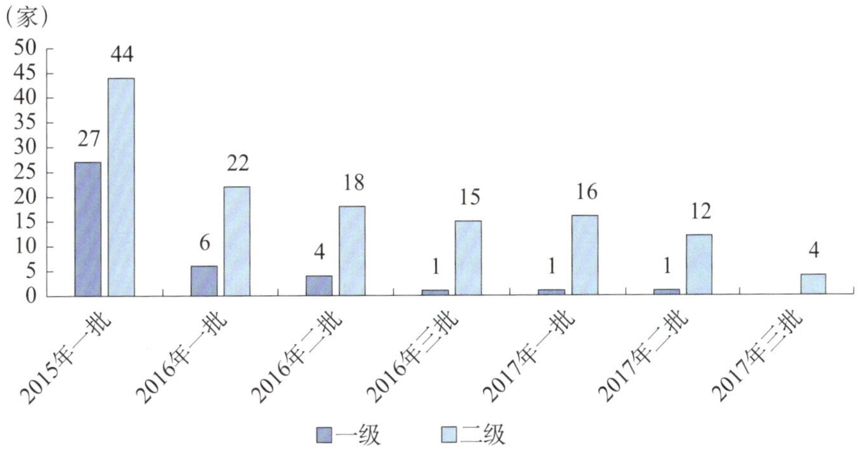

图 5-24　2015 年以来中电联完成的对电能服务机构能力评定批次及等级数量

业务分类　在 171 家电能服务机构中，信息服务企业 77 家，综合节能服务企业 61 家，设备生产企业 31 家，研究机构 2 家。

三、企业工作

2017 年，电网公司结合新形势下电力需求侧管理工作要点，实现供给侧与需求侧相互配合、协调推进，有效保障了电力供需平衡和促进资源优化配置。

根据《关于印发〈电力需求侧管理办法〉的通知》（发改运行〔2010〕2643 号）和《关于印发〈电网企业实施电力需求侧管理目标责任考核方案（试行）〉的通知》（发改运行〔2011〕2407 号）要求，电网企业按照职责分工，积极制定相关措施促进自身节电和开展社会节电。

（一）工作内容

国家电网

- 落实国家节能减排政策，创新电力需求侧管理方式，深入推进电能替代，积极实施节能改造和电能替代工程，超额完成电力需求侧管理目标责任考核的各项任务和指标；
- 持续完善制度建设，优化组织机构，对 26 个省级节能公司进行全方位对标评价，并结合业务拓展需要，调整了省级节能公司的隶属关系，更名为综合能源服务公司，实现独立运作；
- 积极开拓节能服务和电能替代市场，首次印发公司“十三五”电能替代规划，明确 5800 亿千瓦时替代电量目标；
- 开展重大课题研究，在技术方面编印《重点及潜力用能技术说明》和《重点行业用能整体解决方案应用手册》，在业务方面编印《国网公司关于在各省公司开展综合能源服务业务的意见》，全面启动综合能源服务业务拓展；
- 积极推进电力需求响应试点，利用价格机制引导用户自觉调节负荷，提升电力需求侧管理的市场化、精细化、信息化水平。

南方电网

- 落实国家发展改革委电力需求侧管理目标考核，聚焦内部管理和客户能效服务，推动电力需求侧管理制度体系建设。
- 优化组织构架，贯彻落实“一主两翼、国际拓展”的产业发展布局，促进客户能效服务等综合能源业务快速发展。
- 累计为 1007 家客户免费节能诊断，其中 81 家开展了高端深度诊断，提供节能咨询 8933 次，提供节能告知 16610 户。
- 推广高效变压器、无功补偿装置应用、线路改造和电网办公节能改造，深挖自身节电潜能。
- 优化升级电网结构，开展高损耗、低电压台区改造工作，降低电网损耗。
- 完善电力需求侧管理平台，开发综合能源监测分析、自动需求响应功能等多个深度应用模块，提升能效服务能力。
- 各级节约用电服务中心开展“三走进”（走进学校、走进社区、走进农村）等公益宣传活动 3613 次。
- 编制《南方电网电能替代“十三五”规划》，开展电锅炉、电窑炉、电动车等领域项目 4232 个，新增电量 114 亿千瓦时。
- 全网新建成电动汽车充电站 225 个，充电桩 4992 个，有效推动电动汽车充电服务产业的发展。

内蒙古电力

- 将需求侧管理作为重点工作之一，明确目标责任，制定切实可行的管理制度。
- 正式发布企业标准《电力需求侧管理办法》（Q/ND 20702 0101-2016），并于 2017 年 5 月 1 日正式实施。
- 加强无功设备的投退管理工作，严格执行逆调压，提高各电压层、各用电区域无功平衡水平。
- 开展电容器故障原因分析，及时对故障无功设备进行修复和技术改造，力求各电压层、各用电区域无功就地平衡。
- 针对配网老旧线路、低效变压器、无功补偿装置进行升级改造，提高电网经济运行水平。

陕西地电

- 完善集团省、市、县三级公司电力需求侧管理体系，成立了能效服务活动市级小组 9 个、县级小组 70 个。
- 建设电能服务平台，结合现有营销和调度管理系统，为省级电力需求侧管理平台提供支持，为客户提供电能服务。
- 完善集抄系统运维管理体系，制定《集抄系统运行维护管理办法》，加强对主站、网络和终端设备的运行管理。
- 通过电网改造、无功补偿及高耗能变压器更换等电网自身项目实施，完成省发展改革委下达的年度节约电力电量指标。

（二）工作成效

- 江苏、新疆、浙江试点需求响应88万、2万、2万千瓦，缓解局部电网分区供电紧张、配合电网线路施工、“造峰用电”增加风电消纳，三项应用均属国内首次。
- 配合政府编制有序用电方案，落实方案用户41万户、调控能力1.64亿千瓦；组织河北、山东、安徽等10个单位实施有序用电，最大错避峰负荷667万千瓦。

- 推动工业节能和建筑节能，推动节能新技术和新产品的应用，实现项目节约电量10.1亿千瓦时。
- 降损增效成效显著，全年综合线损率下降到6.52%。
- 2017年公司问鼎全国节能服务公司百强榜第一名，是唯一五家囊括全领域（工业领域、建筑领域、公共设施领域）最高5A评级的公司。

- 采用基于全国电-热协调优化调度的储热式清洁电供热系统，在全网统一的电-热协调优化调度下，利用弃风、弃光等绿色电能供热，实现新能源供热、市政供热与用户“三通”，新能源供热和市政供热互补。

- 目前负荷监测能力达到全国最大用电负荷的90%以上，负荷控制能力达到全国最大用电负荷的10%以上。
- 10千伏配网线损率完成4.52%，同比下降0.38个百分点；0.4千伏配网线损率完成6.90%，同比下降0.57个百分点。

2017年，电网企业通过实施送变电系统节电和推动社会各领域企业节电等措施，合计完成节约电量157亿千瓦时，节约电力395万千瓦，超额完成国家下达的考核指标。2017年电网企业节约电量及电力分别见图5-25和图5-26。

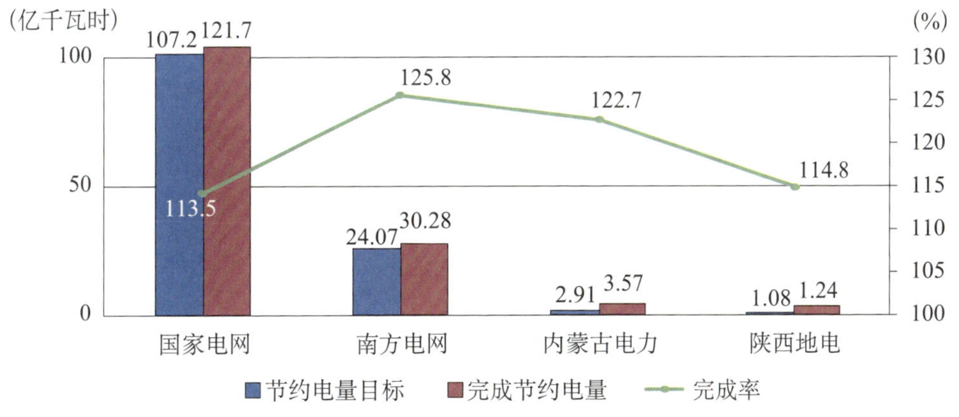

图5-25 2017年电网企业节约电量

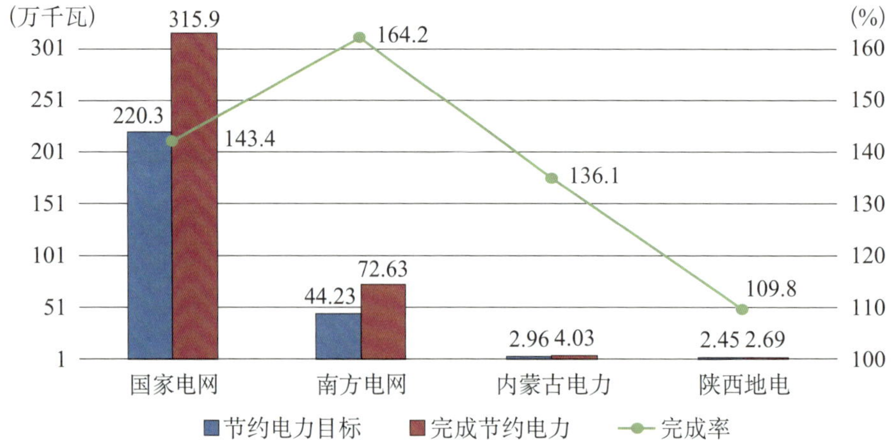

图 5-26　2017 年电网企业节约电力

第四节　电力供需

2017 年，宏观经济运行稳中有进，全国电力供需延续总体宽松态势，西北和东北区域电力供应能力富余较多。部分地区受夏季持续高温天气、部分时段燃料供应偏紧等因素影响，局部时段电力供需平衡偏紧。

一、影响因素

（一）宏观经济

经济运行稳中有进、稳中向好、好于预期　2017 年，根据国家统计局初步核算，全年国内生产总值[1] 827122亿元，比上年增长6.9%，各季度增速分别为6.9%、6.9%、6.8% 和 6.8%。

2013—2017 年国内生产总值及其增速见图 5-27，2013—2017 年三次产业增加值占国内生产总值比重见图 5-28。

新动能、新产业、新业态加快成长　工业战略性新兴产业、装备制造业和高技术制造业[2] 增加值增速均明显领先于全国工业增加值平均增长水平。

2017 年工业战略性新兴产业、装备制造业、高技术制造业增加值增速见图 5-29。

[1] 国内生产总值、各产业增加值和人均国内生产总值绝对数按现价计算，增长速度按不变价格计算。

[2] 工业战略性新兴产业、装备制造业、高技术制造业统计口径依照国家统计局规范。

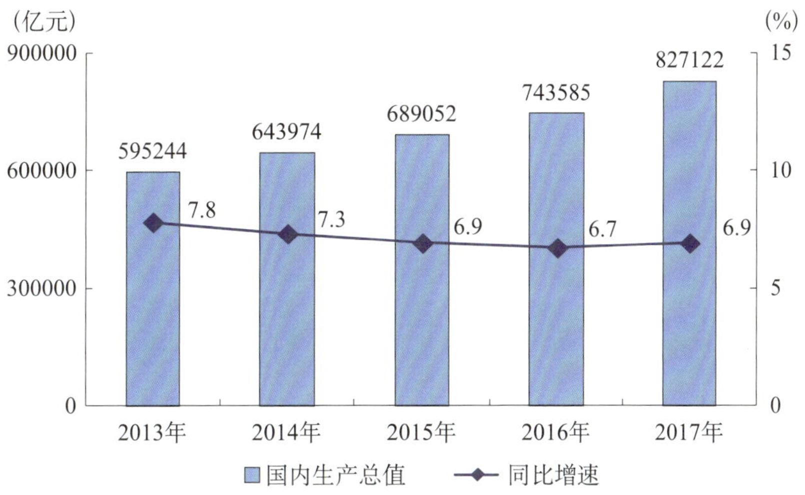

图 5-27 2013—2017 年国内生产总值及其增速

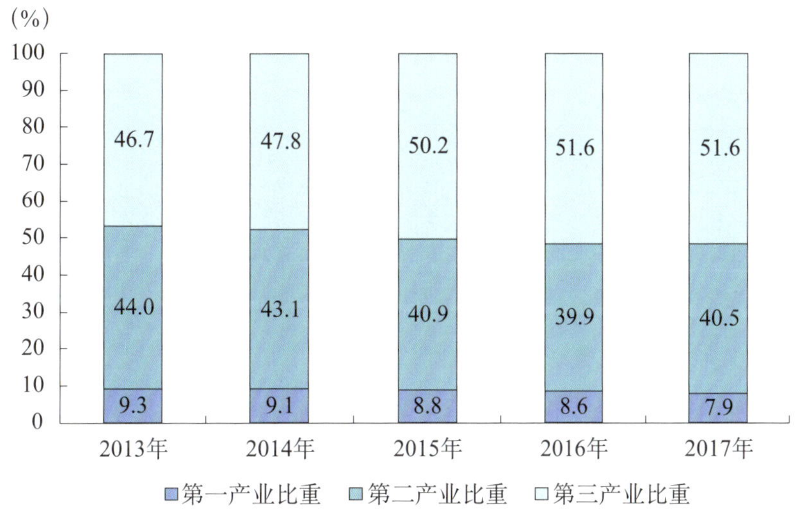

图 5-28 2013—2017 年三次产业增加值占国内生产总值比重

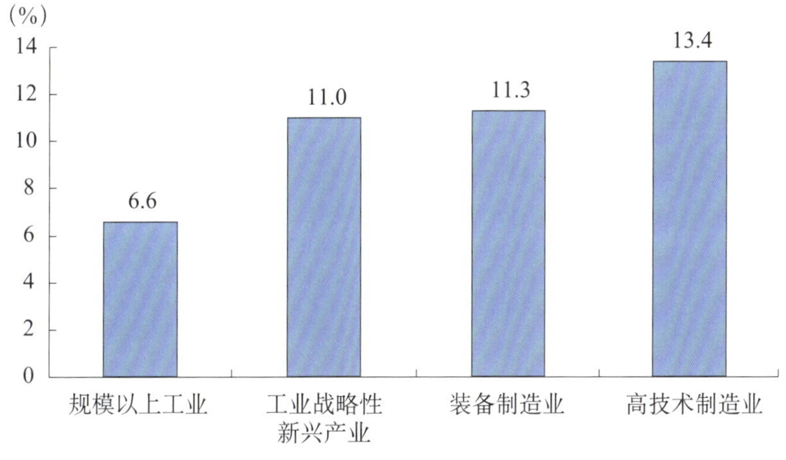

图 5-29 2017 年工业战略性新兴产业、装备制造业、
高技术制造业增加值增速

投资增速缓中趋稳 2017年，固定资产投资（不含农户）631684亿元，比上年名义增长7.2%，增速比上年回落0.9个百分点。其中，民间投资增长6.0%，增速比上年提高2.8个百分点；制造业投资增长4.8%，增速比上年提高0.7个百分点。

市场销售平稳较快增长 社会消费品零售总额366262亿元，比上年名义增长10.2%。其中，网上零售额71751亿元，比上年增长32.2%。

进出口总额快速增长 全年进出口总额277921亿元，比上年增长14.2%，扭转了连续两年下降的局面。其中，出口增长10.8%，进口增长18.7%。

（二）发电燃料

1. 电煤

2017年，煤炭供应量小于消费量，煤炭供需总体出现硬缺口，供需平衡缺少余缺调剂，区域性、结构性失衡现象较为普遍，导致电煤价格持续高位运行，煤电企业大面积严重亏损。

国内煤炭供需失衡，电煤供应偏紧 2017年，宏观经济稳中向好，电力、钢铁等主要耗煤行业生产增速提升，带动煤炭消耗需求增长超预期，全国煤炭消费量约39亿吨。煤炭行业去产能超进度、先进产能释放增量不足，叠加安全、环保等多方面因素影响，煤炭产量增加不足。全国原煤产量35.2亿吨，全年煤炭净进口量2.6亿吨，受进口煤政策收紧，尤其是四季度采取临时性限制措施影响，国内煤炭市场供应量明显小于消费量，导致电煤供应持续偏紧。相关部门多措并举增加电煤供给，供需形势有所缓和，但迎峰度冬期间电煤消费需求较快增长，贵州、甘肃、安徽以及沿海等地区供需形势较为紧张。

冬季煤炭库存下降 2017年12月底，全国重点煤炭企业存煤约6300万吨，环比下降3%，同比下降24.9%；环渤海六港港口库存1470万吨左右，比11月初下降2.8%，同比下降17.4%；重点发电企业存煤6499万吨，环比下降16.6%，同比下降0.7%，存煤可用15天。

2016—2017年全国重点电厂分月电煤库存及可用天数见图5-30。

电煤价格持续高位，煤电企业发电成本大幅增加 2017年发布的49期环渤海动力煤价格指数中，仅有2期[1]在500～570元/吨的“绿色区间”内，尤其下半年以来总体处于持续上涨态势。根据中国电煤采购价格指数（CECI）显示，自2017年11月17日发布以来，5500大卡综合价和现货成交价持续上涨，发电燃

[1] 处于“绿色区间”的2期指数分别是第21期562元/吨、第22期564元/吨，均贴近“绿色区间”上限。

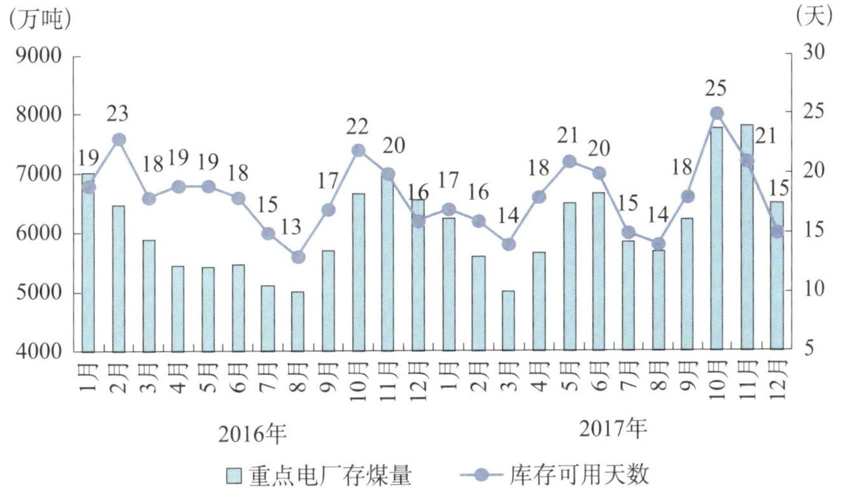

图 5-30　2016—2017 年全国重点电厂分月电煤库存及可用天数

料成本明显上涨。据调研，2017 年五大发电集团到场标煤单价比上年上涨 34%。测算出 2017 年全国煤电行业因电煤价格上涨致使电煤采购成本比上年提高 2000 亿元左右，是导致煤电行业大面积亏损、电力行业效益大幅下滑的最主要因素。

2017 年 11 月以来中国电煤采购价格指数（CECI）周价格见图 5-31。

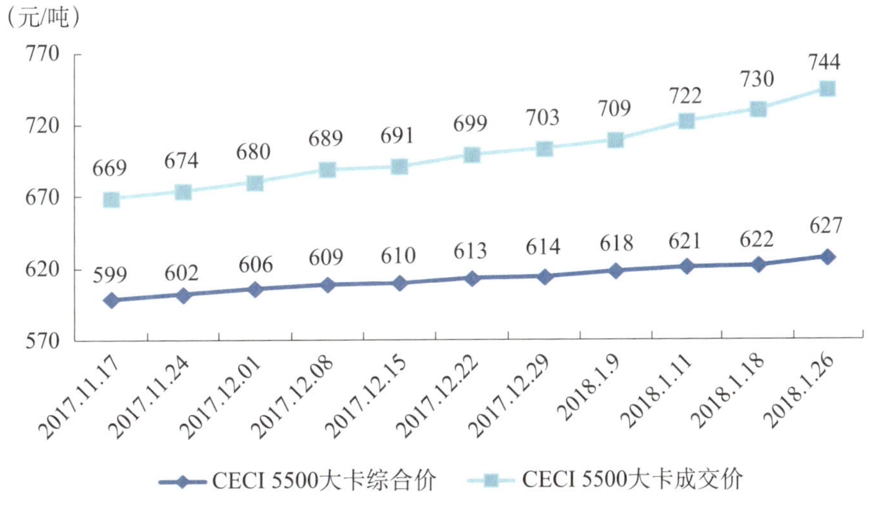

图 5-31　2017 年 11 月以来中国电煤采购价格指数（CECI）周价格

注：综合价为根据当期 5500 大卡 / 千克所有样本北方港平仓价综合加权编制，反映北方港平仓综合采购价格水平；成交价为根据当期所有现货采购样本北方港平仓价加权编制，反映当期市场现货采购真实成交价格水平。

专栏　中国电煤采购价格指数（CECI）

价格指数是政府制定产业政策、强化市场监管、完善调控措施的重要参考和依据。2017 年，根据国家有关部委部署以及发电企业诉求，中电联联合国内主要大型发电集团，共同编制了中国电煤采购价格指数（CECI），并于 2017 年 11 月 17 日正式发布了首批指数——CECI 沿海指数。

该指数充分发挥中电联的行业平台优势，以国内 13 家大型发电集团的真实采购数据为依托，覆盖 70 多家采样单位、100 多家典型发电厂、80% 以上海运电煤市场份额，数据来源真实、样本覆盖面广，能够真实、准确、及时地反映电煤市场价格水平和煤电企业采购成本，有力填补了我国发电侧电煤采购价格指数的市场空白，为政府宏观决策、企业采购和经营管理提供参考依据。指数发布以来，获得了各界的高度关注和广泛认可，并被国家发展改革委纳入电煤中长期合同定价机制推荐方案。

CECI 指数是国内唯一一个反映电煤采购侧价格水平的指数，立足于发电用煤，旨在客观、准确、及时反映电煤采购价格。CECI 与现有相关各指数在反映对象、样本采集、编制算法、发布周期等诸多方面各具有一定的独特性，但共同形成了多维度、多角度的煤炭价格体系，共同致力于客观、准确地反映煤炭市场价格水平和电力企业煤炭采购成本，对于加强国内电煤市场价格监测，引导理性市场行为，稳定电煤市场运行，维护煤炭、电力行业健康持续发展发挥重要作用。

CECI 指数与国内主要煤炭价格指数对比见表 5-9。

表 5-9　CECI 指数与国内主要煤炭指数对比

中国电煤价格指数

编制发布单位	国家发展改革委价格监测中心
指数类型	宏观指数
指数定位	主要反映全国及各省电煤的到厂价格，是当前煤电价格联动机制电价调整的依据
样本来源	各省主要燃煤发电企业、主要煤炭生产企业、主要煤炭转运港口、煤炭贸易商
指数体系	仅5000大卡电煤到厂价
编制算法特点	加权平均：分省价格权重依据数据质量、市场影响力、销售流向、专家评分等因素确定；全国综合电煤价格指数权重为当月各省电厂电煤到货量
发布周期	按月公布

中国电煤采购价格指数（CECI）

编制发布单位	中国电力企业联合会联合国内主要大型发电集团
指数类型	采购侧指数
指数定位	反映电煤采购北方港内贸平仓价、到岸价（含内贸、外贸和综合价）、沿海下水煤综合到岸价（含内贸、外贸和综合价）等系列指数（一期推出反映北方港内贸平仓价的沿海指数）
样本来源	沿海主要电煤采购电力集团（企业）
指数体系	含4500k、5000k和5500k三个热值规格品，分综合价、成交价、离岸价三种类型
编制算法特点	以采购量加权的动态权重与静态权重相结合
发布周期	按周公布

环渤海动力煤价格指数（BSPI）	
编制发布单位	秦皇岛煤炭交易市场有限公司
指数类型	港口指数
指数定位	反映环渤海港口动力煤离岸平仓价
样本来源	煤炭发运、煤炭消费与煤炭贸易企业三大类采样企业，构成比例为1:1:2
指数体系	含4个热值规格品，分综合价指数和现货指数
编制算法特点	各港口价格为样本价的算数平均，综合指数为各港口价的加权平均
发布周期	按周公布

CCTD秦皇岛动力煤价格	
编制发布单位	中国煤炭运销协会
指数类型	港口指数
指数定位	主要反映秦皇岛港及周边港口主流品种动力煤现货平仓交货价
样本来源	采集企业主要为煤炭企业
指数体系	含4500k、5000k和5500k三个规格品
编制算法特点	以样本采购量为权重的加权平均
发布周期	按周公布

中国（太原）煤炭交易价格指数（CTPI）	
编制发布单位	太原煤炭交易中心
指数类型	产地指数
指数定位	主要反映以山西为代表的主产地煤炭价
样本来源	山西省内的典型煤炭生产企业
指数体系	含一个综合价格指数、四个分煤种交易价格指数和六个代表规格品加权平均价
编制算法特点	样本价的算数平均
发布周期	按周公布

汾渭CCI系列指数	
编制发布单位	山西汾渭信息技术公司
指数类型	港口指数
指数定位	主要反映秦皇岛港及环渤海动力煤现货可交易价格及进口煤南方港到岸价
样本来源	多渠道采集样本，包括下游用户、贸易商、生产商、经纪公司或其他活跃的现货市场买卖方，以中间贸易商居多。且样本采集既包括实际成交价，也包括报还盘意向价
指数体系	含5000k和5500k两个规格品及三个进口煤规格品
编制算法特点	样本价的算数平均
发布周期	按工作日公布

2. 天然气

冬季供暖期发电用天然气供应紧张 受多地加强大气污染治理、工业以及取暖“煤改气”新增需求集中释放影响，天然气消费需求超预期增长，呈现“淡季不淡、旺季更旺”的特征，全年全国天然气消费量2373亿立方米，同比增长15.3%，增速明显超过上年。全国出现阶段性、区域性供气不足的情况，尤其是进入冬季供暖期，用气需求明显增加，但天然气供应面临储气调峰设施、管网互联互通不足等制约，天然气供需形势较为严峻，部分地区燃机发电受到供气限制，部分机组低负荷运行或停机。

（三）气候

高温天气拉动用电增长 根据2017年中国气候公报，2017年全国平均气温10.39℃，较常年偏高0.84℃，为1951年以来第三高值，仅次于2007年和2015年。全年极端高温事件明显偏多，全国共有437站日最高气温达到极端事件标准，极端高温事件站次比为0.71（常年为0.12，2016年为0.34）；高温日数为历史最多，全国平均高温（日最高气温≥35℃）日数12.1天，较常年偏多4.4天，较2016年偏多1.4天，为1961年以来最多；全国中东部大部地区及新疆东部、内蒙古中部和西部等地高温日数较常年偏多5～10天，华南中东部、江南东部、江淮东部、黄淮北部、华北东南部及陕西南部、湖北西北部、四川东部、重庆西部、南疆东部等地偏多10天以上。分月份看，除10月气温较常年同期略偏低外，其余各月均偏高，其中，7月和9月为1951年以来同期最高，高温天气显著拉高了用电负荷及电量增长。

降水量较常年略偏多，年底重点流域水电厂蓄能值同比增加 根据2017年中国气候公报，2017年全国平均降水量641.3毫米，比常年（629.9毫米）偏多1.8%，比2016年（730.0毫米）偏少12%。分月份看，2月、5月、11月和12月降水偏少，其中12月偏少49%；3月、6月、8月和10月降水偏多；其余月份降水接近常年同期。截至2017年年底，国家电网公司经营区域重点水电厂蓄能260亿千瓦时，同比增多23亿千瓦时；南方电网公司经营区水电蓄能434亿千瓦时，同比增多14亿千瓦时，主要是红水河、乌江水电蓄能同比增长15亿、24亿千瓦时，而澜沧江同比减少26亿千瓦时。

二、电力供需

全国电力供需延续总体宽松态势，区域间供需形势差异较大，华北区域电力供需平衡偏紧，东北、西北区域电力供应能力富余较多。

2017年各区域电力供需形势情况如下：

电力供需平衡偏紧区域

- **华北** 主要是迎峰度夏期间偏紧；7月中旬受持续高温天气影响，区域内绝大部分省级电网用电负荷均创历史新高，河北、山东、天津等地执行有序用电。

电力供需基本平衡区域

- **华中** 迎峰度夏高峰时段湖南、湖北、河南和四川等地执行有序用电。

电力供需平衡有余区域

- **华东** 福建和浙江电力供应能力有一定富余；迎峰度夏高峰时段安徽和江苏等地执行有序用电。
- **南方** 云南、广西汛期富余较多；贵州在枯水期受电煤供应明显不足影响，电力供应偏紧。

电力供应能力富余较多区域

- **东北** 区域内各省级电网电力供应能力均有所富余。
- **西北** 甘肃、新疆等省份电力供应能力富余较多。

2017 年，除华北区域火电设备平均利用小时同比有所降低外，其他区域火电设备平均利用小时均有所提高。

2017 年全国分区域火电设备平均利用小时见图 5-32。

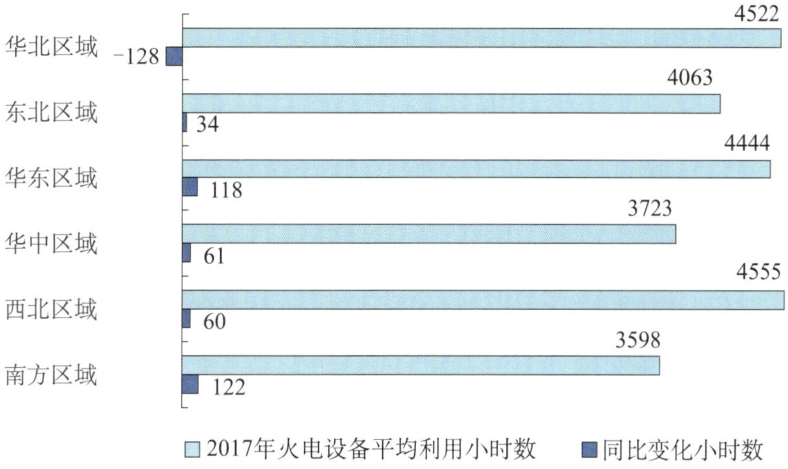

图 5-32　2017 年全国分区域火电设备平均利用小时（单位：小时）

第六章　电力安全生产和可靠性

第一节　电力安全生产

一、电力安全生产

依据《生产安全事故报告和调查处理条例》（国务院令第 493 号）和《电力安全事故应急处置和调查处理条例》（国务院令第 599 号）统计标准，2017 年，全国没有发生重大以上电力人身伤亡事故，没有发生较大以上设备事故，没有发生电力安全事故，没有发生水电站大坝漫坝、垮坝以及对社会有较大影响的电力安全事件。

（一）基本情况

2017 年，全国发生电力人身伤亡事故 53 起，死亡 62 人。其中，电力生产人身伤亡事故 40 起，死亡 41 人；电力建设人身伤亡事故 13 起，死亡 21 人。

发生自然灾害造成的电力人身伤亡事故 3 起，死亡 3 人，重伤 1 人。

未发生直接经济损失 100 万元以上的电力设备事故，发生电力安全事件 14 起。

（二）较大以上电力人身伤亡事故简况

2017 年，全国共发生较大以上电力人身伤亡事故 2 起，分别为：

5 月 7 日，国家电网所属江西省送变电建设公司分包单位四川强光电力工程有限公司，在 500 千伏抚州—罗坊输电线路工程中进行紧线作业时，181 号塔折倒，连带造成 151 号塔塔头折裂，作业人员随塔跌落，造成 4 人死亡、1 人重伤。

5 月 14 日，青岛恒源电工集团有限公司所属青岛恒源送变电工程有限公司分包单位青岛普天电器有限公司，在国家电网公属山东省电力公司青岛胶州铺集 110 千伏输电线路工程施工导线展放过程中，发生倒塔，造成 4 人死亡。

（三）事故统计分析

1. 按事故单位统计[1]

国家电网所属单位发生事故 3 起，死亡 6 人；南方电网所属单位发生事故 3 起，死亡 2 人；华能集团所属单位发生事故 4 起，死亡 4 人；华电集团所属单位

[1] 为避免重复，电力建设人身伤亡事故按施工单位统计。

发生事故4起，死亡5人；国家电投集团所属单位发生事故4起，死亡4人；中国能建所属单位发生事故6起，死亡7人；粤电集团所属单位发生事故4起，死亡4人。

2. 按派出能源监管机构监管范围统计

发生5起及以上人身伤亡事故的地区有南方、东北、西北、山东；发生5人及以上人员死亡事故的地区有南方、东北、山东、西北、山西、华中。

3. 按事故原因统计

违反操作规程造成32起40人死亡，安全装置缺少造成6起6人死亡，设备设施有缺陷造成4起5人死亡，劳动组织不合理造成4起4人死亡。违反操作规程和安全装置缺少是导致事故多发的主要原因，分别占到事故总起数的60%和11%，死亡人数分别占到死亡总人数的64.5%和9.7%。

4. 按事故类别统计

高处坠落造成21起29人死亡，触电造成12起12人死亡，机械伤害造成5起5人死亡，坍塌造成5起5人死亡，物体打击造成4起4人死亡，淹溺造成1起2人死亡，灼烫造成2起2人死亡，车辆伤害造成2起2人死亡，窒息造成1起1人死亡。高处坠落和触电是导致事故多发的主要原因，分别占到事故总起数的40%和23%，死亡人数分别占到死亡总人数的47%和19%。

5. 按作业分类统计

建筑施工造成14起22人死亡，维护造成17起18人死亡，检修造成11起11人死亡，设备改造造成5起6人死亡，巡视造成4起3人死亡，其他原因造成2起2人死亡。建筑施工和维护作业类别事故多发，分别占到事故总起数的26.4%和32.0%，死亡人数分别占到死亡总人数的35.5%和29.0%。

二、电力信息安全

2017年，电力行业积极贯彻落实国家和行业网络安全要求，主动适应“互联网+”、新电改等新形势业务发展以及信息化应用需求，推进电力信息系统安全防护升级，探索实施电力关键信息基础设施保护，全面提升信息安全监测预警、边界防护、系统保障和数据保护能力，电力行业网络安全保持了持续稳定态势，未发生因恶意网络攻击引起的电力安全事故（事件）。

法律法规进一步完善　2014年国家发展改革委发布《电力监控系统安全防护规定》。2015年国家能源局发布《电力监控系统安全防护总体方案等安全防护方案和评估规范》等规范性文件。2017年6月1日起《中华人民共和国网络安全法》（以下简称“《网络安全法》”）开始施行，《网络安全法》的出台为践行网络安全与信息化两翼齐飞提供了坚实有效的制度保障，统领网络安全各项法规制度，标志着国家在建设网络强国法治保障道路上迈出坚实的一步，是我国网络安全保障体系建设的重要里程碑。

网络安全等级保护工作稳步推进 贯彻落实能源行业网络安全等级保护工作，有力提升能源行业重要网络和信息系统安全保护能力。按照国家法律和政策要求，持续推进能源行业等级保护定级、备案、测评、安全建设整改工作，有序开展电力行业网络安全等级保护测评和电力监控系统安全防护评估工作，2017 年电力行业等级保护测评队伍累计完成电力等能源行业网络安全等级保护测评 1436 套、电力监控系统安全防护评估项目 540 余个。

探索实施能源行业关键信息基础设施保护 跟踪国内外关键信息基础设施保护相关政策法规并积极参与相关标准化工作，不断提高能源行业关键信息基础设施保护技术支撑能力。加强能源行业关键信息基础设施目录的认定与保护现状研究，积极参与国产密码应用性安全测评试点工作，推动国产密码在能源行业的深度应用。国家能源局信息中心牵头完成国家标准《电力信息系统安全等级保护实施指南》的编制及报批工作；参与并完成《信息安全技术网络安全等级保护测评要求》之工业控制系统安全扩展测评要求标准编制工作，并申请成为全国信息安全标准化技术委员会（TC260）信息安全评估工作组（WG5）和信息安全管理工作组（WG7）成员单位，全面跟进国家网络安全及关键信息基础设施保护标准化工作。

第二节　电力可靠性

一、发电设备

（一）发电机组运行可靠性

2017 年，纳入电力可靠性统计的 4 万千瓦及以上水电、10 万千瓦及以上火电和核电机组共计 2911 台、100611 万千瓦，分别比上年增加 45 台、3322 万千瓦。

1. 水电机组

水电机组运行可靠性总体略好于上年 2017 年，纳入电力可靠性统计的水电机组 971 台，总容量 21174 万千瓦。主要运行可靠性指标同比均有所提升，其中，运行系数为 54.96%，同比提高 0.77 个百分点；等效可用系数为 92.55%，同比提高 0.11 个百分点；等效强迫停运率为 0.14 %，同比提高 0.05 个百分点；非计划停运次数 0.19 次 / 台年，同比下降 0.07 次 / 台年。

2016 年、2017 年水电分类机组主要运行可靠性指标对比见图 6-1。

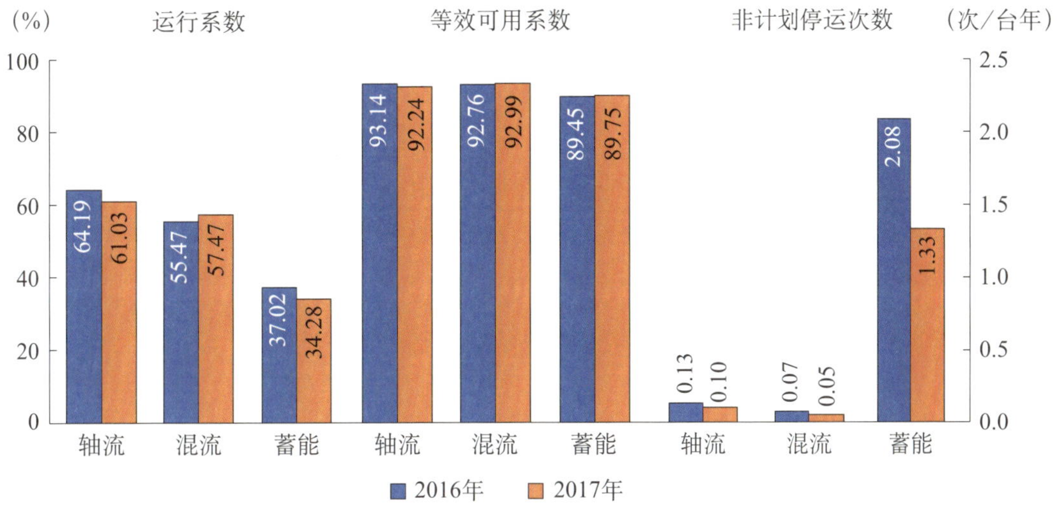

图 6-1　2016 年、2017 年水电分类机组主要运行可靠性指标对比

2. 燃煤机组

燃煤机组可靠性总体维持在较高水平，非计划停运次数涨幅较大　2017 年，纳入电力可靠性统计的燃煤火电机组 1756 台，总容量 73090 万千瓦。受燃煤机组参与辅助服务深度增加、燃煤价格上升导致发电用煤品质下降和发电可靠性统计核查力度加大等因素综合影响，燃煤机组主要运行可靠性指标比上年有所下降，但仍维持在较高水平。2017 年，燃煤机组整体负荷水平有所上升，运行系数为 70.93%，同比提高 2.22 个百分点；等效可用系数为 92.76%，同比下降 0.01 个百分点；等效强迫停运率为 0.57%，同比提高 0.24 个百分点；非计划停运次数 0.65 次 / 台年，同比增加 0.30 次 / 台年。

2016 年、2017 年燃煤分容量等级机组主要运行可靠性指标对比见图 6-2。

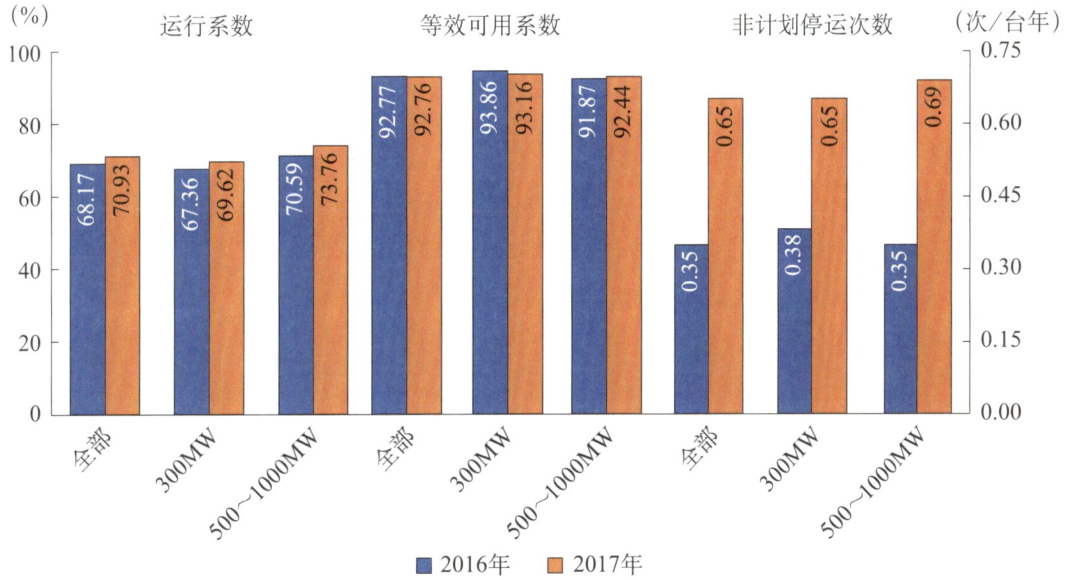

图 6-2　2016 年、2017 年燃煤分容量等级机组主要运行可靠性指标对比

3. 燃气轮机组

燃气轮机组运行可靠性水平总体高于2016年 2017年，纳入电力可靠性统计的燃气轮机组共167台，总容量4884万千瓦。由于燃气轮机组计划停运时间降低和非计划停运次数减少，主要可靠性指标均好于上年。其中，等效可用系数为92.60%，同比提高0.30个百分点；运行系数为46.50%，同比提高1.85个百分点；非计划停运次数0.35次/台年，同比减少0.04次/台年。

2016年、2017年燃气机组主要运行可靠性指标对比见图6-3。

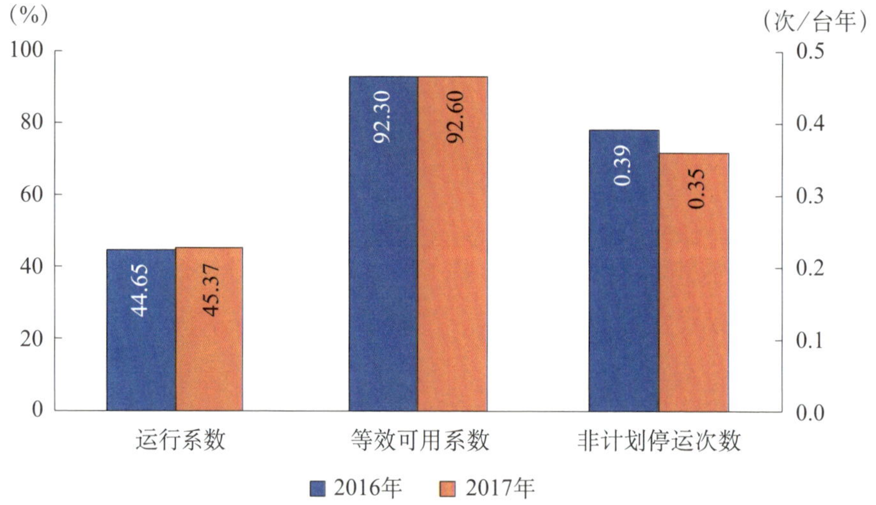

图6-3 2016年、2017年燃气轮机组主要运行可靠性指标对比

4. 核电机组

核电机组运行可靠性水平总体有所提升，非停次数同比略有增长 2017年，纳入电力可靠性统计的核电机组17台，总容量1463万千瓦。受电力需求持续平稳增长、非化石能源消纳力度加大等有利环境的影响，主要可靠性指标实现情况良好。核电机组运行系数为91.24%，同比提高2.92个百分点；等效可用系数为91.10%，同比提高2.33个百分点；非计划停运次数0.24次/台年，同比增加0.01次/台年。

2016年、2017年核电机组主要运行可靠性指标对比见图6-4。

（二）燃煤机组主要辅助设备运行可靠性

燃煤机组主要辅助设备运行系数和可用系数有所上升 2017年，纳入电力可靠性统计的20万千瓦及以上容量燃煤机组主要辅助设备磨煤机、给水泵、送风机、引风机、高压加热器的台数分别为6700、3721、2669、2734、4121台。受计划停运时间及备用时间同比降低影响，运行系数、可用系数比上年有不同程度上升。磨

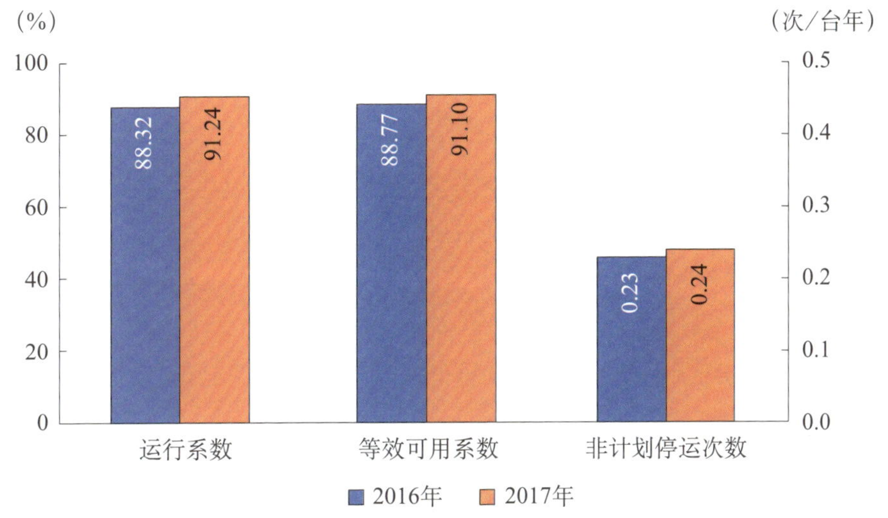

图 6-4 2016 年、2017 年核电机组主要运行可靠性指标对比

煤机、给水泵及高压加热器非计划停运时间同比有所降低，送风机、引风机非计划停运时间同比均有不同程度减少。

2016 年、2017 年燃煤机组五种辅助设备主要可靠性指标对比见图 6-5。

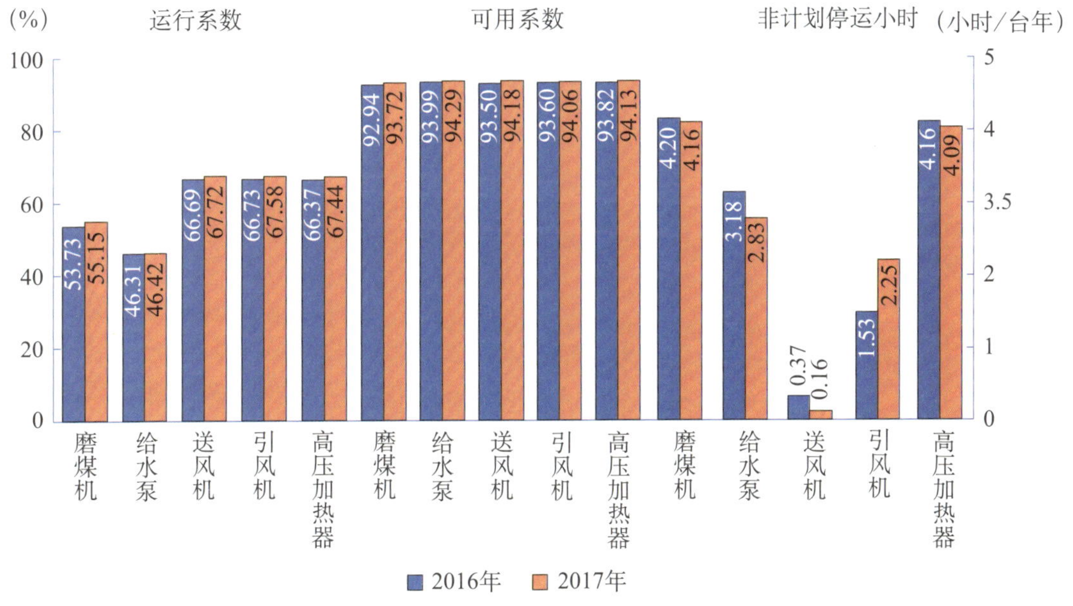

图 6-5 2016 年、2017 年燃煤机组五种辅助设备主要可靠性指标对比

二、输变电设施

（一）总体情况

全国 220 千伏及以上电压等级架空线路、变压器、断路器等十三类输变电设

施的可靠性运行水平保持平稳 2017 年，除阻波器、电缆线路和母线外，其他设施计划停运时间均高于上年，其中架空线路增幅最大，同比增加 7.427 小时。受计划停运时间增加影响，除阻波器、电缆线路和母线外，其他输变电设施可用系数均低于上年。断路器、隔离开关、耦合电容器强迫停运率较上年同比分别上升 0.018、0.001、0.001 次 / 百台年，其他设施强迫停运率均比上年有不同幅度下降。

2017 年 220 千伏及以上电压等级十三类输变电设施主要可靠性指标见表 6–1。

表 6–1 2017 年 220 千伏及以上电压等级十三类输变电设施主要可靠性指标

类 别	可用系数（%）	强迫停运率	非计划停运时间	计划停运时间
架空线路	99.497	0.055	0.454	41.512
变压器	99.856	0.154	0.138	12.201
电抗器	99.827	0.220	0.514	14.536
断路器	99.942	0.141	0.019	4.973
电流互感器	99.981	0.010	0.004	1.584
电压互感器	99.970	0.023	0.004	2.550
隔离开关	99.986	0.009	0.002	1.212
避雷器	99.978	0.010	0.001	1.944
耦合电容器	99.990	0.011	0.001	0.727
阻波器	99.988	0.036	0	0.930
电缆线路	99.922	0	0	6.851
组合电器	99.991	0.016	0.020	0.774
母线	99.961	0.166	0.015	3.402

注：强迫停运率单位：架空线路、电缆线路单位为次 /（百千米·年），其他设备单位为次 /（百台（段）·年）；非停、计停时间单位：架空线路、电缆线路单位为小时 /（百千米·年），其他设备单位为小时 /（台（段）·年）。

（二）三类主要输变电设施

三类主要输变电设施可用系数均低于 2016 年，架空线路、变压器强迫停运情况好于 2016 年 2017 年，220 千伏及以上电压等级架空线路总里程 748767 千米，变压器、断路器总数量分别为 15350 台和 42082 台。架空线路、变压器、断路器三类主要设施的可用系数分别为 99.497%、99.856%、99.942%，受计划停运时间增加影响，可用系数分别比上年下降 0.073、0.011、0.016 个百分点。架空线路、变压器、断路器三类主要设施的强迫停运率分别为 0.055 次 / 百公里年、0.154 次 / 百台年、0.141 次 / 百台年，其中架空线路、变压器同比分别下降 0.012 次 / 百公里年、

0.002 次 / 百台年，断路器同比增加 0.018 次 / 百台年。

2016 年、2017 年三类主要设施不同电压等级可用系数、强迫停运率对比见表 6–2。

表 6–2　2016 年、2017 年三类主要设施不同电压等级可用系数、强迫停运率对比

指标	设施	年份	220 千伏	330 千伏	500 千伏	750 千伏	1000 千伏
可用系数（%）	架空线路	2016	99.872	99.563	99.382	99.091	97.744
		2017	99.823	99.282	99.341	99.032	98.770
	变压器	2016	99.889	99.748	99.840	99.605	99.226
		2017	99.890	99.787	99.800	99.752	99.376
	断路器	2016	99.961	99.937	99.962	99.619	100
		2017	99.944	99.919	99.952	99.625	99.881
强迫停运率（次 / 百公里（百台）年）	架空线路	2016	0.065	0.147	0.069	0.073	0.030
		2017	0.050	0.098	0.070	0.028	0.050
	变压器	2016	0.103	1.088	0.162	0.410	1.187
		2017	0.079	0.266	0.316	0.423	0
	断路器	2016	0.079	0.064	0.203	3.691	0
		2017	0.107	0.121	0.332	0.332	0

三、直流输电系统

直流输电系统运行可靠性总体良好，能量利用率有所上升，强迫停运次数明显减少　2017 年，全年在运直流输电系统 27 个；运行满一年纳入电力可靠性统计的直流输电系统 25 个，其中，点对点超高压直流输电系统 15 个，点对点特高压直流输电系统 7 个，背靠背直流输电系统 3 个；额定输送容量总计 93624 兆瓦；直流输电线路总长度 27720 千米。

2017 年，直流输电系统合计能量可用率、能量利用率分别为 95.35%、54.42%，总计强迫停运 33 次。与上年相比，能量可用率提高 0.68 个百分点，能量利用率提高 0.25 个百分点，强迫停运次数减少 7.5 次。

纳入电力可靠性统计的直流输电系统共发生强迫停运 33 次，宜华、银东、林枫、牛从乙、金中、复奉、天中、灵宝、高岭 9 个系统未发生强迫停运。33 次强迫停运事件中，21 次为单级强迫停运事件，同比减少 5 次；4 次为双级强迫停运事件，同比增加 3 次，高肇、德宝、柴拉和灵绍 4 个系统各发生 1 次双极强迫停运；5 次

为阀组强迫停运事件，3 次为单元强迫停运事件。

2017 年直流输电系统主要可靠性指标见表 6-3。

表 6-3　2017 年直流输电系统主要可靠性指标

直流输电系统	能量可用率（%）	能量利用率（%）	强迫能量不可用率（%）	强迫停运次数（次）
合　计	95.350	54.416	0.182	33
葛　南	92.290	54.124	0.140	1
天　广	97.257	55.619	0.077	3
龙　政	95.920	40.416	0.140	1
江　城	97.450	65.054	0.020	1
高　肇	99.124	43.617	0.256	3
宜　华	91.380	40.751	0	0
兴　安	98.338	57.960	0.449	3
德　宝	95.690	44.744	1.120	2
伊　穆	95.640	58.525	0.060	1
银　东	96.490	86.193	0	0
林　枫	91.690	30.658	0	0
柴　拉	92.840	30.643	0.900	3
牛从甲	96.577	52.533	0.029	1
牛从乙	96.207	52.519	0	0
金　中	95.966	47.399	0	0
楚　穗	95.652	64.425	0.189	3
复　奉	94.540	57.787	0	0
锦　苏	95.790	61.375	0.230	1
天　中	95.960	51.324	0	0
宾　金	94.280	55.530	0.800	4
普　侨	94.578	67.927	0.117	2
灵　绍	93.590	28.720	0.040	1
灵　宝	96.360	89.394	0	0
高　岭	96.310	81.897	0	0
黑　河	94.420	42.633	0.098	3

注：2017 年新投运直流系统（祁韶直流和雁淮直流），运行时间不满一年，没有参与本报告中可靠性指标的计算和分析。

四、供电系统

2017 年，纳入电力可靠性统计的地市级供电企业 448 个，分布在全国 31 个省份。全国 10（6、20）千伏供电系统用户 907.6 万户，同比增加了 58.1 万户；其中城市用户 241.0 万户，农村用户 666.5 万户。全国 10（6、20）千伏供电系统用户总容量为 291710 万伏安，同比增加 31273 万伏安；其中城市用户总容量为 131118 万伏安，农村用户总容量为 159591 万伏安。

2017 年全国 10（6、20）千伏供电系统用户及容量构成见图 6-6。

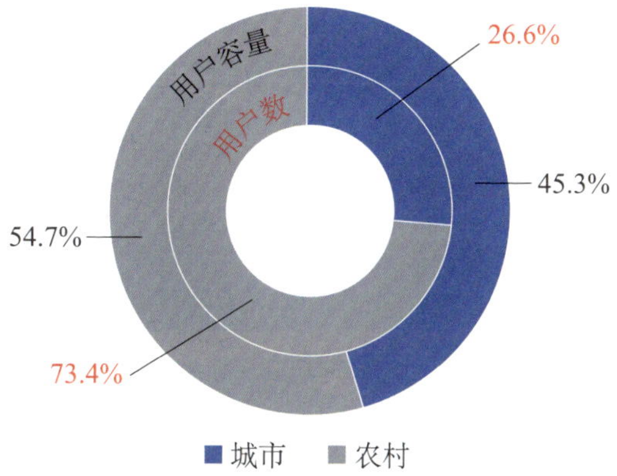

图 6-6 2017 年全国 10（6、20）千伏供电系统用户及容量构成

全国 10（6、20）千伏供电系统用户供电可靠性小幅上升，城乡用户供电可靠性差距较大 2017 年全国供电系统用户平均供电可靠率为 99.814%，同比提高 0.009 个百分点；用户平均停电时间 16.27 小时 / 户，同比减少 0.84 小时 / 户；用户平均停电频率 3.28 次 / 户，同比减少 0.29 次 / 户。其中，城市用户平均停电时间同比减少 0.18 小时 / 户，平均停电频率同比减少 0.12 次 / 户；农村用户平均停电时间同比减少 0.88 小时 / 户，平均停电频率同比减少 0.32 次 / 户。城市、农村用户平均停电时间相差 15.33 小时 / 户，平均停电频率相差 2.97 次 / 户，城乡用户供电可靠性差距较大。

2017 年供电系统用户平均停电时间、平均停电频率同比变化见图 6-7。

华东区域供电可靠性平均水平领先其他区域，东西部用户供电可靠性差异明显 东北、华东及南方区域的供电系统用户供电可靠率同比有小幅上升，华北、华东的供电系统供电可靠性指标优于全国平均值，华东区域和华中区域供电系统用户平均停电频率均低于 3 次 / 户；西北区域供电系统用户供电可靠性水平相差最大，用户平均停电时间相差 19.98 小时 / 户。

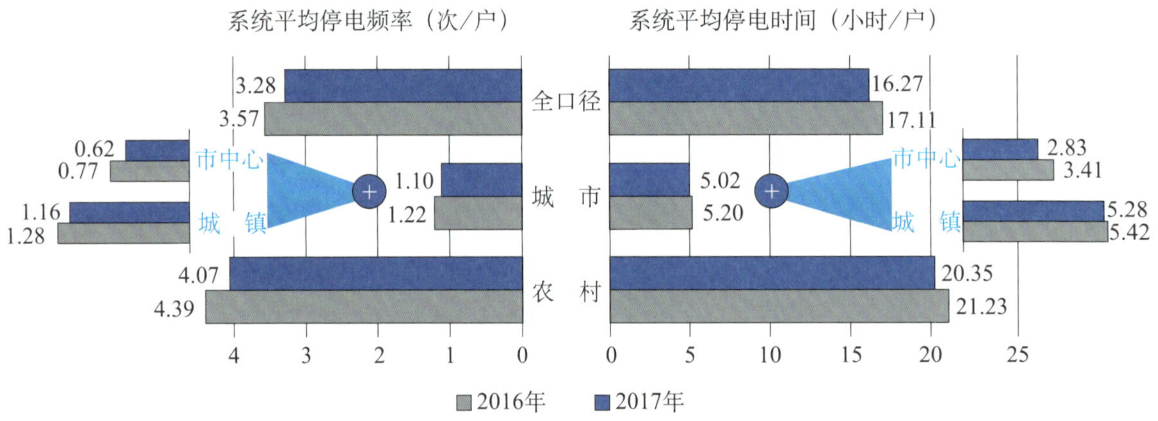

图 6-7　2017 年供电系统用户平均停电时间、平均停电频率同比变化

2017 年各区域电网供电系统用户供电可靠性指标见表 6-4。

表 6-4　2017 年各区域电网供电系统用户供电可靠性指标

区域	平均供电可靠率（ASAI-1）（%）			系统平均停电时间（SAIDI-1）（小时 / 户）			系统平均停电频率（SAIFI-1）（次 / 户）		
	全口径	城市	农村	全口径	城市	农村	全口径	城市	农村
全　国	99.814	99.943	99.768	16.27	5.02	20.35	3.28	1.10	4.07
华北区域	99.824	99.951	99.783	15.41	4.26	19.01	3.10	0.99	3.79
东北区域	99.800	99.942	99.739	17.49	5.09	22.88	3.41	0.95	4.48
华东区域	99.880	99.959	99.853	10.47	3.56	12.91	2.31	0.84	2.82
华中区域	99.808	99.946	99.754	16.86	4.73	21.53	2.85	0.94	3.59
西北区域	99.692	99.874	99.646	26.98	11.01	30.99	5.51	2.55	6.26
南方区域	99.776	99.930	99.710	19.63	6.16	25.44	4.35	1.37	5.64

注：华北区域包括蒙东公司，华北、华中、南方区域包括地方电力公司，西北区域包括西藏。

省间供电系统用户供电可靠性水平有一定差距，部分省份供电可靠性同比波动较大　上海、北京、天津、江苏、广东的供电系统用户平均停电时间低于 10 小时 / 户；11 个省用户平均停电时间高于 20 小时 / 户，省间最优和最差的用户平均停电时间相差 28.9 小时 / 户（不包括西藏）。31 个省份中，有 20 个省份供电可靠性水平比上年提升，4 个省份用户平均停电时间波动超过 30%，其中，海南、贵州、广东同比分别减少 38.4%、35.3%、33.5%，陕西同比增加 75.3%。

2017 年分省份供电系统用户平均停电时间见图 6-8。

全国主要城市供电可靠性水平提升明显，部分城市城区的供电系统用户供电可靠性已达到较高水平　2017 年，全国 39 个主要城市（即 4 个直辖市、27 个省会城

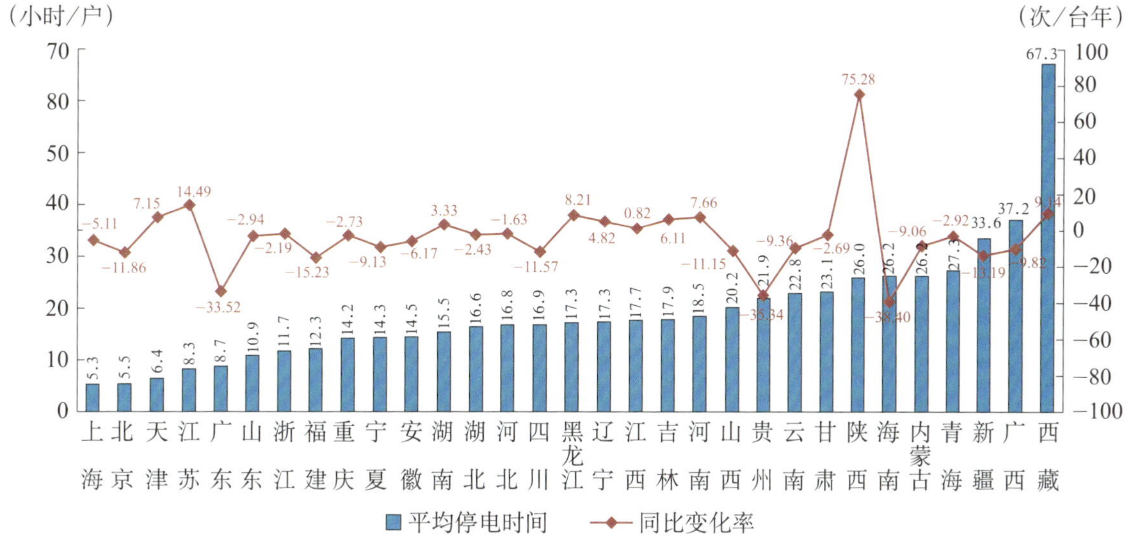

图 6-8　2017 年分省份供电系统用户平均停电时间

市及其他 8 个重点城市）的用户数占全国总用户数的 24.85%，其所属用户平均停电时间为8.45小时/户，同比减少7.85%，比全国平均值低7.82小时/户。其中，佛山、深圳、广州、南京、武汉的用户平均停电时间小于 5 小时 / 户；南京、上海、苏州、杭州、石家庄的城市用户平均停电时间低于 2 小时 / 户。39 个主要城市中有 21 个城市的用户平均停电时间同比减少超过 10%；17 个城市的用户平均停电时间波动超过 15%，其中，佛山、海口的用户平均停电时间同比分别减少 56.30%、41.44%，武汉、南昌的用户平均停电时间同比分别增加 31.42%、27.99%。

2017 年主要城市供电系统用户平均停电时间见图 6-9。

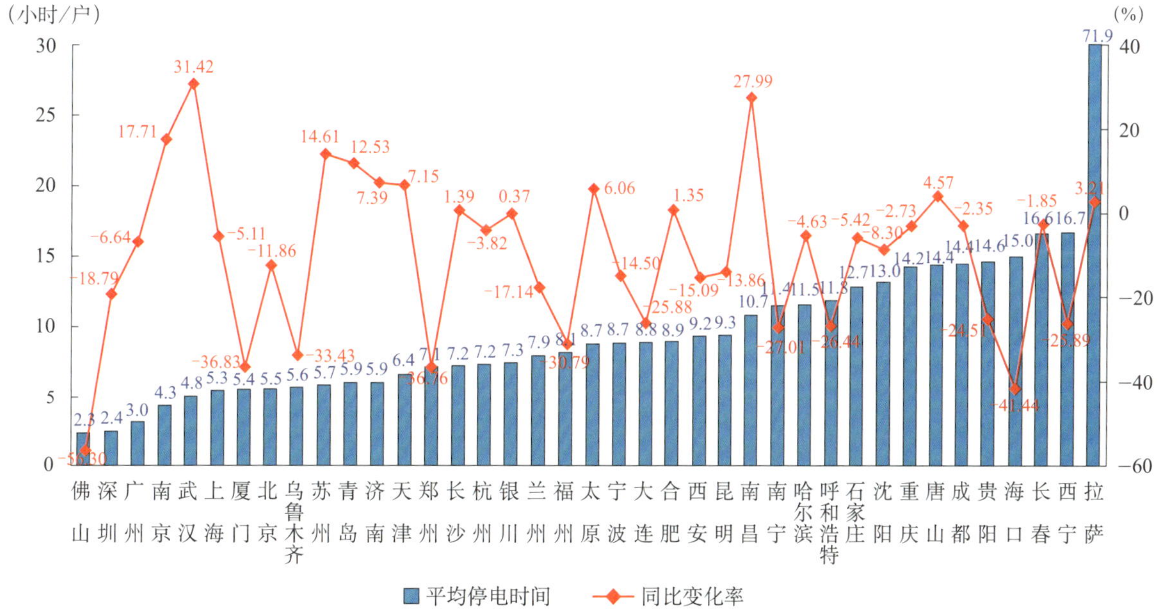

图 6-9　2017 年主要城市供电系统用户平均停电时间

第七章 绿色发展

第一节 资源节约

2017年，电力行业积极推进煤电节能升级改造、行业落后产能淘汰、电能替代等工作，供电标准煤耗、发电水耗、输配电线损率等主要能耗指标较上年均有所下降，粉煤灰、脱硫石膏综合利用率稳步提高。

一、供电煤耗

（一）全国情况

全国平均供电煤耗持续下降 全国6000千瓦及以上火电厂平均供电标准煤耗为309克/千瓦时，比上年降低3克/千瓦时，煤电机组供电煤耗水平持续处于世界先进水平。

2000—2017年全国6000千瓦及以上火电厂供电标准煤耗见图7-1。

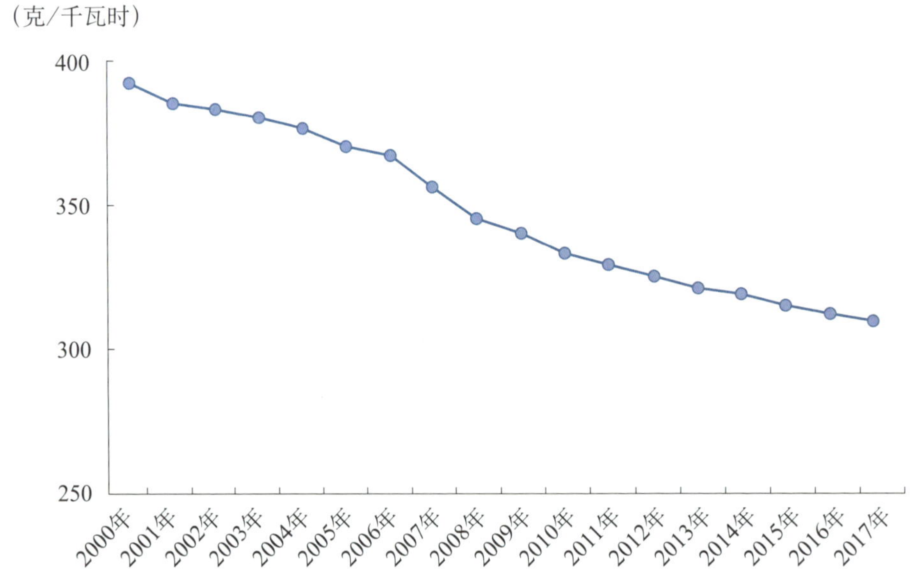

图7-1 2000—2017年全国6000千瓦及以上火电厂供电标准煤耗

（二）分省份情况

大部分省份的平均供电煤耗低于上年 火电机组结构持续优化，大部分省份的平均供电煤耗低于上年；重庆、陕西等个别省份受机组负荷率下降、超低排放改造等因素影响，供电煤耗略有提高。

2017 年分省份 6000 千瓦及以上火电厂供电标准煤耗及变化幅度见图 7-2。

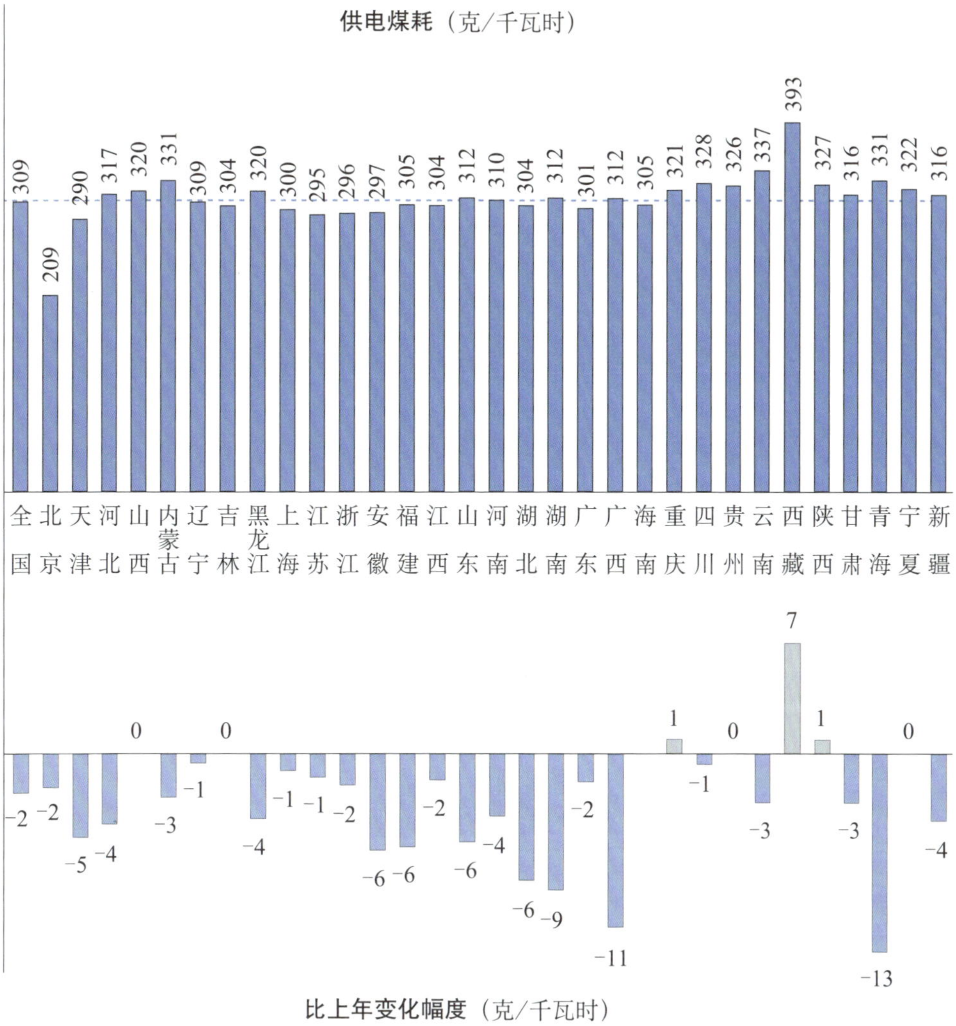

图 7-2　2017 年分省份 6000 千瓦及以上火电厂供电标准煤耗及变化幅度

（三）主要发电企业情况

大部分发电集团平均供电煤耗较上年下降　根据对中国华能集团等 23 家拥有火电装机的发电集团统计调查结果显示，由于火电机组结构不同、所属电厂所在区域电力供需形势等因素有较大差异，火电供电煤耗有升有降，大部分发电集团火电厂供电煤耗较上年下降。

2017 年 23 家主要发电集团供电标准煤耗及变化幅度见图 7-3。

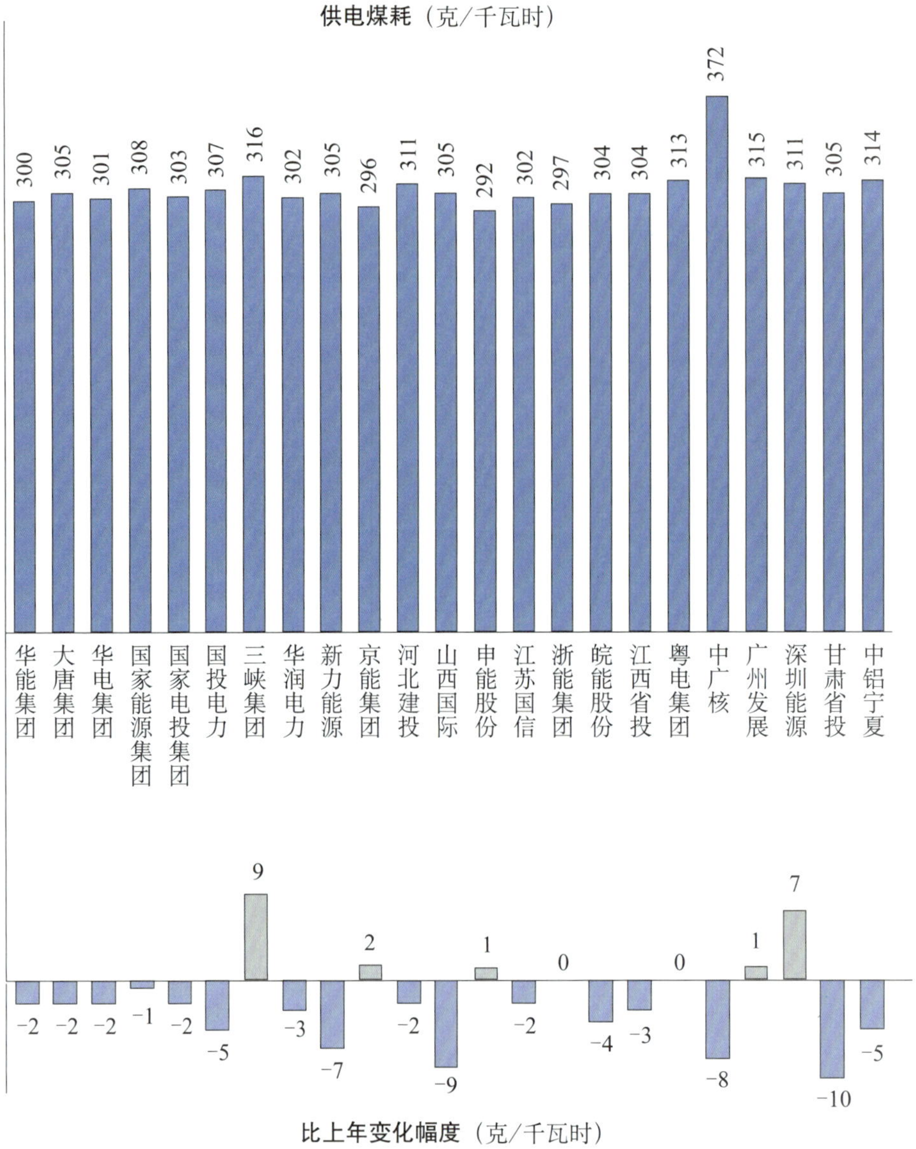

图 7-3　2017 年 23 家主要发电集团供电标准煤耗及变化幅度

（四）不同容量等级机组情况

10 万千瓦及以上等级机组供电煤耗持续下降　根据对主要发电集团火电机组供电煤耗的统计分析，10 万千瓦及以上等级机组供电煤耗比上年下降 1～7 克 / 千瓦时。2017 年主要发电集团火电机组分容量等级供电煤耗及变化幅度见图 7-4。

二、线损率

（一）全国情况

全国平均供电线损率下降　全国线损率为 6.48%，同比下降 0.01 个百分点。2000—2017 年全国线损率见图 7-5。

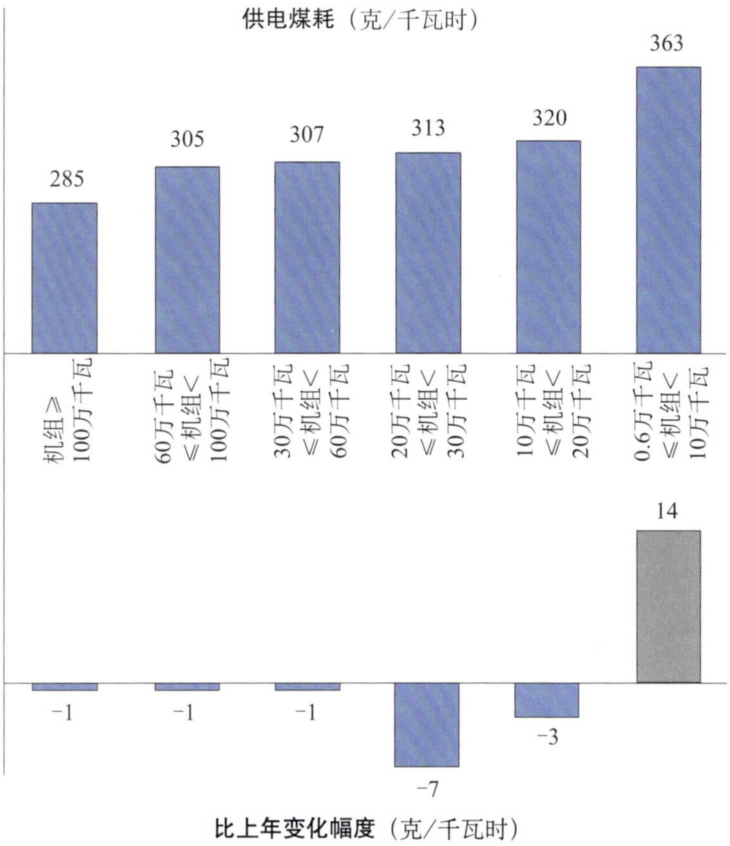

图 7-4　2017 年主要发电集团火电机组分容量等级供电煤耗及变化幅度

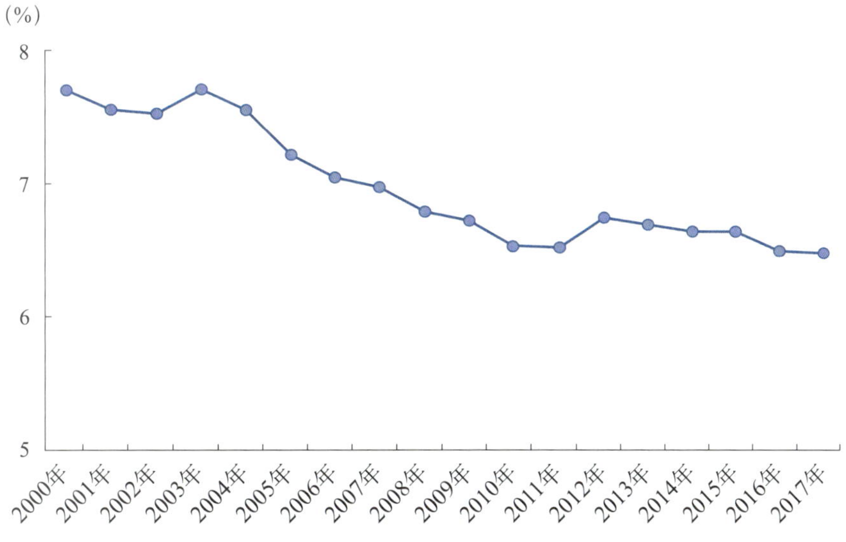

图 7-5　2000—2017 年全国线损率

（二）分省份情况

大部分省份线损率继续下降　2017 年，各省电网公司不断加强线损精益化、信息化管理，通过淘汰高损耗配电变压器、推广应用节能导线和节能金具等技术措施，大部分省份输电线损率进一步降低；广东、广西和青海由于用电结构调整等因素，线损率略有上升。

2017 年分省份线损率及变化幅度见图 7-6。

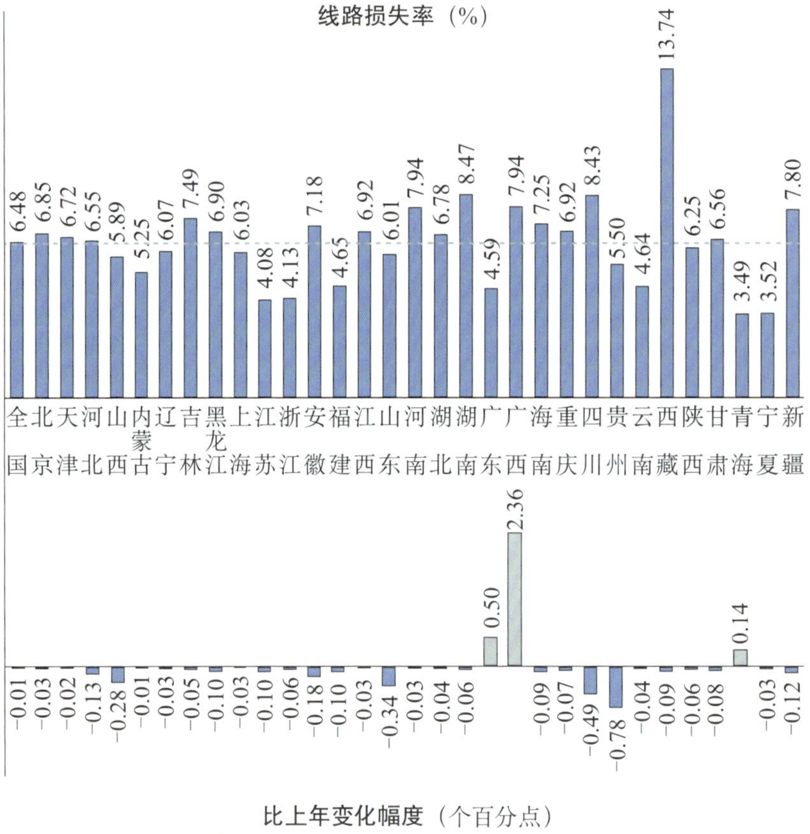

图 7-6　2017 年分省份线损率及变化幅度

三、厂用电率

（一）全国情况

全国平均厂用电率略有上升　全国 6000 千瓦及以上电厂厂用电率 4.8%，比上年提高 0.03 个百分点。其中，水电 0.27%，比上年降低 0.02 个百分点；火电 6.04%，比上年提高 0.03 个百分点。

2000—2017 年全国 6000 千瓦及以上电厂厂用电率见图 7-7。

（二）分省份情况

不同省份平均厂用电率有降有升　随着发电结构持续优化，多数省份平均厂用电率均有一定程度下降。部分省份由于煤电超低排放改造、负荷率下降等原因，火电厂用电率略有上升；部分省份由于来水较少等原因，水电厂用电率略有上升。

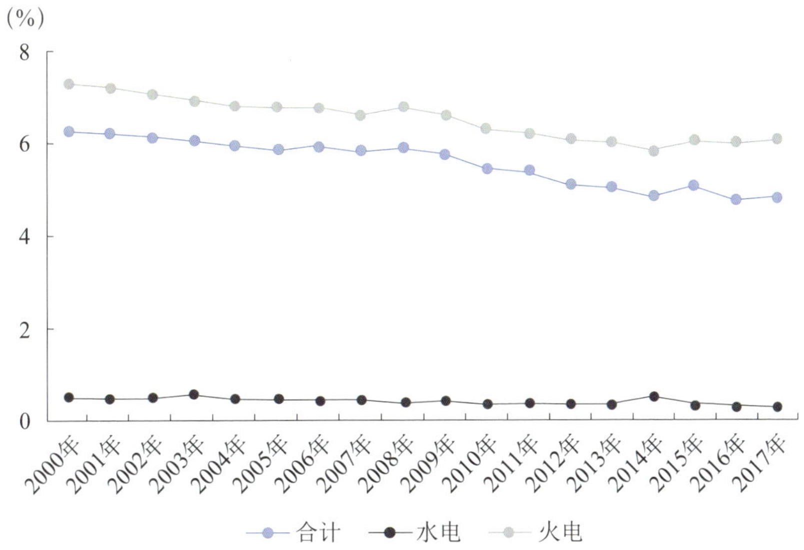

图 7-7 2000—2017 年全国 6000 千瓦及以上电厂厂用电率

2017 年分省份 6000 千瓦及以上电厂厂用电率及变化幅度、分发电类型厂用电率分别见图 7-8 和表 7-1。

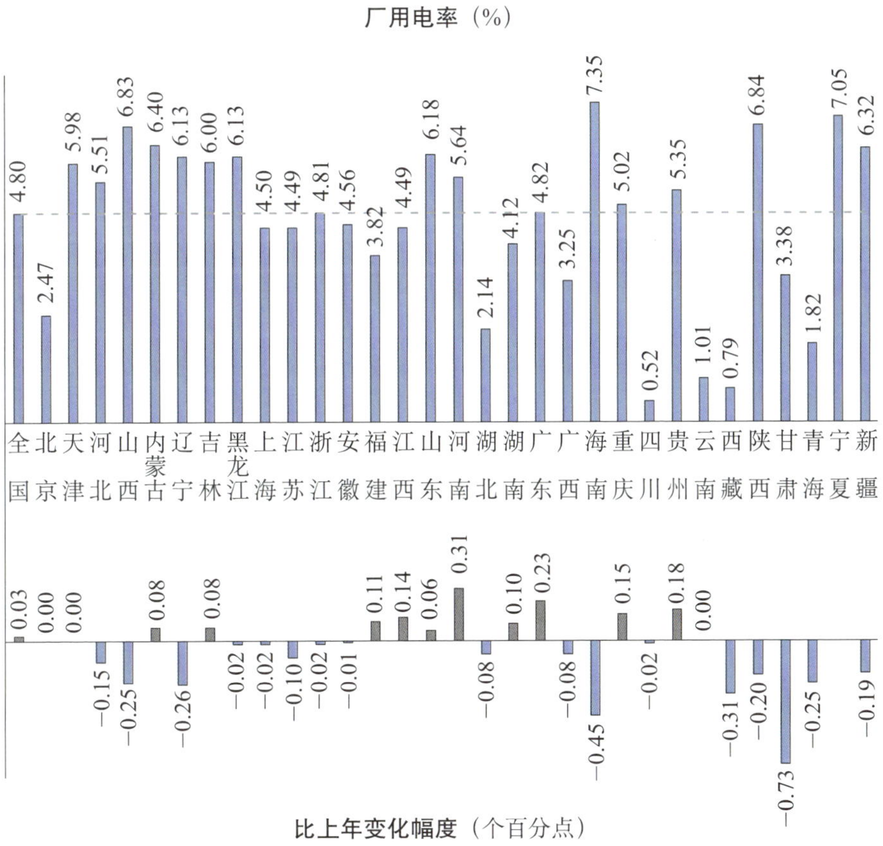

图 7-8 2017 年分省份 6000 千瓦及以上电厂厂用电率及变化幅度

表 7-1　2017 年全国各省份 6000 千瓦及以上电厂分发电类型厂用电率情况

地　区	厂用电率（%）		与上年比较（个百分点）	
	水电	火电	水电	火电
全　国	0.27	6.04	-0.02	0.06
北　京	0.99	2.53	-0.04	0.00
天　津		6.07		0.05
河　北	3.56	6.09	0.83	-0.05
山　西	0.48	7.36	-0.12	-0.19
内蒙古	0.95	7.30	0.05	0.06
辽　宁	1.94	6.51	0.06	-0.02
吉　林	0.72	6.87	0.08	-0.06
黑龙江	0.99	6.75	0.02	0.03
上　海		4.53		-0.02
江　苏	0.97	4.47	-0.10	-0.11
浙　江	0.47	4.88	0.08	-0.13
安　徽	0.69	4.64	0.07	-0.01
福　建	0.28	4.02	0.21	0.41
江　西	0.65	5.07	0.12	0.07
山　东	1.24	6.30	0.59	0.07
河　南	0.39	5.82	0.04	0.26
湖　北	0.11	5.10	0.00	-0.11
湖　南	0.79	6.03	0.23	-0.25
广　东	0.56	5.10	0.13	-0.23
广　西	0.39	6.49	0.02	-0.43
海　南	0.43	7.90	-0.05	-0.18
重　庆	0.46	7.11	0.04	-0.04
四　川	0.10	4.22	-0.23	-0.04
贵　州	0.22	8.20	0.05	0.24
云　南	0.24	8.12	0.04	0.35
西　藏	0.58	5.21	-0.10	-21.86
陕　西	1.62	7.32	0.32	0.02
甘　肃	0.51	5.41	-0.05	-0.64
青　海	0.31	6.58	-0.02	-0.43
宁　夏	3.02	8.29		
新　疆	0.20	7.80	0.00	0.00

（三）主要发电企业情况

厂用电率升降不一 从平均厂用电率看，25 家发电集团中，16 家实现了下降，8 家略有上升，1 家与上年持平。分发电类型看，7 家发电集团火电厂用电率比上年略有上升，2 家发电集团水电厂用电率比上年上升。

2017 年主要发电集团厂用电率及变化幅度、分类型厂用电率分别见图 7-9 和表 7-2。

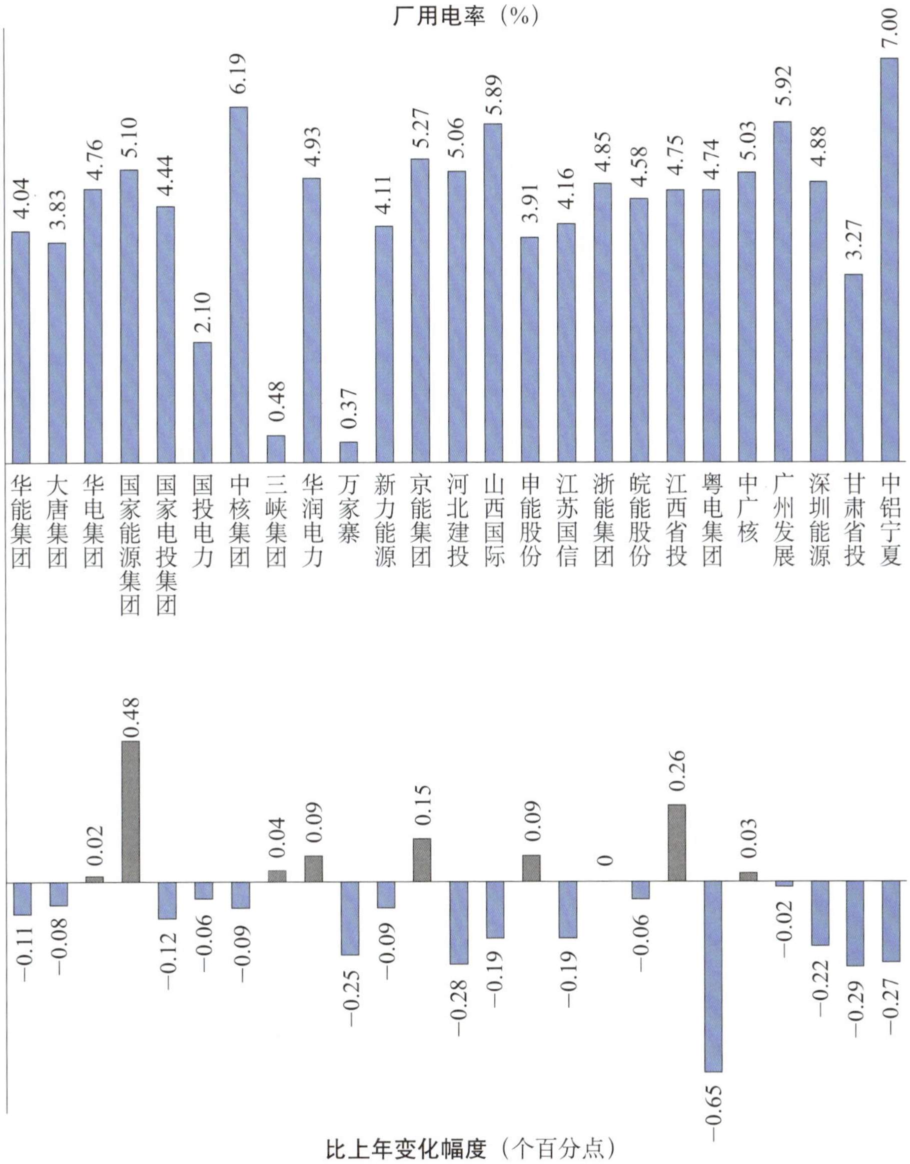

图 7-9 2017 年主要发电集团厂用电率及变化幅度

表 7-2　2017 年主要发电集团分发电类型厂用电率

集团名称	厂用电率（%）		与上年比较（个百分点）	
	水电	火电	水电	火电
华能集团	0.17	4.89	−0.02	−0.06
大唐集团	0.23	4.91	−0.02	−0.03
华电集团	0.19	5.97		−0.04
国家能源集团	0.28	5.77	−0.01	0.31
国家电投集团	0.34	5.72		−0.13
国投电力	0.15	5.71		−0.20
中核集团				
三峡集团	0.11	6.30		0.63
华润电力	0.20	4.99		0.09
万家寨	0.37		−0.25	
新力能源		4.11		−0.09
京能集团	0.39	5.80	−0.02	0.23
河北建投		5.87		−0.05
山西国际		6.42	−0.71	−0.10
申能股份		3.91		0.09
江苏国信	1.04	4.29	−0.05	−0.12
浙能集团	0.65	4.90	0.22	−0.04
皖能电力		4.58		−0.06
江西省投	0.46	4.96		0.27
粤电集团	0.12	5.17		−0.74
中广核	1.17	9.06	0.75	0.59
广州发展		5.94		
深圳能源	1.61	5.41	−0.16	−0.32
甘肃省投	0.70	6.22	−0.04	−0.13
中铝宁夏		6.86		−1.31

（四）不同容量等级机组情况

百万千瓦等级机组厂用电率低于 4%　根据对主要发电集团火电机组厂用电率的统计分析，30 万千瓦及以上等级机组厂用电率均低于全国平均值，其中百万千瓦等级机组厂用电率低至 3.9%。

2017 年主要发电集团火电机组分容量等级厂用电率见图 7-10。

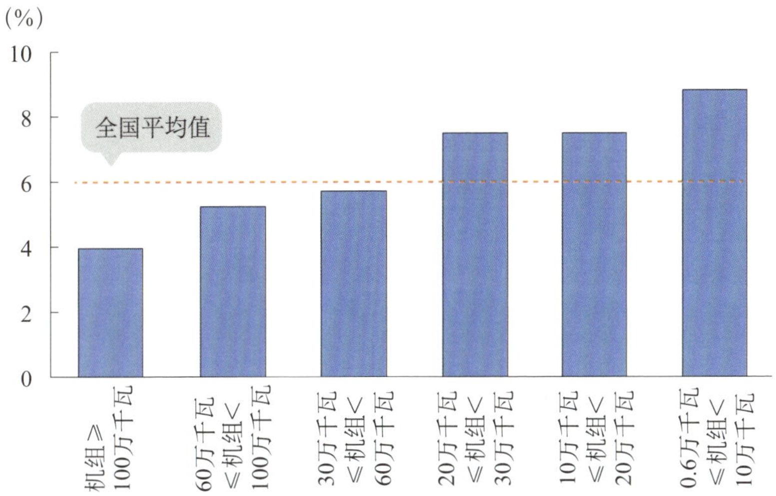

图 7–10　2017 年主要发电集团火电机组分容量等级厂用电率

四、发电水耗

火电厂单位发电量耗水量持续下降　随着火电结构的进一步优化和节水技术水平进一步提高，火电厂发电水耗持续下降。2017 年，全国火电厂单位发电量耗水量为 1.25 千克 / 千瓦时，比上年降低 0.05 千克 / 千瓦时。

2000—2017 年全国火电厂单位发电量耗水量见图 7–11。

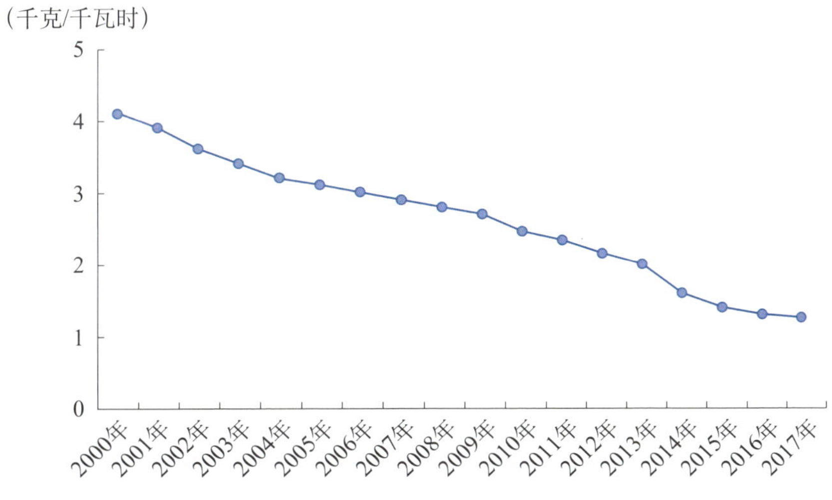

图 7–11　2000—2017 年全国火电厂单位发电量耗水量

五、固体废物综合利用

（一）粉煤灰

粉煤灰综合利用率与上年持平　2017 年，全国火电厂粉煤灰产生量 5.1 亿吨，比上年增加 0.1 亿吨；综合利用量为 3.7 亿吨，比上年增加 0.1 亿吨，综合利用率为 72%，与上年持平。

2000—2017 年全国火电厂粉煤灰产生与利用见图 7-12。

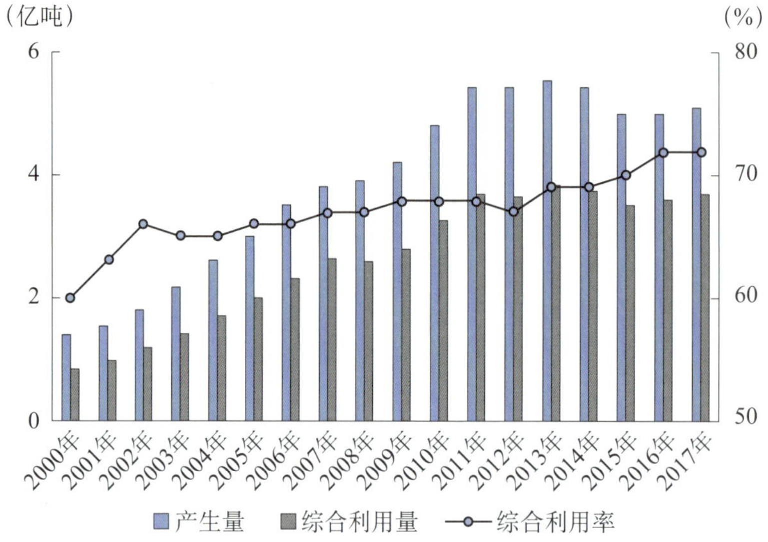

图 7-12　2000—2017 年全国火电厂粉煤灰产生与利用

（二）脱硫石膏

脱硫石膏利用率比上年提高　2017 年，全国火电厂脱硫石膏产生量 7550 万吨，比上年增加 300 万吨；综合利用量为 5700 万吨，比上年增加 350 万吨，综合利用率为 75%，比上年提高 1 个百分点。

2005—2017 年全国火电厂脱硫石膏产生与利用见图 7-13。

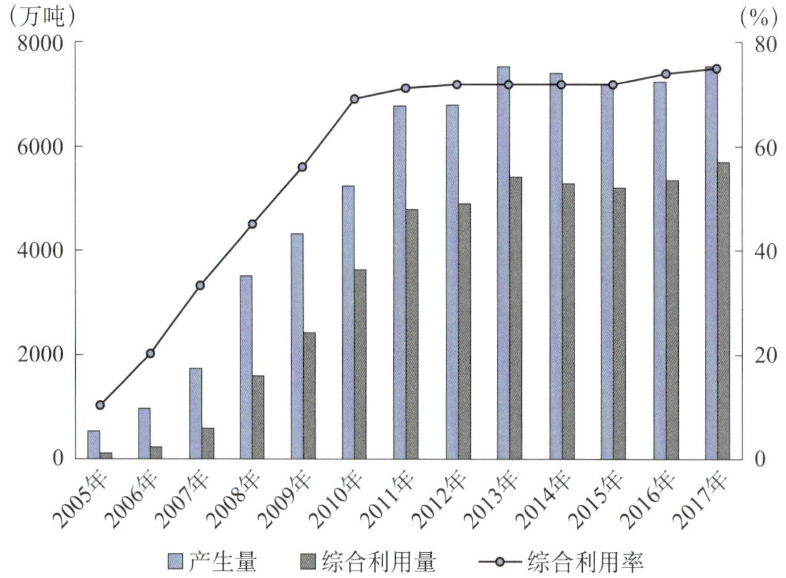

图 7-13　2005—2017 年全国火电厂脱硫石膏产生与利用

第二节 环境保护

2017 年，电力行业环境保护整体水平进一步提高。一方面，全国燃煤电厂超低排放建设及改造加快推进。根据原环境保护部发布信息，截至 2017 年年底，全国累计完成燃煤电厂超低排放改造 7 亿千瓦，占全国煤电机组容量比重超过 70%，提前两年多完成 2020 年改造目标任务；另一方面，火电行业已完成排污许可证申领，按照许可证载明的“许可浓度”“许可总量”“环境管理”等规定，火电企业严格落实“自行监测”“环保台账”“执行报告”“信息公开”等要求，进一步提升了火电厂污染物达标排放及环保管理规范化水平。总体来看，电力行业严格落实国家环境保护各项法规政策要求，电力烟尘、二氧化硫、氮氧化物排放量及排放绩效大幅下降，为国家生态文明建设和全国污染物减排、环境质量改善做出贡献。

一、烟尘

电力烟尘排放量下降 25.7% 2017 年，全国电力烟尘排放量约 26 万吨，同比下降约 25.7%；每千瓦时火电发电量烟尘排放量约 0.06 克，同比下降 0.02 克。

2001—2017 年电力烟尘排放量及排放绩效见图 7-14。

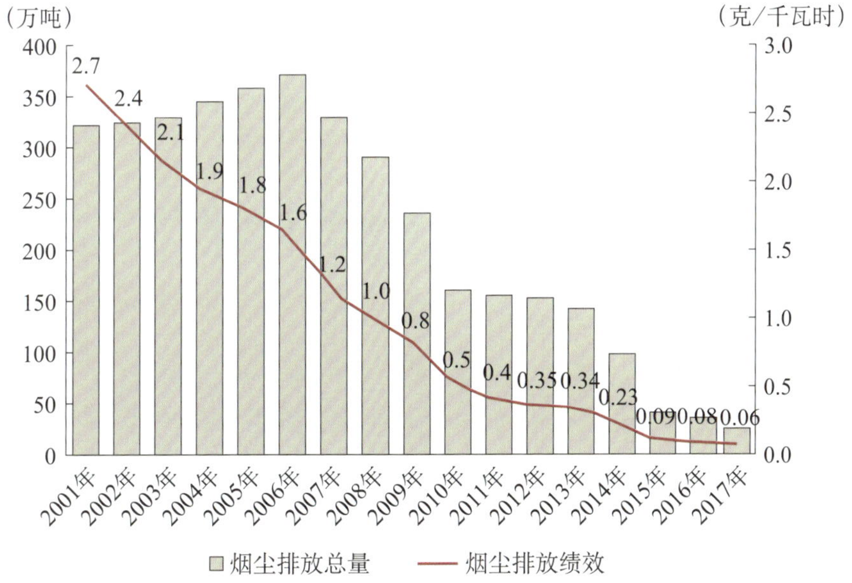

图 7-14 2001—2017 年电力烟尘排放量及排放绩效

注：烟尘排放量来源于电力行业统计分析，统计范围为全国装机容量 6000 千瓦及以上火电厂。

安装袋式或电袋复合式除尘器的机组比重进一步提高 截至 2017 年年底，火电厂安装袋式除尘器、电袋复合式除尘器的机组容量约 3.3 亿千瓦，占全国煤电机组容量的33.4%以上。其中，袋式除尘器机组容量约0.8亿千瓦，电袋复合式除尘器机组容量约2.5亿千瓦，分别占全国燃煤机组容量的8.7%和25.4%。

2016年、2017年燃煤电厂不同除尘器类型占比见图7–15。

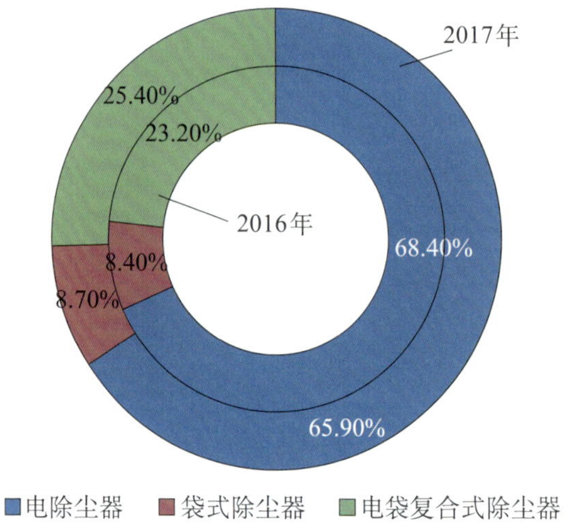

图7–15　2016年、2017年燃煤电厂不同除尘器类型占比

二、二氧化硫

电力二氧化硫排放量下降29.4%　2017年，全国电力二氧化硫排放量约120万吨，同比下降约29.4%；每千瓦时火电发电量二氧化硫排放量约0.26克，比上年下降0.13克。

2001—2017年电力二氧化硫排放量及排放绩效见图7–16。

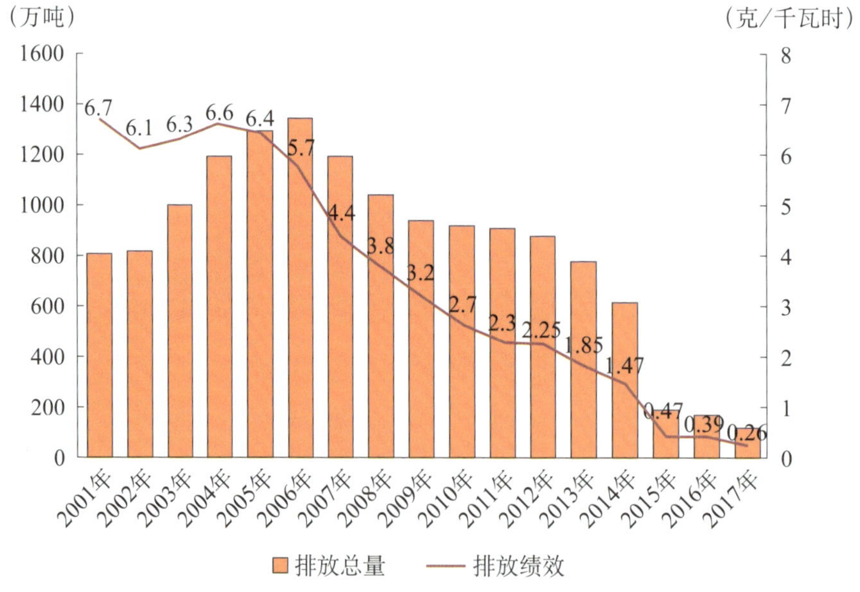

图7–16　2001—2017年电力二氧化硫排放量及排放绩效

注：电力二氧化硫排放量来源于电力行业统计分析，统计范围为全国装机容量6000千瓦及以上火电厂。

煤电机组全面实现脱硫排放 根据中电联统计分析，截至2017年年底，全国燃煤电厂100%实现脱硫后排放。其中，已投运煤电烟气脱硫机组容量超过9.4亿千瓦，占全国煤电机组容量的95.8%；其余为采用燃烧中脱硫技术的循环流化床锅炉。2017年在运火电厂烟气脱硫特许经营的机组容量超过1.3亿千瓦，在运火电厂烟气脱硫委托运营的机组容量超过0.7亿千瓦。

2006—2017年全国烟气脱硫机组投运容量及占煤电机组容量比重见图7-17。

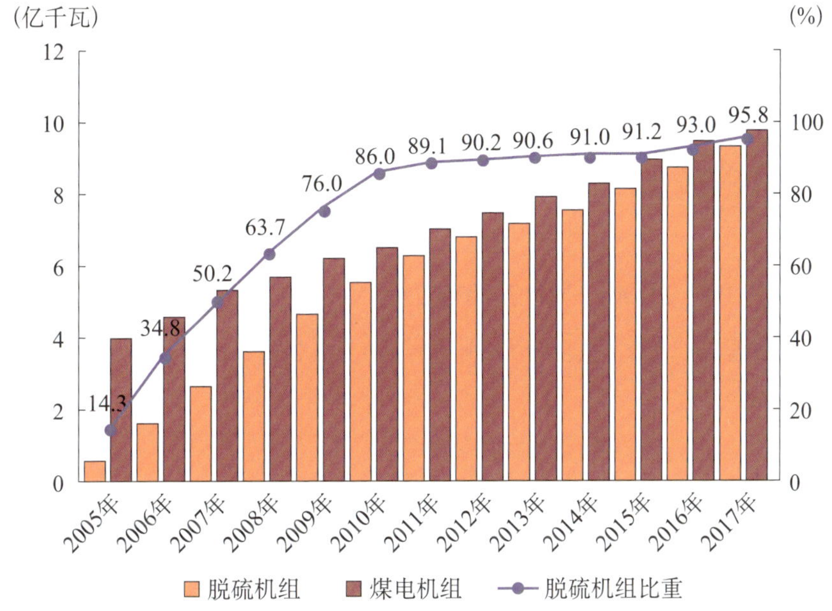

图7-17 2005—2017年全国烟气脱硫机组投运容量及占煤电机组容量比重

三、氮氧化物

电力氮氧化物排放量下降26.5% 2017年，全国电力氮氧化物排放量约114万吨，同比下降约26.5%；每千瓦时火电发电量氮氧化物排放量约0.25克，比上年下降0.11克。

2006—2017年电力氮氧化物排放量及排放绩效见图7-18。

火电烟气脱硝机组比重进一步提升 根据中电联统计分析，截至2017年年底，已投运火电厂烟气脱硝机组容量约10.2亿千瓦，占全国火电机组容量的92.3%。其中，煤电烟气脱硝机组容量约9.6亿千瓦，占全国煤电机组容量的98.4%。常规煤粉炉以选择性催化还原（SCR）脱硝技术为主，循环流化床锅炉则以选择性非催化还原（SNCR）脱硝技术为主。2017年在运火电厂烟气脱硝特许经营的机组容量超过0.9亿千瓦，在运火电厂烟气脱硝委托运营的机组容量超过0.2亿千瓦。

2005—2017年全国火电厂烟气脱硝机组投运容量及占火电机组容量比重见图7-19。

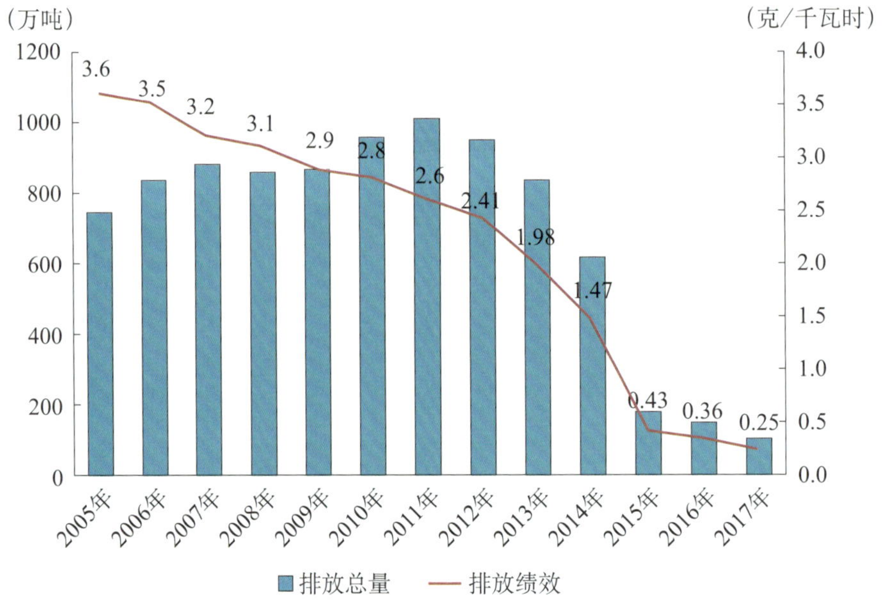

图 7-18　2006—2017 年电力氮氧化物排放量及排放绩效

注：电力氮氧化物排放量来源于电力行业统计分析，统计范围为全国装机容量6000千瓦及以上火电厂。

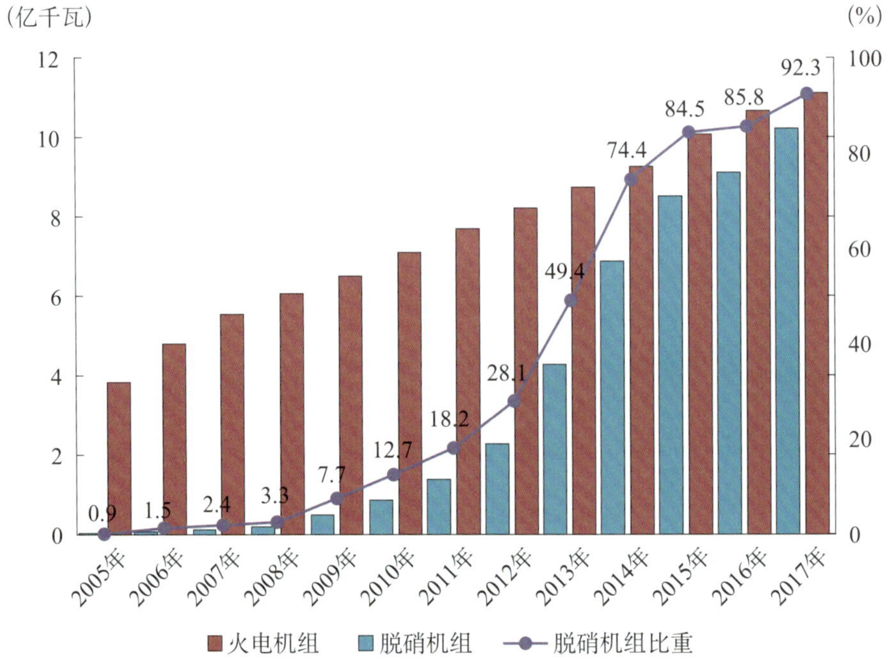

图 7-19　2005—2017 年全国火电厂烟气脱硝机组投运容量及占火电机组容量比重

四、废水

火电厂单位发电量废水排放量与上年持平　2017 年，火电单位发电量废水排放量为 0.06 千克 / 千瓦时，与上年持平。

2000—2017 年全国火电厂单位发电量废水排放量见图 7-20。

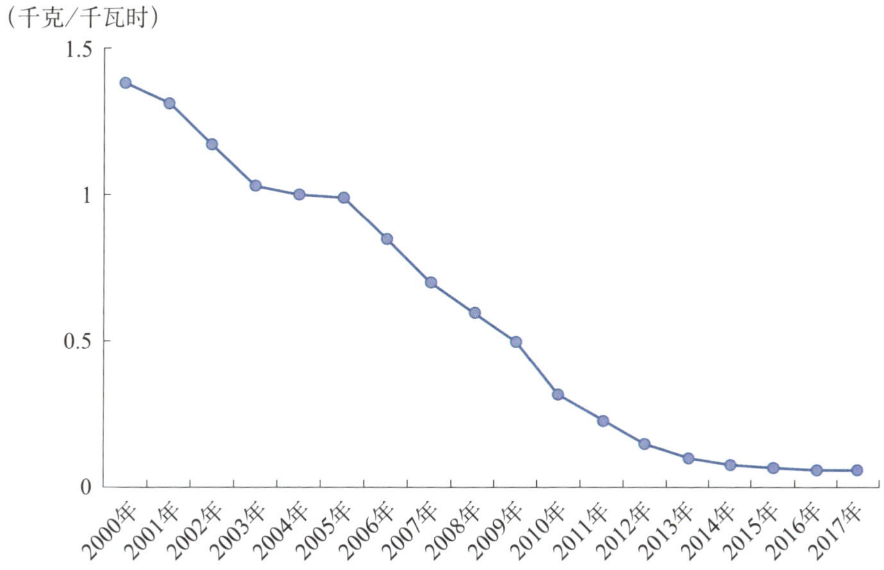

图 7-20 2000—2017 年全国火电厂单位发电量废水排放量

注：单位发电量废水排放量数据来源于电力行业统计分析，统计范围为全国装机容量 6000 千瓦及以上火电厂。

第三节 应对气候变化

电力行业积极应对气候变化，持续提高非化石能源发电比重，不断优化煤电机组结构，通过多种措施降低供电煤耗和线路损失率，电力行业碳排放强度持续下降，为国家落实应对气候变化目标和承诺做出积极贡献。

一、碳排放强度

电力行业碳排放强度持续下降 根据中电联统计分析，2017 年，全国单位火电发电量二氧化碳排放约 844 克 / 千瓦时，比 2005 年下降 19.5%；单位发电量二氧化碳排放约 599 克 / 千瓦时，比 2005 年下降 30.1%。

2005—2017 年电力二氧化碳排放强度见图 7-21。

二、碳排放量

电力行业碳排放量增长有效减缓 以 2005 年为基准年，2006—2017 年，通过发展非化石能源、降低供电煤耗和线损率等措施，电力行业累计减少二氧化碳排放约113亿吨，有效减缓了电力二氧化碳排放总量的增长。其中，供电煤耗降低对电力行业二氧化碳减排贡献率为45%，非化石能源发展贡献率为53%。

2006—2017年各种措施减少二氧化碳排放量（以2005年为基准年）见图7-22。

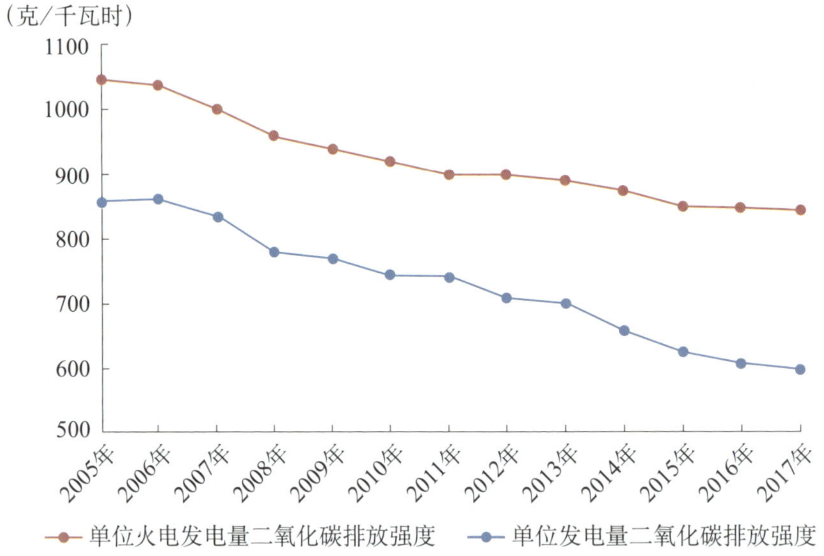

图7-21　2005—2017年电力二氧化碳排放强度

注：根据本报告对上年数据的相关修正，对2016年单位火电发电量二氧化碳排放和单位发电量二氧化碳排放数据进行了相应修正。

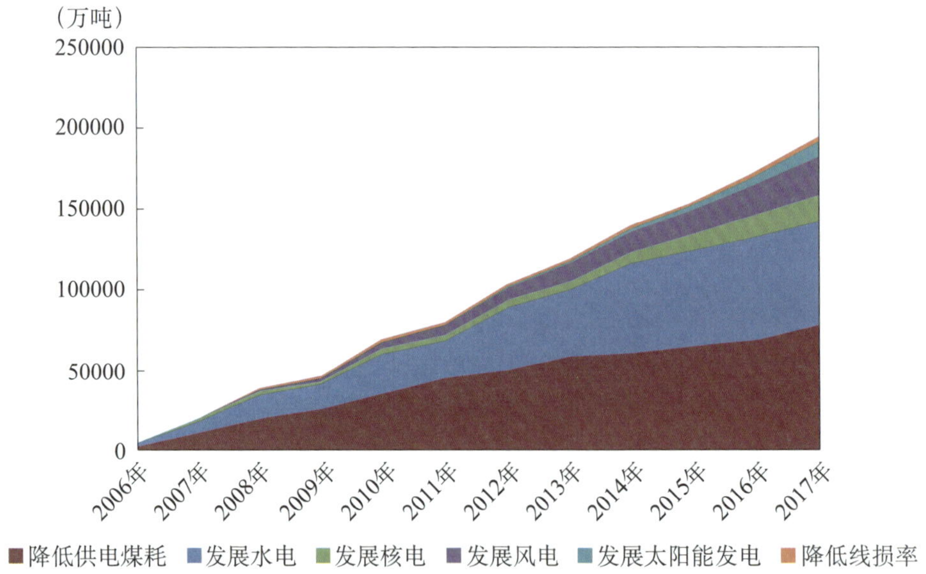

图7-22　2006—2017年各种措施减少二氧化碳排放量（以2005年为基准年）

第四节　发电机组能效对标

一、火电机组能效对标总体情况

2017 年，全国共有 440 台机组参加 2017 年度火电 60 万千瓦级（含 100 万千瓦级）机组竞赛，其中，60 万千瓦级机组 364 台，100 万千瓦级机组 76 台，分别比上年增加 6 台和 7 台。

60 万千瓦级（含 100 万千瓦级）参赛火电机组能效指标统计见表 7-3。

表 7-3　60 万千瓦级（含 100 万千瓦级）参赛火电机组能效指标统计

序号	机组类型	机组台数（台）	机组容量（万千瓦）	主要能效指标平均值			
				供电煤耗（克/千瓦时）	厂用电率（%）	发电综合耗水率（千克/千瓦时）	油耗（吨/年）
1	100 万千瓦级超超临界湿冷	74	7574	282.39	3.90	0.72	130.24
2	100 万千瓦级超超临界空冷	2	200	298.43	5.88	0.34	13.75
3	60 万千瓦级超超临界湿冷	59	3882	287.72	4.15	1.08	88.42
4	60 万千瓦级超临界湿冷	133	9132	301.89	4.76	1.12	106.30
5	60 万千瓦级亚临界湿冷	70	4396	313.41	5.56	1.20	178.74
6	60 万千瓦级超超临界空冷	7	528	301.25	5.10	0.36	25.51
7	60 万千瓦级超临界空冷	45	2937	315.78	6.48	0.45	88.88
8	60 万千瓦级亚临界空冷	44	2700	328.73	7.48	0.44	104.77
9	60 万千瓦级俄（东欧）制	6	382	314.06	5.59	1.35	82.62

二、火电机组能效指标情况

（一）100 万千瓦级超超临界火电机组能效指标

1. 机组整体能效指标

2015—2017 年 100 万千瓦级超超临界纯凝式湿冷机组能效指标见表 7-4。

表 7-4 2015—2017 年度 100 万千瓦级超超临界纯凝式湿冷机组能效指标

年度	统计台数（台）	前 20% 平均值		前 40% 平均值		100% 平均值	
		供电煤耗（克 / 千瓦时）	厂用电率（%）	供电煤耗（克 / 千瓦时）	厂用电率（%）	供电煤耗（克 / 千瓦时）	厂用电率（%）
2017	68	275.96	2.93	277.80	3.28	283.22	3.92
2016	75	275.82	2.96	278.45	3.36	285.02	4.03
2015	53	279.38	3.01	280.88	3.30	286.28	3.98

2. 主要发电集团机组能效指标

2016 年、2017 年主要发电集团 100 万千瓦级超超临界机组能效指标见表 7-5。

表 7-5 2016 年、2017 年主要发电集团公司 100 万千瓦级超超临界机组能效指标

集团名称	机组台数（台）		供电煤耗（克 / 千瓦时）		厂用电率（%）		耗水率（千克 / 千瓦时）		油耗（吨 / 年）	
			2017	2016	2017	2016	2017	2016	2017	2016
湿冷机组										
华能集团	14		280.56	281.24	3.46	3.38	0.63	0.59	56.09	55.96
大唐集团	4		280.18	285.28	4.08	4.41	0.77	0.76	0.00	0.00
华电集团	6		278.70	284.68	4.24	4.43	0.52	0.48	96.21	76.97
国家能源集团	24	纯凝 20	285.85	285.78	3.84	4.07	0.82	0.62	171.62	138.27
		含供热	283.56	285.42	3.71	4.02	0.71	0.61	150.32	133.48
国家电投集团	6	纯凝 5	280.88	285.00	4.16	4.10	0.99	1.09	103.28	115.66
		含供热	280.30		4.15		0.89		100.54	
其他发电集团	21	纯凝 19	285.09	288.24	4.16	4.29	0.84	0.66	211.95	178.28
		含供热	284.36	287.52	4.20	4.32	0.78	0.62	199.73	170.26
空冷机组										
华电集团	2		298.42	298.88	5.88	5.61	0.34	0.38	13.75	13.26

（二）60 万千瓦级超超临界湿冷火电机组能效指标

1. 机组整体能效指标

2015—2017 年 60 万千瓦级超超临界纯凝式湿冷机组能效指标见表 7-6。

表 7-6 2015—2017 年 60 万千瓦级超超临界纯凝式湿冷机组能效指标

年度	统计台数（台）	前 20% 平均值		前 40% 平均值		100% 平均值	
		供电煤耗（克/千瓦时）	厂用电率（%）	供电煤耗（克/千瓦时）	厂用电率（%）	供电煤耗（克/千瓦时）	厂用电率（%）
2017	57	278.07	3.19	280.72	3.53	287.92	4.16
2016	63	280.97	3.35	283.37	3.64	289.12	4.22
2015	57	282.45	3.49	284.72	3.73	291.12	4.26

2. 主要发电集团机组能效指标

2016 年、2017 年主要发电集团 60 万千瓦级超超临界湿冷机组能效指标见表 7-7。

表 7-7 2016 年、2017 年主要发电集团 60 万千瓦级超超临界湿冷机组能效指标

集团名称	机组数量（台）		供电煤耗（克/千瓦时）		厂用电率（%）		耗水率（千克/千瓦时）		油耗（吨/年）	
			2017	2016	2017	2016	2017	2016	2017	2016
华能集团	14	纯凝 13	283.83	287.31	3.78	3.88	1.04	0.92	44.45	87.28
		含供热 1	283.58		3.80		1.00		44.80	
大唐集团	12		288.16	289.42	4.33	4.25	0.66	0.76	68.70	73.01
华电集团	6	纯凝 5		287.33		4.73	1.81	1.44	23.45	36.25
		含供热 1	283.24		4.35		1.85		28.71	
国家能源集团	3		284.96	285.59	3.66	3.58	0.97	0.97	107.33	42.42
国家电投集团	10		292.46	293.36	4.12	4.07	1.39	1.46	81.54	41.81
其他发电集团	14		290.61	291.76	4.39	4.43	0.92	0.65	175.4	161.63

（三）60 万千瓦级超临界湿冷火电机组能效指标

1. 机组整体能效指标

60 万千瓦级超临界机组是我国投运 60 万千瓦级以上机组中数量最多的机组类型。

2015—2017 年 60 万千瓦级超临界纯凝式湿冷机组能效指标见表 7-8。

表 7-8　2015—2017 年 60 万千瓦级超临界纯凝式湿冷机组能效指标

年度	统计台数（台）	前 20% 平均值		前 40% 平均值		100% 平均值	
		供电煤耗（克 / 千瓦时）	厂用电率（%）	供电煤耗（克 / 千瓦时）	厂用电率（%）	供电煤耗（克 / 千瓦时）	厂用电率（%）
2017	122	294.91	3.86	296.69	4.11	302.90	4.83
2016	134	296.15	3.86	297.82	4.12	303.90	4.79
2015	135	296.13	3.69	297.70	3.95	303.12	4.65

2. 主要发电集团机组能效指标

2016 年、2017 年主要发电集团 60 万千瓦级超临界湿冷机组能效指标见表 7-9。

表 7-9　2016 年、2017 年主要发电集团 60 万千瓦级超临界湿冷机组能效指标

集团名称	机组数量（台）		供电煤耗（克 / 千瓦时）		厂用电率（%）		耗水率（千克 / 千瓦时）		油耗（吨 / 年）	
			2017	2016	2017	2016	2017	2016	2017	2016
华能集团	18	纯凝 15	302.86	302.64	4.54	4.43	1.42	1.06	150.23	145.80
		含供热	300.87	301.79	4.52	4.44	1.34	1.08	188.81	154.66
大唐集团	21		303.41	306.03	4.60	4.60	0.61	0.56	28.82	38.00
华电集团	10		296.63	297.74	4.94	5.02	1.00	0.93	80.23	79.26
国家能源集团	33	纯凝 23	301.01	301.77	4.70	4.60	1.12	1.36	63.28	37.05
		含供热	299.71	300.37	4.55	4.48	1.10	1.36	55.22	39.92
国家电投集团	18	纯凝 17	304.66	303.56	5.29	4.88	1.90	1.97	240.19	139.17
		含供热	304.20		5.21		1.87		231.82	
其他发电集团	42	纯凝 36	304.74	305.65	4.93	5.04	1.17	1.19	113.3	96.55
		含供热	302.65	304.42	4.83	4.93	1.05	1.06	102.46	92.58

（四）60 万千瓦级亚临界湿冷火电机组能效指标

1. 机组整体能效指标

2015—2017 年 60 万千瓦级亚临界纯凝式湿冷机组能效指标见表 7-10。

表 7-10 2015—2017 年 60 万千瓦级亚临界纯凝式湿冷机组能效指标

年度	统计台数（台）	前 20% 平均值		前 40% 平均值		100% 平均值	
		供电煤耗（克 / 千瓦时）	厂用电率（%）	供电煤耗（克 / 千瓦时）	厂用电率（%）	供电煤耗（克 / 千瓦时）	厂用电率（%）
2017	62	302.54	4.68	306.24	4.87	314.35	5.65
2016	73	305.73	4.80	308.64	4.98	315.79	5.66
2015	75	309.30	4.78	311.51	4.95	316.78	5.67

2. 主要发电集团机组能效指标

2016 年、2017 年主要发电集团 60 万千瓦级亚临界湿冷机组能效指标见表 7-11。

表 7-11 2016 年、2017 年主要发电集团 60 万千瓦级亚临界湿冷机组能效指标

集团名称	机组数量（台）		供电煤耗（克 / 千瓦时）		厂用电率（%）		耗水率（千克 / 千瓦时）		油耗（吨 / 年）	
			2017	2016	2017	2016	2017	2016	2017	2016
华能集团	8		311.93	315.35	5.37	5.42	1.74	1.98	406.11	330.11
大唐集团	16	纯凝 14	313.76	311.82	5.68	5.49	1.55	1.57	83.38	73.62
		含供热	312.43	310.81	5.56	5.44	1.54	1.56	92.27	76.12
华电集团	6	纯凝 2	303.76	306.25	4.63	5.12	1.03	1.03	90.00	86.00
		含供热	303.25	302.58	5.06	5.23	1.63	1.76	60.50	72.00
国家能源集团	22	纯凝 19	311.11	316.14	5.41	5.66	1.20	1.05	119.32	141.57
		含供热	311.60	316.34	5.31	5.56	1.08	0.97	120.99	167.99
国家电投集团	4		319.99	321.44	5.65	5.74	0.98	1.02	352.56	331.10
其他发电集团	15		320.21	319.37	6.22	6.12	0.61	0.66	235.36	184.74

（五）60 万千瓦级超超临界空冷火电机组能效指标

1. 机组整体能效指标

2015—2017 年 60 万千瓦级超超临界空冷机组能效指标见表 7-12。

表 7-12　2015—2017 年 60 万千瓦级超超临界纯凝式空冷机组能效指标

年度	统计台数（台）	供电煤耗平均值（克 / 千瓦时）	厂用电率平均值（%）
2017	8	301.25	5.10
2016	4	299.46	4.84
2015	2	298.53	3.64

2. 主要发电集团能效指标

2016 年、2017 年主要发电集团 60 万千瓦级超超临界空冷机组能效指标见表 7-13。

表 7-13　2016 年、2017 年主要发电集团 60 万千瓦级超超临界空冷机组能效指标

集团名称	机组数量（台）	供电煤耗（克 / 千瓦时）		厂用电率（%）		耗水率（千克 / 千瓦时）		油耗（吨 / 年）	
		2017	2016	2017	2016	2017	2016	2017	2016
大唐集团	2	304.24		5.10		0.38		21.28	
国家能源集团	4	298.88	299.46	4.81	4.84	0.51	0.48	0.00	0.00
国家电投集团	2	302.97		5.69		0.38		80.74	

（六）60 万千瓦级超临界空冷火电机组能效指标

1. 机组整体能效指标

2015—2017 年 60 万千瓦级超临界纯凝式空冷机组能效指标见表 7-14。

表 7-14　2015—2017 年度 60 万千瓦级超临界纯凝式空冷机组能效指标

年度	统计台数（台）	前 20% 平均值		前 40% 平均值		100% 平均值	
		供电煤耗（克 / 千瓦时）	厂用电率（%）	供电煤耗（克 / 千瓦时）	厂用电率（%）	供电煤耗（克 / 千瓦时）	厂用电率（%）
2017	38	310.09	4.54	311.89	4.78	317.35	6.20
2016	38	310.71	5.95	312.94	5.35	318.27	6.35
2015	38	312.38	6.09	313.81	6.42	318.06	6.38

2. 主要发电集团能效指标

2016 年、2017 年主要发电集团 60 万千瓦级超临界空冷机组主要能效指标见表 7-15。

表 7-15 2016 年、2017 年主要发电集团 60 万千瓦级超临界空冷机组主要能效指标

集团名称	机组数量（台）		供电煤耗（克 / 千瓦时）		厂用电率（%）		耗水率（千克 / 千瓦时）		油耗（吨 / 年）	
			2017	2016	2017	2016	2017	2016	2017	2016
华能集团	10	纯凝 9	312.65	313.46	4.96	4.84	0.36	0.39	130.58	129.39
		含供热	312.41	313.17	5.06	4.93	0.36	0.39	171.10	158.65
大唐集团	4		319.98	316.89	5.12	4.93	0.34	0.34	67.08	38.58
华电集团	2		309.62	315.23	9.36	8.96	0.27	0.28	24.68	44.66
国家能源集团	14	纯凝 10	317.09	320.26	6.97	6.86	0.44	0.40	8.20	60.72
		含供热	314.35	317.06	7.11	7.03	0.40	0.38	40.08	81.09
国家电投集团	6	纯凝 3	319.75	318.91	6.33	6.20	0.33	0.44	112.26	127.23
		含供热	314.30	316.04	7.58	7.62	0.33	0.38	141.72	142.31
其他发电集团	10		321.62	323.15	6.32	6.86	0.76	0.91	64.83	21.05

（七）60 万千瓦级亚临界空冷火电机组能效指标

1. 机组整体能效指标

2015—2017 年 60 万千瓦级亚临界纯凝式空冷机组能效指标见表 7-16。

表 7-16 2015—2017 年 60 万千瓦级亚临界纯凝式空冷机组能效指标

年度	统计台数（台）	前 20% 平均值		前 40% 平均值		100% 平均值	
		供电煤耗（克 / 千瓦时）	厂用电率（%）	供电煤耗（克 / 千瓦时）	厂用电率（%）	供电煤耗（克 / 千瓦时）	厂用电率（%）
2017	40	320.37	5.68	322.50	6.19	329.63	7.44
2016	44	322.05	5.44	323.88	6.14	329.32	7.38
2015	44	324.14	5.51	325.17	6.47	330.21	7.40

2. 主要发电集团机组能效指标

2016 年、2017 年主要发电集团 60 万千瓦级亚临界空冷机组能效指标见表 7-17。

表 7-17　2016 年、2017 年主要发电集团 60 万千瓦级亚临界空冷机组主要能效指标

集团名称	机组数量（台）		供电煤耗（克/千瓦时）		厂用电率（%）		耗水率（千克/千瓦时）		油耗（吨/年）	
			2017	2016	2017	2016	2017	2016	2017	2016
华能集团	6	纯凝 5	329.35	329.35	6.93	7.14	0.29	0.35	261.74	173.95
		含供热	328.18		6.70		0.28		233.2	
大唐集团	12		335.64	334.80	6.66	6.07	0.38	0.37	55.83	67.54
华电集团	4		327.06	326.31	9.00	8.62	0.30	0.33	70.72	48.35
国家能源集团	10	纯凝 8	324.32	324.60	7.76	7.81	0.31	0.29	48.00	87.40
		含供热	322.42	325.85	7.93	8.14	0.34	0.34	43.15	77.12
国家电投集团	5	纯凝 4	319.82	323.23	7.78	8.00	1.50	0.23	78.90	96.74
		含供热	319.02	322.02	7.68	7.82	1.25	0.23	73.68	93.27
其他发电集团	8	纯凝 7	332.66	329.95	7.70	8.23	0.32	0.34	208.60	155.42
		含供热	333.58		7.86		0.36		195.34	

（八）60 万千瓦级火电俄（东欧）制机组能效指标

1. 机组整体能效指标

2015—2017 年 60 万千瓦级俄（东欧）制机组能效指标见表 7-18。

表 7-18　2015—2017 年 60 万千瓦级俄（东欧）制机组能效指标

年度	统计台数（台）	供电煤耗平均值（克/千瓦时）	厂用电率平均值（%）
2017	6	314.06	5.59
2016	6	315.04	5.75
2015	6	316.14	5.80

2. 主要发电集团能效指标

2016 年、2017 年主要发电集团 60 万千瓦级（东欧）制机组能效指标见表 7-19。

表 7-19 2016—2017 年主要发电集团 60 万千瓦级俄（东欧）制机组主要能效指标

集团名称	机组数量（台）		供电煤耗（克 / 千瓦时）		厂用电率（%）		耗水率（千克 / 千瓦时）		油耗（吨 / 年）	
			2017	2016	2017	2016	2017	2016	2017	2016
华能集团	2		312.42	311.14	5.39	5.43	1.97	2.05	84.86	181.86
国家能源集团	4	纯凝 2	320.89	322.05	5.82	6.29	0.29	0.34	101.0	140.13
		含供热	314.87	316.29	5.69	5.85	1.05	1.05	81.5	103.82

第八章　电力科技与信息化

第一节　电力科技

2017 年，电力行业持续推进能源技术革命，加快技术装备创新和示范工程建设，多项自主关键技术跃居国际领先水平，重大核心装备取得突破性进展。

一、科技发展

（一）电源领域

1. 水电技术

依托重点水电站建设和调度运行，水电特高拱坝建设、流域梯级调度以及生态保护和机组装备的最新关键技术研发和应用取得了新进展。

特高坝建设技术

特高拱坝复杂坝基开挖保护与处理关键技术　依托白鹤滩水电站工程建设，研究揭示了柱状节理玄武岩松弛机理，提出了限制松弛、控制变形的综合处理方案，研发了首个多专业集成的开挖全过程数字化平台，确保坝基稳定和变形可控，保障白鹤滩特高拱坝的安全建设运行。

流域梯级水电站联合调度运行技术

流域水电经济生态综合优化调度关键技术　提出基于不可控洪水安全度和弃水概率量化的流域水电安全调度技术体系，解决了流域洪水调度风险控制和资源化利用难题；构建了针对梯级水电站群的优化调度效益评价指标体系，解决了源网目标冲突和优化调度评价无依据的技术难题；突破了岩原鲤等珍稀鱼类和泉水鱼的人工繁殖、苗种培育关键技术，研发了国内首套鱼类增殖放流站循环水养殖系统，显著改善了流域水电工程对水生生态的影响。

抽水蓄能机组关键技术

400MW 级抽水蓄能机组关键技术　依托仙居抽水蓄能电站，攻克了大容量水泵水轮机“S”特性区和驼峰区运行稳定性的世界性难题，实现了双向运转稳定性和效率的双最优；创造性地将水泵水轮机激振频率预测应用于厂房结构振动设计，错频达到 20% 以上，提出整圆式止推压板结构，彻底解决了水泵水轮机导叶与顶盖刮碰的技术难题；攻克了世界上双向旋转转子通风冷却系统设计难题，研发了转子绕组内外分区冷却专利技术；创新采用全封闭隔音降噪减振的发电电动机外罩结构，发电机层噪音平均值为 73.8dB，优于国标 80dB，总体达到国际领先水平。

2. 火电技术

高效、清洁、低碳火电技术不断创新，相关技术研究、验证实验成果达到国内或国际领先水平，为我国火电结构调整和技术升级做出了贡献。

燃煤耦合生物质发电技术　依托大唐吉林长山热电厂 66 万千瓦超临界燃煤发电机组耦合 2 万千瓦生物质发电改造示范项目，结合哈尔滨锅炉厂流化床技术及大型燃煤机组技术特点，采用双链耦合，蒸汽侧耦合将垃圾焚烧炉产生的主蒸汽引入燃煤机组的热力系统，将低能级的垃圾焚烧炉发热量部分转移到高能级的燃煤锅炉发电，实现垃圾发热量高效利用；烟气侧耦合将垃圾焚烧炉产生的尾部烟气引入燃煤锅炉，节约垃圾焚烧炉烟气净化系统设备投入。

该技术打破了传统垃圾焚烧炉的运行模式，能够有效解决传统垃圾焚烧发电厂机组发电效率低、排烟温度高、飞灰沾污、二噁英等污染物处理成本高等难题，可将垃圾焚烧发电效率提高至 31.6%，实现垃圾无害化、减量化、资源化、低成本化的处置，提高垃圾能源化利用效率，降低单位垃圾处理投资成本及运行维护费用，节能环保优势显著。

超超临界关键前沿技术研究　完成 700℃超超临界燃煤发电机组关键部件及系统验证实验，确定 630℃超超临界二次再热国家电力示范项目锅炉、汽轮机、系统优化设计的技术攻关方案。

700℃超超临界关键技术

华能“700℃超超临界燃煤发电机组关键部件验证试验平台研制与应用研究”项目自主设计建设了我国首个700℃发电机组关键部件验证试验平台，对耐热材料和部件进行实验验证。平台设计蒸汽温度725℃，蒸汽流量10.8吨/小时，主蒸汽压力超过35兆帕。

2017年11月3日，经行业内专家鉴定：该平台建设和运行达到国内领先、国际先进水平。700℃超超临界的关键技术开发应用对实现我国火电结构优化和技术升级、保证电力工业可持续发展具有重要意义。

630℃二次再热超超临界技术

大唐郓城2×100万千瓦级项目是630℃国家电力示范项目，充分依托东方电气集团长寿命高温材料企业国家重点试验室研究成果，立足采用国产材料，建设35MPa/615℃/630℃/630℃二次再热燃煤机组。结合总体热力系统创新、更高效率的主、辅机设备及烟气余热深度利用等技术，实现内陆电厂发电效率突破50%目标，达到火电领域的国际领先地位。

超临界循环流化床发电和超低排放技术　超临界循环流化床（CFB）锅炉技术已达国际领先水平，CFB 锅炉烟气污染物超低排放技术获得新突破。

案例1

600MW超临界循环流化床锅炉技术开发、研制和工程示范

2017年国家科技进步奖一等奖

1 提示了超临界CFB锅炉原理，创新形成了超临界CFB锅炉设计理论和关键技术体系。

2 发明了系列的关键部件创新结构，率先研制了世界上容量最大、参数最高的600MW超临界CFB锅炉。

3 研发了成套辅机、仿真、控制和安装调试技术，完成了世界首台600MW超临界CFB锅炉示范工程的系统集成，自主创建了安全运行技术体系。

案例2

基于炉内脱硫和低氮燃烧的超低排放循环流化床锅炉技术

	锅炉原始排放SO_2	锅炉原始排放NO_x
燃用硫分1%烟煤	低于10毫克/立方米	低于50毫克/立方米
燃用硫分1.65%贫煤	22毫克/立方米	46毫克/立方米

均达到超低排放

2017年1月通过鉴定：国际上首次提出通过提高床质量和循环量，深度挖掘循环流化床自身污染排放控制能力，实现原始超低排放。

碳捕集、利用与封存技术 在新一代高效低能耗的二氧化碳捕集吸收剂和捕集材料方面加速研究探索。

膜法捕集CO_2

膜法捕集CO_2技术及工业示范项目启动会（2017年10月）

以天津大学开发出的CO_2捕集性能国际领先的膜材料为基础，形成国际领先高效实用的完整膜法捕集CO_2技术链，为CO_2膜法捕集技术的商业化奠定基础。专家组认为，该项目在碳捕集领域具有深远意义。

二氧化碳分离膜

我国突破二氧化碳分离膜技术（2017年3月）

采用二氧化碳亲和性的聚氧化乙烯衍生材料，经紫外辐照一步法，在自由基聚合形成交联网络的同时，向体系中引入低分子量的聚氧化乙烯链段，制备出一种新型二氧化碳亲和性半互穿网络分离膜。低分子量的聚氧化乙烯链段有效增加了膜的自由体积，改善其分布并增加二氧化碳亲和性。

3. 核电技术

以福清 5 号机组和防城港 3 号机组为代表的“华龙一号”三代核电技术研发和应用走在世界前列；CAP1400 批量化、规模化应用研究深入开展，进一步提高设备国产化率。

华龙一号科技大事记

控制棒驱动机构

- 2017年3月22日，福清5号机组**ML-B型控制棒驱动机构**通过出厂验收。经1500万步热态寿命试验和0.3g抗震试验，各项指标满足并超过三代核电站设计指标，其热态寿命试验运动步数更是创造压水堆核电站驱动机构的世界记录，成为目前世界上寿命最长、可靠性最高的驱动机构，达到世界先进水平。

核级石墨密封垫片

- 2017年8月30日，蒸汽发生器和稳压器用**核级石墨密封热片**成功通过产品鉴定。专家组认为：项目单位完成了设计技术研究、材料研究、制造工艺技术研究、石墨物性参数测定、垫片原型试验研究等全部工作，各项技术指标达到了研制要求，其中垫片石墨材料性能、垫片应力松弛率优于国外同类产品，为蒸汽发生器和稳定器走出国门创造了有利条件。

电气贯穿件

- 2017年11月26日，**电气贯穿件**首批产品关键设备实现国产化，正式发运福清。电气贯穿件具有优异的抗震性能、良好的耐火性能和更严酷事故条件的耐受性能，全面满足华龙一号三代核电特种线缆贯穿、双层安全壳接口条件和60年寿命要求，有利于能动+非能动设计功能的成功实验，曾获得国防科学技术成果鉴定“总体技术水平达到并部分超过国际先进水平”的高度评价。

建设施工

- 2017年12月13日，防城港3号机组**反应堆厂房内部结构+11.6米板混凝土浇筑**顺利完成。现场采用CCP（设计配置控制）、PRAN（项目风险预先通知单）等全新的管控方法，通过提前分析、识别、风险预警，充分运用成熟的设计、工艺和技术，极大助力现场施工效率和质量的提升。

2017年度CAP1400技术进展

CAP1400反应堆保护系统1：1工程样机

基于NuPAC平台的反应堆保护系统1：1工程样机研制成功，顺利通过鉴定。

国际上首次全面使用FPGA技术的核电站反应堆保护系统，采用独特的模块化、通过性设计，有效抵御病毒和网络恶意攻击，优于同类产品，达到了国际领先水平。

CAP1400反应堆内构件制造技术

重大专项“CAP1400堆内构件制造技术研究”通过正式验收。

攻克了CAP1400导向筒制造技术、支承柱组件制造技术以及堆内构件对中技术及检测工艺，对推动压水堆堆内构件制造技术进步有积极意义。

CAP1400主管道

第二重型机械集团研制的世界首套CAP1400主管道通过技术鉴定。

CAP1400主管道攻克了锻造裂纹敏感性强、各部位晶粒度及组织均匀性控制难、高尺寸精度、固熔热处理易变形等重大技术难点，其成功研制为世界最大核电站建设奠定了可靠基础。

CAP1400关键设计技术

重大专项“CAP1400关键技术设计技术研究”通过正式验收。

全面、完整地掌握了CAP1400关键设计技术体系，建立了设计分析软件体系，有力地支撑CAP1400型号开发，支持CAP1400通过国家核安全局安全审评，也为CAP1700的研发和创新奠定了技术基础。

4. 新能源发电技术

光伏发电、风电等产业的新型组件产业化关键技术与装备与世界发展同步。

海上风电

超大型海上风电机组设计技术

研究适用于中国海上的超大型海上风电机组的整机设计、发电机、叶片等关键零部件设计方案。分别采用直驱永磁技术、增速转动技术完成了10MW海上风电机组整机总体设计方案；采用直驱超导技术完成了12MW海上风电机组整机总体设计方案。

陆上风电

高效低风速风电机组关键技术

突破了低风速风电机组关键技术瓶颈，创建了基于流固耦合多体动力学的低风速风电机组叶片、整体一体化产品设计平台，在关键承载部件制造、先进控制策略研发、安全运行技术等方面取重大创新，引领了全球低风速风电技术发展。

新型高效低成本光伏发电关键技术 依托“神华创新基地屋顶分布式光伏发电示范”项目，研究碳薄膜太阳能电池产业化技术，选用 CIGS 薄膜电池组件和市场主流的多晶硅、单晶硅电池组件作为光伏电池组件，完全实现自发自用。

（二）电网领域

1. 输变电技术

我国已经全面掌握特高压交直流输电核心技术，自主研制成功特高压交直流成套装备，建成一批技术水平国际领先的示范工程；攻克柔性交直流输电换流阀、控制保护、试验测试等关键技术，成功研制 500kV/300MV 统一潮流控制器用串联变压器、±500kV/3000MW 换流阀和 500kV 直流断路器。

（1）特高压输电技术。

按照“基础研究—工程设计—设备研制—试验验证—系统集成—工程示范”的技术路线，在电压控制、外绝缘配置、电磁环境控制、成套设备研制、系统集成、试验能力 6 个方面取得重大创新突破。建成 ±800 千伏直流示范工程，研发应用特高压直流分层接入技术及成套装备；全面攻克 ±1100 千伏直流输电工程系统成套技术，研制世界首个 ±1100 千伏直流穿墙套管、换流变压器等成套装备；研制应用世界首条特高压交流 GIL（气体绝缘）管道，实现特高压交流变压器全解体运输、现场组装和安全投运。

特高压±800kV直流输电工程

2017年度国家科学技术进步奖特等奖

1. 揭示了特高压直流高海拔污闪特性、电晕与电磁环境等基础理论规律；首创±800kV双十二脉动阀组（400kV+400kV）均衡串联主接线拓扑结构。
2. 研制世界首批双十二脉动换流阀、换流变压器、干式平波电抗器等成套装备并实现产业化；攻克特高压±800kV直流接入超大规模交直流混联电网的安全稳定运动控制技术难题。
3. 建成国际领先的特高压直流输电试验平台和国家工程实验室；首次掌握了超大容量特高压直流成套设计和调试技术，构建了完整的特高压直流输电技术体系。

±1100千伏直流输电工程系统成套技术

1. 成功研制了世界首支“环氧芯体SF6气体复合绝缘”和“纯SF6气体绝缘”绝缘结构的±1100kV/5523A直流穿墙套管。
2. 开发了具有自主知识产权的套管用绝缘材料配方体系，攻克了超大型环氧芯体无气泡浸渍技术和固化过程热应力抵制技术难题。
3. 建立了±1100千伏特高压直流穿墙套管电、热及机械性能综合试验平台和试验技术体系，在国际上率先完成了两种结构的±1100千伏直流穿墙套管全套试验。

2017年7月，该技术依托“±1100kV级直流SF6气体绝缘穿墙套管核心技术研究及装置研制”项目课题通过技术验收。相关技术已反哺应用于±800千伏及以下电压等级直流套管研制，使我国在高端电工装备研发历史上实现了核心技术引领。

特高压交流GIL试验线段研制　研制了国际上首条1100kV/6300A、63kA/3s基于混合气体绝缘（同时适用于SF6绝缘）的特高压交流GIL试验线段，具体见图8-1，初步建立了特高压交流GIL技术标准体系，建成了国际上首个特高压交流GIL全工况考核与监测真型平台，具备了1100kV/8000A的特高压、大电流的试验考核能力，实现了特高压交流GIL关键指标全方位监测。

特高压交流变压器用硅钢关键技术　提出高性能取向硅钢综合控制关键技术，通过开发渗氮量稳定控制技术、激光刻痕技术及智能磁畴控制技术，研制出以B27R090等型号为代表的高性能取向硅钢系列产品，其磁性能稳定性、励磁功率特性及单位铁损等多项关键性能指标先进，成功实现了特高压变压器用高性能硅钢片的自主化研制，产品性能指标达到同类进口产品先进水平，有效补齐了国内在该领域的技术短板。

（2）柔性交直流输电技术。

研制世界电压等级最高的500千伏高压直流断路器样机和世界电压等级最高、容量最大的±535千伏/300万千瓦柔直换流阀样机；研制应用世界电压等级最高、容量最大的750千伏可控并联电抗器；成功研发35千伏/10万千乏大容量静止同步补偿器（STATCOM）。攻克了柔性交直流输电换流阀、控制保护、试验测试等关键技术，建立了系统分析、装置研发、成套设计完整技术体系；推进开展张北柔性直流电网试验示范工程，实现我国柔性直流技术从无到有、从赶超到引领的重要转变，为全面电网的安全性、灵活性和可控性奠定基础。

背靠背换流站

世界首个混合背靠背换流站建成投入使用（2017年8月）

世界上首次采用大容量柔性直流与常规直流组合模式的背靠背直流工程，其中柔性直流容量和电压均为世界第一。将两个换流站建在一起，形成两个不同步运动的电网。当一侧出现故障，可以避免影响到另外一侧，提高主电网的安全可靠性，也促进了清洁能源消纳。

耦合电抗器

世界首台柔性直流输电耦合电抗器面世（2017年7月）

设计时充分考虑了电场、损耗控制、绕组机械强度，特别是金属结构件及电磁屏蔽系统对自感互感的影响、复杂运行工况等，成功研制出世界首台柔性直流输电耦合电抗器，各项技术性能指标均达国际领先水平。

柔性直流换流阀

世界首个特高压柔性直流换流阀中国问世（2017年6月）

从关键技术研究、装备研制、工程集成设计等方面进行全面深入的研究和论证，成功研制出世界首个特高压柔性直流换流阀，为构建架空柔性直流输电、多端直流输电系统和直流电网提供了强有力的技术支撑，达到国际领先水平。

2. 大电网技术

我国已经全面掌握国际领先的大电网仿真技术，构建大电网仿真技术支撑体系及大电网安全防御体系，技术处于国际领先水平；自主创新研发了大电网智能调度控制系统、大规模源网荷友好互动系统，可增强电能平衡能力、优化电能配置效率、激发供需互动能力。

大电网建模与仿真技术　建成世界上仿真能力最强的数模仿真系统——新一代特高压交直流电网仿真平台，计算规模可达45000节点，系统性解决了特高压交直流混联大电网仿真面临的仿真规模需求大、精度和效率要求高的世界级难题，为全面提升对复杂电力系统的认知和控制能力提供重要技术手段。仿真平台相关参数见图 8-1。

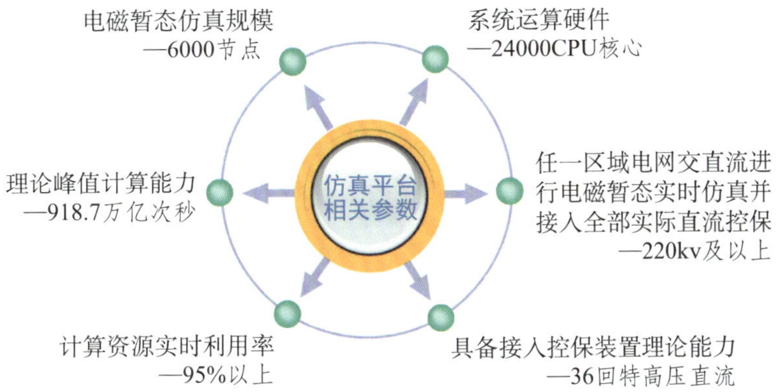

图 8-1　仿真平台相关参数

支撑大电网安全高效运行的负荷建模关键技术与应用

2017年国家科学技术进步奖二等奖

1　构建了负荷模型的统一结构，解决了复杂多样负荷的低阶聚合模型难题，提出了统一的机理综合负荷模型，实现了机理负荷模型的结构简洁、方程低阶。

2　创建了大电网负荷的非线性建模理论，破解了模型参数测辨的多解和鲁棒的难题，发明了可辨识性分析数值方法，率先系统地提出了负荷参数的模拟进化测辨法和在线统计综合法。

3　发明了大电网负荷的分类分区并行的整体建模技术，实现了广域分布负荷的快速建模，发明了基于时变电流注入的分区测辨技术，开发了基于广域测量的系统级建模平台。

源网荷协调技术　研发了大规模源网荷友好互动系统，采用“互联网 + 电网”技术，将零散分布、不可控的负荷资源转化为根据系统需要响应的“虚拟电厂”资源，在清洁电源波动、突发自然灾害特别是用电高峰突发紧急事故时，通过用电客户与电网企业之间的互动，协同参与保障大电网安全，促进清洁能源消纳。

源网荷友好互动模式见图 8-2。

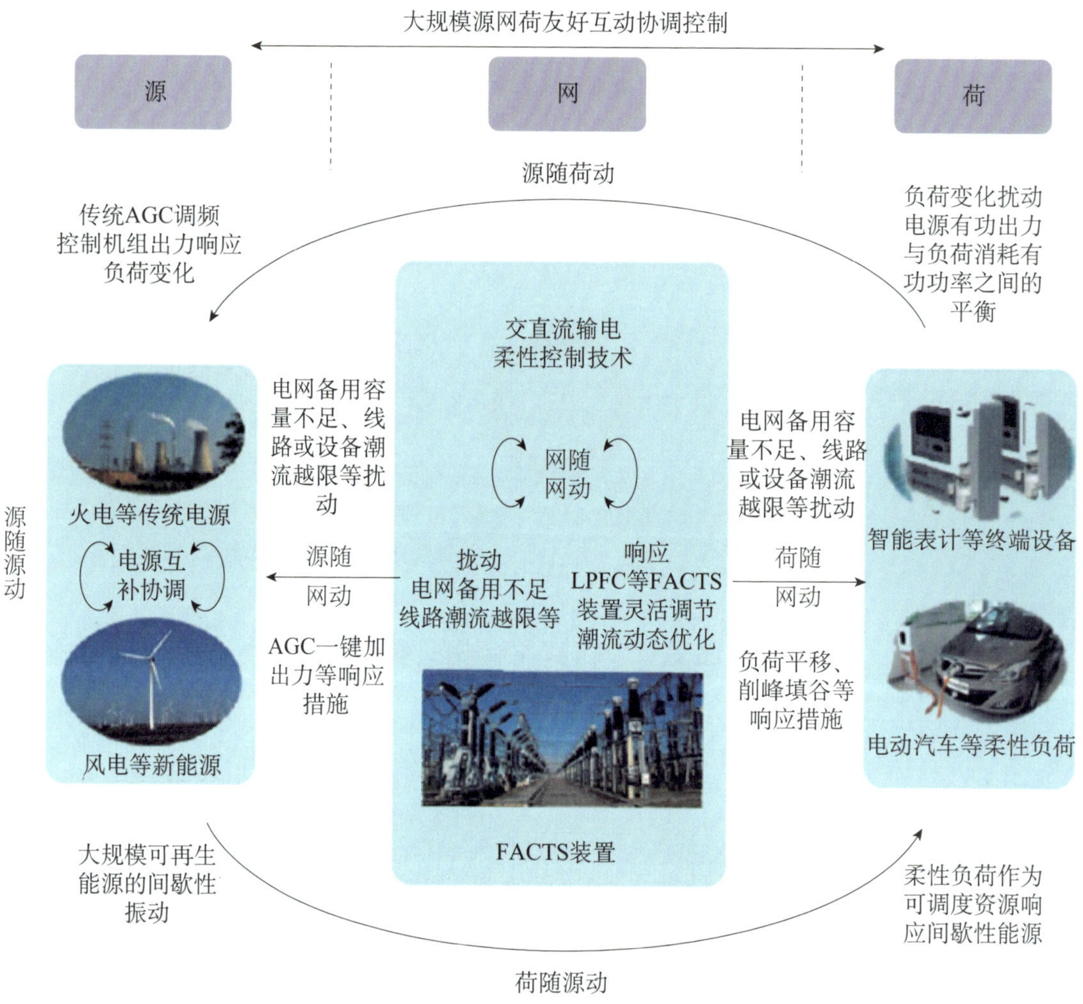

图 8-2　源网荷友好互动模式

3. 智能配用电技术

为提高配电网的供电可靠性和系统运行效率，研制世界首套 10 千伏 /5 兆伏安柔性变电站装置，打造全球规模最大、覆盖用户最多的用电信息采集系统和电能服务管理平台。

规划引领 守护千家万户光明

配电网规划关键技术 研发了具有自主知识产权的配电网规划计算分析软件和配电网运营在线监测分析系统。开发了配电网规划计算分析软件与辅助决策软件平台，建立了公司一体化电网规划设计平台，提出了一体化配电网规划平台数据规范；提出了主动配电网协调规划方法、模型和算法，建立了覆盖主动配电网不同层面的评估指标体系和评估方法，开发了主动配电网时空全过程综合评估软件。

安全验证 筑起配电自动化防护墙

配电网运维检修关键技术 开发完成了配电网设备状态检修辅助决策系统，实现了配网设备状态自动评价和检修策略的自动生成；开发了配电生产检修管理系统相关功能软件，实现了配电运行检修的统一指挥和调度并应用于实际项目。

柔性变电站和交直流配电网示范工程 提出了基于波动功率平衡新技术的少电容紧凑化新型拓扑，成功研制了纯固体绝缘的高频变压器及紧凑型换流阀等关键部件，集成了直流断路器、交直流变换器、变压器、无功补偿装置等多个设备功能，实现了配电网设备的“多合一”，一举突破了电力电子变压器模块化设计、FACTS（柔性交流输电）新型拓扑结构、“源—网—荷”一体化调控等关键技术难题，实现了“源—网—荷”智能化互动，为电力用户高质量供电和新能源高效率消纳提供了新的技术手段。

智能用电技术 研究高级量测技术体系，提出用电信息安全防护与密钥技术，研发智能用电互动化支撑平台，打造全球规模最大、全覆盖用户最多的用电信息采集系统。

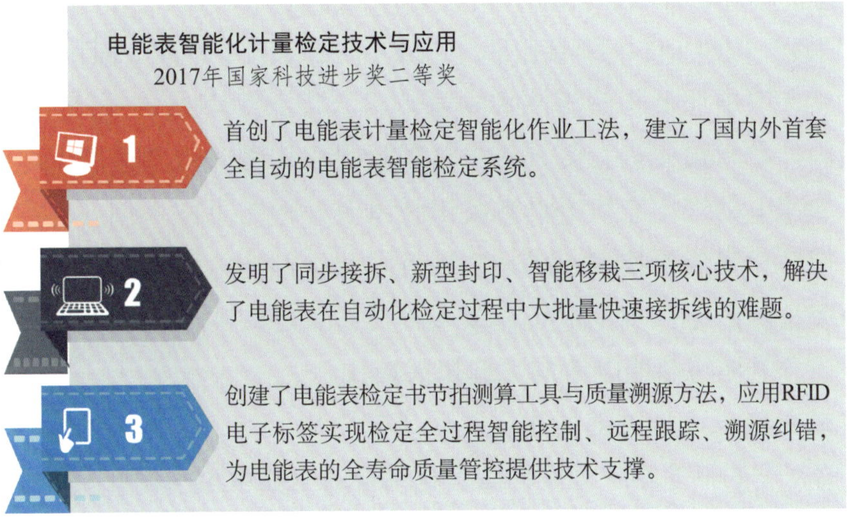

4. 新能源友好并网技术

积极推动新能源大规模、大比例市场消纳，在新能源优化配置与规划技术、新能源发电基础平台研究、风电机组状态监测与故障分析、新能源场 / 站故障穿越与保护配置等方向加速创新。

新能源微电网规划与控制技术 创建了以新能源渗透率、丢弃率和微电网可靠性、经济性等多目标的微电网容量随机优化模型，开发了微电网容量优化决策平台，解决了规划中高比例新能源接入难题；提出虚拟等效转动惯量技术及分层式协同控制方法，提高了系统稳定水平和供电可靠性，研制了微电网运行控制及保护 NMC 系列产品；提出了新能源微电网集中优化与分布协同的精准调度技术，首次实现了兆瓦级超级电容和锂电池的混合储能与分布式电源的协同优化；发明了逆变器输出电压畸变最小化在线计算触发角技术，研制了微电网电能质量检测及补偿装置，有效提升了微电网电能质量水平。

新能源虚拟同步机技术 揭示了虚拟同步机的并网稳定和故障穿越机理，首次提出储能优化配置方案和风机转速综合恢复策略，研发次同步振荡可控制系统，并应用于新疆哈密、冀北沽源等地区，有效抑制大范围次 / 超同步振荡，风电利用率分别提高 4.3% 和 1.9%；构建虚拟同步机装备试验检测体系，建成投运世界首座新能源虚拟同步机电站，有效解决高比例新能源电力系统调频、调压能力不足的难题，为新能源友好并网提供标准典范。

风电联网高效规划与脱网防御技术 依托“大规模风电联网高效规划与脱网防御关键技术及应用”项目，创建了风电外送高效输电规划关键技术，有效解决了千万千瓦级风电基地外送输电工程“保输送 / 不弃风”与“节投资”相矛盾的难题；创建了储能规划关键技术，揭示了弃风与电网调节能力的定量关系，构建了旨在降低弃风的一体化调节能力扩展规划方法；创新了风电集群大面积脱网分析方法与防御技术，揭示了新的脱网机理，构建了防范策略和平台，成功防御了风电集群大面积脱网。

5. 电动汽车充电服务与储能技术成果

构建国内外技术最先进、接入充电桩数量最多、覆盖范围最广的电动汽车运营服务平台，加速电动汽车充换电设备关键技术及建模仿真技术创新；突破能量转换和储能系统规模化集成等技术，成功实现百兆瓦级储能电池、变流器、能量管理和监控等核心装备国产化，实现百兆瓦级多种类型储能的功率协调控制与能量优化管理，解决了动力电池与储能电池的无缝拓展应用。

电动汽车充换电设备关键技术 提出了基于显示动力学方法的电池箱模态分析和基于功率谱密度的电池箱随机振动试验相结合的电池箱结构设计及优化方法；建立基于运行全过程信息采集和反馈的动力蓄电池特性与故障数据库模型；提出基于大惯量伺服控制技术的全自动底盘电池更换设备快速定位技术；设计具有有序充电控制功能、导引控制功能的交流充电桩；设计基于 PLC 通信方式的交直流组合充电设备。

电动汽车建模充电仿真技术 提出规模化电动汽车充电与配电网运行协调控制方法；研制电动汽车有序充电控制终端，构建电动汽车充电需求管理系统，构建了国内外技术最先进、接入充电桩数量最多、覆盖范围最广的电动汽车运营服务平台。

储能系统本体技术 国内首次实现了单体容量达到 1.92Ah 软包全固态锂离子电池的制备，实现了 300 次充放电循环后电池的容量保持率约为 93%；提出纳米钛酸锂电极制备环境控制技术，研制铅碳电池样机，首次针对储能应用需求开展钠离子电池关键材料筛选、制备、改性剂原理电池试制工作；世界上首次开展高温超导混合磁体储能系统针对平滑发电机上网功率波动和提高负荷端电能质量的电力系统现场试验与应用。

储能系统集成技术 完成 MW 级储能电站高速通信网络系统搭建，基于多点多元储能变流器并联协调控制技术，实现了电池储能电站多机并联的并离网切换功能；提出了综合电池健康状态、电池充放电倍率、SQC管理的多类型电池储能系统综合管理能量管理策略，实现了兼顾平滑风电出力波动和跟踪计划发电出力的多目标控制；实现了储能系统在配电网多层次、多样化的实用化应用，以提高不同电压等级配电网、不同负荷性质用户的供电可靠性及电能质量。

基于动力电池梯次利用的低成本储能技术及应用

1 开发了基于物联网的退役电池梯次利用信息系统，结合物联网技术和二维码技术，实现了电池全寿命周期管理。

2 开发了一种动力电池梯级利用分选评估技术，为退役电池的再利用奠定了基础，开发了多种基于退役电池的低成本独立供能单元。

3 开发了一种智能分时的退役电池主动被动协同均衡技术，有效地平抑了退役电池的不一致性。

大容量电池储能技术　研究水系锂电池、凝胶锂电池、固态锂电池以及锂硫电池技术的电极材料及规模制备技术，开发出低成本、长寿命、高安全、高能量密度锂电池。

锂离子动力电池

- 2017年2月，“锂离子动力电池用新型高安全性隔膜研究及应用示范”项目通过国家科技部验收。该项目利用可控紫外交联聚芳醚酮，实现制备20～40微米厚度可调的锂电池隔膜，已建成年产30吨可控紫外交联聚芳醚酮锂离子动力电池隔膜原材生产线和年产100万平方米可控紫外交联聚芳醚酮锂离子动力电池隔膜生产线。

高比能量动力电池

- 2017年4月，“高比能量密度锂离子动力电池开发与产业化技术攻关”项目团队深入研究和公关新型高镍正极材料、硅碳复合负材料以及新型电解液等高比能量电池关键技术，成功开发完成单体能量密度达260Wh/kg的单体电芯，在350次充放电循环后容量保持率达到83.28%。

氢燃料电池

- 2017年10月，中车唐山公司在全球首次攻克了燃料电池/超级电容混合动力牵引与控制、大功率燃料电池系统集成与效率优化控制、燃料电池/超级电容混合动力能量管理、混合动力100%低地板在轨电车模块化设计与系统集成等关键技术，研制的有轨电车完全取消受电弓和接触网，填补了该领域空白，实现了“零排放”和全程“无网”运行。

二、成果奖励

2017年，电力行业科技项目共获得国家科学技术奖20项。其中，《特高压

±800kV 直流输电工程》获国家科学技术进步奖特等奖，《600MW 超临界循环流化床锅炉技术开发、研制与工程示范》获国家科学技术进步奖一等奖，《燃煤机组超低排放关键技术研发及应用》获国家技术发明奖一等奖。《电能表智能化计量检定技术与应用》获国家科学技术进步奖二等奖，该完成人黄金娟成为工人、农民技术创新组别设立以来首位获奖女性。

此外，电力行业还获得 2017 年度中国电力科学技术奖励 116 项、中国电力创新奖励 663 项、电力建设科学技术进步奖 446 项。

三、主要电力企业科技统计

中电联对国家电网等23家主要电力企业[1]的人力资源、新签科技项目、科技投入资金、知识产权统计结果如下：

（一）科技活动人员

2017 年 23 家主要电力企业（本章简称“主要电力企业”）共有各级科研机构 519 家，从事科研活动人员 266596 人。

2017 年主要电力企业科技活动人员学历、职称、工作分类见图 8-3。

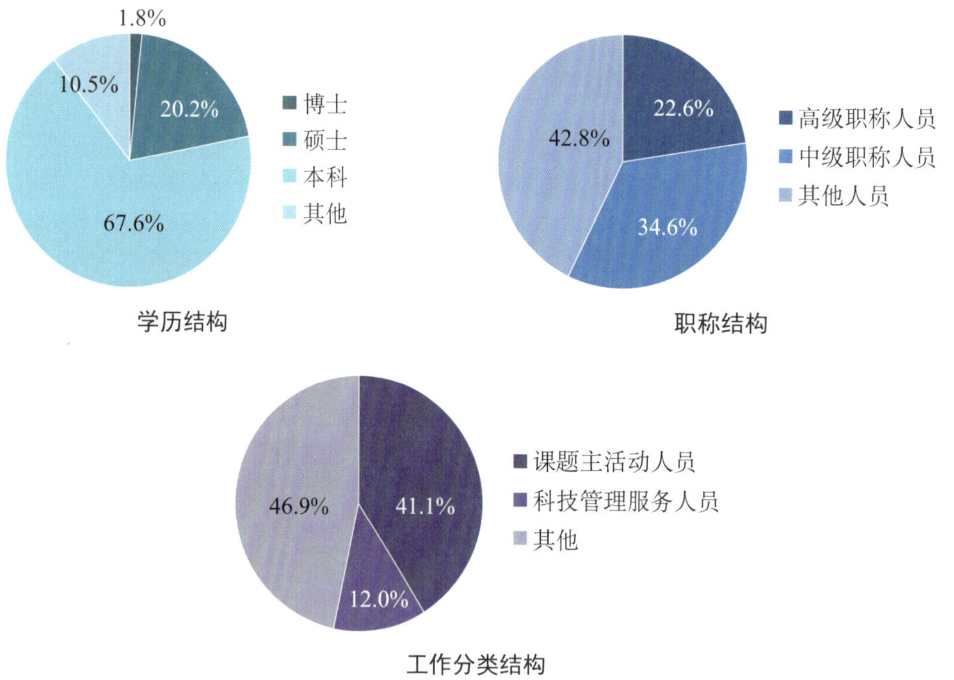

图 8-3　2017 年主要电力企业科技活动人员学历、职称、工作分类

---

[1] 23 家主要电力企业为国家电网、南方电网、华能集团、大唐集团、华电集团、国家电投集团、三峡集团、中核集团、中广核集团、中国电建、中国能建、广东粤电、浙能集团、国投电力、陕西地电、内蒙古电力、华润电力、北京能源、河北建投、深圳能源、申能股份、中铝宁夏、天津能源投资集团有限公司。

（二）新签科技项目

新签科技项目10850项，其中横向项目[1]8295项、纵向项目[2]2555项。纵向项目中，国家及地方政府项目370项，集团公司项目2185项。

2017年主要电力企业新签科技项目见图8-4。

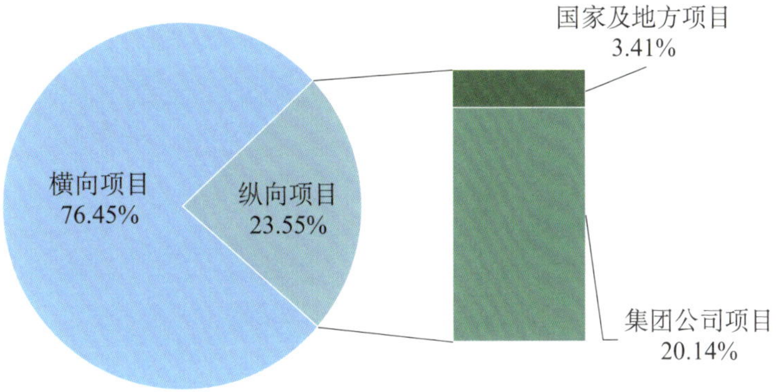

图8-4　2017年主要电力企业新签科技项目

（三）科技投入

科技投入资金687亿元。其中，电网企业科技投入339亿元，发电企业科技投入176亿元，电建企业171亿元。

2017年主要电力企业科技投入金额统计见图8-5。

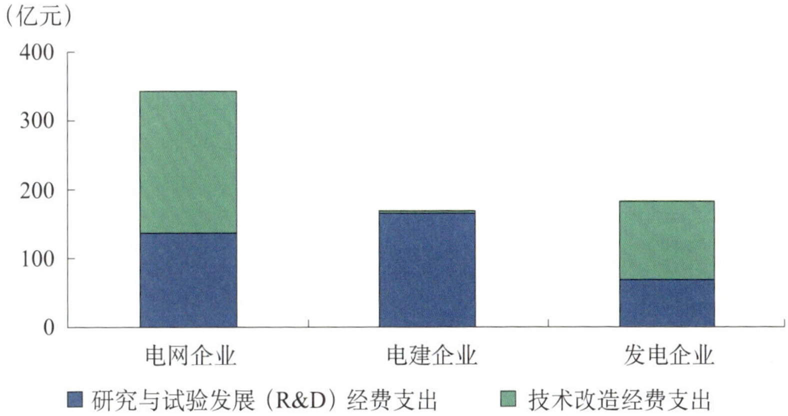

图8-5　2017年主要电力企业科技投入金额统计

[1] 横向项目指企事业单位、兄弟单位委托的各类科技开发、科技服务、科学研究等方面的项目，以及政府部门非常规申报渠道下达的项目。

[2] 纵向项目指上级科技主管部门或机构批准立项的各类计划（规划）、基金项目。

（四）知识产权

1. 专利申请与授权量

国内专利的申请量和授权量分别为 31179 项和 21280 项。涉外专利申请量为 160 项，涉外专利授权量及有效量分别为 20 项和 72 项。2011—2017 年主要电力企业专利申请量、授权量见图 8-6。

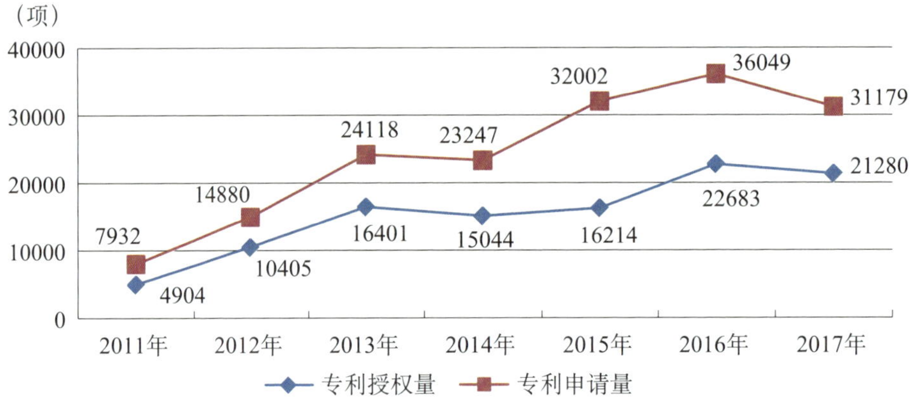

图 8-6　2011—2017 年主要电力企业专利申请量、授权量

2. 知识产权转让及授权交易

主要电力企业知识产权专利授权量 21300 项（含涉外专利），其中企业知识产权专利转让及授权共 216 项，仅占产品专利授权比例的 1%，这些转让及授权项目交易额仅有 3.86 亿元，占全年科技投入的 0.56%。显然电力企业知识产权专利授权交易规模过小，分析其原因：一是交易比重过小，交易活动不活跃；二是转让收益低，未最大限度发挥知识产权应用价值，体现"物尽其用"的利用理念；三是专利运用与交易服务人才缺乏，交易渠道与信息不畅，制约了专利技术的推广实施与产业化。

3. 知识产权专利实施数量与实施率

主要电力企业拥有有效专利 116566 项，其专利实施件数 34965 项，专利实施率为 30%，高于全国平均水平。体现了电力企业注重专利在自身企业的应用和实施效果，不仅使企业收回科研投入，还能获得超额的财产收益。

第二节　电力信息化

一、电力信息化发展

（一）总体情况

2017 年，根据国家信息化整体战略部署和要求，电力行业信息化工作结合国家能源电力的发展现状和需求，以信息化驱动发展为主线，以“大、移、物、云”等前沿数字科技为主要技术手段，坚持“统筹推进、创新引领、驱动发展、惠及民生、合作共赢、确保安全”的方针，着力“增强发展能力、提升应用水平、优化发展环境”三大战略任务。

2017 年电力行业信息化三大战略任务见图 8-7。

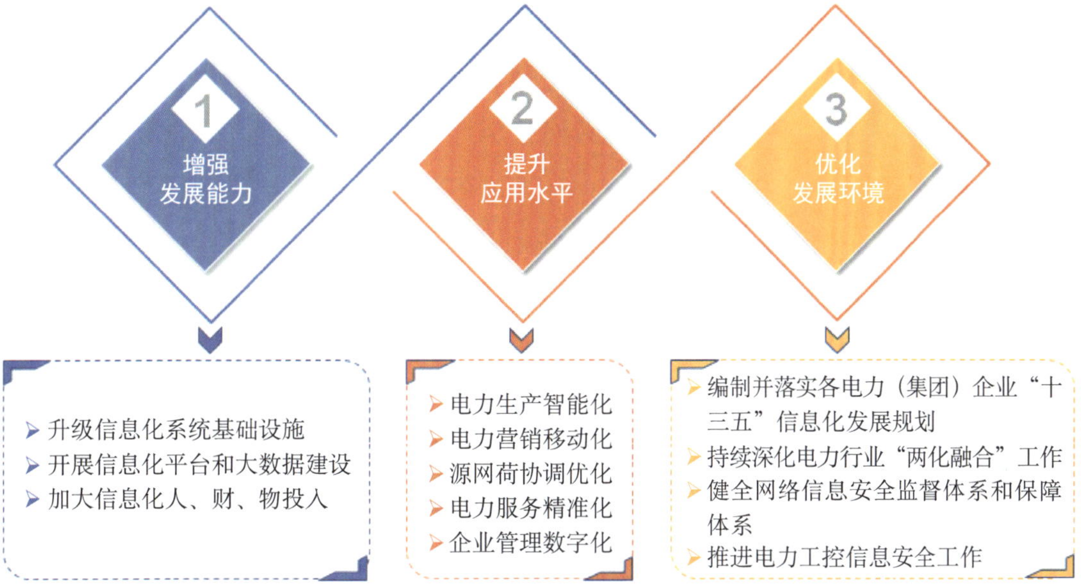

图 8-7　2017 年电力行业信息化三大战略任务

电力信息化总体呈现向数字化和智能化发展的趋势，同时加大信息网络安全工作力度。各电力企业积极编制并实施各自的“十三五”信息化发展规划，不断加大一体化信息平台、信息中心和大数据中心等基础设施建设力度，信息化系统实现全面升级，提高了生产、调度、负荷等数据与信息处理能力；以互联网融合关键技术应用为代表的电力生产智能化、以统一数据模型 SG-CIM3.0 为代表的企业管理数字化和以手机 APP 应用为代表的电力营销移动化，使现代前沿科技在电力系统中得到广泛应用；同时电力行业持续深化“两化融合”工作，编制了相关规范和标准，建立健全监督与障体系，打造了电力信息化健康发展环境。

中核集团全力建设“数字核工业”

- 牵头建设“华龙一号”数字核电站；
- 实施专项核燃料元件智能制造工程项目；
- 研发了以冗余服务器为核心的数字铀矿山系统架构；
- 开发了硬岩铀矿山数字化系统软件和中间件软件系统；
- 开展数字化集成设计与工程信息管理平台建设；
- 建立矿山三维数字中心软件平台。

随着《中华人民共和国网络安全法》在2017年6月1日正式施行，电力行业高度重视信息系统安全和网络防护工作，各电力企业纷纷成立了网络安全与信息化工作领导小组和网络安全管理中心，加快网络安全软、硬件的投入与建设，积极培养相关人才队伍。

（二）电源领域

发电企业围绕“基础能力建设”“智能生产”“数字管理”稳步推进信息化工作。同时通过强化物联网建设、深化大数据挖掘、推进管理变革创新、创新发展智慧能源，实现管理全要素的数字化感知、网络化传输、大数据处理和智能化应用。利用覆盖多层级、全过程的信息数据平台，将先进信息技术、传统工业技术和现代企业管理技术深度融合，逐步向具有“市场响应迅速、生产运营高效、风险自动识别、决策管控智能”管理能力的企业发展。

2017年电源领域信息化工作见图8-8。

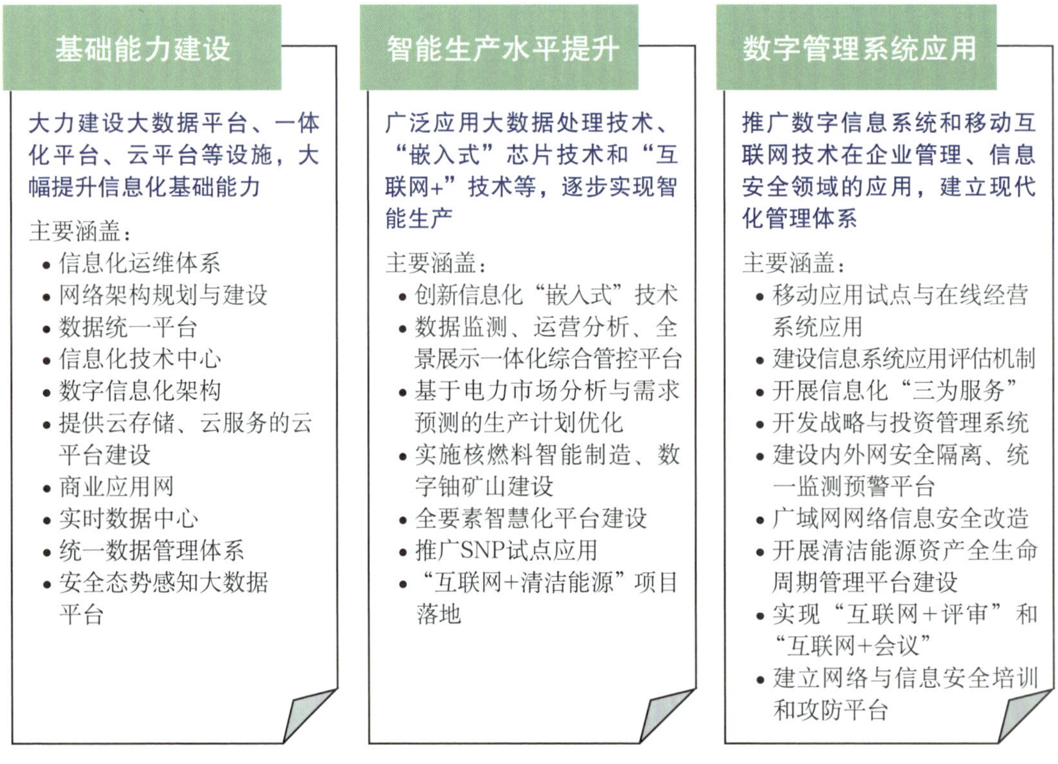

图8-8　2017年我国电源领域信息化工作

（三）电网领域

电网企业以持续提升电网可靠性、稳定性和灵活性为目标，广泛应用大数据、云计算、移动互联网等前沿数字信息科技。在此基础上，通过数据的深度广泛应用，逐步向具有高度“自我学习、创新、变更”能力和“洞察敏锐、随需而变、绿色低碳”特征的智慧企业发展，驱动能源变革，有力支撑“智能电网”发展；同时，根据国家战略要求和信息化发展现状，重点加强了电网信息化管理与安全防护工作。

2017 年电网领域信息化工作见图 8-9。

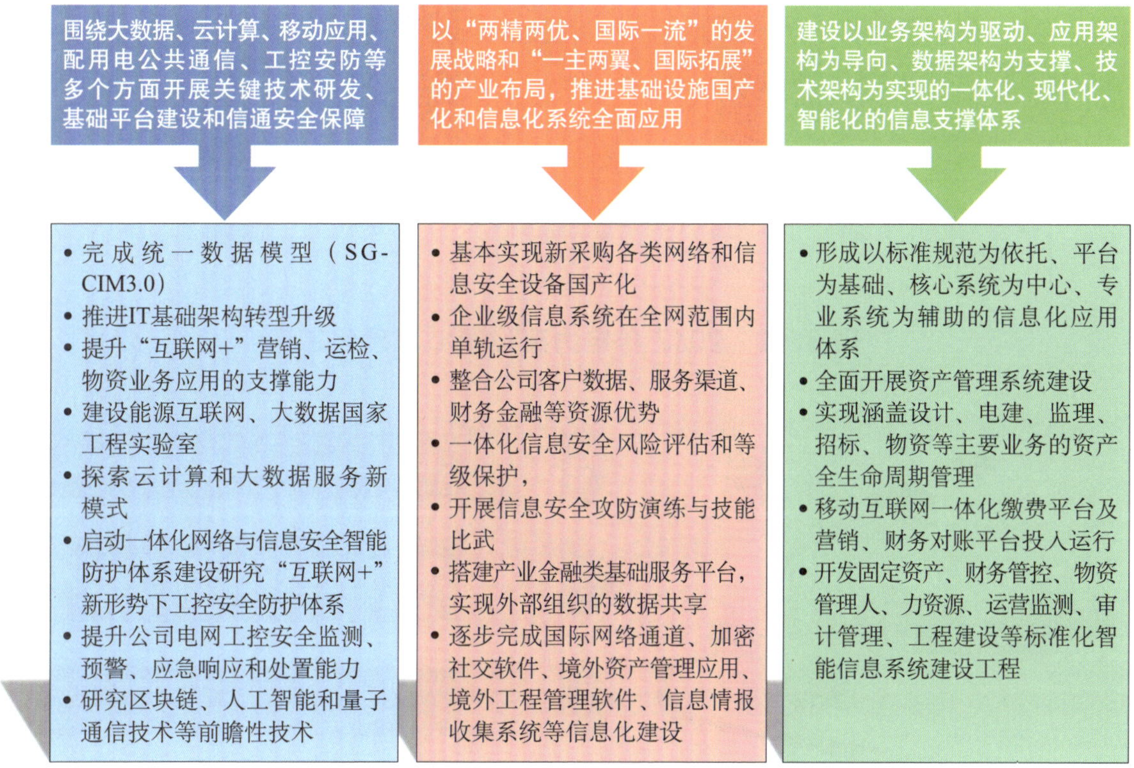

图 8-9 2017 年电网领域信息化工作情况

（四）电力建设领域

电力建设有关企业全面落实“十三五”期间的信息化规划，主要针对内部管理系统整合、系统架构改造与集成、信息系统与网络安全升级等方面开展相关工作。

2017 年电力建设领域信息化工作见图 8-10。

（五）电力市场领域

坚持利用行业技术优势，以数字化、平台化以及互联网手段助推电力市场建设。

2017 年电力市场领域信息化工作见图 8-11。

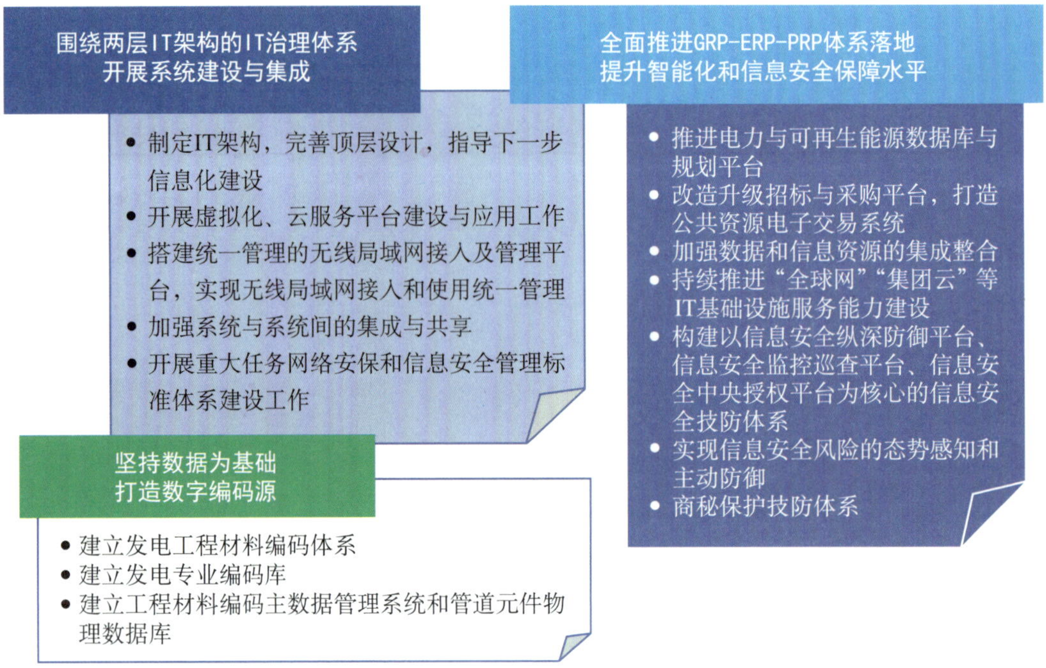

图 8-10　2017 年电力建设领域信息化工作

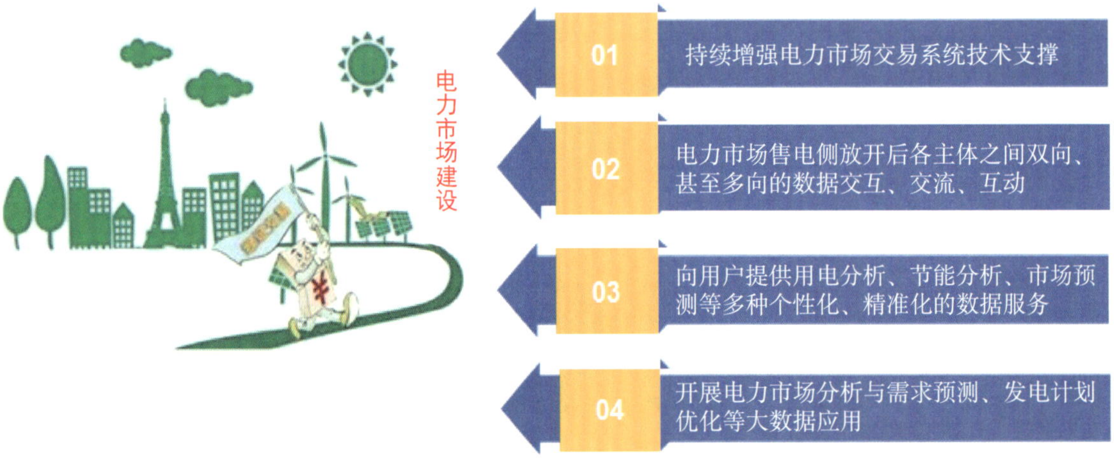

图 8-11　2017 年电力市场领域信息化工作

二、主要电力企业信息化统计

对国家电网等20家国内主要电力企业[1]2017年度信息化工作情况数据统计显示：

（1）从事信息化工作专职人员共计 31103 人，占总人数的 1.71%。其中，中高级职称 11902 人，持有信息化专业认证人数 19354 人。

[1]　20 家国内主要电力企业包括：国家电网、南方电网、华能集团、大唐集团、华电集团、三峡集团、中核集团、中广核、中国能建、粤电集团、陕西地电、国投电力、华润电力、京能集团、申能股份、深圳能源、天津市津能投资公司、河北建设、新力能源、中铝宁夏。

2017 年主要电力企业信息化从业人员统计见图 8-12。

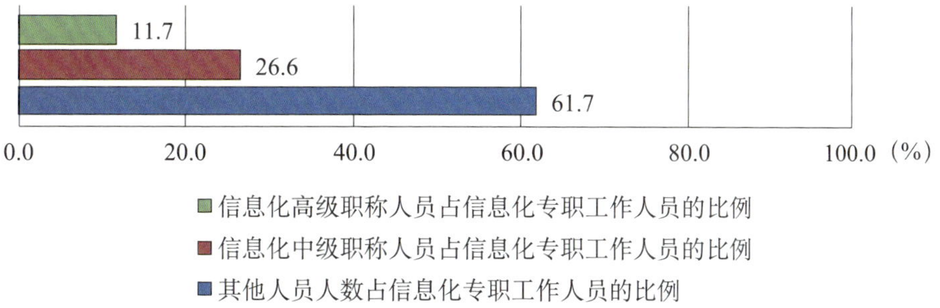

图 8-12 2017 年主要电力企业信息化从业人员统计

（2）信息化投入资金共计 156 亿元。2017 年主要电力企业（集团）企业信息化分类投入资金比例见图 8-13。

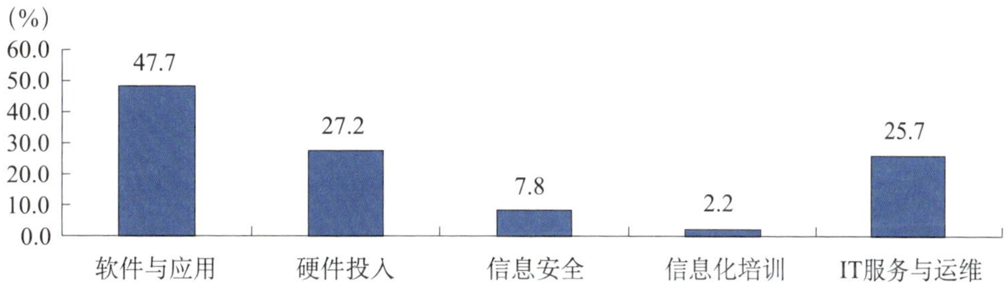

图 8-13 2017 年主要电力企业信息化分类投入资金比例

（3）信息化类技术专利申报 1312 项，批准 1008 项。2017 年主要电力企业信息技术专利见图 8-14。

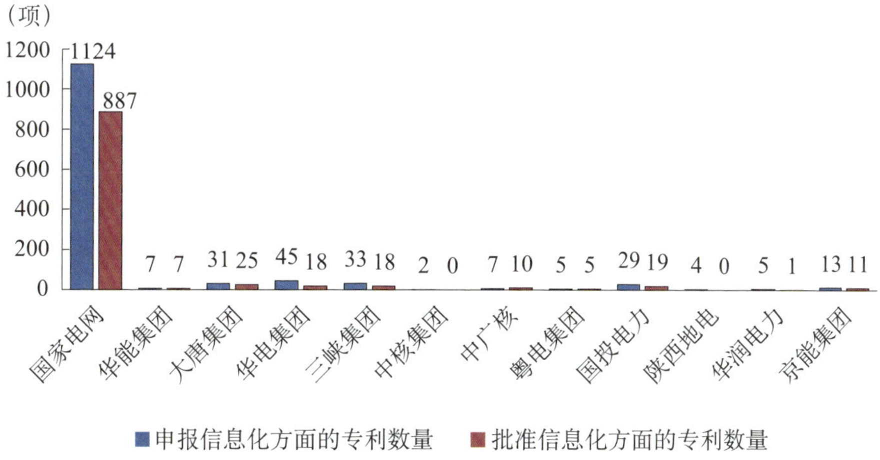

图 8-14 2017 年主要电力企业信息技术专利

三、电力信息化优秀成果

2017 年，电力行业以全面智能化发展为理念、以数字前沿技术为手段，在大数据应用、云计算、综合管理、关键软硬件、网络运维与安全等方面涌现了一大批具有国际先进、国内领先技术的电力信息化优秀成果，其中一些成果已在行业内推广和应用，为电力工业在数字科技时代的发展起到了重要的作用。

2017 年电力信息化优秀成果见图 8-15。

大数据

- 大数据关键技术研究及其在智能发电中的应用
- 基于大数据的燃料全过程智能调度平台
- 基于大数据技术的新能源消纳水平提升
- 多源异构全量数据实时智能分析技术研究与应用

云计算

- 基于云计算的电网地理信息服务平台研制与应用
- 科研云平台及其安全管控体系建设
- SnerdiCloud 核电行业云

关键软硬件

- 面向电力多应用的通用无线通信芯片产品研制及应用
- 数据（灾备）中心中间件软件设计研发与实施
- 基于多粒度分层的分布式存储研制与应用
- 电力信息智睿可视化平台系统软件

综合管理

- 电力企业财务共享中心设计开发与实施
- 广域分布式电网调控信息分析决策支持系统研究、开发及应用
- 基于价值创造的战略财务管理信息平台

运维与安全

- 基于国密算法的邮件系统数据保护控制技术研发与应用
- 网络安全隔离技术应用
- 电力信息通信虚拟一体化智能运维平台
- 移动终端安全管控关键技术研究及应用

图 8-15　2017 年电力信息化优秀成果

第九章　电力标准化

第一节　国家、行业标准化发展

一、国家和行业标准建设

2017年，标准化改革创新发展取得新进展、实现新突破。习近平主席签署第78号主席令，正式公布新修订的《中华人民共和国标准化法》，将标准定义为农业、工业、服务业以及社会事业等领域需要统一的技术要求，并赋予了团体标准的法律地位。这是我国标准化发展进程中的一件大事，具有里程碑意义。2017年，全年发布国家标准3811项，立项2042项；国家标准进一步精简整合，废止414项强制性国家标准和201项计划项目，废止873项推荐性国家标准和取消1447项计划项目。电力标准化工作按照标准化改革体制的要求，围绕电力产业政策发展方向，在能源互联网、新能源发电、电动汽车充电设施以及电力生产建设急需等领域，加快标准的制修订步伐，2017年经有关部门批准发布电力标准319项。其中，国家标准79项，包括国家标准化管理委员会批准发布国家标准76项、住房和城乡建设部批准发布工程建设国家标准3项；国家能源局批准发布行业标准225项，中国电力企业联合会发布中电联标准15项。

二、重点领域标准化发展

（一）水电

2017年，在水电施工、水轮发电机及电气设备、水电站自动化、大坝安全等方面开展了标准制修订工作，进一步完善了水电标准体系，为水电行业的持续健康发展提供了坚强保障。水电领域立项标准93项，其中包括行业标准78项、中电联标准15项，发布标准22项。

水电领域发布的重要标准简介见图9-1。

（二）火电

2017年火电领域标准化建设顺应发展趋势和行业需求，不断总结经验，完善体系。火电领域立项标准78项，发布标准59项。

施工安全

DL/T 5370-2017《水电水利工程施工通用安全技术规程》
DL/T 5371-2017《水电水利工程土建施工安全技术规程》
DL/T 5372-2017《水电水利工程金属结构与机电设备安装安全技术规程》
DL/T 5373-2017《水电水利工程施工作业人员安全操作规程》

规范了水电施工安全、人员安全等方面的内容，其通用性、实用性和可操作性更强，对指导水电水利工程安全施工、提高水电水利土建施工安全技术水平、规范水电水利土建工程施工技术、保障水电水利土建工程施工安全具有重要的意义。

试验

DL/T 5150-2017《水工混凝土试验规程》
DL/T 5152-2017《水工混凝土水质分析试验规程》
DL/T 5181-2017《水电水利工程锚喷支护施工规范》

规范了水电施工试验规程等方面的内容，在分析近年来新技术、新设备、新材料、新工艺在水电水利工程广泛运用情况的基础上，按照科学性、先进性和实用性原则，进一步完善了水电标准体系，为水电行业的持续健康发展提供了坚强保障。

仪表及装置

DL/T 1735-2017《大坝安全监测仪器电缆基本技术条件》
DL/T 1736-2017《光纤光栅仪器基本技术条件》
DL/T 1737-2017《钢弦式温度计》
DL/T 1738-2017《双金属管标装置》
DL/T 1739-2017《静力水准装置》
DL/T 1742-2017《差动电阻式仪器测量仪表

规范了大坝安全监测仪器装置统一技术标准，对大坝安全监测仪器基本技术条件的研制、设计、生产和使用起到指导和监督的作用，同时有利于提高监测仪器输出数据的可靠性，以满足水电及其他工程安全监测的需要。

信息管理

DL/T 1754-2017《水电站大坝运行安全管理信息系统技术规范》

规范了水电站大坝运行安全信息管理系统的设计、建设、验收和运行，对提高水电站大坝安全管理及其信息化应用水平，具有积极的推进作用。

图 9-1　水电领域发布的重要标准简介

火电领域发布的重要标准简介见图 9-2。

（三）核电（核电常规岛和 BOP）

持续优化完善我国核电标准体系，建立并维护核电标准体系的完整配套性、适用性和权威性，对我国核电的安全高效发展意义重大。2017 年核电常规岛和 BOP 领域立项标准 8 项，发布标准 12 项。

核电领域发布的重要标准简介见图 9-3。

（四）太阳能

2017 年太阳能发电领域立项标准 22 项，发布标准 7 项。

太阳能发电领域发布的重要标准简介见图 9-4。

环境保护

DL/T 1695-2017《火力发电厂烟气脱硝调试导则》
DL/T 1696-2017《石灰石-石膏湿法烟气脱硫调试导则》
DL/T 1704-2017《脱硫湿磨机石灰石制浆系统性能测试方法》

规范了电厂脱硫设施性能测试等方面的要求和脱硝调试等方面的方法，具有较强的适用性，有利于保证脱硝装置安全、稳定、高效运行，为满足环保排放限值要求，实现火电行业的持续、健康、绿色发展提供了依据。

可靠性

DL/T 1714-2017 《电力可靠性管理代码规范》
DL/T 793.1-2017 《发电设备可靠性评价规程第1部分：通则》
DL/T 793.2-2017 《发电设备可靠性评价规程第2部分：燃煤机组》

规范了可靠性管理中涉及的代码及发电设备的可靠性评价等方面的内容。明确了企业（单位）代码、设备代码、技术原因和责任原因代码的编制要求，建立了统一的体系，便于识别明确的代码含义。发电设备可靠性评价规程系列标准对发电设备可靠性的统计分析及评价办法做了基本规定，完善了发电设备可靠性评价方面的不足。

联合循环

DL/T 1698-2017《燃气—蒸汽联合循环机组余热锅炉启动试验规程》
DL/T 1699-2017《燃气—蒸汽联合循环机组余热锅炉安装验收规范》
DL/T 1749-2017《燃气—蒸汽联合循环机组余热锅炉监造导则》
DL/T 1750-2017《燃气—蒸汽联合循环机组卧式自然循环余热锅炉检修与维护规程》
DL/T 1751-2017《燃气—蒸汽联合循环机组余热锅炉运行规程》

规范了燃气—蒸汽联合循环机组余热锅炉监造、启动、安装验收、运行和检修维护等方面的要求，全面覆盖我国燃机余热锅炉设备，作为基建达标和设备运行评价的依据，可提高燃机热电余热锅炉设备安装及验收的可操作性，使联合循环机组实现高效率、低能耗的工作状态；逐渐弥补了国内现行联合循环发电领域相关标准的空缺，完善了相关标准化研究体系。

电气设备

DL/T 1766.1-2017《水氢氢冷汽轮发电机检修导则 第1部分：总则》
DL/T 1767-2017《数字式励磁调节器辅助控制技术要求》
DL/T 1768-2017《旋转电机预防性试验规程》
DL/T 1769-2017《发电厂封闭母线运行与维护导则》
DL/T 607-2017《汽轮发电机漏水、漏氢的检验》

规范了电机检修、控制、试验和运行维护等方面的内容，针对近年来电机材料、工艺、制造技术发生的较大变化，以及试验周期、要求、方法、设备等均不断进步的情况，吸取了最新的专业技术，填补相关领域的空白，可实施性高，满足了电厂的实际需求。

金属材料

DL/T 1718-2017《火力发电厂焊接接头相控阵超声检测技术规程》
DL/T 1719-2017《采用便携式布氏硬度计检验金属部件技术导则》
DL/T 473-2017《大直径三通锻件技术条件》
DL/T 931-2017 《电力行业理化检验人员考核规程》

规范了火电机组的金属检测、人员考核等方面的内容，完善了火电厂汽水管道与材料标准体系，对电力行业标准体系完整性与先进性，以及对推动高温高压管道元件采用“中国标准”制造、促进我国火电机组高温高压管道元件制造水平的提高和参与国际竞争具有重要作用。

图 9-2 火电领域发布的重要标准简介

设备技术条件

NB/T 25067-2017 《核电厂汽轮发电机仪表和控制技术条件》
NB/T 25068-2017 《核电厂发电机氢油水系统技术条件》
NB/T 25069-2017 《压水堆核电厂常规岛及辅助配套设施逆变器技术要求》
NB/T 25074-2017 《核电厂混凝土蜗壳循环水泵叶轮技术要求》

规定了核电厂常规岛关键设备的技术要求，从设计选型等方面对关键设备的条件进行了规范，对提升国内设备供应商的配套设计能力、减少设计院和现场施工单位的设计缺陷、提高综合设计能力、提高核电综合运行管理水平具有重要意义。

施工及验收

NB/T 25073-2017 《氢冷发电机供氢系统防爆安全验收导则》
NB/T 25075-2017 《核电厂电力变压器、油浸电抗器、互感器施工及验收规范》

规范了核电厂常规岛及BOP施工的技术要求、质量验收等方面的内容，涵盖了变压器、电抗器和互感器等部件，进一步完善了核电施工标准体系，保障了常规岛及BOP部分的施工质量，对防爆安全具有重要意义。

安全技术

NB/T 25071-2017 《核电厂常规岛及BOP机械设备工程建设阶段腐蚀管理导则》
NB/T 25066-2017 《核电厂非核级设备维修管理要求》

规范了核电厂常规岛及BOP工程建设阶段，机械设备防腐蚀管理的要求，对核电厂非核级设备维修管理进行了规定。有效提升核电厂常规岛及BOP机械设备腐蚀管理的规范化、标准化，减少机械设备腐蚀事故，提高维修管理水平，对确保核电厂的安全、经济运行具有重要的意义。

图 9-3 核电领域发布的重要标准简介

设备装置

GB/T 34931-2017《光伏发电站无功补偿装置检测技术规程》
GB/T 34933-2017《光伏发电站汇流箱检测技术规程》
GB/T 34936-2017《光伏发电站汇流箱技术要求》

规范了光伏发电重要设备装置的检测技术要求，完善了光伏电站汇流箱检测技术规程，有力地支撑了光伏电站的建设。

运行监控

GB/T 33599-2017《光伏发电站并网运行控制规范》
GB/T 34932-2017《分布式光伏发电系统远程监控技术规范》

规范了光伏发电站并网运行控制和远程监控的技术内容，保障了分布式光伏发电系统的可靠性、安全性；为快速发展的分布式光伏发电系统远程控制水平的提升提供了指导。

管理

NB/T 32036-2017《光伏发电工程达标投产验收规程》
NB/T 32037-2017《光伏发电建设项目文件归档与档案整理规范》

规范了光伏发电工程达标投产的验收规程，规定了光伏发电建设项目文件归档和档案整理的要求，满足行业发展对规范性、统一性和协调性的需求，为后续标准化工作的开展奠定基础。

图 9-4 太阳能发电领域发布的重要标准简介

（五）电网

2017 年，电网领域立项标准 217 项，发布标准 155 项。在制修订输变电继电保护技术及设备、带电作业技术及工器具等相关领域基础标准的同时，加强了智能电网、柔性直流输电、节能与能效管理等重点领域的标准体系研究，制修订了一批重点标准。

电网领域发布的重要标准简介见图 9-5。

输变电继电保护技术及设备

GB/T 15145-2017《输电线路保护装置通用技术条件》
GB/T 34126-2017《站域保护控制装置技术导则》
GB/T 34125-2017《电力系统继电保护及安全自动装置户外柜通用技术条件》
GB/T 25841-2017《1000kV电力系统继电保护技术导则》
GB/T 34122-2017《220kV~500kV电网继电保护和安全自动装置配置技术规范》
DL/T 584-2017《3kV～110kV电网继电保护装置运行整定规程》
DL/T 823-2017《反时限电流保护功能技术规范》
DL/T 1782-2017《变电站继电保护信息规范》
DL/T 1792-2017《发电机组功率突降保护装置通用技术条件》
DL/T 1771-2017《比率差动保护功能技术规范》
DL/T 1780-2017《超（特）高压直流输电控制保护系统检验规范》
DL/T 479-2017《阻抗保护功能技术规范》
DL/T 1734-2017《过激磁保护功能技术规范》
DL/T 1772-2017《功率方向元件技术规范》

随着电网的发展，智能变电站的建设，继电保护的实现方法、性能以及测试手段发生了较大变化，继电保护装置在外部接线形式、信息通信接口和硬件上亦有较大变化，故2017年重点修订了继电保护装置的反时限电流保护功能、比率差动保护功能、阻抗保护功能、过激磁保护功能技术规范，在技术要求、影响保护的因素、保护的性能、保护测试及要求等方面进行了全面的修订，并制修订了3kV～110kV电网继电保护装置、发电机组功率突降保护装置、输电线路保护装置、站域保护控制装置、电力系统继电保护及安全自动装置户外柜、220kV～500kV电网继电保护和安全自动装置等继电保护设备的技术条件相关标准，规定了以上保护装置的保护功能配置及技术要求等基本原则，为相关装置的科研、设计、试验、检验和运行提供了依据。

带电作业技术及工器具

DL/T 854-2017《带电作业用绝缘斗臂车使用导则》
DL/T 636-2017《带电作业用导线飞车》
DL/T 971-2017《带电作业用便携式核相仪》
DL/T 976-2017《带电作业工具、装置和设备预防性试验规程》
DL/T 1126-2017《同塔多回线路带电作业技术导则》
DL/T 1743-2017《带电作业用绝缘导线剥皮器》
DL/T 1720-2017《架空输电线路直升机带电作业技术导则》

规定了带电作业用绝缘斗臂车、导线飞车、便携式核相仪、绝缘导线剥皮器等带电作业工器具的型式、性能、技术要求、试验和检验规则、维护、检查、预防性试验和使用等技术内容，并对同塔多回线路带电作业、架空输电线路直升机带电作业等带电检修和维护作业技术的作业方式、技术要求、注意事项等内容进行了规定。以上标准的制修订对带电作业用工器具及多种带电作业形式的安全开展形成了统一、标准化的规范。

智能电网

DL/T 1709.3-2017《智能电网调度控制系统技术规范　第3部分：基础平台》
DL/T 1709.4-2017《智能电网调度控制系统技术规范　第4部分：实时监控与预警》
DL/T 1709.5-2017《智能电网调度控制系统技术规范　第5部分：调度计划》
DL/T 1709.6-2017《智能电网调度控制系统技术规范　第6部分：调度管理》
DL/T 1709.7-2017《智能电网调度控制系统技术规范　第7部分：电网运行驾驶舱》
DL/T 1709.8-2017《智能电网调度控制系统技术规范　第8部分：运行评估》
DL/T 1709.9-2017《智能电网调度控制系统技术规范　第9部分：软件测试》
DL/T 1709.10-2017《智能电网调度控制系统技术规范　第10部分：硬件设备测试》
DL/T 1777-2017《智能变电站二次设备屏柜光纤回路技术规范》
DL/T 5754-2017《智能变电站工程调试质量检验评定规程》
GB/T 34116-2017《智能电网用户自动需求响应：分散式空调系统终端技术条件》
GB/T 34121-2017《智能变电站继电保护配置工具技术规范》
GB/T 34132-2017《智能变电站智能终端装置通用技术条件》
GB/T 34871-2017《智能变电站继电保护检验测试规范》

我国正在建设以特高压电网为骨干网架，各级电网协调发展，具有信息化、自动化、互动化特征的坚强智能电网。2017年制定了智能电网调度控制系统系列标准，内容涵盖智能电网调度控制系统基础平台、实时监控与预警、调度计划、调度管理、电网运行驾驶舱等应用的架构、功能、性能指标和软件产品的功能、性能、稳定性、标准符合性、兼容性和安全性和静态测试要求，及硬件设备的物理特性、功能、性能、兼容性、可靠性、稳定性和安全性等方面的测试内容和要求，为智能电网调度控制系统的研究、设计、开发、建设、验收和运行维护建立了统一的技术标准。智能变电站是坚强智能电网建设中实现能源转化和控制的核心平台之一，2017年制定了智能变电站二次设备屏柜光纤回路、智能终端装置、继电保护配置工具技术规范及智能变电站继电保护检验测试规范，并编制了智能变电站的工程调试质量检验评定规程，对智能变电站从调试、安装、装置和设备到检验测试多方面统一规范，确保智能变电站具有良好的交互性和高可靠性。以上标准的制定为电网安全稳定运行提供了重要技术保障。

柔性直流输电

DL/Z 1697-2017《柔性直流配电系统用电压源换流器技术导则》
DL/T 1778-2017《柔性直流保护和控制设备技术条件》
DL/T 1793-2017《柔性直流输电设备监造技术导则》
DL/T 1794-2017《柔性直流输电控制保护系统联调试验技术规程》
DL/T 1795-2017《柔性直流输电换流站运行规程》
DL/T 5753-2017《±200kV及以下柔性直流换流站换流阀施工工艺导则》

规定了柔性直流输电设备监造技术要求、系统联调试验技术要求和控制保护设备的技术条件，并在总结我国已建成的上海南汇、广东南澳、浙江舟山等多个柔性直流输电工程运行管理经验的基础上，针对柔性直流输电换流站内设备如换流阀、控制系统等的运行管理，柔性直流输电换流站运行、维护及故障处理，换流站换流阀的施工流程及操作要求，安全质量及环保要求等提出指导意见，进一步解决了我国柔性直流输电领域的技术需求。

图 9-5　电网领域发布的重要标准简介

（六）其他

2017 年其他新兴领域立项标准 30 项，发布标准 9 项。

其他新兴领域发布的重要标准简介见图 9-6。

电力储能

GB/T 34120-2017《电化学储能系统储能变流器技术规范》
GB/T 34131-2017《电化学储能电站用锂离子电池管理系统技术规范》
GB/T 34133-2017《储能变流器检测技术规程》

规范了电化学储能电站变流器的检验、运输等要求，规定了电化学储能电站锂离子电池管理系统的使用条件、功能要求、检验和试验项目等。填补了国内外储能标准的空白，为我国储能技术的进步和储能工程的实施提供了依据，推动了我国电力储能技术进步和产业升级，为我国储能在电力系统的安全稳定运行提供了强有力的技术支撑，引导和保障了我国电力储能产业的规范化健康有序发展。

微电网

GB/T 33589-2017《微电网接入电力系统技术规定》
GB/T 34129-2017《微电网接入配电网测试规范》
GB/T 34930-2017《微电网接入配电网运行控制规范》
GB/T 51250-2017《微电网接入配电网系统调试与验收规范》

规定了并网型微电网的入网条件，规范了并网测试、并网调试及验收的内容和要求，以及并网型微电网的运行控制要求。在国家试点进行微电网示范项目建设和运行的背景下，上述标准的发布，将起到不可缺少的行业引领和技术支撑作用。

节能与能效管理

DL/T 1764-2017《电力用户有序用电价值评估技术导则》
DL/T 1756-2017《高载能负荷参与电网互动节能技术条件》
DL/T 1758-2017《移动式电力能效检测系统技术规范》
DL/T 1765-2017《非生产性空调负荷柔性调控技术导则》
T/CEC 134-2017《电能替代项目减排量核定方法》
T/CEC 135-2017《余热余压发电项目节约电力电量测量与验证导则》

建立了电力用户参与有序用电指标评价体系，制定了电能替代项目减排量核定方法和余热余压发电项目节约电力电量测量与验证方法标准，规定了非生产性空调负荷柔性调控和高载能负荷参与电网互动节能技术要求，并对移动式电力能效检测系统的设计、建设、验收、运行等技术内容进行了规定，为电力节能减排与能效管理等市场化调控机制提供了技术支撑。

分布式电源

GB/T 33592-2017《分布式电源并网运行控制规范》
GB/T 33593-2017《分布式电源并网技术要求》

规范了分布式电源并网的技术要求，规定了并网分布式电源在并网/离网控制、有功功率控制、无功电压调节、电网异常响应、电能质量监测、通信与自动化、继电保护及安全自动装置、防雷接地方面的运行控制要求，在国家层面明确了分布式电源的界定，以及具体的并网要求和运行控制细则，为分布式电源并网提供技术依据。

图 9-6 其他新兴领域发布的重要标准简介

电动汽车充电设施 随着电动汽车充换电设施建设，为了适应换电技术路线的新变化以及大功率充电、无线充电以及电动汽车充电设施与智能电网的互动等技术的发展，充电设施标准体系也随之进行完善，现已形成传导充电设施、换电设施、无线充电系统三大标准体系。其中，电动汽车传导充电设施标准体系规划 80 项标准，现已发布33项标准，正在制修订标准有36项。电动汽车换电设施标准体系规划45项标准，现已经批准发布24项，正在制修订标准有14项。电动汽车无线充电系统标准体系规划21项标准，正在制定5项标准。

第二节　中电联标准发展

一、标准化组织机构

按照《中国电力企业联合会标准管理办法》，根据工作需要，经有关企业申请并广泛征求意见，截至2017年年底，批复组建了中国电力企业联合会工程技术经济、电力培训、电力系统用电力电子器件、电力金具、杆塔及基础、能源互联网等16个中国电力企业联合会专业标准化技术委员会。

中电联标准化技术委员会一览表见表9-1。

表9-1　中电联标准化技术委员会一览表

序号	编号	名称	职责	秘书处挂靠单位
1	CEC/TC 01	配电网规划设计标准化技术委员会	开展配电网设计标准体系的研究，负责配电网设计相关技术领域的标准化工作，包括配电网规划、勘测、设计等技术标准的研究、编制、审定和推广工作	国网北京经济技术研究院、中电联电力发展研究院
2	CEC/TC 02	输变电材料标准化技术委员会	负责输变电导体材料、固体绝缘材料及磁性材料、输变电防护材料、输变电结构材料、电网用新能源材料、智能传感材料的术语和定义、分类和命名方法、技术条件、制造工艺、检测技术及运行维护等领域等技术标准的研究、编制、审定和推广工作	能源互联网研究院
3	CEC/TC 03	抽水蓄能标准化技术委员会	开展抽水蓄能标准体系的研究，负责抽水蓄能相关技术领域的标准化工作，包括抽水蓄能规划、勘测、设计、施工、安装、调试、验收、运行维护、检修、设备技术要求、试验检测、技术管理等技术标准的研究、编制、审定和推广工作	国网新源控股有限公司

续表

序号	编号	名称	职责	秘书处挂靠单位
4	CEC/TC 04	垃圾发电标准化技术委员会	开展垃圾发电标准体系的研究，负责垃圾发电相关技术领域的标准化工作，包括垃圾发电规划、勘测、设计、施工、安装、调试、验收、运行维护、检修、设备技术要求、试验检测、技术管理等技术标准的研究、编制、审定和推广工作	中国电力发展促进会
5	CEC/TC 05	直流配电系统标准化技术委员会	开展直流配电系统标准体系的研究，负责直流配电相关技术领域的标准化工作，包括直流配电规划、设计、施工、安装、调试、验收、运行维护、检修、设备技术要求、试验检测、技术管理等技术标准的研究、编制、审定和推广工作	中国电力科学研究院有限公司
6	CEC/TC 06	中电联工程技术经济标准化技术委员会	开展电力工程造价管理与计价依据编制与管理，相关领域标准体系建设及发展规划的研究、推广	中电联电力发展研究院
7	CEC/TC 07	中电联电力培训标准化技术委员会	开展电力培训标准体系的研究，负责电力培训领域的标准化工作，包括培训与考核规范、培训师资、培训技术、培训基地建设、教材编写等技术标准的研究、编制、审定和推广工作	中电联技能鉴定与教育培训中心
8	CEC/TC 08	中电联电力系统用电力电子器件标准化技术委员会	结合电力电子领域相关专业的特点，规范名词术语，建立电力系统用电力电子器件标准体系，制订相关标准，明确电力电子平台架构、子系统分类、功能、接口、信息模型等，明确电力电子器件使用规则、检验抽样方法、试验方法与程序、封装、散热器、机械与气候试验方法等相关内容	全球能源互联网研究院
9	CEC/TC 09	中电联电力金具标准化技术委员会	拟负责制修订电力金具领域的标准，主要针对电力金具基础性、安全性、通用性方面制定国家标准，包括名词术语、通用条件、试验方法、命名方法等	中国电力科学研究院有限公司
10	CEC/TC 10	中电联杆塔及基础标准化技术委员会	拟负责制修订的专业领域是杆塔及基础领域，主要针对杆塔及基础安全性、通用性方面制定国家标准，包括杆塔结构和基础的设计、材料及加工、试验方法等	中国电力科学研究院有限公司

续表

序号	编号	名称	职责	秘书处挂靠单位
11	CEC/TC 11	中电联电力供热标准化技术委员会	围绕热电产集中供热技术以及电力转化供热技术，开展电力行业供热系统相关标准体系的研究，建立一套专业完整、分级合理、有序适用的供热标准体系，为我国供热及其相关产业的发展提供坚强的标准支撑，进而推动行业有序发展	大唐东北电力试验研究所有限公司
12	CEC/TC 12	中电联地理信息应用标准化技术委员会	围绕地理信息技术在电力行业的应用特点，研究电力行业地理信息标准化工作体系，构建电力行业地理信息应用顶层设计框架化、服务模式规范化、资源共享一体化等机制，推动优秀技术成果向国际、国家标准转化，实现重点技术领域的突破，服务“一带一路”建设，积极推动构建全球能源互联网	国网信息通信产业集团有限公司
13	CEC/TC 13	中电联能源互联网标准化技术委员会	负责能源互联网的标准体系建设、标准制定 / 修订、标准宣贯等标准化工作，重点在能源互联网发展路线图、基础设施、信息资源、能源服务、政策监管、规划设计、工程建设、运行维护、试验检测等方面的标准研制和推广	中国电力科学研究院有限公司
14	CEC/TC 14	中电联输变电工程遥感测量标准化技术委员会	负责构建具有电力特色的航空遥感北斗导航定位技术应用标准体系；研究多源遥感影像数据获取及处理技术；建立遥感数据资源库管理体系，实现一站式“五统一”（统一数据获取、统一数据加工、统一数据管理、统一数据发布、统一数据运维）数据服务，为电网规划、设计和运维等阶段提供数据支撑；构建航空遥感技术在输变电工程应用标准体系；推动优秀技术成果向国际、国家标准转化，实现重点技术领域的突破	国网北京经济技术研究院

续表

序号	编号	名称	职责	秘书处挂靠单位
15	CEC/TC 15	中电联电能替代标准化技术委员会	负责电能替代技术领域如分散式电采暖、电（蓄热）锅炉采暖、热泵、电蓄冷空调、工业窑炉、家庭电气化、轨道交通、农业电排灌、龙门吊“油改电”、油田钻机“油改电”、机场桥载设备替代飞机 APU、电制茶 / 电烤烟、自备电厂替代等领域的标准化技术归口工作	中国电力科学研究院有限公司
16	CEC/TC 16	中电联火力发电企业燃料管理标准化技术委员会	负责火力发电领域燃料管理方面标准化工作，包含燃料采购、接卸、验收、储存、掺配、输送、业务核算与信息统计等方面，负责标准的制定、修订、审查、宣贯等，以及相关专业技术标准化课题研究	中国水利电力质量管理协会

二、中电联标准建设

2017 年，批准发布中电联标准 15 项，覆盖配电网、电能替代、电力需求侧响应、余热余压发电等热点领域。这些标准的发布，将对电力健康发展起到积极作用：一是全面客观反映新型城镇化背景下配电网建设改造工程建设水平和成效，提出结论和建议，指导新型城镇化配电网建设改造方向，推进新型城镇化配电网建设改造与管理的提升；二是规范了工业园区需求响应系统的架构和接口、系统功能和性能指标、系统安全防护等内容；三是规定了电能替代项目减少污染物排放量的核定步骤、边界确定、污染物识别和减排量核定方法等内容；四是规定了余热余压发电项目节约电力电量的测量步骤、项目边界、测量方法及计算方法等内容；五是规范了电气设备中六氟化硫气体纯度的检测方法。

三、中电联标准国际化

根据中电联标准《电动汽车充换电服务信息交换》（T/CEC 102 系列标准）提出的电动汽车充电漫游标准提案获得 IEC TC 69 批准，成立了充电漫游服务标准工作组（IEC TC69 WG9），并将制定充电漫游所需的系列标准。这是充电设施领域成立的第一个由中国提出并担任召集人的技术组织，也是世界上首个电动汽车充电服务领域的标准组织。2017 年 6 月在北京召开了第一次会议，来自中国、美国、荷兰、德国、比利时等国的专家就充电漫游角色、技术架构以及标准草案等议题进行了讨论。

第三节 企业标准化发展

2017 年，随着社会主义市场经济体制不断完善，企业的生产、经营、管理体制发生巨大变化，企业标准化工作的实践不断深入，为了满足不同企业标准化管理的需求，引入先进的管理理念，国家标准化管理委员会第三次组织修编并发布了《企业标准体系》系列国家标准。

2017 版《企业标准体系》对企业标准体系结构框架作了重新设计和构建，从理论和实践的结合上借鉴了国际标准化组织（ISO）在质量管理体系、环境管理体系等先进原理和管理方法，以及工业 4.0 和中国制造 2025 的要求，突出了灵活性、融合性、专业性、引导性、适用性和可操作性，提升了企业标准体系自我设计能力，更加突出了市场机制下企业的主体责任，为各类企业建立标准体系、开展标准化工作提供通用的工作主法和途径。

2017 年版的《企业标准体系》系列国家标准由 5 项标准组成，分别是：

- GB/T 35778–2017《企业标准化工作　指南》
- GB/T 15496–2017《企业标准体系　要求》
- GB/T 15497–2017《企业标准体系　产品实现》
- GB/T 15498–2017《企业标准体系　基础保障》
- GB/T 19273–2017《企业标准化工作　评价与改进》

GB/T 35778–2017 为企业开展标准化工作提供了指导和依据，GB/T 15496–2017、GB/T 15497–2017、GB/T 15498–2017 是指导企业构建标准体系的基本性文件，GB/T 19273–2017 从企业标准化工作全过程给出了企业标准化工作的评分细则，并对评价过程进行了规范和约定，同时对企业标准化工作的改进给出了指引。

2017 年，在广大电力企业的积极参与下，共有 47 家电力企业通过了“标准化良好行为企业”的现场确认（其中 4 家为申请复评企业），通过确认的企业地域范围、企业类型有所拓展，企业数量和质量创历史新高。

地域范围扩大　参与标准化良好行为试点及确认的电力企业进一步拓展，2017 年确认的电力企业覆盖 23 个省份，比上年有所扩大。

企业类型增加　参与的电力企业类型已不局限于设计、施工、发电、电网、科研、制造企业，信息技术企业也参与了标准化良好行为企业试点与确认活动。

2017 年通过确认的标准化良好行为企业分类见图 9–7。

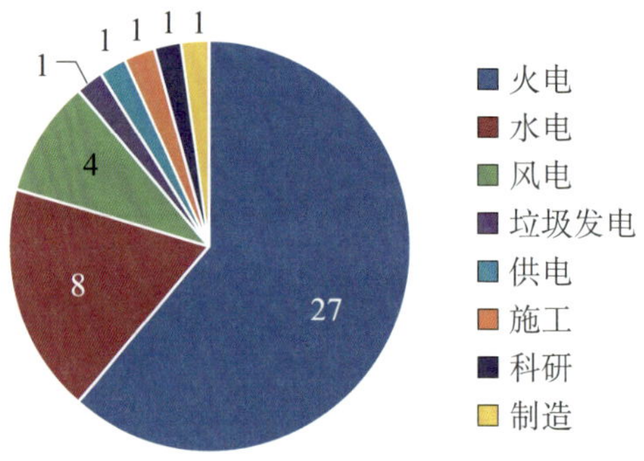

图 9-7　2017 年通过确认的标准化良好行为企业分类（单位：家）

所属集团增加　2017 年参与确认活动的企业来自 8 个集团公司，比上年新增了江苏国信、华润电力。参与的企业包括大唐集团 13 家企业、华电集团 11 家企业、粤电集团 7 家企业、国家电投集团 6 家企业、国家电网 4 家企业、中国电建和华润电力各 2 家企业、中国能建和江苏国信各 1 家企业。

确认级别较高　AAAA 级企业占年度确认企业的 87%，标志着电力企业标准化管理态势已经形成，对规范和引领电力企业发展起到了积极的促进作用。

电力行业开展标准化良好行为企业创建活动进入了全新的阶段，覆盖企业生产、经营、管理的全过程，引入了一系列新的、先进的标准化工作理念和方法。按照《企业标准体系》系列标准的要求，建立以技术标准为主体包括管理标准、工作标准在内的企业标准体系，对生产、经营等各个环节实行标准化管理，成为企业加快技术和管理创新、抢占市场竞争制高点的必然选择。企业通过开展标准化良好行为创建，将“建立健全企业标准体系”作为先进技术和管理经验的载体，为管理提供了约束力，提升了企业经营管理水平，带来了明显的管理效益和经济效益。

第四节　国际标准化

一、参与制定的国际标准

由我国提出的《塔式太阳能光热发电站设计总体要求》国际标准提案，获国际电工委员会投票通过。由我国主持制定的《微电网 第一部分：微电网项目规划及设计导则》等 2 项国际标准获批准发布。

发布的 2 项国际标准简介如下：

1. IEC TS 62898-1: 2017：Microgrids-Part 1: Guidelines for microgrid projects planning and specification 《微电网 第一部分：微电网项目规划及设计导则》

规定了微电网的定义、范围、应用场景，以及微电网规划设计的前期调研、系统规划、技术要求以及项目评估等相关要求。

主要参与国家：中国、法国、西班牙、澳大利亚、英国、瑞士、意大利、日本、澳大利亚、德国、韩国、俄罗斯、丹麦。

2. IEC TS 62786: 2017：Distributed energy resources connection with the grid 《分布式能源接入电网》

规定了分布式能源接入中低压配电网在并网方式、并网开关的选择、正常运行范围、抗扰动能力、电网频率异常的有功功率响应、电压偏移和电压波动的无功功率响应、电能质量、互联接口保护、启动、有功功率控制、监视、控制和通信，以及并网测试等方面应满足的技术要求。适用于接入50赫兹或60赫兹中低压配电网中的同步电机类型、感应发电机类型和逆变器类型的分布式发电和分布式储能。

主要参与国家：中国、德国、意大利、日本。

二、电力标准英文版翻译

为支持电力“走出去”战略的实施，服务电力企业，中电联积极主动开展电力标准英文版翻译工作，将一些海外工程建设、运营所需要的中国电力标准，包括国家标准、行业标准，组织专家翻译成英文版，并按照要求进行审核出版。中电联发动全行业力量，由国家电网、南方电网和五大发电集团共同承担电力标准翻译工作。截至2017年年底，共完成255项电力标准英文版的翻译工作，初步形成了工程建设标准英文版体系，基本满足电力企业在国外工程建设中对中国国家标准英文版的使用需求。

第十章 电力企业发展与经营

第一节 电力企业

一、企业概况

（一）发、供电企业

截至2017年年底，全国发、供电企业[1]共有6238家，比上年末增加487家。其中，供电企业964家，因农电企业上划等因素，同比减少145家；发电企业合计5274家，随着新能源发电快速发展，企业数量同比增加632家。

2017年年底全国发、供电企业分类数量见图10-1。

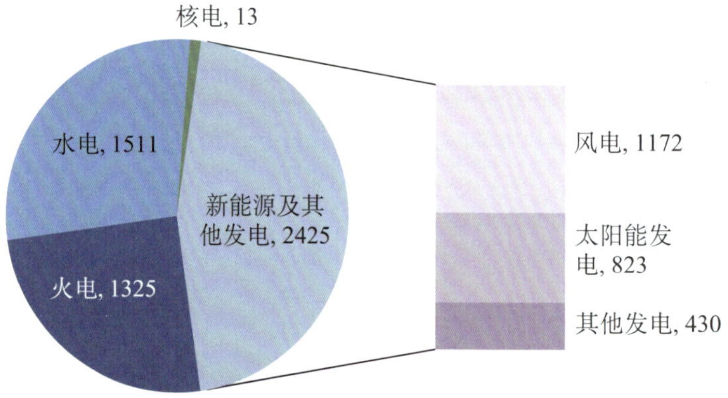

图10-1 2017年年底全国发、供电企业分类数量（单位：家）

在新增发电企业中，新增风电和太阳能发电企业的数量分别为169和297家，合计占发电企业增加数量的83.8%。

2017年新增发电企业分类见图10-2。

[1] 发、供电力企业数量统计数据来源于国家统计局；统计口径为规模以上独立核算法人单位。

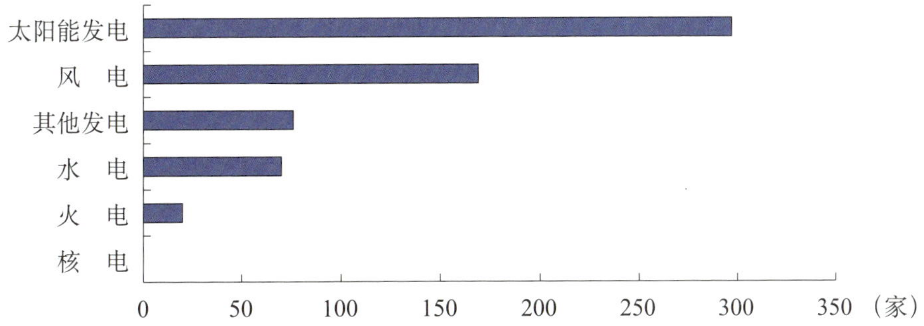

图 10-2 2017 年新增发电企业分类

注：图中发电企业中“其他”指地热、潮汐能、温差能、波浪能、生物能及其他未明细能源的发电企业。

（二）电力建设企业

截至 2017 年年底，纳入中国电力建设企业协会（以下简称“中电建协”）统计的电力建设施工企业 113 家，电力监理企业 130 家，电力工程调试企业 83 家。与上年年底相比，火电施工企业减少 3 家，水电施工企业增加 1 家。

电力建设施工企业 113 家施工企业中，水电施工企业 30 家，独立法人火电施工企业 49 家，送变电施工企业 34 家。具有水利水电和电力工程施工总承包特级资质企业共 27 家（中国电建 19 家、中国能建 7 家，内蒙古能建 1 家），比上年年底增加 4 家，其余均为施工总承包一级资质。

电力监理企业 130 家监理企业中，具有电力建设总监理工程师和监理工程师资质 9616 人；其中，在具备总监理工程师资质的 2481 人中，Ⅰ级总监 1609 人，Ⅱ级总监 872 人。

电力调试企业 83 家电力工程调试企业中，具有电力建设调试总工程师和调试工程师资质 3330 人；其中，在具备调试总工程师资质的 805 人中，Ⅰ级总工程师 516 人，Ⅱ级总工程师 289 人。

二、大型电力企业人力资源

据中电联对国家电网等 16 家[1]大型电力企业人力资源情况统计，截至 2017 年年底，16 家电力企业的人力资源情况如下：

（一）职工人员构成

职工总数 215.99 万人，同比增长 0.58%。其人力资源结构特点为：

［1］ 国家电网、南方电网、华能集团、大唐集团、华电集团、国家能源集团、国家电投集团、三峡集团、中广核、中国电建、中国能建、粤电集团、浙能集团、内蒙古电力、京能集团、陕西地电。

● 生产技能人员比重比上年略有下降

生产技能人员是电力职工队伍的主力军，合计人数 112.85 万人，比上年减少 7762 人，占职工人数比重为 52.9%，比上年下降 0.7 个百分点。

2016—2017 年大型电力企业职工人员分类构成见图 10-3。

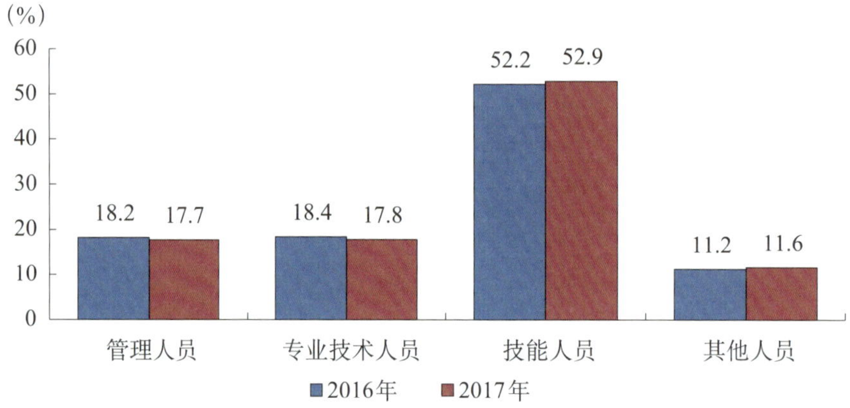

图 10-3　2016—2017 年大型电力企业职工人员分类构成

● 36~45 岁职工比重有所下降

从职工分年龄结构来看，36~45 岁职工比上年减少 34114 人，比重下降 1.7 个百分点；46~55 岁职工人数比上年增加 44414 人，比重上升 1.9 个百分点。

2016—2017 年大型电力企业职工年龄结构见图 10-4。

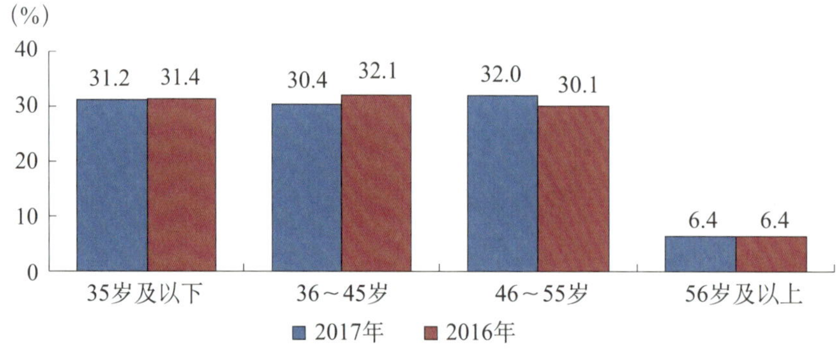

图 10-4　2016—2017 年大型电力企业职工年龄结构

● 专科及以上学历比重继续提高

从职工分学历结构来看，专科及以上学历比重比上年提高了 2.6 个百分点；其中，本科学历相应增加 40274 人，比重提高 1.7 个百分点；专科以下学历减少 50499 人，比重略有降低。

2016—2017 年大型电力企业职工学历结构见图 10-5。

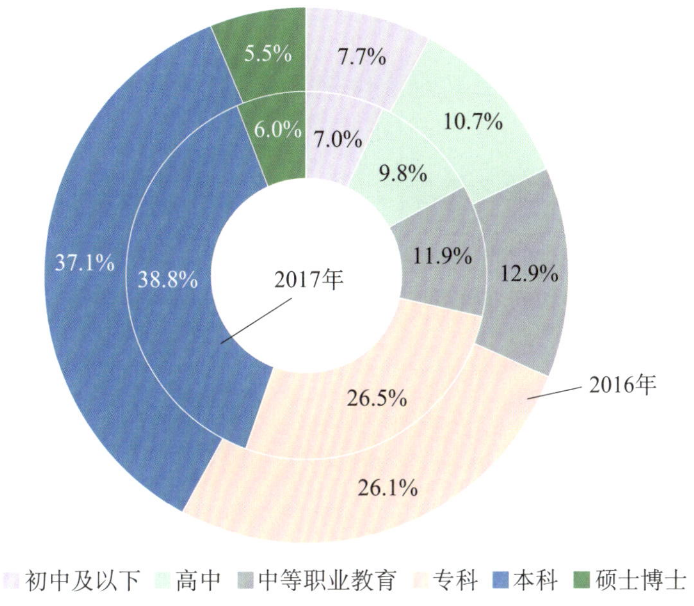

图 10-5　2016—2017 年大型电力企业职工学历结构

● 专业技术人员中的中级及以上职称与生产技能人员中的高等级技能人员比重有所提高

从专业技术人员分职称等级来看，中级及以上职称等级人员比重比上年提高 2.9 个百分点；其中，中级、副高级、正高级分别提高 1.4、1.4 和 0.1 个百分点。初级职称人数比上年减少 694 人。

从生产技能人员分技术等级来看，技师、高级技师比重进一步提高，其中高级技师比上年增加 14045 人。

2017 年大型电力企业职工专业技术人员职称和生产技能人员技术等级见表 10–1。

表 10–1　2017 年大型电力企业职工专业技术人员职称和生产技能人员技术等级

	专业技术人员				生产技能人员			
	总数	正、副高级	中级	初级	总数	高级技师	技师	高级工
人数（人）	396541	59910	115876	132620	1128509	98168	204565	331523
占本类人员总数比例（%）	100	15.1	29.2	33.4	100	8.7	18.1	29.4
比上年提高（个百分点）		1.5	1.34	−1.5		1.3	1.9	−0.02

（二）职工分类业务板块构成情况

按电网、发电和电力建设三大业务板块划分[1]，大型电力企业职工人数及其构成情况比较如下：

● 电网企业职工人数连续 3 年增加，发电企业职工人数逐年减少，电力建设企业职工人数近 5 年来总体相对稳定

近 5 年三大业务板块电力企业职工人数见图 10-6。

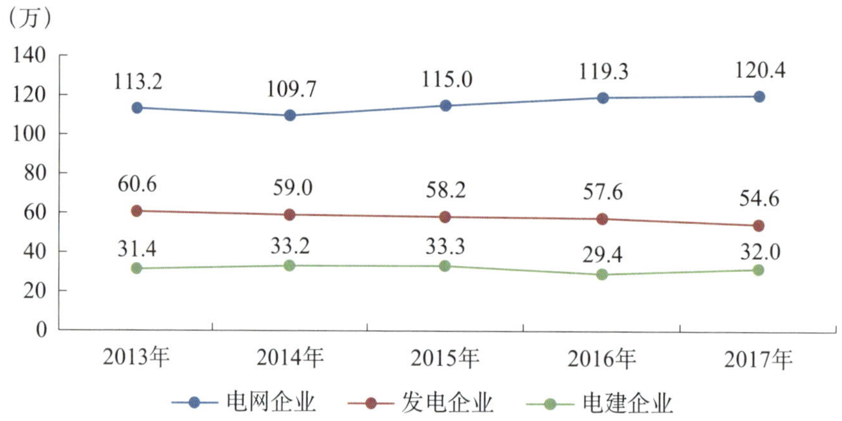

图 10-6　近 5 年三大业务板块电力企业职工人数

● 电网、发电企业技能人员比例较大，电力建设企业管理人员及专业技术人员比例相对较高

2017 年三大业务板块电力企业职工结构构成见图 10-7。

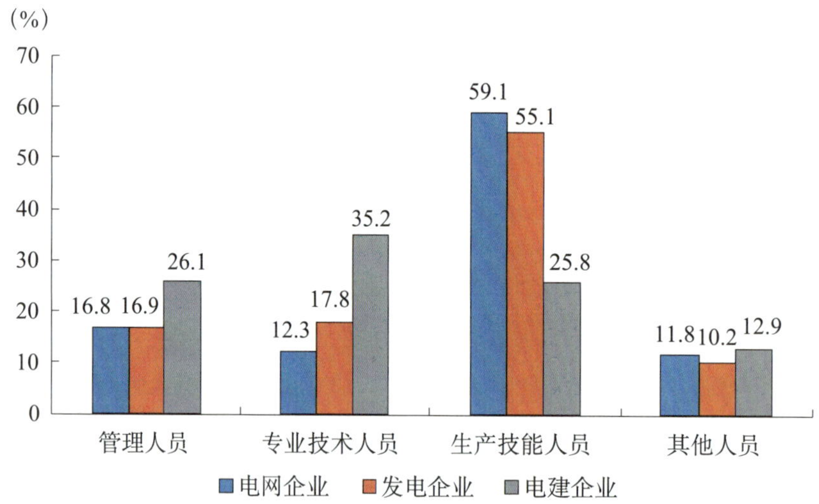

图 10-7　2017 年三大业务板块电力企业职工构成

[1] 电网企业包括国家电网、南方电网、内蒙古电力和陕西地电 4 家，发电集团企业包括华能集团、大唐集团、华电集团、原国电集团、国家电投集团等 5 家，电建企业包括中国电建、中国能建等 2 家。

● 电网企业各类人员连续3年持续增长；发电企业各类人员总体呈下降趋势；电力建设企业管理、专业技术人员呈上升趋势，生产技能人员虽然当年有所增加，但与2015年比较总体仍呈下降趋势

近5年三大业务板块电力企业管理人员、专业技术人员及生产技能人员人数分别见图10-8、图10-9和图10-10。

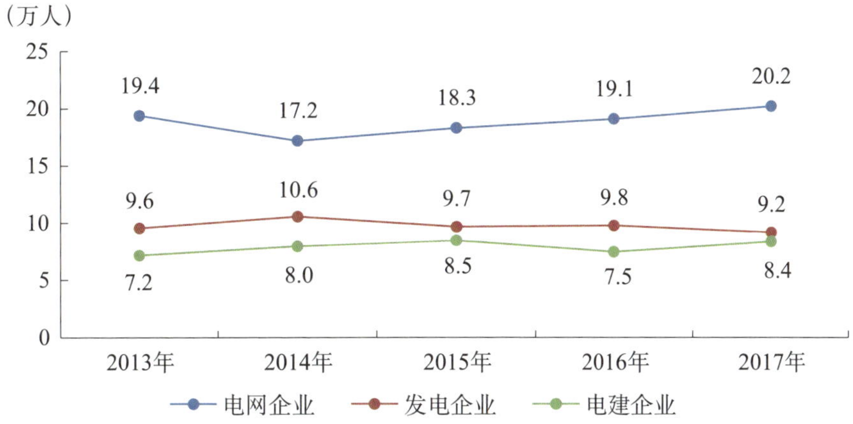

图10-8　近5年三大业务板块电力企业管理人员人数

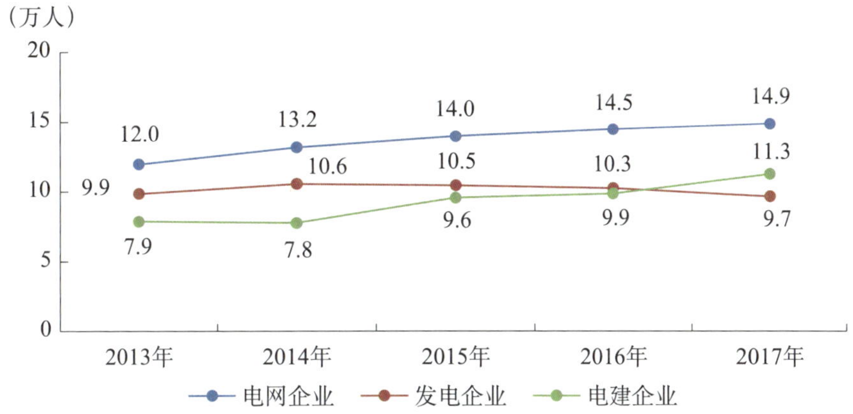

图10-9　近5年三大业务板块电力企业专业技术人员人数

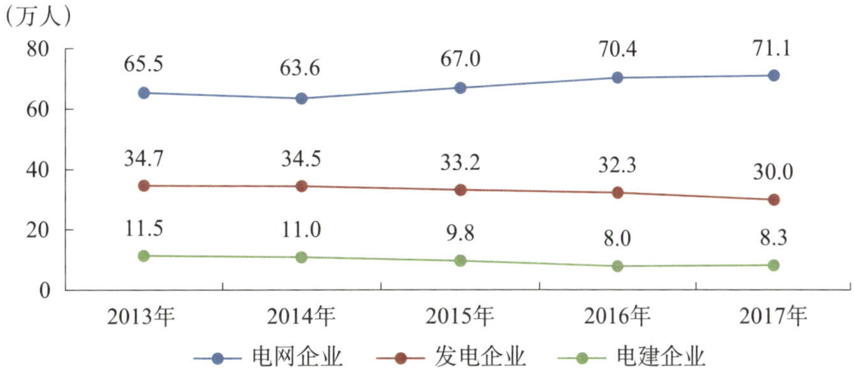

图10-10　近5年三大业务板块电力企业生产技能人员人数

第二节 发展与经营

一、基本概况

2017年，电力企业资产总额增速继续回落，负债总额增速降低，负债率小幅下降。受燃料成本大幅上涨、市场化交易电量增加等因素影响，火电企业利润降幅超八成，带动电力企业利润整体下降。

2017年电力企业主要经营效益指标见表10-2。

表10-2 2017年电力企业主要经营效益指标

企业类型	资产		负债		利润	
	总额（亿元）	同比增长（%）	总额（亿元）	同比增长（%）	总额（亿元）	同比增长（%）
电力企业	133237	4.5	81198	3.7	3253	-15.4
电力供应企业	57538	4.9	30106	3.4	1490	20.6
发电企业	75699	4.2	51092	3.8	1763	-32.4
火电企业	31685	-0.2	21684	0.9	207	-83.3
水电企业	21444	4.4	14002	2.3	721	1.7
核电企业	5144	12.2	3937	12.0	216	8.9
风电企业	10658	7.0	7016	6.1	386	39.5
太阳能发电企业	4856	19.1	3296	16.6	160	31.5
其他电力生产企业	1911	11.3	1156	8.6	73	13.2

注：数据来源于国家统计局。

1. 资产总额增速降低，火电企业资产总额同比微降

根据国家统计局统计，截至2017年年底，全国规模以上电力企业资产总额133237亿元，比上年增长4.5%，增速比上年降低3.1个百分点。其中，电力供应企业资产总额比上年增长4.9%；发电企业资产总额比上年增长4.2%，其中火电企业资产总额比上年下降0.2%。

2016年、2017年电力企业资产结构见图10-11，2017年年底分类发电企业资产结构见图10-12。

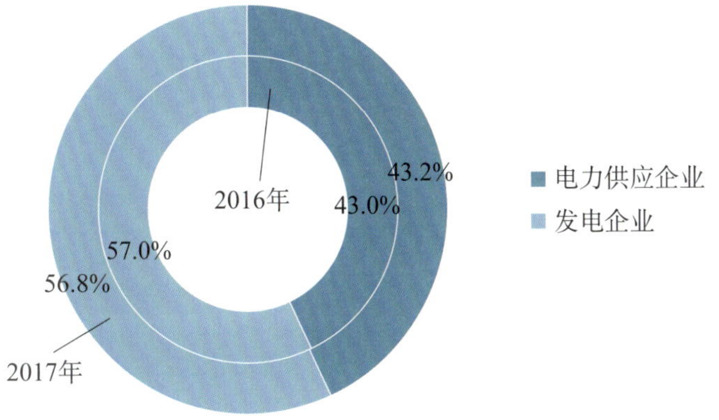

图 10-11　2016 年、2017 年电力企业资产结构

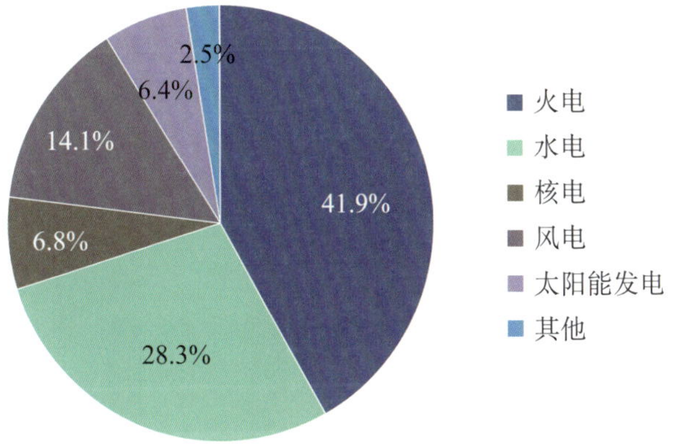

图 10-12　2017 年年底分类发电企业资产结构

2. 负债总额增速降低

规模以上电力企业负债总额81198亿元，比上年增长3.7%，增速比上年降低3.0个百分点。其中，电力供应企业负债总额比上年增长 3.4%；发电企业负债总额比上年增长 3.8%，其中火电企业比上年增长 0.9%。

3. 负债率小幅下降，但火电企业负债率同比提高

规模以上电力企业资产负债率为 60.9%，比上年降低 0.5 个百分点。其中，电力供应企业资产负债率比上年降低 0.8 个百分点，发电企业资产负债率比上年降低 0.2 个百分点。发电企业资产负债率降低主要是太阳能发电、水电、风电企业资产负债率分别降低 1.4、1.3 和 0.6 个百分点，而火电企业受利润大幅下滑影响，资产负债率提高 0.7 个百分点。

2016 年、2017 年电力企业资产负债率见图 10-13，2016 年、2017 年发电企业分类型资产负债率见图 10-14。

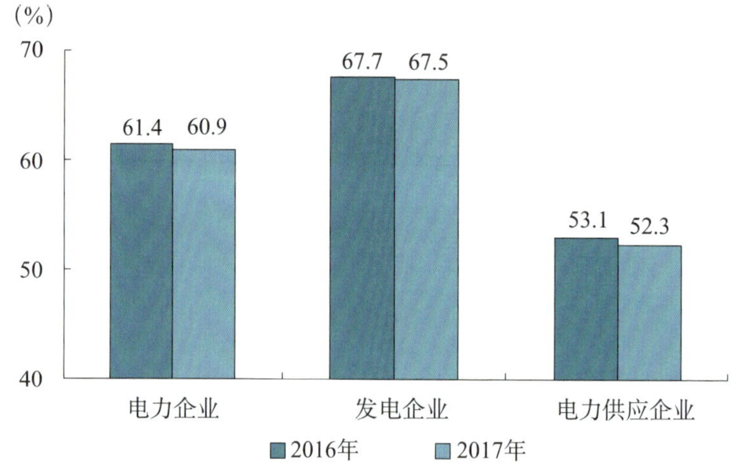

图 10-13　2016 年、2017 年电力企业资产负债率

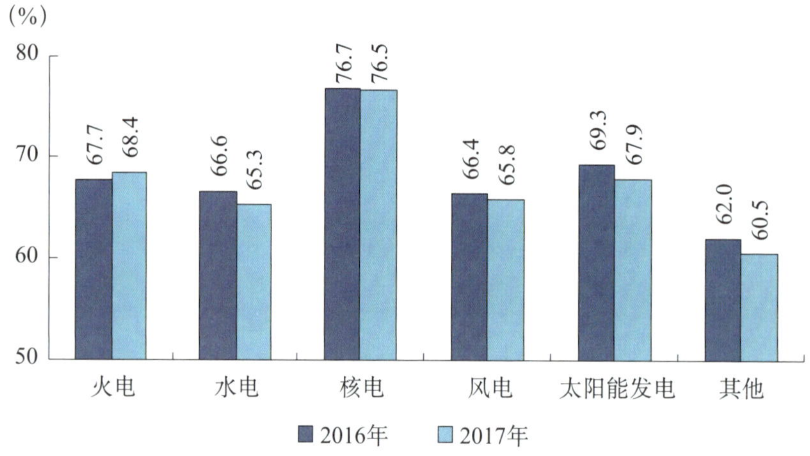

图 10-14　2016 年、2017 年发电企业分类型资产负债率

4. 火电企业利润降幅超过 8 成

规模以上电力企业利润总额 3253 亿元，比上年下降 15.4%，主要是发电企业实现利润总额 1763 亿元，比上年下降 32.4%。发电企业利润大幅减少主要是由于电煤价格大幅上涨、市场交易让利用户因素，导致火电企业利润总额比上年下降 83.3%。2017 年，全国煤电行业因电煤价格上涨导致电煤采购成本比上年增加 2000 亿元左右；另外，大型煤电企业因参与电力市场化交易平均降低煤电上网价格约 4 分 / 千瓦时，双重挤压是导致火电行业大面积亏损、发电企业效益大幅下滑的最主要因素。

风电和太阳能发电利润增长均超过 30%，但由于补贴不及时、不到位，使得企业账面利润短期内难以转化为实际资金流，资金周转困难，财务成本负担沉重。

2016 年、2017 年电力企业利润构成见图 10-15，2016 年、2017 年发电企业分类型利润总额及增速见图 10-16。

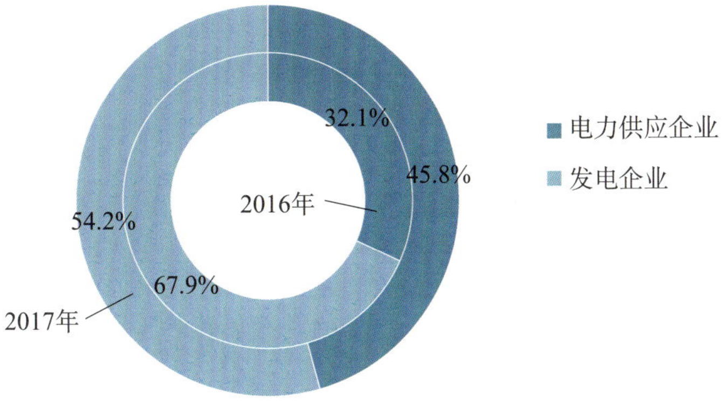

图 10-15 2016 年、2017 年电力企业利润构成

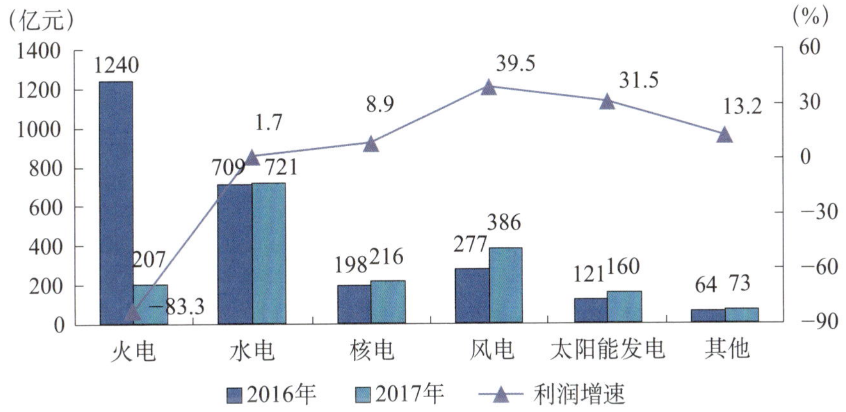

图 10-16 2016 年、2017 年发电企业分类型利润总额及增速

二、电网企业

（一）两大电网公司经营情况

国家电网、南方电网（以下简称“两大电网”）经营状况总体好于上年，具体体现为：

1. 资产总额较快增长

两大电网资产总额合计 4.56 万亿元，比上年增长 11.3%。

2010—2017 年两大电网公司资产总额见图 10-17。

2. 主营业务收入较快增长

受宏观经济稳中向好、工业生产形势改善、电能替代加快推广等因素带动电力消费较快增长影响，两大电网公司售电量合计 4.70 万亿千瓦时，比上年增长 7.2%；主营业务收入合计 2.83 万亿元，比上年增长 11.0%。

2010—2017 年两大电网主营业务收入见图 10-18。

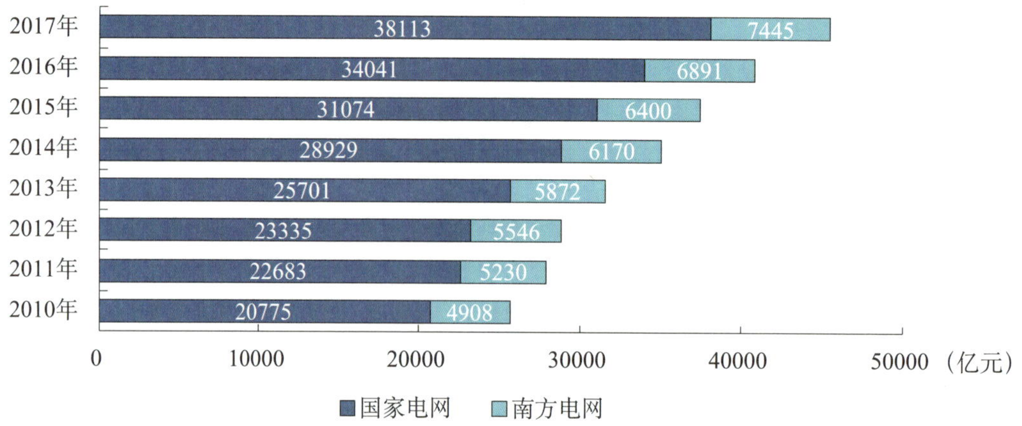

图 10-17　2010—2017 年两大电网资产总额

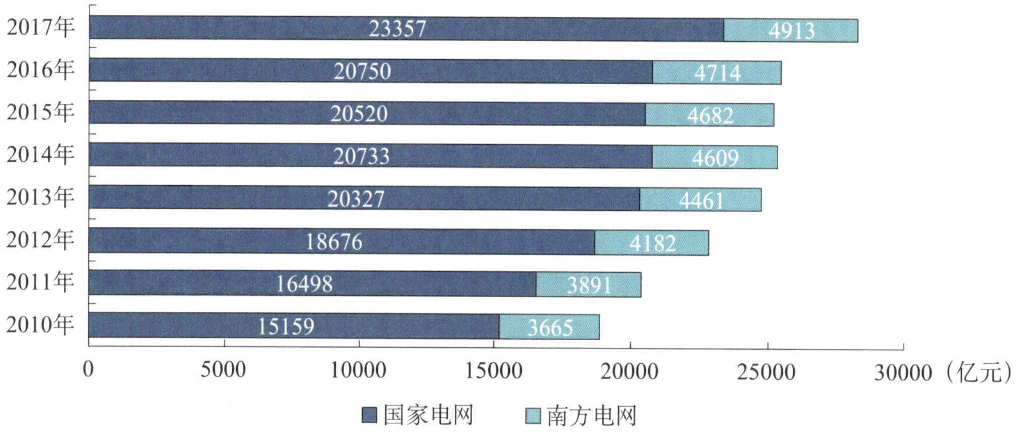

图 10-18　2010—2017 年两大电网主营业务收入

3. 资产负债率略有提高

国家电网利润总额 910 亿元，比上年增长 5.1%，增速比上年提高 5.0 个百分点；南方电网利润总额 181 亿元，比上年下降 14.9%，增速比上年下降 25.7 个百分点。两大电网平均资产负债率为 58.1%，比上年提高 1.4 个百分点。

2017 年两大电网主要经营数据增速见图 10-19。

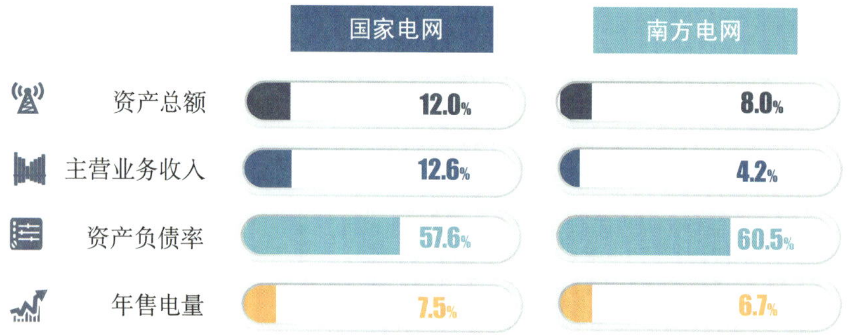

图 10-19　2017 年两大电网主要经营数据增速

4. 电网建设投资额比上年略降

两大电网合计完成电网建设投资 5671 亿元，比上年下降 1.4%。其中，国家电网下降 2.5%，南方电网增长 5.4%。

（二）地方电网企业经营情况

内蒙古电力资产总额 899 亿元，比上年下降 5.0%；主营业务收入 637 亿元，比上年增长 16.0%；主营业务利润 7.6 亿元，比上年增加 15.0 亿元；资产负债率 56.0%，比上年降低 6.4 个百分点；资本保值增值率为 103.8%，比上年提高 3.1 个百分点。

陕西地电资产总额 301 亿元，比上年增长 17.5%；主营业务收入 210 亿元，比上年增长 4.8%；主营业务利润 8.2 亿元，比上年减少 5.4 亿元；资产负债率 54.6%，比上年提高 3.5 个百分点；资本保值增值率为 112.9%，比上年降低 3.9 个百分点。

2017 年电网企业生产经营数据见附录 12。

三、发电企业

主要发电企业生产能力持续增长，发电结构不断优化。

2017 年主要发电企业发电装机容量及发电量情况见附录 13。

（一）五大发电集团经营情况

2017 年，全国电力需求继续回暖，带动发电企业发电量较快增长。但受发电燃料价格居高不下、市场化交易电价下降而交易电量规模继续增加、新能源发电量电价补贴不到位、煤电机组持续加大环保投资等因素影响，五大发电集团经营形势严峻。

1. 资产规模稳步增长

华能集团、大唐集团、华电集团、国家能源集团、国家电投集团资产规模稳步增长。2017 年年底，资产总额合计 5.34 万亿元，比上年增长 4.0%，其中，华能集团、国家能源集团和国家电投集团资产总额超过 1 万亿元。

2016 年、2017 年五大发电集团资产总额见图 10–20。

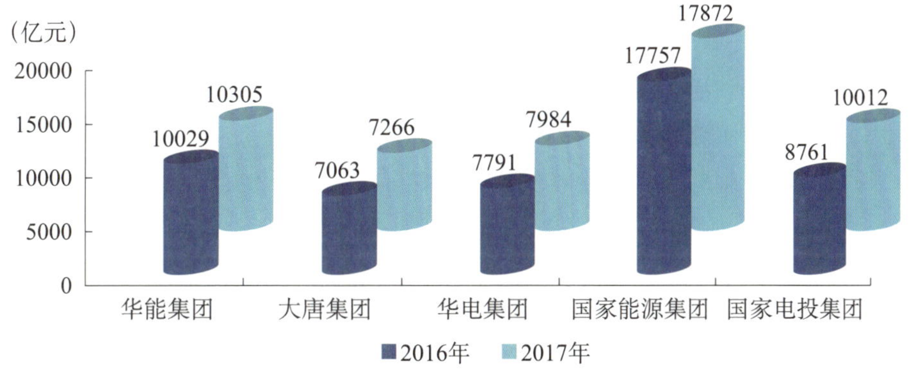

图 10–20　2016 年、2017 年五大发电集团资产总额

2. 主营业务收入较快增长

五大发电集团综合业务收入合计 13433 亿元，比上年增长 10.4%。其中，电力业务收入 9559 亿元，比上年增长 9.1%；电力业务收入占综合业务收入的比重为 71.2%。合计资产负债率为 73.9%，比上年下降 1.4 个百分点。

2016 年、2017 年五大发电集团电力业务收入见图 10-21。

图 10-21　2016 年、2017 年五大发电集团电力业务收入

3. 火电业务总体亏损

五大发电集团经营形势下滑，电力业务尤其是火电业务利润持续下降，利润总额 983 亿元，比上年下降 1.9%。其中，电力业务利润总额 310 亿元，比上年下降 64.4%，火电业务利润总额亏损 132 亿元是主因，除国家能源集团外，其余四家发电集团火电板块均亏损，主要是由于电煤价格大幅上涨且上涨成本不能有效疏导所致。

2016 年、2017 年五大发电集团电力业务利润、火电业务利润分别见图 10-22 和图 10-23。

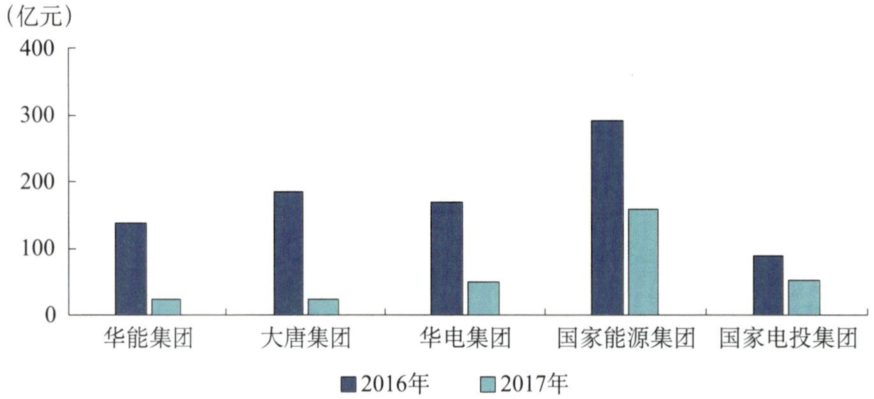

图 10-22　2016 年、2017 年五大发电集团电力业务利润

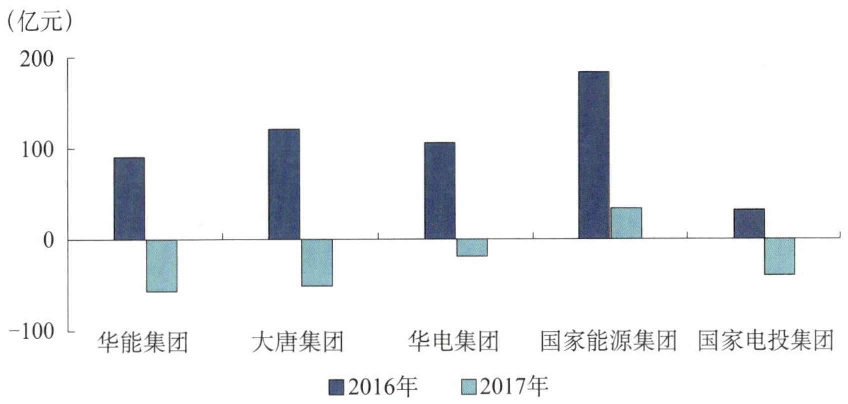

图 10-23　2016 年、2017 年五大发电集团火电业务利润

4. 市场份额小幅下降

截至 2017 年年底，五大发电集团可控发电装机容量 8.13 亿千瓦，同比增长 4.1%，低于全国发电装机容量增速 3.6 个百分点；占全国发电装机容量的比重为 45.8%，比上年降低 1.6 个百分点。可控发电装机的发电量合计 29894 亿千瓦时，同比增长 6.6%，基本与全国发电量增长持平；占全国总发电量的比重为 46.6%，比上年降低 2.3 个百分点。其中，非化石能源发电量 5962 亿千瓦时，占全国非化石能源发电量的 19.9%，比上年降低 0.2 个百分点，比全国非化石能源发电量占比低 10.4 个百分点。

2017 年五大发电集团发电装机及发电量占比见图 10-24。

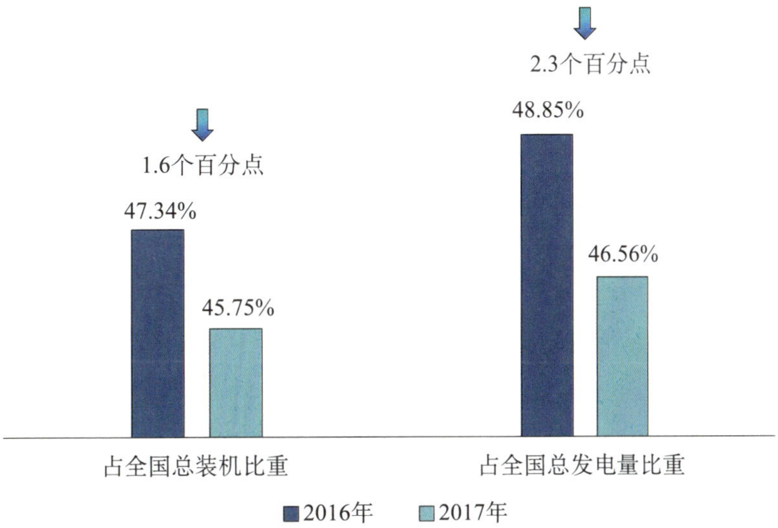

图 10-24　2017 年五大发电集团发电装机及发电量占比

5. 市场化交易电量比重大幅提高

五大发电集团合计参与市场化交易电量 10493 亿千瓦时，比上年增长 45.3%，占五大发电集团发电量的 35.1%，比上年提高 9.3 个百分点。

（二）其他大型发电企业经营情况

根据对18家其他大型发电企业[1]（以下简称“18家电企”）的调查，截至2017年年底，18家电企资产总额合计33725亿元，比上年增长8.7%，比五大发电集团增速高4.8个百分点。

1. 市场份额有所扩大

截至2017年年底，18家电企可控发电装机容量合计为3.53亿千瓦，同比增长5.9%，增速比五大发电集团装机容量增速高1.8个百分点；占全国发电装机容量的比重为19.9%，比上年降低0.3个百分点。可控发电装机的发电量合计1.50万亿千瓦时，同比增长9.2%；占全国发电量的23.3%，比上年提高0.6个百分点。

2016年、2017年18家电企可控装机容量、发电量及增速分别见图10-25和图10-26。

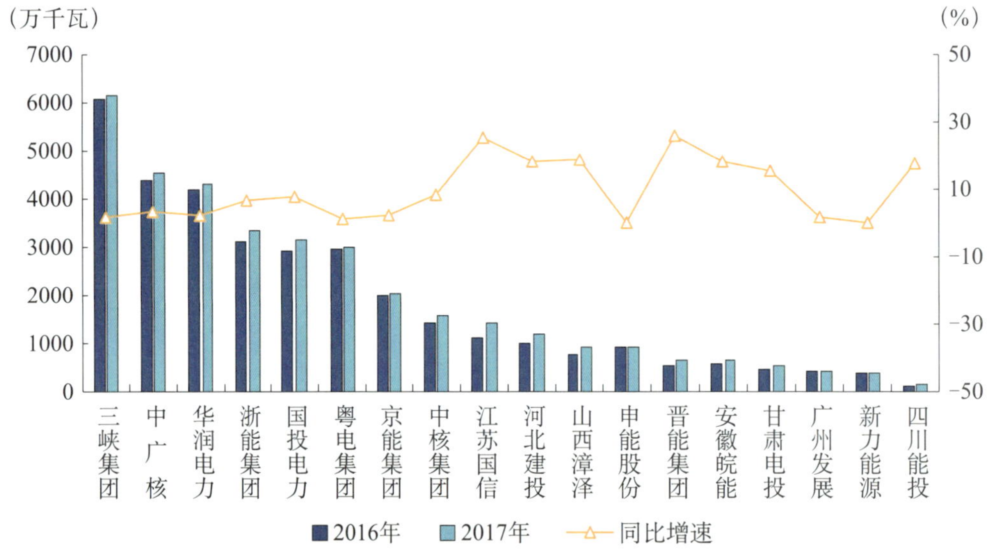

图10-25 2016年、2017年18家电企可控发电装机容量及增速

2. 市场化交易电量比重明显提高

13家大型发电企业[2]参与市场化交易电量合计3178亿千瓦时，比上年增长132.4%；占同口径发电量的比重为21.2%，比上年提高11.3个百分点；比五大发电集团市场化交易电量比重低13.9个百分点，这与企业的发电类型、机组结构、地区分布、当地市场交易规模与规划等因素有关。

---

[1] 18家大型发电企业分别是中核集团、三峡集团、中广核、粤电集团、浙能集团、国投电力、华润电力、北京能源、河北建投、四川能投、甘肃电投、广州发展、晋能集团、山西漳泽电力、皖能电力、新力能源、江苏国信、申能股份。

[2] 即上述18家其他大型发电企业中除去京能集团、中广核、河北建设、晋能集团和申能集团以外的其余13家电企。

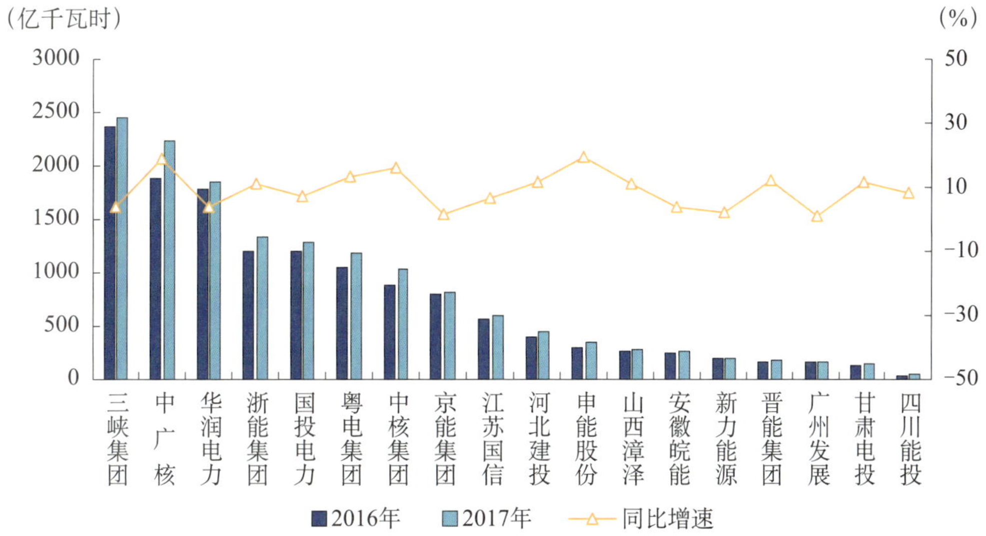

图 10-26　2016 年、2017 年 18 家电企可控发电装机的发电量及增速

3. 资产负债率好于行业平均水平

得益于经济向好、发电量较快增长等因素，18 家电企实现综合业务收入 7189 亿元，比上年增长 14.6%，好于五大发电集团。其中，电力业务收入 4963 亿元，比上年增长 13.0%。17 家其他大型发电企业[1]整体资产负债率为 56.9%，低于全国发电企业平均水平。

2016 年、2017 年 17 家其他大型发电企业与五大发电集团资产负债率对比见图 10-27。

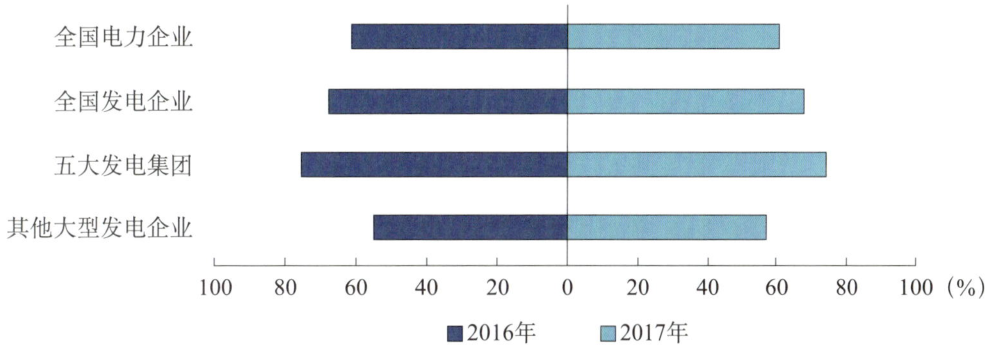

图 10-27　2016 年、2017 年 17 家其他大型发电企业与五大发电集团资产负债率对比

4. 经营情况优于五大发电集团

18 家电企经营情况总体优于五大发电集团。究其原因：一是资产负债率相对较

[1] 即上述 18 家其他大型发电企业中除去华润电力以外的其余 17 家电企。

低，财务费用支出压力较轻；二是发电量增速相对较高；三是市场交易电量比重相对较低。

2017 年五大发电集团与 18 家电企主要经营数据对比见图 10-28。2017 年主要发电企业生产经营数据见附录 14。

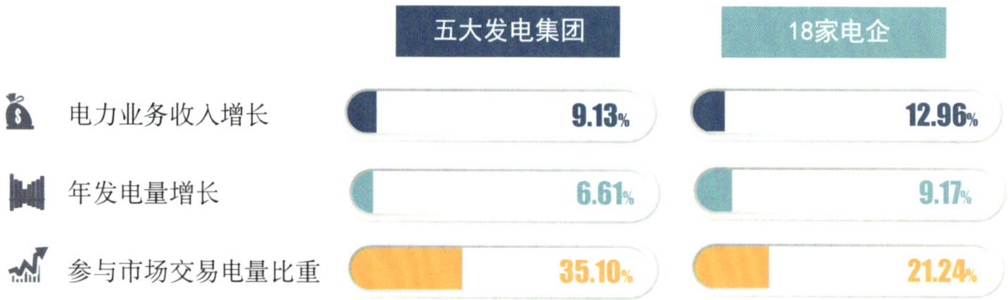

图 10-28　2017 年五大发电集团与 18 家电企主要经营数据对比

四、电力建设企业

2017 年，在整体市场形势严峻情况下，各主要电力建设企业努力转变经营方式，积极开拓“非电”及境外市场，使行业整体的经济效益得到提升。

2017 年电力建设集团生产经营数据见附录 15。

（一）施工企业

近三年，国内水电机组投产规模持续大幅减少，特高压电网建设项目也处于减少状态。电力施工企业不断开拓非电市场、境外市场，进军核电市场、参加 220KV 以下配电网建设、发展服务业，行业整体效益有所提升。

电力施工企业营业总收入 4904 亿元，比上年增长 17.7%。其中，境外总收入 837 亿元，比上年增长 7.4%；利润总额 105.1 亿元，比上年增长 22.3%；总负债率 80%，比上年降低 1.9 个百分点，其中，火电施工企业负债率 86.9%，远高于 75% 的负债警戒线；新签合同总额 5461 亿元，比上年增长 7.3%。

1. 营业收入

由于水电、火电施工企业承担了越来越多的国内外水电、火电及非电业务总承包项目，企业营业收入及其境外收入增长较快，境外收入已连续三年稳步上升。

2015—2017 年电力建设施工企业分类营业收入、境外营业收入与增速分别见图 10-29 和图 10-30。

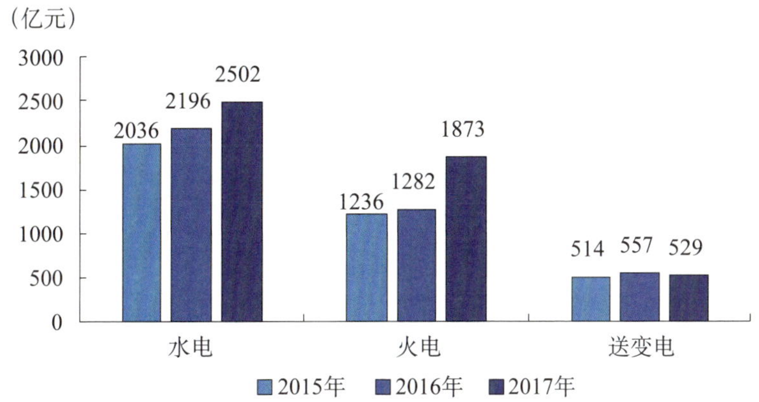

图 10-29 2015—2017 年电力建设施工企业分类营业收入

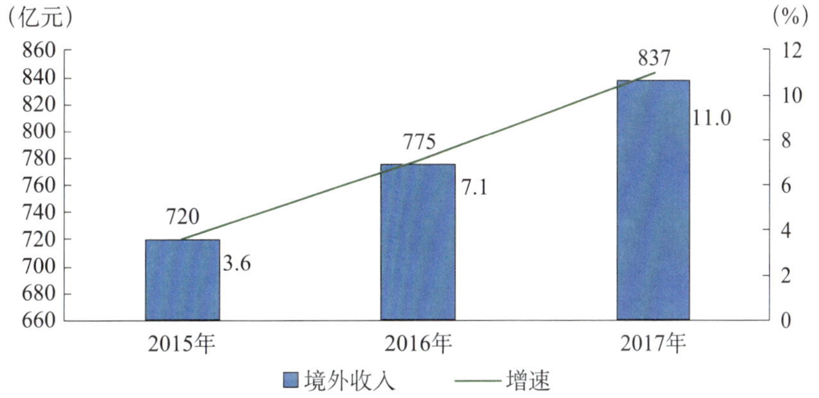

图 10-30 2015—2017 年电力建设施工企业境外营业收入与增速

2. 利润总额

近三年，水电、火电、送变电施工企业开拓非电市场、实施“走出去”战略，实现了企业利润总额总体上升。其中，火电施工企业扭转 2016 年整体盈利下降局面，达到最好盈利水平。

2015—2017 年电力建设施工企业利润总额见图 10-31。

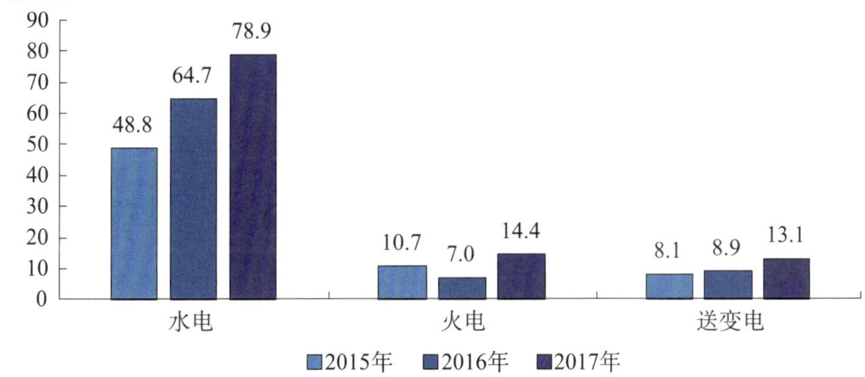

图 10-31 2015—2017 年电力建设施工企业利润总额

3. 负债率

由于中国电建和中国能建及时采取措施，对火电施工企业实施内部整合与调整，强化管理，调整经营思路，使2017年火电施工企业的负债率下降4.0个百分点，施工企业整体负债率比上年下降2.0个百分点。水电、送变电施工企业负债率基本正常。

2015—2017年电力建设施工企业分类负债率见图10-32。

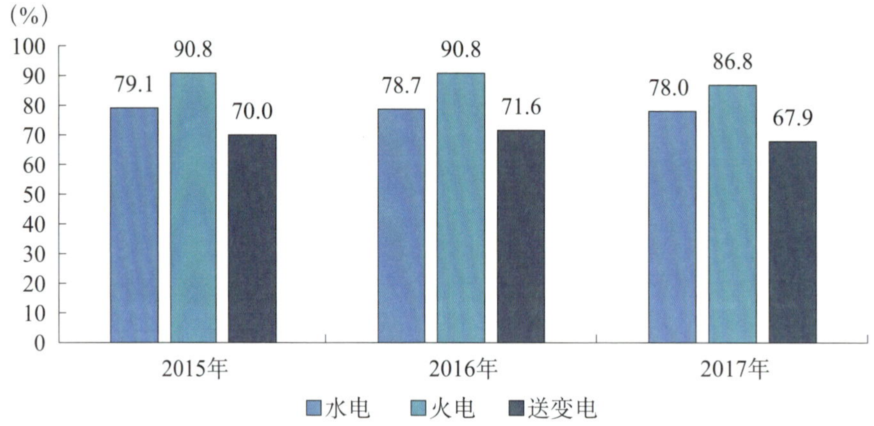

图10-32 2015—2017年电力建设施工企业分类负债率

4. 新签合同额

近三年，电力建设企业大力开拓国内非电市场，涉足PPP业务，投资境外电力及非电项目，新签合同额上升较快，2017年新签合同额8186亿元，比上年增加3124亿元，新签合同额创历史最高。

2015—2017年电力建设施工企业新签合同额及增速见图10-33。

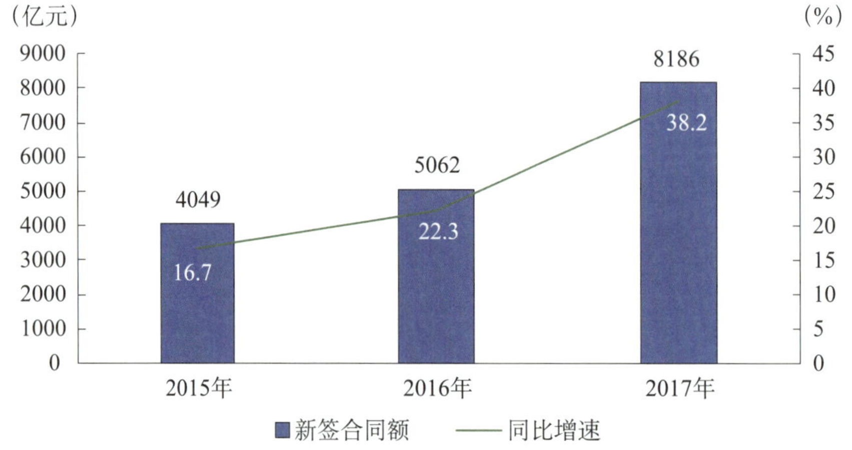

图10-33 2015—2017年电力建设施工企业新签合同额及增速

（二）电力建设监理、调试企业

2017 年，电力建设监理企业总体经营情况平稳，各项经营指标比上年略有提升；电力建设调试企业总体营业收入、企业利润总额比上年大幅下降，负债率上升。

监理企业除项目监理业务外，有的企业还承担电力建设项目咨询、招标代理、总承包项目管理等业务，其中工程监理收入总和占总收入约 50%；调试企业除调试业务外，有的企业还开展科研、技术服务、施工、投资等业务，收入占比较大，其中调试收入占比不到总收入的 30%。

1. 营业收入

近三年，电力监理企业的营业收入及监理收入总体正常；电力调试企业营业收入下降 39.1%，已经连续三年下降，而调试收入基本稳定，表明调试企业非调试收入受市场形势影响较大。

2015—2017 年电力监理、调试企业营业收入见图 10–34。

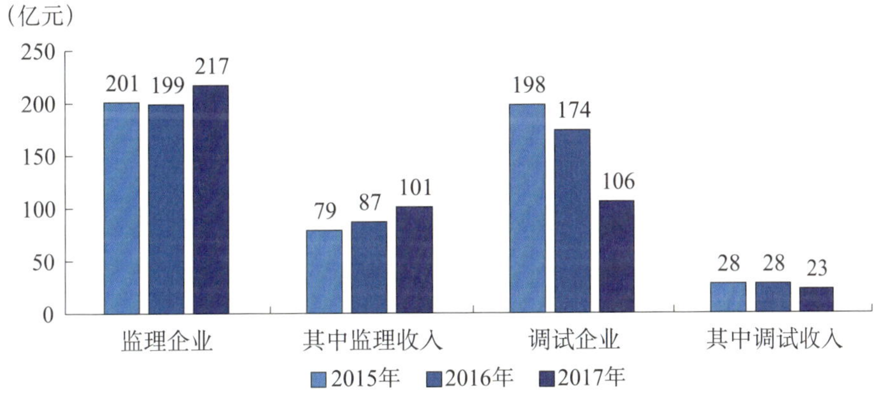

图 10–34　2015—2017 年电力监理、调试企业营业收入

2. 利润总额

近三年，电力监理企业的利润总额情况总体正常；电力调试企业利润总额受营业收入影响连续三年下滑，2017 年大幅下滑 48%。

2015—2017 年电力监理、调试企业利润总额见图 10–35。

3. 负债率

近三年，电力监理企业的负债率情况总体正常；2017 年电力调试企业的负债率上升 16.7 个百分点，表明调试企业整体经营状况呈现下滑趋势。

2015—2017 年电力监理、调试企业负债率见图 10–36。

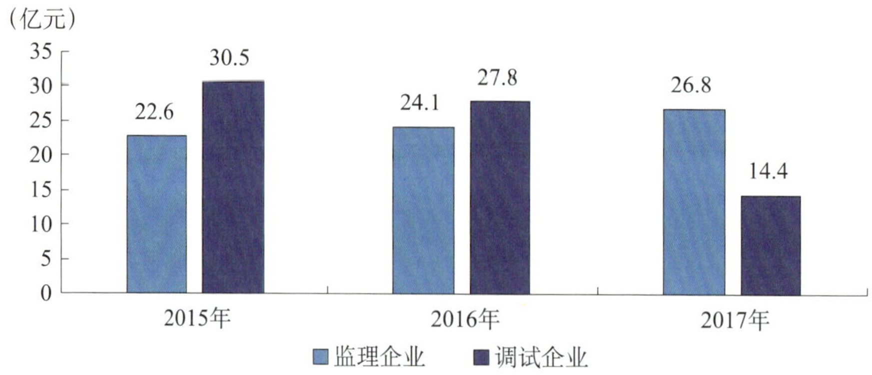

图 10-35　2015—2017 年电力监理、调试企业利润总额

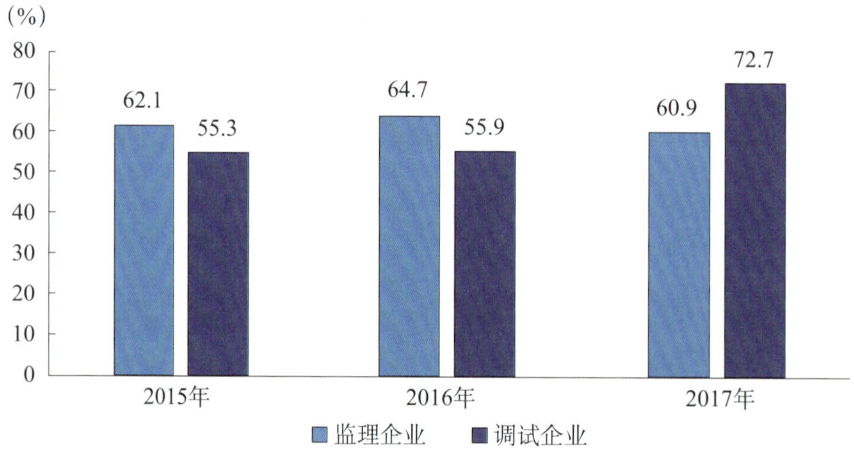

图 10-36　2015—2017 年电力监理、调试企业负债率

第三节　电力上市公司

一、概况

以 2017 年年报业务占比分类，沪、深两市共有 61 家电力上市公司。其中，火电（含燃机、热电）企业 36 家，水电企业 10 家，电网企业 10 家。以 2017 年 12 月 31 日收盘价计算，电力板块总市值为 15076 亿元，比上年增长 5.3%；约占全市场总市值的 2.4%，比上年降低 0.3 个百分点；不含限售股的流通 A 股市值为 9904 亿元，比上年下降 1.0%；约占不含限售股的流通 A 股市值的 2.2%，比上年降低 0.3 个百分点。

2017 年不同类型电力上市企业总市值占电力板块总市值的比重见图 10-37。

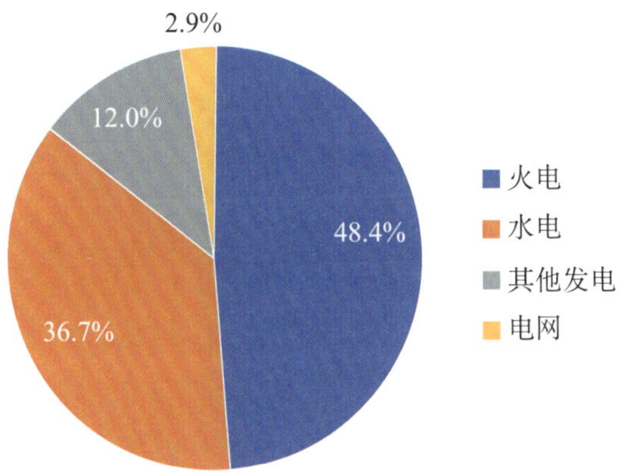

图 10-37　2017 年不同类型电力上市企业总市值占电力板块总市值的比重

注：上市公司情况的图、表资料均来源于 Wind 资讯、中信证券研究部。

二、走势回顾

在 2016 年年底中央经济工作会议“稳中求进、去杠杆，大力发展实体经济”的定调下，2017 年证券市场大盘波动率创有史以来最低水平，全年呈现慢牛格局。全年沪深 300 指数涨幅为 21.8%，电力行业指数跌幅为 4.9%，走势弱于大盘。

2017 年电力板块及大盘走势比较见图 10-38。

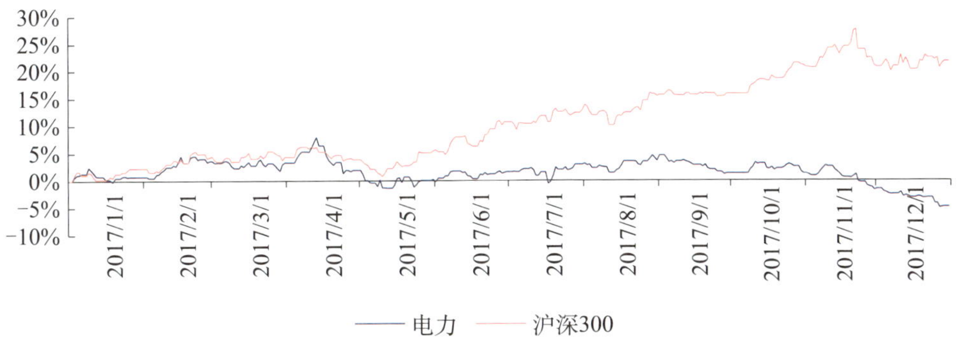

图 10-38　2017 年电力板块及大盘走势比较

在电力板块中，全年火电子板块跌幅为 10.4%，水电子板块涨幅为 12.7%，电网子板块跌幅为 26.2%。

2017 年电力各子板块走势比较见图 10-39。

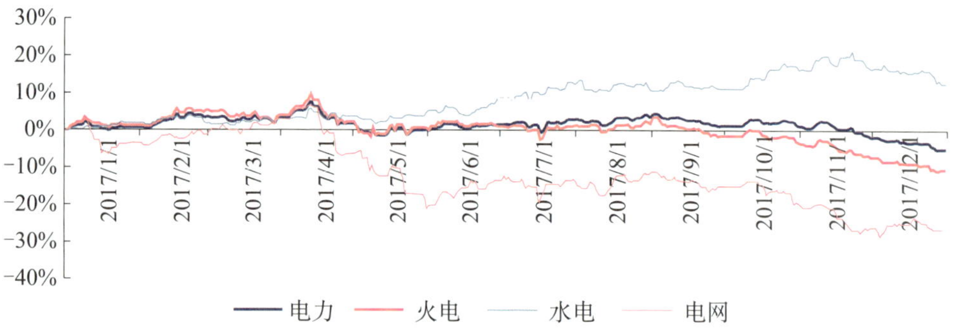

图 10-39　2017 年电力各子板块走势比较

三、估值

2017 年，电力板块的动态市盈率（P/E）从年初的 17.9 倍（同期全市场为 21.4 倍）上升至年底的 23.7 倍（同期全市场为 19.5 倍）。

2017 年电力板块及大盘动态市盈率（P/E）比较见图 10-40。

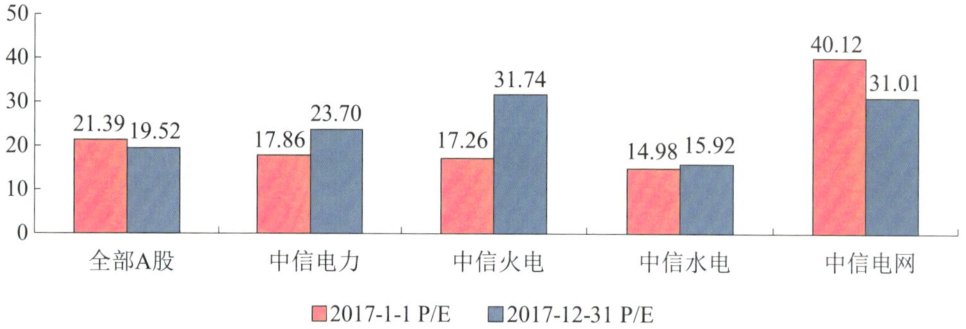

图 10-40　2017 年电力板块及大盘动态市盈率（P/E）比较

2017 年，电力板块的市净率（P/B）从年初的 1.8 倍（同期全市场为 2.0 倍）下降至年底的 1.7 倍（同期全市场为 2.0 倍）。

2017 年电力板块及大盘市净率（P/B）比较见图 10-41。

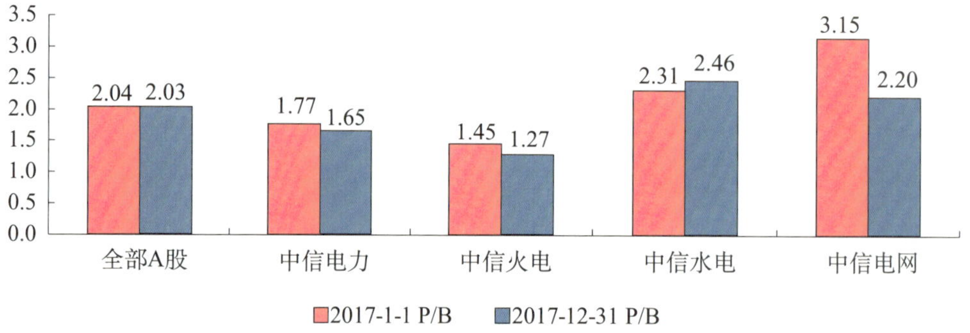

图 10-41　2017 年电力板块及大盘市净率（P/B）比较

四、业绩

2017年，电力行业上市公司主营业务收入合计8532亿元，比上年增长17.4%；受全年煤炭均价同比上升影响，行业总体毛利率19.3%，比上年下降8.2个百分点；电力板块投资收益225亿元，比上年增长14.2%。

2017年电力板块主营收入、毛利率及投资收益见表10-3。

表10-3 2017年电力板块主营收入、毛利率及投资收益

		2017年主营收入（亿元）	2017年主营收入增长率（%）	2017年毛利率（%）	2016年毛利率（%）	2017年投资收益（亿元）	2017年投资收益增长率（%）
电力合计		8532.0	17.4	19.3	27.4	224.9	14.2
其中	火电	7043.7	18.8	13.9	23.2	160.3	12.7
	水电	818.7	4.9	55.8	55.4	59.0	16.9
	电网	254.6	29.9	15.9	19.6	3.7	45.9

2017年，电力板块营业费用率为1.2%，比上年降低0.1个百分点；管理费用率为2.9%，比上年降低0.5个百分点；财务费用率为7.7%，比上年降低0.9个百分点。

2016年、2017年电力板块三项费用率见表10-4。

表10-4 2016年、2017年电力板块三项费用率

		营业费用率（%）		管理费用率（%）		财务费用率（%）	
		2017年	2016年	2017年	2016年	2017年	2016年
电力合计		1.2	1.3	2.9	3.4	7.7	8.6
其中	火电	1.1	1.2	2.8	3.4	6.7	7.3
	水电	2.1	2.1	2.4	2.6	14.8	16.6
	电网	0.7	1.0	5.1	6.9	2.6	3.2

2017年电力板块盈利578.5亿元，比上年下降26.8%。其中，火电子板块盈利191.6亿元，比上年下降56.4%，是电力板块利润下滑的主因；受2017年汛期来水偏丰、弃水减少等影响，水电子板块盈利314.7亿元，比上年增长12.0%；电网子版块盈利13.6亿元，比上年下降14.8%。总体净资产收益率为6.6%，比上年降低3.2个百分点；各子板块净资产收益率均有所回落，火电因全年煤价较高净资产收益率下滑4.7个百分点。

2016年、2017年电力板块净利润及净资产收益率见表10-5。

表 10-5　2016、2017 年电力板块净利润及净资产收益率

		2017 年净利润（亿元）	2017 年净利润增长率（%）	净资产收益率（%）	
				2017 年	2016 年
电力合计		578.5	−26.8	6.6	9.8
其中	火电	191.6	−56.4	3.4	8.1
	水电	314.7	12.0	14.1	14.6
	电网	13.6	−14.8	6.9	8.9

五、新能源上市公司

港股主业为新能源的上市公司包括龙源电力、华能新能源、华电福新、京能清洁能源、协鑫新能源、联合光伏、大唐新能源、中国电力新能源、协合新能源、瑞风新能源及中国再生能源投资；A 股包括太阳能、嘉泽新能及节能风电。以 2017 年 12 月 31 日收盘价计算，新能源港股上市公司市值合计为 1394 亿港元，其中龙源电力市值占比 32.1%；A 股上市公司市值合计为 463 亿元，其中太阳能、嘉泽新能及节能风电市值分别为 174 亿元、153 亿元及 137 亿元，占比分别为 37.5%、33.0% 及 29.5%。

2017 年 12 月 31 日收盘港股新能源上市公司市值见图 10-42。

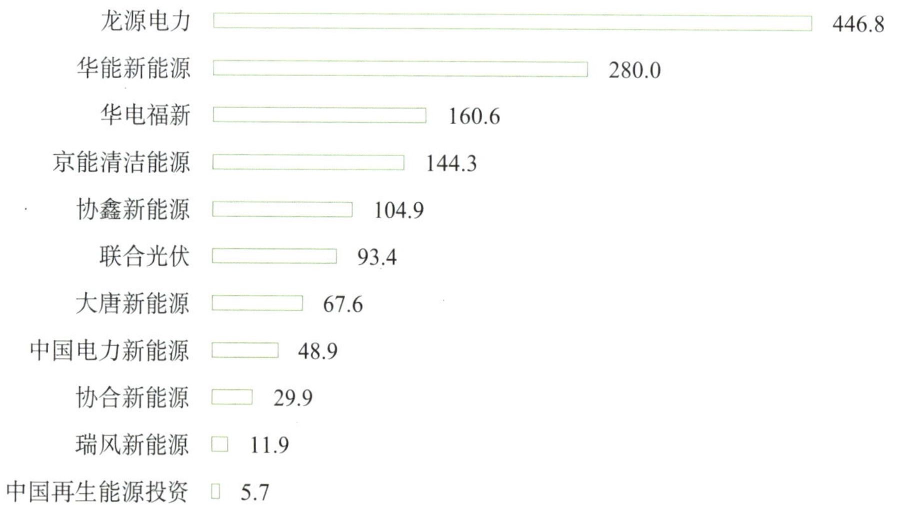

图 10-42　2017 年 12 月 31 日收盘港股新能源上市公司市值（单位：亿港元）

2017 年，港股反映综合走势的恒生指数涨幅为 36.0%，市值较大的龙源电力、华能新能源、华电福新、京能清洁能源及协鑫新能源全年变动幅度分别为 −6.7%、7.2%、14.7%、−9.5% 和 20.9%；A 股沪深 300 指数全年涨幅为 21.8%，太阳能、节

能风电及嘉泽新能全年变动幅度分别为 -6.0%、-25.2%、336.5%（嘉泽新能 2017 年 7 月 20 日上市，故年内涨幅较大）。

2017 年，A 股新能源类上市公司及大盘走势比较见图 10-43（剔除嘉泽新能）；港股新能源类上市公司及大盘走势比较见图 10-44；新能源类上市公司市盈率（P/E）比较见图 10-45；新能源上市公司市净率（P/B）比较见图 10-46。

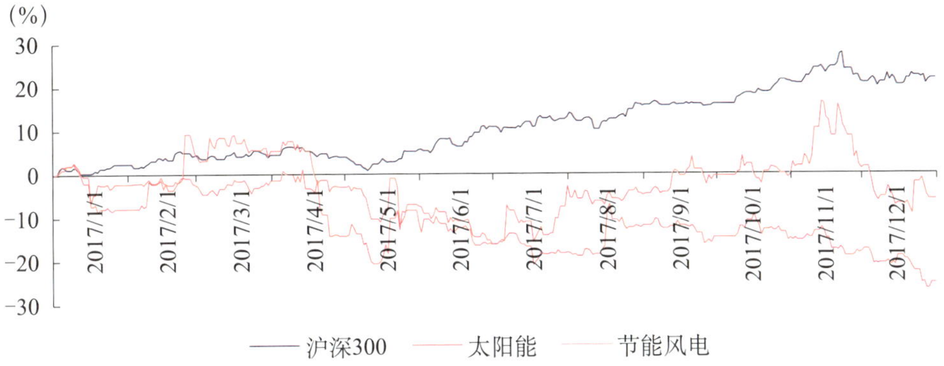

图 10-43　2017 年 A 股新能源类上市公司及大盘走势比较

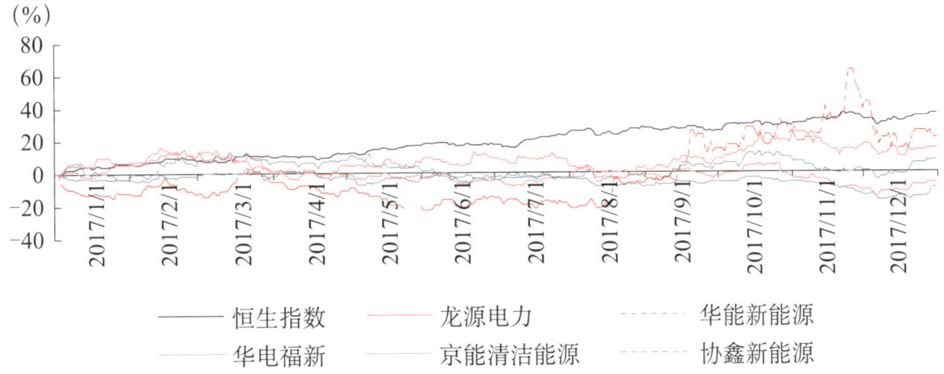

图 10-44　2017 年港股新能源类上市公司及大盘走势比较

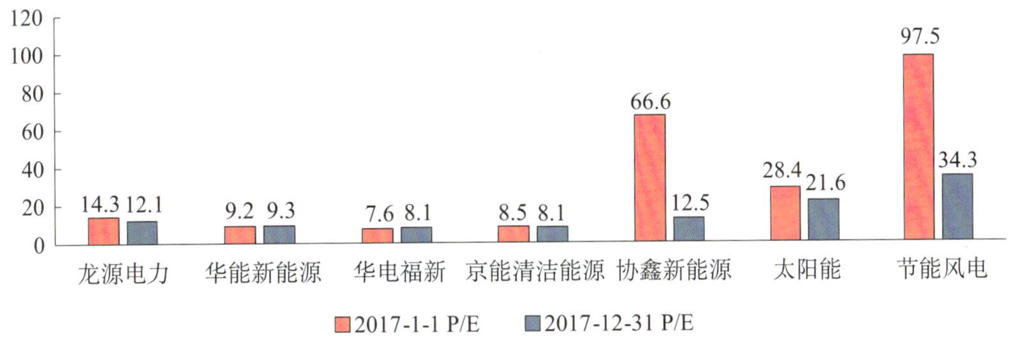

图 10-45　2017 年新能源类上市公司市盈率（P/E）比较

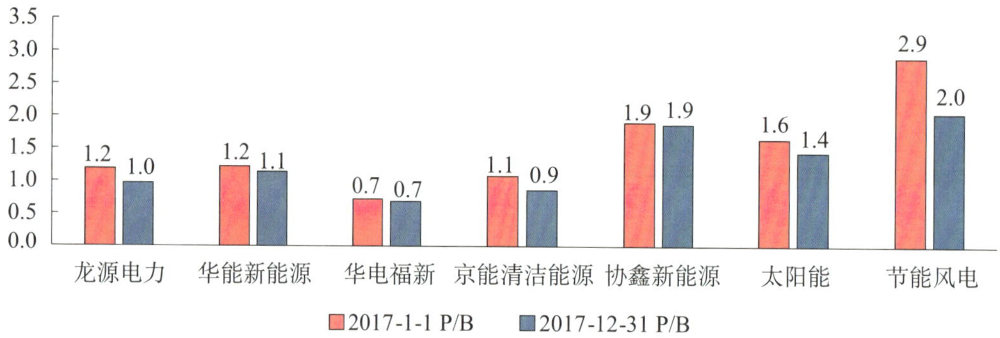

图 10-46　2017 年新能源上市公司市净率（P/B）比较

2017 年，新能源类港股上市公司主营业务收入合计 856 亿港元，比上年增长 9.0%；总体毛利率为 31.3%，比上年提高 0.6 个百分点；A 股上市公司主营业务收入合计 70 亿元，比上年增长 23.0%；总体毛利率为 33.5%，比上年提高 3.5 个百分点。

2017 年新能源类上市公司主营收入、毛利率及投资收益见表 10-6。

表 10-6　2017 年新能源类上市公司主营收入、毛利率及投资收益

上市公司	主营收入（亿港元 / 亿元）	主营收入增长率（%）	毛利率（%）		投资收益（亿港元 / 亿元）	投资收益增长率（%）
			2017 年	2016 年		
龙源电力	246.4	10.3	31.1	31.0	3.4	−8.6
华电福新	168.6	5.7	27.8	32.6	7.4	17.7
京能清洁能源	144.0	−2.7	15.4	15.3	0.5	−71.4
华能新能源	105.7	14.1	49.2	49.8	−0.0	63.0
大唐新能源	71.1	22.6	37.4	33.4	0.6	183.9
中国电力新能源	48.4	2.0	20.3	21.2	0.3	−28.5
协鑫新能源	40.3	73.7	56.6	54.9	0.0	417.2
联合光伏	15.3	50.5	47.7	48.3	1.1	356.5
协合新能源	10.5	−41.3	16.8	17.6	1.3	37.0
瑞风新能源	4.0	6.5	31.9	20.0	0.0	−43.8
中国再生能源投资	1.4	9.7	22.7	16.1	0.7	-6.2
港股总计	855.5	9.0	31.3	30.7	15.3	6.7
太阳能	51.5	19.9	29.5	27.4	0.4	38.6
节能风电	18.6	32.3	44.8	38.0	0.0	−84.9
A 股总计	70.0	23.0	33.5	30.0	0.4	3.1

2017 年，新能源类港股上市公司其他营业费用合计费用率为 4.70%，比上年上升 0.46 个百分点。

2016—2017 年新能源类上市公司其他营业费用合计费用率见表 10-7。

表 10-7　2016—2017 年新能源类上市公司费用率

上市公司	其他营业费用合计费用率（%）	
	2017 年	2016 年
龙源电力	3.18	2.32
华电福新	4.15	5.60
京能清洁能源	4.95	4.54
协合新能源	5.03	1.99
华能新能源	5.88	4.05
大唐新能源	8.04	5.72
中国电力新能源	8.08	8.96
联合光伏	12.39	7.40
港股总计	**4.70**	**4.24**

2017 年，新能源类港股上市公司净利润 128 亿港元，比上年增长 11.4%；A 股上市公司净利润 12.0 亿元，比上年增长 43.0%。

2017 年新能源类上市公司净利润及净资产收益率见表 10-8。

表 10-8　2017 年新能源类上市公司净利润及净资产收益率

上市公司	净利润（亿元 / 亿元）	净利润增长率（%）	净资产收益率（%）	
			2017 年	2016 年
龙源电力	36.9	8.0	8.5	8.6
华能新能源	30.1	13.3	13.5	14.0
华电福新	19.9	4.1	9.1	9.9
京能清洁能源	17.7	−9.3	11.0	13.3
协鑫新能源	8.4	545.3	16.5	3.7
大唐新能源	7.3	267.1	6.5	1.8
中国电力新能源	4.0	−0.7	4.8	5.0
协合新能源	2.0	−56.3	3.9	8.6

续表

上市公司	净利润（亿元/亿元）	净利润增长率（%）	净资产收益率（%）	
			2017年	2016年
联合光伏	1.5	−58.3	3.7	15.9
中国再生能源投资	0.6	−1.3	3.6	3.9
瑞风新能源	−0.1	−81.4	−1.1	−6.8
港股总计	128.4	11.4	9.2	9.2
太阳能	8.0	23.2	6.9	7.5
节能风电	4.0	111.6	6.1	3.0
A股总计	12.0	43.0	6.6	5.6

六、电力装备上市公司

以2017年年报业务占比分类，沪、深两市共有150家电力设备上市公司。其中，核电和新能源设备企业合计30家（包括核电设备企业1家、光伏设备企业18家、风电设备企业11家），总市值占电力设备板块市值的34.8%；输变电设备企业100家（包括一次设备企业48家、二次设备52家），总市值占比52.7%；电站设备企业20家，总市值占比为12.5%。以2017年12月31日收盘价计算，电力设备板块总市值为14809亿元，比上年增长0.4%；约占全市场总市值的比重为2.4%，比上年降低0.4个百分点；不含限售股的流通A股市值为111845亿元，比上年增长3.3%；约占不含限售股的流通A股市值的2.5%，比上年降低0.3个百分点。

2017年不同类型电力设备上市企业总市值占电力设备板块总市值的比重见图10-47。

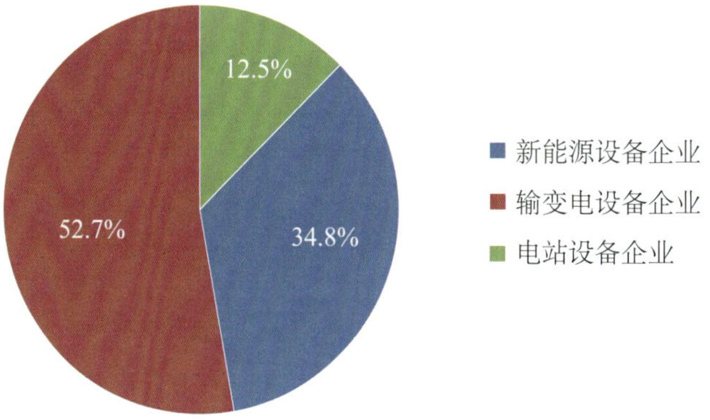

图10-47　2017年不同类型电力设备上市企业总市值占电力设备板块总市值的比重

2017 年，电力设备指数跌幅为 7.9%，走势弱于大盘。其中，新能源设备板块涨幅为 9.7%，输变电设备板块跌幅为 16.3%，电站设备板块跌幅为 13.6%。

2017 年电力设备板块及大盘走势比较见图 10–48，电力设备板块各子板块走势比较见图 10–49，电力设备上市公司市盈率（P/E）比较见图 10–50，电力设备上市公司市净率（P/B）比较见图 10–51。

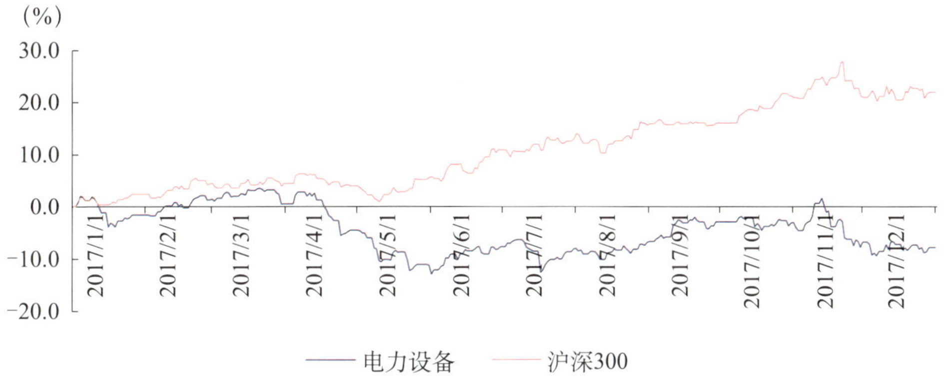

图 10–48　2017 年电力设备板块及大盘走势比较

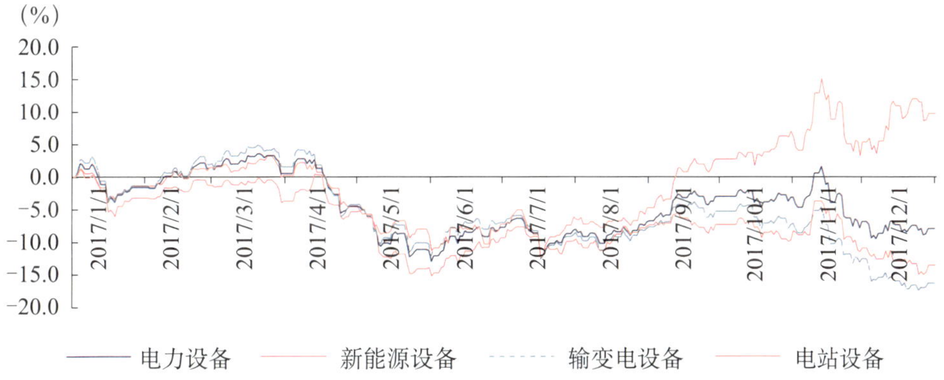

图 10–49　2017 年电力设备板块各子板块走势比较

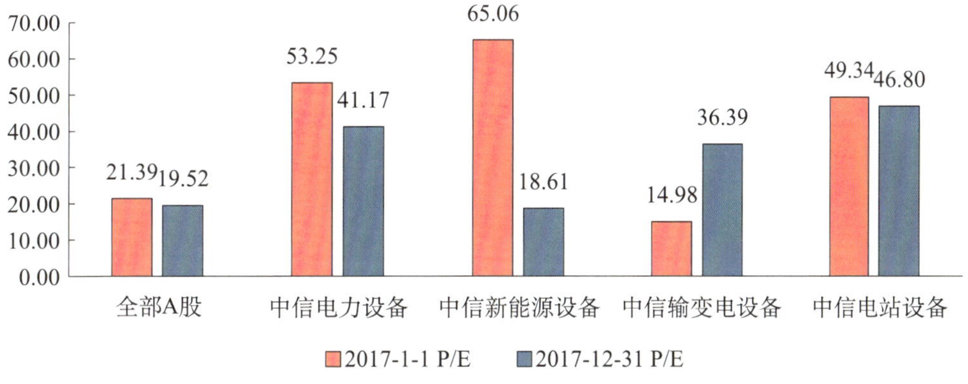

图 10–50　2017 年电力设备上市公司市盈率（P/E）比较

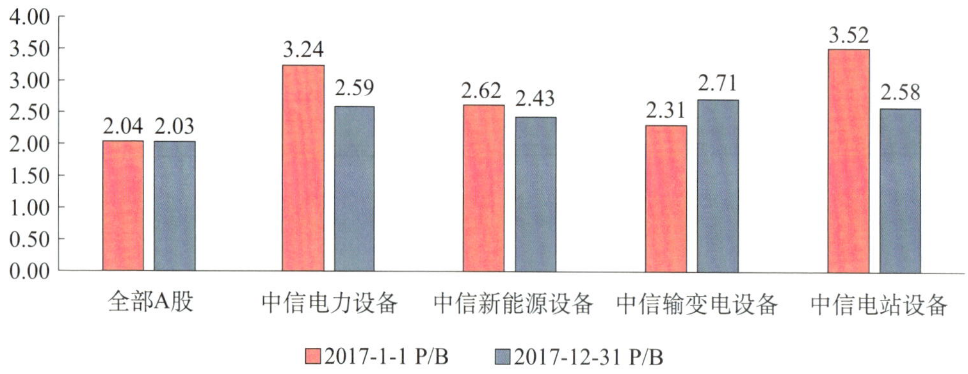

图 10-51　2017 年电力设备上市公司市净率（P/B）比较

2017 年，电力设备行业上市公司主营业务收入合计 6388 亿元，比上年增长 13.8%；行业总体毛利率为 22.8%，比上年提高 0.1 个百分点；电力设备板块投资收益 98.3 亿元，比上年增长 81.5%。

2017 年电力设备板块主营收入、毛利率及投资收益见表 10-9。

表 10-9　2017 年电力设备板块主营收入、毛利率及投资收益

		主营收入（亿元）	主营收入增长率（%）	毛利率（%）		投资收益（亿元）	投资收益增长率（%）
				2017 年	2016 年		
电力设备		6388.1	13.8	22.8	22.7	98.3	81.5
其中	新能源	2441.3	7.1	23.1	22.0	58.1	80.8
	输变电	3387.3	14.3	22.1	23.2	27.2	39.3
	电　站	559.5	51.1	25.7	23.6	13.0	423.6

2017 年，电力设备板块营业费用率为 0.8%，同比持平；管理费用率 8.4%，比上年上升 0.4 个百分点；财务费用率为 1.6%，比上年降低 0.5 个百分点。

2016 年、2017 年电力设备板块主营收入、毛利率及投资收益见表 10-10。

表 10-10　2016 年、2017 年电力设备板块三项费用率

		营业费用率（%）		管理费用率（%）		财务费用率（%）	
		2017 年	2016 年	2017 年	2016 年	2017 年	2016 年
电力设备		0.8	0.8	8.4	8.0	1.6	1.1
其中	新能源	0.8	0.8	9.4	8.5	1.7	1.1
	输变电	0.8	0.8	7.5	7.6	1.5	1.2
	电　站	1.0	0.7	8.8	8.8	1.1	0.7

2017 年，电力设备板块盈利 400 亿元，比上年增长 31.9%。其中，新能源设备盈利 146.6 亿元，比上年增长 87.3%；输变电设备板块盈利 201 亿元，比上年增长 2.6%；电站设备板块盈利 53 亿元，比上年增长 81.1%。总体净资产收益率 7.7%，比上年提高 0.6 个百分点，其中输变电设备板块净资产收益率下降，其余则有所回升。

2016—2017 年电力设备板块净利润及净资产收益率见表 10-11。

表 10-11　2016—2017 年电力设备板块净利润及净资产收益率

		净利润（亿元）	净利润增长率（%）	净资产收益率（%）	
				2017 年	2016 年
电力设备		400.2	31.9	7.7	7.1
其中	新能源	146.6	87.3	7.4	4.6
	输变电	201.1	2.6	7.4	8.8
	电　站	52.5	81.1	11.2	8.6

第十一章　国际交流与合作

第一节　国际电力行业发展概述

一、发电装机容量

近年来，全球发电装机容量持续稳定增长，2010—2016 年，发电装机容量年均增长 4% 左右。国际能源署（IEA）发布的有关报告显示，截至 2016 年年底，全球发电装机容量 66.8 亿千瓦，比上年增加 2.6 亿千瓦。在 2016 年新增发电装机容量中，非水可再生能源发电成为主导，占新增装机总量的 48%，其中太阳能发电增长 7400 万千瓦，风力发电增长 5200 万千瓦；由于资源禀赋、能源利用方式和经济发展等原因，燃煤发电依然是全球电力装机发展的骨干力量，年度新增装机 8300 万千瓦，占全部新增装机的 32%；核电也取得长足进步，年度新增装机容量超过 1000 万千瓦，已连续两年新增装机容量超过 1000 万千瓦。

2016 年全球新增发电装机容量结构见图 11-1。

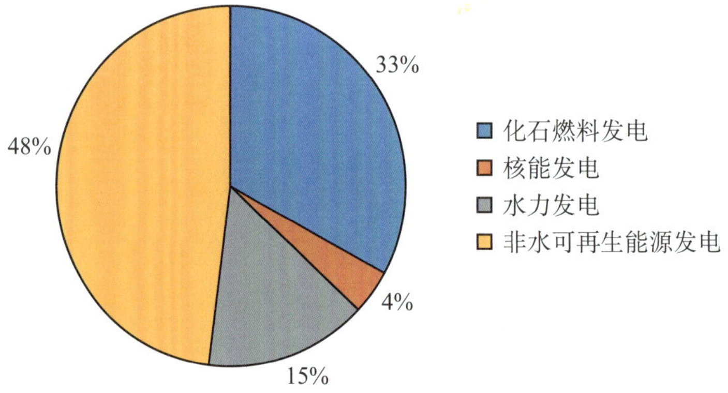

图 11-1　2016 年全球新增发电装机容量结构

二、发电量

从地域来看，全球各地区发电量增长与当地经济发展和人口密度有着密切的关系，经分析，可明显分为三类：亚太地区人口数量多，加之以中国为代表的部分发展中国家的经济保持快速发展，受当地电能消费持续带动，发电量一直保持较高水平和增长率；非洲、南中美洲和中东地区由于受地区安全形势、自然条件等制约，总体经济发展水平不高，电力消费和发电量规模及增速处于较低水平；经济较为发达的欧美地区，部分国家处于后工业化经济发展阶段或受经济不景气以及人口出生率降低等因素综合影响，地区发电量规模一直保持较为稳定的状态。

2006—2016 年全球各地区发电量见图 11-2。

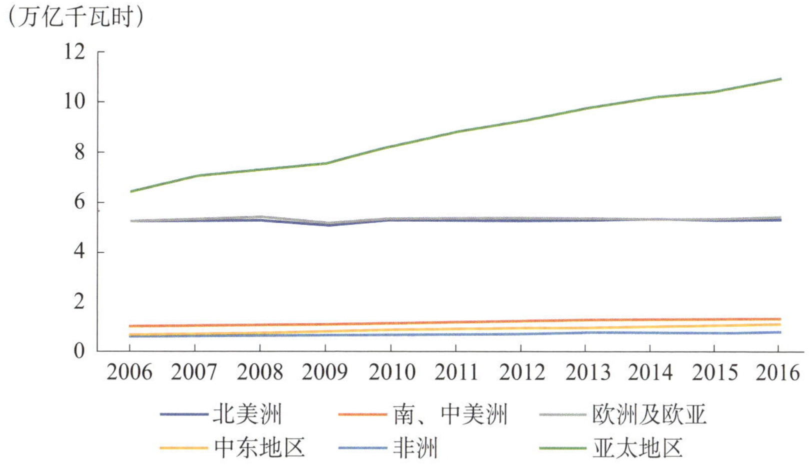

图 11-2　2006—2016 年全球各地区发电量趋势

数据来源：英国石油公司（BP）。

根据国际能源署（IEA）统计，2016 年，全球发电量 24.8 万亿千瓦时，比 2014 年的 23.8 万亿千瓦时增长了近 1 万亿千瓦时。2000 年、2014 年、2016 年全球发电量与结构见表 11-1。

表 11-1　2000 年、2014 年、2016 年全球发电量与结构

年份 / 发电量及其结构	2000 年		2014 年		2016 年	
	发电量（万亿千瓦时）	发电量结构（%）	发电量（万亿千瓦时）	发电量结构（%）	发电量（万亿千瓦时）	发电量结构（%）
全　球	15.5	100	23.8	100	24.8	100
化石燃料发电	10.0	64	15.9	67	16.1	65
燃煤发电	5.9	39	9.7	41	9.2	37
燃气发电	2.8	17	5.2	22	5.9	24
燃油发电	1.3	8	1.0	4	1.0	4
核能发电	2.6	17	2.5	10	2.6	11
水力发电	2.6	17	3.9	17	4.1	16
非水可再生能源发电	0.3	2	1.5	6	2.0	8

数据来源：国际能源署（IEA）。

从全球发电量来看，化石燃料发电量在2000—2014年间增长较快，2014年后放缓，尤其在2016年燃煤发电量小幅下降，说明世界各国致力于应对气候变化、努力实现能源利用转型成果在逐渐显现；同时，核能、水力、非水可再生能源等低碳发电量发生了较为明显的增长。

从全球发电量结构看，燃气、燃油发电等化石燃料发电量基本替代了燃煤发电总量下降的空间，使得化石燃料发电量在总体发电结构中的比例基本保持稳定，水力发电量占比没有大幅度的变化，太阳能、风能等可再生能源发电量在全球发电量中的比重日益加大。

三、电网与储能规模

据全球能源互联网发展合作组织（以下简称“合作组织”）的数据，2016年年底全球电网线路总长度约7500万千米，其中跨国电网互联线路长度接近1万千米；全球跨国交易电量7650亿千瓦时，跨大区交易电量近300亿千瓦时。

电力储能得到长足进步。根据公开信息，截至2017年9月底，全球已投运储能项目累计装机规模1.69亿千瓦。其中，电化学储能项目装机规模224万千瓦，占比1.3%；抽水蓄能仍高居榜首，占比达97%。

第二节　全球能源互联网

2017年5月14日，国家主席习近平在“一带一路”国际合作高峰论坛强调：“要抓住新一轮能源结构调整和能源技术变革趋势，建设全球能源互联网，实现绿色低碳发展。”这是继2015年9月习近平主席在联合国发展峰会上发出构建全球能源互联网的倡议后，再次明确提出建设全球能源互联网，标志着全球能源互联网正式纳入“一带一路”建设框架体系。

一、基础条件

全球清洁能源资源丰富，清洁能源只需开发万分之五就可以满足人类全部能源需求。2016年年底，全球清洁能源装机约24亿千瓦，中国清洁能源装机位居世界第一，在推动能源生产和消费革命、加快建设清洁低碳的能源供应体系方面，走在了世界前列。特高压、智能电网等关键技术日趋成熟，世界主要清洁能源基地与负荷中心的距离均在特高压输送范围内，中国、印度、巴西等国家一批特高压项目已经投运或正在建设，大规模、远距离输送清洁能源成为现实。中国、美国、澳大利亚、日本、欧洲相关国家都发布了智能电网发展蓝图，出台了支持政策，物联网、电动汽车、储能装备等智能电网新技术、新设备的研发和应用取得显著进展。清洁能源发电经济性快速提升，并且随着技术进步，业内普遍预计2025年前风电和光伏发电的竞争力将超过化石能源。世界各国也纷纷达成共识，发展、互信不断增强，应对气候变化、推动世界能源转型、实现可持续发展成为各国的共识和共同行动，为构建全球能源互联网创造了良好的政治环境，全球173个国家制定了可再生能源发展目标，146个国家出台了支持政策。这些都为全球能源互联网的发展和实践奠定了良好的基础。总体来说，构建以清洁能源为主的全球能源互联网的基础条件日趋成熟。

资源充足

- 全球清洁能源资源丰富，风能和太阳能的年理论储量约合45万亿吨标准煤，相当于全球化石能源剩余可探明储量的38倍。

技术可行

- 特高压、智能电网等关键技术日趋成熟，±1100千伏特高压直流输电距离可达6000千米以上，输送能力达到1500万千瓦。

经济性好

- 目前陆上风电、光伏发电成本约为5美元、8美分/千瓦时。近期，阿联酋2020年投产的光伏项目中标价格已低至2.4美分/千瓦时。

国际有共识

- 各国互信不断增强，联合国制定了《2030年可持续发展议程》，推动各国签署了《巴黎协定》，全球能源互联网已纳入2016年20国集团杭州工商峰会（B20）政策建议报告。

二、研究成果

自成立以来，合作组织分别与联合国亚太经社会、彭博慈善基金会、国际水电协会等签署合作协议，与美国国家可再生能源实验室、美国阿贡国家实验室、美国斯坦福大学、英国皇家工程院等研究机构和高校建立联合研究机制，通过统筹策划、广泛交流，拥有了一批全球合作伙伴，取得了多项重要合作成果。2017年2月22日，合作组织在北京举行成果发布会，成功发布《全球能源互联网发展战略白皮书》《跨国跨洲电网互联技术与展望》《全球能源互联网发展与展望2017》等多项研究成果，这些成果的主要内容如下：

《全球能源互联网发展战略白皮书》

• 提出了全球能源互联网战略体系、发展思路、发展路线图，明确了战略重点，为共同推动全球能源发展提供战略指引和行动指南。

《跨国跨洲电网互联技术与展望》

• 国际能源署（IEA）与全球能源互联网发展合作组织（GEIDCO）、国家电网公司（SGCC）成立了联合工作组，共同完成了研究成果《跨国跨洲电网互联技术与展望》。成果基于国际能源署应对气候变化研究的情景假设，研究了跨国跨洲电网互联的技术、效益、政策、市场、监管等重大问题，评估了中国特高压、柔性直流等输电技术现状、发展趋势、技术提升方向和应用前景，探讨了建立多边合作机构、加强区域经济体和政府间的合作、完善市场规则、监管机构等推动跨国跨洲互联的具体措施，并在研究欧洲北非地区、美洲、东亚地区电网互联案例的基础上，展望了未来电网跨国跨洲互联的愿景。

《全球能源互联网发展与展望2017》

• 以全球为视角、以电力互联互通为着力点，回顾了2016年全球能源电力发展情况和顺应全球能源互联网发展理念的内外部条件变化，研判了全球能源互联网在世界各区域和典型国家的发展程度及发展潜力，并对近中期发展重点国、实施路径及建设效果进行了展望。

三、发展环境

成立一年多来，合作组织面向世界系统阐述了全球能源互联网的发展理念、实现路径和重大意义，展示了中国绿色发展实践和成效，在推动世界能源转型、应对气候变化等重大国际问题上积极发声，国际影响力和带动力显著提升，为推进和落实中国倡议发挥了导向作用，营造了良好发展环境：组织开展的350余场主题宣讲，受众超过20万人；国内外权威媒体积极宣传有关会议和活动，报道转载达数百万次，在社会各界引起广泛关注。

以“建设全球能源互联网，助推联合国2030可持续发展议程行动计划”为主题的高级别研讨会在纽约联合国总部举行。正式发布《全球能源互联网落实联合国2030年可持续发展议程行动计划》

美国当地时间2017年11月1日，来自49个国家的驻联合国使团，有关政府能源部门、国际组织、高等院校、跨国企业累计近百家机构（单位）的300余名嘉宾出席在纽约联合国总部举行的以“建设全球能源互联网，助推联合国2030可持续发展议程”为主题的高级别研讨会。联合国秘书长安东尼奥·古特雷斯、副秘书长刘振民，合作组织主席、中国电力企业联合会理事长刘振亚出席会议并致辞。古特雷斯在会议致辞中指出，全球能源互联网是“实现人类可持续发展的核心”和“实现全球包容性增长的关键”，高度赞赏合作组织为促进国际能源合作所做的努力，强调这对“2030议程”和《巴黎协定》至关重要。这次会议层次高、范围广、影响力大，对于世界能源变革和人类可持续发展具有重要而深远的意义，标志着全球能源互联网正式纳入联合国工作框架，成为全球能源互联网理念提出后又一重大实践突破。

合作组织会员数量已从成立之初的80家增长到265家；会员结构不断优化，来自五大洲22个国家和地区，涵盖能源、电力、金融、咨询、制造、科技等领域，包括大型企业、社会组织、研究机构和高校等。多方力量的加入为打造合作组织品牌、树立合作组织形象奠定了良好基础，提供了重要支撑。

四、项目推进

在规划和调研基础上，以“一带一路”沿线国家为重点的全球跨国跨洲联网重点项目逐步建立并不断完善，共提出了110多项联网工程，大力推进跨国联网项目：

第三节　国际交流与合作

2017年，中国电力行业企业继续与国际知名能源、电力行业组织与企业保持密切联系与合作，双向交流不断深入。

一、行业交流与合作

能源宪章、国际能源署、国际成本工程师协会、美国爱迪生电力协会、日本海外电力调查会、日本能源经济研究院等多家机构来华开展行业交流访问，就加强电力同业协会联系、促进电力国际投资合作、电力信息和统计、可再生能源发展等议题进行交流；法国电力集团、日本电力公司、ID投资公司智慧城市基金合伙人、LG化学公司、日本电源开发有限公司等知名国际电力企业也与我国能源机构和相关电力企业就电动汽车充电设施、储能电池、智慧城市能源电力等领域及电力发展相关问题等进行了充分交流，进一步拓展了中外电力发展与合作渠道；在海峡两岸民间交流日益扩大、两岸能源合作不断深化的大背景下，台湾旅沙电力协会、台湾汽电共生协会等机构访问大陆，与大陆电力行业、企业就电力学术、技术、技能、会展等方面开展交流与合作，为进一步加强两岸合作、促进共同发展起到了积极的作用。

电力企业还在诸多电力行业领域与境外机构广泛开展科研项目合作，取得了大量优秀成果，并大量应用于工程实践中。截至2017年年底，我国电力企业共与境外科研机构合作开展清洁煤电、水利水电、可再生能源开发、电力系统仿真、电动汽车与智能电网、电力储能、环境保护、核电技术等各类项目研究73项，为世界电力科学技术的持续发展做出了突出贡献。

二、加入国际组织及活动

参与活动　2017年，中国主要电力企业[1]共计752人次参加了113场国际组织活动，足迹遍及全球32个国家和地区；有148篇电力专业著作在112种国际刊物或者国际活动中发表或交流，涉及能源与清洁能源、电力设备、电工技术、动力工程、节能环保设施与技术、电力系统运行、金属学及金属工艺、燃料电池、信息技术、企业管理等多个领域。

加入国际组织　截至2017年年底，国内电力行业、企业分别加入了125个国际主要行业技术组织与机构，这些组织和机构主要包括美国电气电子工程师协会（IEEE），

[1]“中国主要电力企业”指国家电网、南方电网、华能集团、大唐集团、华电集团、国家能源集团、国家电投集团、三峡集团、中核集团、中广核集团、中国电建、中国能建、粤电集团、内蒙古电力、深圳能源、京能集团、四方继保等企业。

美国机械工程师学会（ASME），法国核电设计、建造、在役标准协会（AFCEN），亚太电协（AESIEAP），爱迪生电气协会（EEI），国际大电网组织（CIGRE），国际大坝委员会（ICOLD），能源宪章（Energy Charter）等，并在其中的48个组织或机构担任主要角色单位。同时，还有近102位专家、学者在上述组织担任主要职务。

三、国际会议和展览

中国主要电力企业参加各类境内外国际会议451场，出席人数达1116人，其中主办和承办的国际性会议49场，参会规模达5800余人次。2017年电力行业组织和企业主办、承办和主要参与的代表性会议如下：

第八届超临界水冷堆国际会议

- 3月13日，第八届超临界水冷堆国际会议在成都召开，会议吸引来自国际原子能机构、加拿大、俄罗斯、中国等13个国家，34个科研机构的专家、学者、工程技术人员120余人参加。这是在第4代核能系统国际论坛成员国完成2010—2015年研究计划后召开的首次超临界水冷堆国际会议。

2017新能源发展与技术国际研讨会

- 6月16日，以“创新引领、标准推动、合作共享、互联互通”为主题的新能源发展与技术国际研讨会在德国法兰克福成功举行。研讨会由中国国家电网公司与国际电工委员会联合主办，德国电气工程师协会、德国电气电子和信息技术委员会、西门子公司协办。来自国际能源署、国际可再生能源署等国际组织和19个国家的政府机构、电力企业、研究机构、高等院校、制造厂商等单位的130余名代表参会，交流新能源发展成果和经验，探讨新能源发展面临的问题和挑战，研究解决问题的思路和措施，共同推动全球能源绿色转型。

第37届国际水利学大会

- 8月13—18日，第37届国际水利学大会在马来西亚首都吉隆坡召开，来自60多个国家和地区的代表共计1200余人参加了大会。本届大会以“可持续发展的水资源管理”为主题，围绕河流及泥沙管理、洪水管理、河口海岸及湖泊管理、城市水管理、水环境生态、水资源、水信息及计算和模型方法等7个主题和35个子议题在128个分会场展开广泛研讨。

东北亚电力联网和合作论坛第二次会议

- 8月29—30日，东北亚电力联网和合作论坛第二次会议在俄罗斯召开。会议就东北亚电力联网与合作的进展、可行性研究及规划成果、电力联网政府间及企业间的多边合作机制、东北亚电力联网与合作论坛建立方案等专题进行交流和讨论。中电联等与会各方通过充分的交流和讨论，达到了推广经验、加深了解、增进共识、加强合作、促进友谊的目的，对开展东北亚区域电力互联互通起到了积极的推动作用。

2017全球能源互联网高端论坛

- 9月26日，2017全球能源互联网高端论坛在北京召开，旨在加快全球能源互联网创新发展。来自国内外政府部门、行业组织等近300家机构的代表围绕全球能源互联网倡议、世界能源绿色低碳转型、人类可持续发展等内容，交流思想、深化共识，分享成果、建言献策，共商能源发展大计。

2017 中国—东盟电力合作与发展论坛

- 9 月 11—12 日，“2017 中国—东盟电力合作与发展论坛”在南宁召开。本届电力论坛以“发展清洁电力，共促经济发展”为主题，致力于为中国和东盟成员国能源电力项目、业务合作和信息往来搭建高效互动平台，促进中国和东盟各成员国实现多层次、多领域能源合作发挥积极作用。

东亚及西太平洋电力工业协会首席执行官（CEO）会议

- 10 月 22—24 日，东亚及西太平洋电力工业协会首席执行官（CEO）会议在马来西亚槟城举行，来自 30 多个国家及地区的 200 多名能源及电力业界代表参加会议，本届会议主题为“电力行业重塑与转型：可持续、创新、智能的未来”。

中国大坝工程学会 2017 学术年会暨大坝安全国际研讨会

- 11 月 9—10 日，“中国大坝工程学会 2017 学术年会暨大坝安全国际研讨会”在湖南长沙隆重召开。来自 20 多个国家和地区的 700 余名专家、学者云集楚汉名城，围绕我国水库大坝建设和水利水电发展新形势，结合行业普遍关注的大坝安全、绿色发展、智能发展等热点问题进行研讨。

电力企业积极参与国际性电力行业展会，向世界展示中国电力工业发展成果。2017 年中国主要电力企业先后参与各类电力行业展会 69 场，累计观展人数超过 200 万人次。

四、涉外培训

中国主要电力企业共承担对境外同行来华的 62 个专题的专业培训 69 批、1548 人次，涉及巴西、白俄罗斯、哈萨克斯坦、南非、印度、阿富汗、巴勒斯坦、蒙古及非洲法语区各国、东盟成员国等近 70 个国家的能源电力部门、电力（网）公司、核能机构等单位，培训内容主要包括输配电技术、水电站开发与管理、特殊岗位专业技能、可再生能源利用、智能电网、人力资源管理等。

在大力开展对外专业培训的同时，各电力企业还进一步加强了与境外机构合作的在华培训项目，持续引进国外先进的管理理念和培训方法。2017 年，各电力企业与境外机构合作，共开展各类培训 40 批，培训境内人员 1411 人次。

五、境外分支机构或办事处

截至 2017 年年底，中国主要电力企业在境外的 128 个国家和地区共设立各类有效分支机构或办事处 600 个，遍布亚洲、非洲、欧洲、大洋洲和美洲。

六、主要交流与合作协议、备忘录

中国主要电力企业先后对外签署重要的交流与合作协议、备忘录共 60 项，内容涵盖战略合作、培训交流、高层沟通与交流、项目开发、资源勘测、核电开发等领域。

2017 年电力企业签署的部分重要协议和备忘录见图 11-3。

2017.2.21

中法两国企业签署《关于产业和商业合作框架协议》

在中国国务院总理李克强和法国总理卡泽纳夫的见证下，中法两国企业签署框架协议，标志着中法两国企业进一步深化在核燃料循环全产业链的全面合作

2017.3.16

中沙两国企业、机构签署核电产业合作有关协议

中国国家主席习近平与沙特阿拉伯王国国王萨勒曼在北京人民大会堂共同见证《中国核工业集团公司与沙特地质调查局铀钍资源合作谅解备忘录》《沙特高温气冷堆项目联合可行性研究合作协议》等协议签署

2017.5.17

中国、阿根廷签订核电、光伏等建设协议

在中国国家主席习近平与阿根廷总统马克里的共同见证下，中阿两国企业签署了关于阿根廷第四、第五两座核电站的总合同和阿根廷高查瑞光伏项目建设协议

2017.6.1

中德企业签署伊利亚电站和朱比亚电站机组改造项目协议

中国国务院总理李克强和德国总理默克尔见证中德两国企业签署《关于巴西圣保罗州巴拉那河流域伊利亚电站和朱比亚电站机组改造项目协议》

2017.7.5

中德企业签署抽蓄电站设备采购及深化非洲市场合作的协议

在中国国家主席习近平和德国总理默克尔的共同见证下，两国企业签署《关于浙江长龙山抽水蓄能电站机组及其辅助设备采购及深化非洲市场合作的协议》

2017.9.1

中巴两国企业签署建设核电站及项目合作谅解备忘录

在第九届金砖国家峰会前夕，中国国家主席习近平与巴西总统特梅尔在北京人民大会堂共同见证中巴两国企业签署合作谅解备忘录，就中巴双方建设安哥拉3号核电站及未来新建核电项目合作达成重要共识

2017.11.9

中美企业签署页岩气全产业链开发和利用合作战略合作谅解备忘录

在中国国家主席习近平和美国总统特朗普的共同见证下，中美两国企业签署战略合作谅解备忘录，约定双方将在美国西弗吉尼亚州及周边地区开展页岩气全产业链开发和利用方面的合作。其中包括两个燃气发电项目的开发

2017.11.13

中老签署《关于建立电力合作战略伙伴关系的谅解备忘录》

在中国国家主席习近平和老挝国家主席本扬的共同见证下，中老两国签署了《中国国家能源局同老挝能源和矿产部签署关于建立电力合作战略伙伴关系的谅解备忘录》。备忘录还就中国电力企业在老挝骨干电网的投资、建设、运行和管理方面开展合作等事项进行了详细约定

2017.11.27

波黑图兹拉7号火电项目贷款协议签署

在匈牙利首都布达佩斯召开的"第七届中国－中东欧国家经贸论坛"期间，中国国务院总理李克强和中东欧16国领导人见证了波黑图兹拉7号火电项目贷款协议的签署。据了解，波黑图兹拉7号1台45万千瓦火电项目由波黑电力公司投资建设，中国电力企业联合体承建。该协议的签署，标志着中国公司在中东欧地区承建的最大电力项目迈出了关键性的一步

图 11-3　2017 年电力企业签署的部分重要合作协议和备忘录

七、海外履行社会责任和获奖

电力企业在海外开展各项经营业务的同时，把履行企业社会责任放在重要位置，捐资助学、抢险救灾、扶危助困，为当地民众做出大量贡献。2017 年，电力企业在海外共实施捐助事项 300 项，累计折合资金 2173 万美元，彰显了中国电力企业在海外与当地民众共同进步、共享发展成果的良好企业经营宗旨和形象。

2012—2017 年，电力企业在海外先后获得东道国和有关国际组织嘉奖 177 项，赢得了全社会广泛认可和赞赏。

第四节　对外投资与工程承包

一、境外投资

（一）总体情况

中国主要电力企业实际完成对外投资 193 亿美元，新增电力对外投资项目 26 项，其中实际完成投资额超过 3000 万美元的电力对外投资项目 18 项。截至 2017 年年底，中国主要电力企业对外投资总额累计突破 650 亿美元。

2013—2017 年中国主要电力企业对外投资额和实际完成投资额 3000 万美元及以上项目数量分别见图 11-4 和图 11-5。

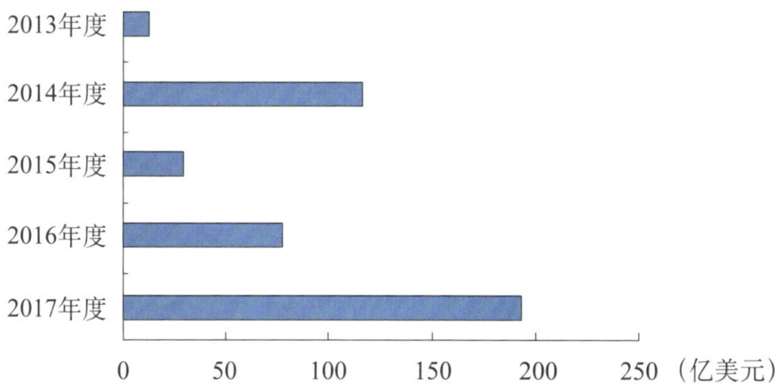

图 11-4　2013—2017 年中国主要电力企业年度对外投资额

（二）投资方式

投资方式基本以 BOT/BOOT/BOO/DBOO 股权并购和绿地投资模式为主，以其他投资为有效补充，形成多种形式并存的投资模式。投资领域包括火电、水电、风

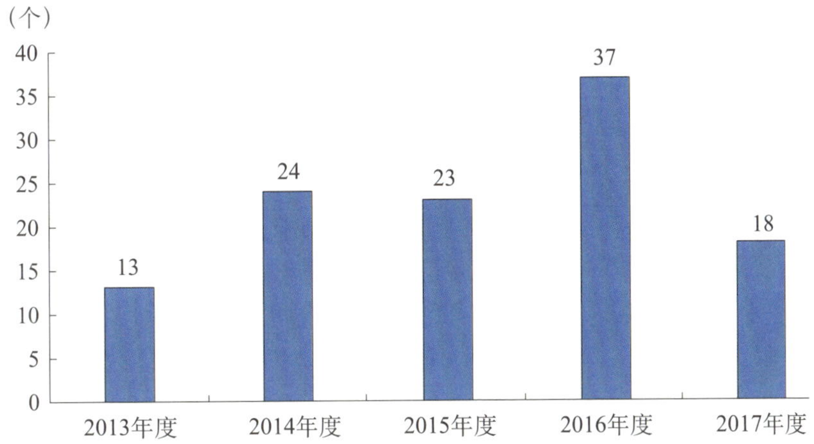

图 11-5　2013—2017 年中国主要电力企业实际完成投资额 3000 万美元及以上项目数量

电、太阳能发电、输变电、矿产资源等。其中，DBOO（即：Design 设计 -Build 建造 -Own 拥有 -Operate 运行）模式作为 DBO（即：Design 设计 -Build 建造 -Operate 运行）模式的衍生和延展模式，是一种比较新颖的投资模式，在降低政府部门压力、提高投资人能动性、有效发挥市场资源优势方面有着独特的应用效果。

2017 年中国主要电力企业对外投资项目模式分类统计见图 11-6。

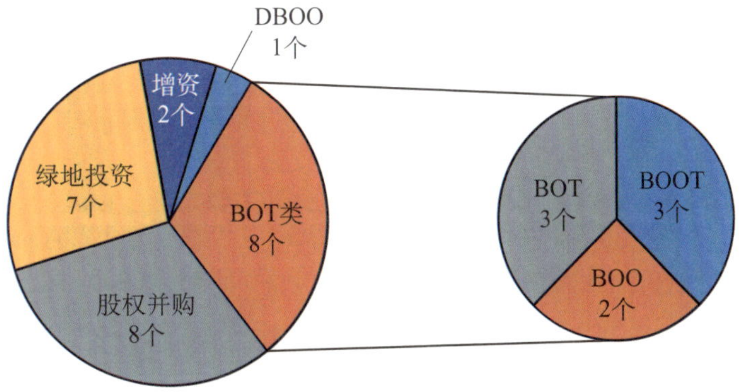

图 11-6　2017 年中国主要电力企业对外投资项目模式分类统计

（三）投资地区

各电力企业对"一带一路"沿线国家投资进一步扩展到美国、巴西、加拿大、法国、俄罗斯、希腊、马耳他、澳大利亚、南非等国家。

2017 年中国主要电力企业境外投资项目区域分布情况见图 11-7。

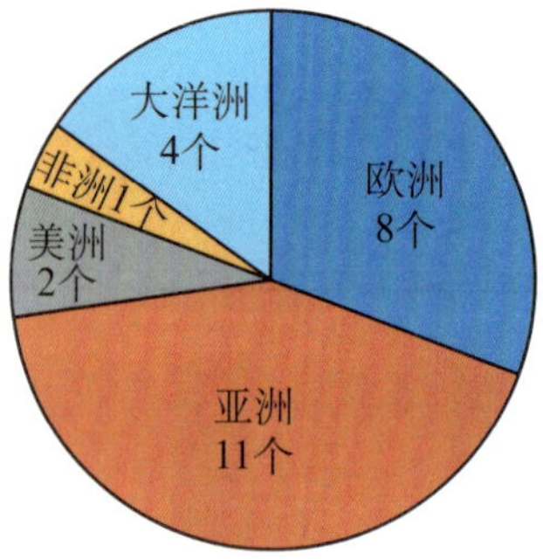

图 11-7　2017 年中国主要电力企业境外投资项目区域分布

二、境外工程承包

中国主要电力企业对外承包工程新签合同额合计 488 亿美元，同比增长 32.8%；年度营业额 766 亿美元，是上年的 4 倍多。截至 2017 年年底，主要电力企业境外承包在建项目 2971 个，是上年的 1.75 倍。

2013—2017 年中国主要电力企业对外承包工程新签合同额及在建项目数量见图 11-8。

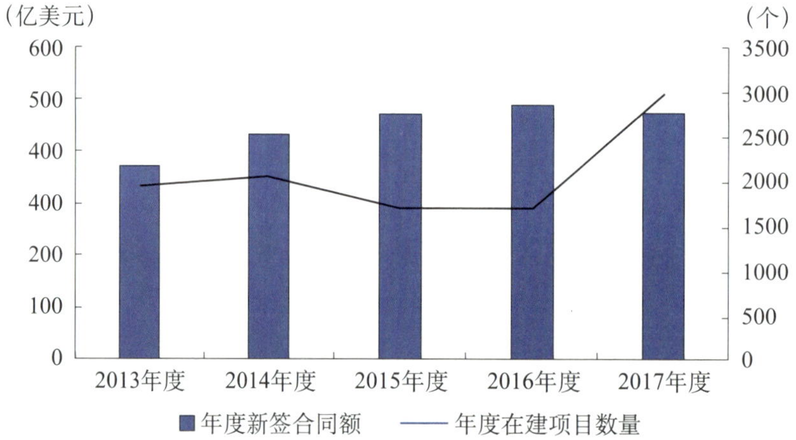

图 11-8　2013—2017 年中国主要电力企业对外承包工程新签合同额及在建项目数量

根据《工程新闻纪录》[1]（The Engineering News-Record，ENR）公布的 2017 年度全球最大 250 家国际承包商排名，共有 11 家中国电力企业上榜，比上年增加

［1］《工程新闻纪录》创刊于 1874 年，是全球工程建设领域最权威的学术杂志。ENR 每年固定出版美国及全球工程领域相关公司的规模排名，其中尤以世界承包商 250 强（ENR Global 250）、国际承包商 250 强（ENR International 250）两项排名为全球业内人士所熟知，拥有较高的权威性和知名度。其中“全球”的榜单是根据企业的整体营业收入排名，而“国际”的榜单是根据海外业务收入排名。本报告选取入围“国际工程承包商 250 强”的中国电力工程承包企业作为主要研究对象。

1家，上榜企业年度国际业务营业收入累计222亿美元。其中，中国能建首次参评（含葛洲坝集团和中国能建天津电建公司）并上榜，而特变电工股份有限公司、中国核工业建设股份有限公司和平高集团国际工程有限公司首次入围。

入选“2017 ENR全球最大250家国际承包商”中国电力企业名单见表11-2。

表11-2 入选“2017 ENR全球最大250家国际承包商”中国电力企业名单

序号	入围国内企业排名	2017年排名	2016年排名	企业名称	国际营收（百万美元）
1	2	10	11	中国电力建设集团有限公司	11595.9
2	6	27	**	中国能源建设股份有限公司	4297.0
3	13	67	88	哈尔滨电气国际工程有限责任公司	1502.4
4	15	83	74	中国水利电力对外公司	935.3
5	16	84	**	特变电工股份有限公司	912.7
6	19	93	128	中国电力技术装备有限公司	810.1
7	22	96	109	中国中原对外工程有限公司	797.3
8	36	132	107	中国东方电气集团有限公司	464.7
9	39	141	249	上海电气集团股份有限公司	432.2
10	50	171	**	中国核工业建设股份有限公司	316.0
11	60	220	**	平高集团国际工程有限公司	132.1

数据来源：美国《工程新闻纪录》（ENR）网站。

2017年，在中国商务部发布的“2017年中国对外承包工程业务新签合同额前100家企业”排行榜上，共有21家电力企业上榜，比上年减少5家。上榜企业年度新签合同金额达495亿美元。

入选“2017年中国对外承包工程业务新签合同额前100家企业”的电力企业名单见表11-3。

表11-3 入选“2017年中国对外承包工程业务新签合同额前100家企业”的电力企业名单

序号	企业名称	榜上排名	新签合同额（万美元）
1	中国水电建设集团国际工程有限公司	2	1736897
2	中国葛洲坝集团股份有限公司	6	1178504
3	中国电力技术装备有限公司	15	230660
4	中国华电科工集团有限公司	19	187500
5	上海电气集团股份有限公司	21	187446

续表

序号	企业名称	榜上排名	新签合同额（万美元）
6	中国能源建设集团广东火电工程有限公司	25	171922
7	山东电力基本建设总公司	31	150000
8	山东电力建设第三工程有限公司	33	143706
9	中国电力工程顾问集团华北电力设计院有限公司	34	139737
10	中国电力工程顾问集团西北电力设计院工程有限公司	48	99344
11	中国水利电力对外有限公司	49	97498
12	中国能源建设集团广东省电力设计研究院有限公司	54	92312
13	中国电建集团华东勘测设计研究院有限公司	65	79100
14	中国电建集团核电工程公司	67	74660
15	中国水电工程顾问集团有限公司	75	62188
16	东方电气集团国际合作有限公司	77	61924
17	上海电力建设有限责任公司	83	57729
18	中国能源建设集团江苏省电力设计院有限公司	84	57490
19	中国电建集团中南勘测设计研究院有限公司	90	50189
20	中国能源建设集团浙江火电建设有限公司	91	49632
21	中国电建市政建设集团有限公司	99	42049

数据来源：商务部网站。

2017 年，在国内电力企业承包的境外电力工程项目中，共投产火电机组 52 台，合计容量 1227 万千瓦（其中，煤电机组 832 万千瓦，燃机 395 万千瓦），台数增长 17.3%，合计容量下降 9.8%；水电机组 35 台，合计容量 166 万千瓦，台数下降 35.2%，合计容量下降 71.5%。

2017 年国内电力企业在境外承包的电力项目投产情况见附录 16。

三、“一带一路”电力合作

随着国家“一带一路”建设的不断推进，能源合作成为“一带一路”合作的亮点和明星合作领域。能源领域不断深化政策沟通，加强基础设施互联互通，提升能源贸易畅通水平，以能源联通促进民心相通，给各方带来了看得见、摸得着的实惠。

2017 年，中国主要电力企业在“一带一路”沿线国家继续积极稳妥开展投资业务，全年完成合同金额超过 3000 万美元的大型项目 12 项，涉及沿线 11 个欧亚地区国家，合计项目总投资达 126 亿美元；在“一带一路”沿线国家开展的工程承包业务中，大型承包项目 194 个，比上年增加 74 个，涉及 33 个沿线国家，合计合同金额 306 亿美元，同比增长 11.4%，项目涵盖火电、水电、风电、太阳能发电、核电、输配电、社会基础设施建设等工程领域。

四、电力设备及技术进出口

2017 年，我国电力企业对外设备与技术依赖性继续减弱，全年引进电力重要设备与技术服务共 5 项，合计金额约 3600 万美元，涉及火电厂自动化控制、水电站重要设备、核电技术服务等。

2017 年度部分电力设备与技术服务引进项目清单见表 11-4。

表 11-4 2017 年度部分电力设备与技术服务引进项目清单

单位名称	引进事项	类别	来源国家（地区）
华能集团	华能宁夏大坝电厂四期工程分散控制系统（DCS）	设备	美国
华能集团	华能乌弄龙水电站发电机断路器	设备	美国
国家电投	海阳 1 号机组反应堆压力容器役前检查技术支持服务	服务	美国
三峡集团	金沙江乌东德水电站 550kV GIL 及其附属设备	设备	美国
广州发展	GE 公司 DLN2.6+XD5 型燃烧器及 Mark-VIe 控制系统	设备	美国

2017 年，中国主要电力企业出口设备和技术合计超过 52 亿美元。其中：设备直接出口总额 1.85 亿美元，境外工程带动设备出口总额 18.58 亿美元；技术直接出口服务总额 2914 万美元，由境外工程带动出口技术服务 31.37 亿美元。此外，各电力企业为境外提供电力运营管理、项目建设管理等行业管理服务 64 项，涵盖电站维护、运行、基建、监理等领域。

2013—2017 年度国内主要电力企业设备技术出口总额见图 11-9。

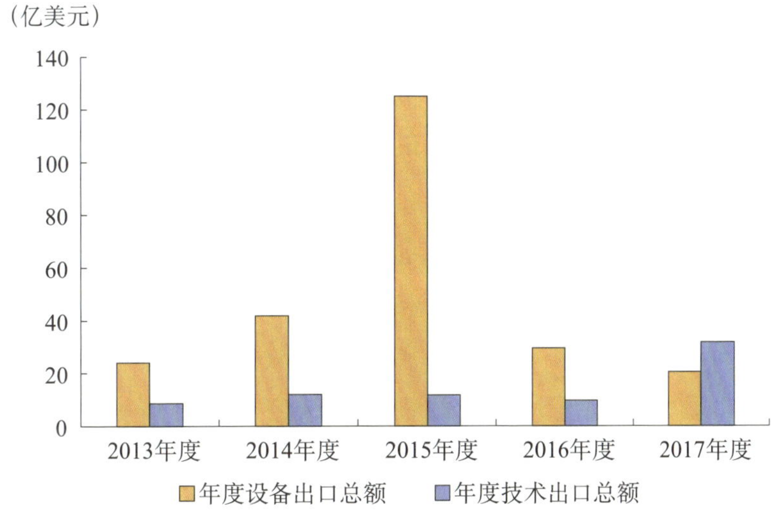

图 11-9 2013—2017 年度国内主要电力企业设备及技术出口总额

附　录

附录 1

2017 年电力行业大事记

1 月 5 日，国家电投在京宣布，我国具有完全自主知识产权的核电站反应堆保护系统平台（NuPAC 平台），通过中国国家核安全局和美国核管理委员会（NRC）许可，成为全球首个通过中、美政府核安全监管机构行政许可的核电站反应堆保护系统平台。

1 月 9 日，国家科学技术奖励大会在北京人民大会堂隆重举行并颁发 2016 年度国家科学技术奖。其中，“互联电网动态过程安全防御关键技术及应用”获国家科学技术进步一等奖，“±800 千伏特高压直流输电换流阀关键技术及应用”获国家技术发明二等奖，“变压器潜伏性缺陷的油中气体检测技术及应用”等 10 个电力项目获国家科学技术进步二等奖。

2 月 25 日，大唐国际内蒙古托克托发电有限责任公司五期工程 10 号机组顺利通过 168 小时试运行，该公司总装机容量达到 672 万千瓦，成为世界在役最大火力发电厂。

3 月 1 日，长江三峡水电站累计发电突破 1 万亿千瓦时大关，成为我国第一座发电量突破 1 万亿千瓦时的发电站。

3 月 10 日，酒泉—湖南 ±800 千伏特高压直流输电工程启动送电。该工程是重点服务风电、太阳能发电等新能源送出的跨区输电通道，工程全面采用我国自主研发的特高压直流输电技术和装备。

3 月 23 日，国务院批复原则同意《核安全与放射性污染防治“十三五”规划及 2025 年远景目标》，要求到“十三五”末，我国运行和在建核设施安全水平明显提高，核电安全保持国际先进水平，放射源辐射事故发生率进一步降低，核安保和应急能力得到增强，核安全监管水平大幅提升，核安全、环境安全和公众健康得到有效保障。

3 月 29 日，国家发展改革委、国家能源局印发《关于有序放开发用电计划的通知》，要求加快组织发电企业与购电主体签订发购电协议（合同），规范和完善市场化交易电量价格调整机制，有序放开跨省跨区送受电计划等。

5 月 16 日，国家发展改革委等 17 部门联合印发《关于对电力行业严重违法失信市场主体及其有关人员实施联合惩戒的合作备忘录》，惩戒措施达 13 项，包括强制退出电力市场、在政府市场主体目录中移除、在电力交易机构取消电力交易注册等。

5 月 25 日，我国自主三代核电“华龙一号”全球首堆示范工程——中核集团福清核电 5 号机组穹顶吊装成功，标志着该机组已全面进入设备安装阶段。

6 月 13 日，全球能源互联网研究院自主研发的柔性直流输电技术成功中标英国设得兰（Shetland）柔性直流输电工程。该项目是我国柔性直流输电技术走向国际的第一个项目，是我国高端输电技术具备国际竞争力的重要体现。

6 月 17 日零时至 24 日零时，青海省在全国首次连续 7 天、168 小时全部使用清洁能源供电，所有用电均来自水能、太阳能以及风力发电产生的绿色能源。

6 月 17 日，华电集团在俄第一个投资建设运营的绿地项目——华电捷宁斯卡娅 483MW 燃气—蒸汽联合循环供热电站顺利通过 72 小时满负荷试运行，正式投入商业运营，这是目前我国在俄罗斯最大的电力能源类投资项目。

7 月 1 日，国家能源局在京组织召开“绿色电力证书自愿认购启动仪式”，绿证自愿认购网上交易平台正式启动上线。

7 月 3 日，中巴经济走廊萨希瓦尔燃煤电站竣工仪式在巴基斯坦旁遮普省萨希瓦尔地区举行，标志着中巴经济走廊首个早期收获重大能源项目全面建成投产。

7 月 6 日，国家能源局发布《关于公布首批“互联网 +”智慧能源（能源互联网）示范项目的通知》，共有涉及城市能源互联网、园区能源互联网、基于电动汽车的能源互联网等 9 大类 55 个项目成功入围。

7 月 17 日，国家发展改革委、国家能源局印发《推进并网型微电网建设试行办法》，鼓励地方政府和社会资本合作（PPP），以特许经营等方式开展微电网项目的建设和运营。

7 月 18 日，国务院办公厅发布《中央企业公司制改制工作实施方案》，明确 2017 年年底前，按照企业法登记、国务院国资委监管的中央企业（不含中央金融、文化企业）要全部改制为按照公司法登记的有限责任公司或股份有限公司。

7 月 19 日，国家能源局发布《关于可再生能源发展“十三五”规划实施的指导意见》，明确了“十三五”可再生能源发展的工作机制、规模指标和保障措施。

7 月 20 日，美国《财富》杂志发布 2017 年世界 500 强企业名单，国家电网、南方电网、中国电建、华能集团、神华集团（原）、中国能建、国家电投集团、华电集团、国电集团（原）、大唐集团分列第 2 位、第 100 位、第 190 位、第 274 位、第276位、第312位、第368位、第382位、第397位和第454位。

7月26日，国家发展改革委召开新闻发布会，宣布首轮输配电价改革试点全面完成，经各省级人民政府和国家发展改革委审核后的各省输配电价陆续向社会公布。8月16日，国家发展改革委发布《关于全面推进跨省跨区和区域电网输电价格改革工作的通知》，要求2017年12月底前完成区域电网输电价格核定工作。

7月26日，国家发展改革委等16部门联合印发《关于推进供给侧结构性改革防范化解煤电产能过剩风险的意见》，明确"十三五"期间全国停建和缓建煤电产能1.5亿千瓦，淘汰落后产能0.2亿千瓦以上，实施煤电超低排放改造4.2亿千瓦、节能改造3.4亿千瓦、灵活性改造2.2亿千瓦。

8月3日，装机规模全球第二、在建规模全球第一的水电站——三峡白鹤滩水电站主体工程全面启动建设。该电站首次全部采用国产百万千瓦级水轮发电机组，这是我国重大水电装备的又一次历史性飞跃。

8月4日，由中国葛洲坝集团承建的非洲最大水电站——安哥拉卡古路·卡巴萨水电站在该国北宽扎省栋多市举行开工仪式，开启了中国企业在非洲水电建设的新纪元。

8月14日，榆横—潍坊1000千伏特高压交流输变电工程顺利完成试运行并正式投运，这是迄今为止建设规模最大、输电距离最长的特高压交流工程。

8月28日，经报国务院批准，中国国电集团公司与神华集团有限责任公司合并重组为国家能源投资集团有限责任公司。11月28日，国家能源投资集团有限责任公司正式成立。

8月28日，国家发展改革委办公厅、国家能源局综合司发布《关于开展电力现货市场建设试点工作的通知》，选择南方（以广东起步）、蒙西、浙江、山西、山东、福建、四川、甘肃8个地区作为第一批试点，加快组织推动电力现货市场建设工作。

8月31日，随着国家电投黄河公司青海海南州太阳能生态发电产业园区100兆瓦地面光伏电站并网，国家电投投运的光伏发电装机超1000万千瓦，继续高居全球第一。

9月6日，国家发展改革委办公厅发文委托中国电力企业联合会开展电力行业信用体系建设有关工作，同意其作为电力行业市场主体相关备案信息共享单位，配合政府部门加强守信联合激励对象和失信联合惩戒对象名单管理，推动行业标准出台，规范电力行业信用评价工作。

9月20日，国家发展改革委、工信部等6部门联合印发《关于深入推进供给侧结构性改革 做好新形势下电力需求侧管理工作的通知》，就新形势下进一步做好电力需求侧管理工作进行了部署，并对现行《电力需求侧管理办法》进行了修订。

9 月 22 日，国家发展改革委、财政部等 5 部门联合下发了《关于促进储能技术和产业发展的指导意见》，计划在未来 10 年内分两个阶段推进储能产业发展，第一阶段实现储能由研发示范向商业化初期过渡，第二阶段实现商业化初期向规模化发展转变。

9 月 25 日，国家电网公司提前三个月完成新一轮农网改造升级“两年攻坚战”，完成了平原地区“井井通电”、小城镇（中心村）电网改造升级全覆盖、村村通动力电三大任务。

9 月 30 日，华能集团江苏如东八仙角海上风电项目顺利完成 240 小时试运行，全面进入商业运营阶段，这是迄今为止亚洲已建成的装机容量最大的海上风电项目。

9 月底，全国累计完成煤电超低排放改造机组容量约 5.8 亿千瓦以上，提前完成 2020 年改造目标，我国煤电机组污染物排放控制指标已处于世界领先水平。

10 月 19 日，国家发展改革委、国家能源局印发《关于促进西南地区水电消纳的通知》，要求四川省、云南省政府有关部门结合电力供需形势，优化两省电力“十三五”发展目标，力争“十三五”后期不再新增弃水问题。

10 月 31 日，国家发展改革委、国家能源局发布《关于开展分布式发电市场化交易试点的通知》，12 月 28 日，国家发展改革委、国家能源局再次发布《关于开展分布式发电市场化交易试点的补充通知》，明确了试点组织方式、分工以及试点方案内容要求。

11 月 1 日，全球能源互联网发展合作组织在联合国总部正式发布《全球能源互联网落实联合国 2030 年可持续发展议程行动计划》，标志着全球能源互联网正式纳入联合国工作框架，成为中国电力行业主动参与全球能源治理的重大实践突破。

11 月 8 日，国家发展改革委、国家能源局印发《解决弃水弃风弃光问题实施方案》，提出了总体目标，要求到 2020 年在全国范围内有效解决弃水弃风弃光问题。

11 月 8 ~ 10 日，美国总统特朗普对中国进行国事访问期间，在两国元首引领下，两国企业共签署合作项目 34 个，金额达到 2535 亿美元，合作项目中，金额最大的集中在能源领域。其中，大唐集团与美国通用集团签署了《“一揽子”项目合作协议》；国家能源集团与美国西弗吉尼亚州签署框架协议，对美国西弗吉尼亚州的页岩气、电力和化工生产项目投资 837 亿美元。

11 月 15 日，国家能源局发布《完善电力辅助服务补偿（市场）机制工作方案》，要求实现电力辅助服务补偿项目全覆盖，鼓励采用竞争方式确定电力辅助服务承担机组，鼓励储能设备、需求侧资源参与提供电力辅助服务，允许第三方参与提供电力辅助服务。

11 月 17 日，由龙源电力集团股份有限公司在南非开发的德阿风电项目顺利竣工并投产发电，这是中国在非洲第一个集投资、建设和运营为一体的风电项目。

11 月 21 日，华电集团金沙江上游干流核准开工的第一个项目、国家“西电东送”接续基地的重要内容和先导工程——苏洼龙水电站成功实现大江截流。

11 月 23 日，中电联公布 2017 年度中国电力创新奖获奖名单，“高参数超超临界二次再热关键技术研究及工程示范”等 11 个项目获中国电力创新大奖，108 个项目获一等奖，218 个项目获二等奖，326 个项目获三等奖。

11月29日，中国电建投资建设的“中巴经济走廊”首个落地大型能源项目——巴基斯坦卡西姆港燃煤电站首台机组正式投产发电。

12 月 5 日，国家发展改革委等 10 部门联合发布《北方地区冬季清洁取暖规划（2017—2021 年）》，明确：到 2019 年，北方地区清洁取暖率达到 50%，替代散烧煤（含低效小锅炉用煤）7400 万吨；到 2021 年，北方地区清洁取暖率达到 70%，替代散烧煤（含低效小锅炉用煤）1.5 亿吨。

12 月 6 日，国家发展改革委、国家能源局发布《〈关于促进生物质能供热发展的指导意见〉的通知》，指出：到 2020 年，生物质热电联产装机容量超过 1200 万千瓦，年直接替代燃煤约 3000 万吨；到 2035 年，生物质热电联产装机容量超过 2500 万千瓦，年直接替代燃煤约 6000 万吨。

12 月 18 日，国家发展改革委印发《全国碳排放权交易市场建设方案（发电行业）》，标志着我国碳排放交易体系完成了总体设计并正式启动。

12 月 19 日，世界上电压等级最高、容量最大的江苏苏州南部电网 500 千伏统一潮流控制器（UPFC）科技示范工程正式投运。

12 月 21 日，由国家电网公司与巴西国家电力公司联合投资建设的巴西美丽山 ±800 千伏特高压直流输电一期工程在受端巴西伊斯特雷都换流站举行投运仪式，标志着中国特高压“走出去”的首个项目正式投入商业运行。

12 月 25 日，上海庙—山东特高压直流工程建成，标志着国家电网纳入国家大气污染防治行动计划的特高压交直流工程已经全面竣工。12 月 27 日，由南方电网建设的世界上海拔最高、距离最长的 ±800 千伏特高压输电工程——滇西北至广东 ±800 千伏特高压直流输电工程建成投运。至此，列入国家大气污染防治行动计划的 12 条重点输电通道全部建成。

12 月 27 日，由中广核研究院有限公司设计并供货的红沿河二期工程应急柴油发电机组（EDG）首台机通过出厂验收试验，标志我国首次实现百万千瓦级核电机组 EDG 的完全自主设计及自主制造。

12 月 27 日，国家风光储输示范工程的虚拟同步机启动，标志着世界首个具备虚拟同步机功能的新能源电站正式投运。

12 月 29 日，国家发展改革委印发《区域电网输电价格定价办法（试行）》《跨省跨区专项工程输电价格定价办法（试行）》和《关于制定地方电网和增量配电网配电价格的指导意见》。

附录 2

2017 年各地区燃煤发电标杆电价一览表

单位：元/千瓦时

地　区	2017 年电价调整情况	调整后统调煤电标杆上网电价（含脱硫、脱硝和除尘）
广　东	未调整	0.4505
湖　南	0.0029	0.4500
海　南	0.0010	0.4298
广　西	0.0067	0.4207
湖　北	0.0180	0.4161
上　海	0.0107	0.4155
浙　江	未调整	0.4153
江　西	0.0150	0.4143
四　川	未调整	0.4012
重　庆	0.0168	0.3964
福　建	0.0195	0.3932
山　东	0.0188	0.3917
江　苏	调至 0.3910	0.3910
安　徽	0.0151	0.3844
河　南	0.0228	0.3779
辽　宁	0.0064	0.3749
黑龙江	0.0017	0.3740
吉　林	0.0014	0.3731
冀　北	0.0086	0.3720
天　津	0.0141	0.3655
冀　南	0.0147	0.3644
北　京	0.0083	0.3598
陕　西	调至 0.3545	0.3545
贵　州	0.0152	0.3515
云　南	未调整	0.3358
山　西	0.0115	0.3320
青　海	未调整	0.3247
蒙　东	未调整	0.3035
甘　肃	未调整	0.2978
蒙　西	0.0057	0.2829
宁　夏	未调整	0.2595

附录 3

截至 2017 年年底已批复的省级电网输配电价情况

单位：元/千瓦时；元/千瓦.月；元/千伏安.月

省级电网	电度电价						基本电价	
	不满 1 千伏	1～10 千伏	20～35 千伏	35 千伏	110 千伏	220 千伏	最大需量	变压器容量
北 京	0.4674	0.4505		0.4263	0.3795	0.3395		
		0.1956		0.1751	0.1508	0.1493	48.0	32.0
天 津	0.3974	0.3788		0.3555	0.3082	0.2932		
		0.2052		0.1774	0.1772	0.1723	25.5	17.0
河 北	0.2862	0.2712		0.2612				
		0.1721		0.1571	0.1421	0.1371	35.0	23.0
冀 北	0.2430	0.2280		0.2180				
		0.1290		0.1140	0.0990	0.0940	35.0	23.3
山 西	0.2782	0.2582		0.2432				
		0.1188		0.0888	0.0688	0.0588	36.0	24.0
山 东	0.3100	0.2950		0.2800				
		0.1781		0.1631	0.1481	0.1331	38.0	28.0
湖 北	0.4862	0.4662		0.4462				
		0.1329		0.1131	0.0950	0.0760	42.0	28.0
湖 南	0.40764	0.38764		0.36764	0.34764			
		0.19634		0.16734	0.13934	0.11534	30.0	20.0
江 西	0.3271	0.3121		0.2971				
		0.1735		0.1585	0.1435	0.1335	39.0	26.0
河 南	0.3540	0.3200		0.2870				
		0.2173		0.1987	0.1837	0.1757	28.0	20.0
四 川	0.4453	0.4210		0.3967				
		0.1998		0.1727	0.1350	0.1090	39.0	26.0
重 庆	0.3930	0.3730		0.3530	0.3380			
		0.1859		0.1632	0.1459	0.1309	36.0	24.0

续表

省级电网	电度电价						基本电价	
	不满 1 千伏	1～10 千伏	20～35 千伏	35 千伏	110 千伏	220 千伏	最大需量	变压器容量
上海	0.4681	0.4214		0.3957	0.3772	0.3772		
	0.3295	0.2782		0.2298	0.1874	0.1874	42.0	28.0
江苏	0.3895	0.3745	0.3685	0.3595				
		0.2130	0.2070	0.1980	0.1830	0.1680	40.0	30.0
浙江	0.4109	0.3729	0.3529	0.3429				
	0.2526	0.2146	0.1946	0.1846	0.1626	0.1576	40.0	30.0
安徽	0.3932	0.3782		0.3632				
		0.1784		0.1634	0.1484	0.1384	40.0	30.0
福建	0.3159	0.2959		0.2759	0.2559	0.2359		
		0.1561		0.1361	0.1161	0.0961	36.0	24.0
榆林	0.3640	0.3440		0.3240				
		0.1051		0.0851	0.0651		31.0	24.0
陕西	0.3917	0.3717		0.3517				
		0.1484		0.1284	0.1084	0.1034	31.0	24.0
甘肃	0.4655	0.4555		0.4455				
		0.1699		0.1599	0.1287	0.1197	28.5	19.0
宁夏	0.3713	0.3513		0.3313				
		0.1649		0.1349	0.1049	0.0739	33.0	22.0
青海	0.3702	0.3652		0.3602				
		0.1023		0.0923	0.0823		28.5	19.0
辽宁	0.4134	0.4034		0.3934				
		0.1327		0.1197	0.1067	0.0967	33.0	22.0
吉林	0.4722	0.4572		0.4422				
		0.1686		0.1536	0.1386	0.1236	33.0	22.0
广西	0.4436	0.4286		0.4136				
		0.2702		0.1243	0.0993	0.0793	34.0	27.5
广东	0.3549	0.3299		0.3049	0.3049	0.3049		
		0.1371		0.1121	0.1121	0.0871	32.0	23.0

续表

省级电网	电度电价						基本电价	
	不满 1 千伏	1～10 千伏	20～35 千伏	35 千伏	110 千伏	220 千伏	最大需量	变压器容量
云　南	0.3205	0.3105		0.3005				
		0.1692		0.1462	0.0700	0.0520	37.0	27.0
贵　州	0.4660	0.3991		0.3365				
		0.1739		0.1302	0.0799	0.0567	35.0	26.0
海　南	0.3744	0.3513						
		0.1897		0.1362	0.1345	0.1247	38.0	26.0
蒙　西	0.4023	0.3415		0.2453				
		0.1743		0.1246	0.1093	0.0897	28.0	19.0

注：1. 每个省级电网包含两行，第一行为一般工商业及其他输配电价，第二行为大工业输配电价；
2. 上海电网第一行为工商业及其他用电（单一制），第二行为工商业及其他用电（两部制）；
3. 广东电网所列内容为珠三角五市（广州、珠海、佛山、中山和东莞市）输配电价。

附录 4

2017 年典型省份电网销售电价表

一、浙江省电网销售电价表

单位：元/千瓦时；元/千瓦.月；元/千伏安.月

用电分类	电压等级		电度电价	分时电价			基本电价	
				尖峰电价	高峰电价	低谷电价	最大需量	变压器容量
一、居民生活用电	不满 1 千伏“一户一表”居民用户	年用电 2760 千瓦时及以下部分	0.5380		0.5680	0.2880		
		年用电 2761～4800 千瓦时部分	0.5880		0.6180	0.3380		
		年用电 4801 千瓦时及以上部分	0.8380		0.8680	0.5880		
	不满 1 千伏合表用户		0.5580					
	1～10 千伏及以上合表用户		0.5380					
	农村 1～10 千伏		0.5080					
二、大工业用电	1～10 千伏		0.6644	1.0824	0.9004	0.4164	40	30
	20 千伏		0.6444	1.0571	0.8771	0.4004	40	30
	35 千伏		0.6344	1.0444	0.8654	0.3924	40	30
	110 千伏		0.6124	1.0114	0.8364	0.3724	40	30
	220 千伏及以上		0.6074	1.0014	0.8284	0.3684	40	30
其中 电解铝生产用电			0.4934				40	30
其中 氯碱生产用电	1～10 千伏		0.5984	0.9744	0.8104	0.3754	40	30
	20 千伏		0.5804	0.9514	0.7894	0.3604	40	30
	35 千伏		0.5714	0.9404	0.7794	0.3534	40	30
	110 千伏及以上		0.5514	0.9104	0.7534	0.3354	40	30
三、一般工商业及其他用电	不满 1 千伏		0.8607	1.3707	1.0657	0.5427		
	1～10 千伏		0.8227	1.3207	1.0227	0.5107		
	20 千伏		0.8027	1.2947	1.0000	0.4940		
	35 千伏及以上		0.7927	1.2817	0.9887	0.4857		

续表

用电分类		电压等级	电度电价	分时电价			基本电价	
				尖峰电价	高峰电价	低谷电价	最大需量	变压器容量
其中	部队、狱政用电	不满 1 千伏	0.6447					
		1～10 千伏	0.6067					
		20 千伏	0.5867					
		35 千伏及以上	0.5767					
四、农业生产用电		不满 1 千伏	0.7280	0.9984	0.8986	0.4992		
		1～10 千伏	0.6900	0.9462	0.8516	0.4731		
		20 千伏	0.6700	0.9188	0.8269	0.4594		
		35 千伏及以上	0.6600	0.9052	0.8147	0.4526		
其中	农业排灌、脱粒用电	不满 1 千伏	0.4770	0.6542	0.5888	0.3271		
		1～10 千伏	0.4390	0.6020	0.5418	0.3010		
		20 千伏	0.4190	0.5746	0.5171	0.2873		
		35 千伏及以上	0.4090	0.5608	0.5047	0.2804		
	贫困县农业排灌用电	不满 1 千伏	0.2100	0.2880	0.2592	0.1440		
		1～10 千伏	0.1720	0.2358	0.2122	0.1179		

注：1. 上表所列价格，除农业生产中的贫困县农业排灌用电外，均含国家重大水利工程建设基金 1.08 分钱；除农业生产用电以外，均含大中型水库移民后期扶持资金 0.62 分钱、地方水库移民后期扶持资金 0.05 分钱和农网还贷资金 2 分钱；除农业生产用电外，均含可再生能源电价附加，其中居民生活用电 0.1 分钱 、其余各类用电 1.9 分钱；核工业铀扩散厂和堆化工厂生产用电价格，按上表所列的分类电价降低 1.7 分钱（农网还贷资金）执行。

2. 居民生活用电分时电价时段划分：高峰时段 8:00～22:00，低谷时段 22:00～次日 8:00。大工业用电、一般工商业及其他用电、农业生产用电六时段分时电价时段划分：尖峰时段 19:00～21:00；高峰时段 8:00～11:00、13:00～19:00、21:00～22:00；低谷时段：11:00～13:00、22:00～次日 8:00。

3. 居民 1～10 千伏“一户一表”用户用电价格在不满 1 千伏“一户一表”居民用电价格基础上相应降低 2 分钱执行。

4. 不满 1 千伏大工业用电价格在 1～10 千伏大工业用电价格基础上相应提高 3.8 分钱执行。

二、福建省电网销售电价表

单位：元/千瓦时；元/千瓦时.月；元/千伏安.月

用电分类			电度电价					基本电价	
			不满1千伏	1～10千伏	35～110千伏以下	110千伏	220千伏及以上	最大需量	变压器容量
一、居民生活用电	“一户一表”用户	月用电量230千瓦时以下	0.4983						
一、居民生活用电	“一户一表”用户	月用电量231～420千瓦时	0.5483						
一、居民生活用电	“一户一表”用户	月用电量421千瓦时以上	0.7983						
一、居民生活用电	合表用户		0.5330						
二、一般工商业及其他用电	4月1日至6月30日		0.7473	0.7273	0.7073	0.6873	0.6673		
二、一般工商业及其他用电	7月1日起		0.7400	0.7200	0.7000	0.6800	0.6600		
三、大工业用电	4月1日至6月30日			0.6078	0.5878	0.5678	0.5478	39	26
三、大工业用电	7月1日起			0.5802	0.5602	0.5402	0.5202	36	24
其中：氯碱生产用电	4月1日至6月30日			0.5378	0.5178	0.4978	0.4778	39	26
其中：氯碱生产用电	7月1日起			0.5102	0.4902	0.4702	0.4502	36	24
四、农业用电	4月1日至6月30日		0.6919	0.6719	0.6519	0.6319	0.6119		
四、农业用电	7月1日起		0.6206	0.6006	0.5806	0.5606	0.5406		
其中：农业排灌用电			0.2477	0.2277	0.2077	0.1877	0.1677		

注：1. 上表所列价格，2017年6月30日及之前，除趸售用电和除农业排灌用电外，均含重大水利工程建设基金0.7分钱，2017年7月1日起，除农业排灌用电和趸售给各趸售县电网的用电外，均含重大水利工程建设基金0.52分钱；2017年6月30日及之前，除趸售用电和除农业排灌用电外，均含大中型水库移民后期扶持资金0.83分钱，2017年7月1日起，除农业排灌用电和趸售给各趸售县电网的用电外，均含大中型水库移民后期扶持资金0.62分钱；除居民生活、农业排灌用电外，均含地方水库移民后期扶持资金0.05分钱。除农业生产用电和趸售给各趸售县电网的用电外，均含可再生能源电价附加：居民生活用电0.1分钱，其他用电1.9分钱。

2. 抗灾救灾用电按上表所列相应分类电价降低2分钱（农网还贷资金）执行。

3. 对各趸售县的趸售电价由福建省物价局具体核定。

三、湖北省电网销售电价表

单位：元/千瓦时；元/千瓦时.月；元/千伏安.月

<table>
<tr><th colspan="3" rowspan="2">用电分类</th><th colspan="6">电度电价</th><th colspan="2">基本电价</th></tr>
<tr><th>不满 1 千伏</th><th>1～10 千伏</th><th>20～35 千伏以下</th><th>35～110 千伏以下</th><th>110 千伏</th><th>220 千伏及以上</th><th>最大需量</th><th>变压器容量</th></tr>
<tr><td rowspan="4">一、居民生活用电</td><td rowspan="3">城乡“一户一表”居民用电</td><td>年用电 2160 千瓦时以内</td><td>0.558</td><td></td><td></td><td></td><td></td><td></td><td></td><td></td></tr>
<tr><td>年用电 2161 至 4800 千瓦时</td><td>0.608</td><td></td><td></td><td></td><td></td><td></td><td></td><td></td></tr>
<tr><td>年用电 4800 千瓦时以上</td><td>0.858</td><td></td><td></td><td></td><td></td><td></td><td></td><td></td></tr>
<tr><td colspan="2">居民合表用电</td><td>0.58</td><td>0.57</td><td>0.57</td><td>0.57</td><td></td><td></td><td></td><td></td></tr>
<tr><td colspan="3">二、一般工商业及其他用电</td><td>0.87</td><td>0.85</td><td>0.845</td><td>0.83</td><td></td><td></td><td></td><td></td></tr>
<tr><td colspan="3">三、大工业用电</td><td></td><td>0.612</td><td>0.6069</td><td>0.5919</td><td>0.574</td><td>0.5548</td><td>42</td><td>28</td></tr>
<tr><td colspan="3">其中：离子膜法烧碱生产用电</td><td></td><td>0.585</td><td>0.5799</td><td>0.5649</td><td>0.547</td><td>0.5278</td><td>42</td><td>28</td></tr>
<tr><td colspan="3">四、农业生产用电</td><td>0.5587</td><td>0.539</td><td>0.5337</td><td>0.5187</td><td></td><td></td><td></td><td></td></tr>
<tr><td colspan="3">其中：贫困县农业排灌用电</td><td>0.3917</td><td>0.372</td><td>0.3667</td><td>0.3517</td><td></td><td></td><td></td><td></td></tr>
<tr><td colspan="3" rowspan="2">五、趸售用电</td><td colspan="4">县级趸售电价</td><td colspan="4">县级以下趸售电价</td></tr>
<tr><td colspan="4">0.5327</td><td colspan="4">0.5447</td></tr>
</table>

注：1. 上表所列价格，均含农村低压电网维护费 1.88 分钱，除农业排灌用电外，均含农网还贷资金 2 分钱。

2. 上表所列价格，除农业生产用电外，均含大中型水库移民后期扶持资金 0.62 分钱和地方水库移民后期扶持资金 0.05 分钱。

3. 上表所列价格，除农业生产用电外，均含可再生能源电价附加，其中：居民生活用电 0.1 分钱，其他类别用电 1.9 分钱。

4. 抗灾救灾用电按表列分类电价降低 2 分钱执行。

四、四川省电网销售电价表

单位：元/千瓦时；元/千瓦时.月；元/千伏安.月

电分类		电度电价（含政府性基金及附加）					基本电价	
		不满 1 千伏	1～10 千伏	35～110 千伏以内	110 千伏	220 千伏及以上	最大需量	变压器容量
一、城市居民生活用电								
（一）城市合表居民用电		0.5464	0.5364	0.5364				
（二）城市"一户一表"居民用电								
其中	月用电量 180 千瓦时及以内部分	0.5224	0.5124	0.5124				
	月用电量 180 至 280 千瓦时部分	0.6224	0.6124	0.6124				
	月用电量超过 280 千瓦时部分	0.8224	0.8124	0.8124				
二、一般工商业及其他用电		0.816	0.801	0.786				
三、大工业用电			0.5774	0.5574	0.5374	0.5174	39	26
其中	氯碱、电炉钢、电炉铁合金、电解铝、电石、黄磷生产用电		0.5374	0.5174	0.4974	0.4774	39	26
	采用离子膜法工艺的氯碱生产用电		0.5188	0.5008	0.4828	0.4648	39	26
四、农业生产用电		0.5601	0.5501	0.5401				
其中：贫困县农业排灌用电		0.2521	0.2421	0.2321				

注：1. 上表所列价格，除贫困县农业排灌用电外，均含农网还贷资金 2 分 / 千瓦时。核工业铀扩散厂和堆化工厂生产用电农网还贷资金按 0.3 分 / 千瓦时征收；抗灾救灾用电免征农网还贷资金。

2. 上表所列价格均含重大水利工程建设基金 0.52 分 / 千瓦时，国家级贫困县农业排灌用电免征重大水利工程建设基金。

3. 上表所列价格，除农业生产用电外，均含大中型水库移民后期扶持基金 0.62 分 / 千瓦时。

4. 上表所列价格，除农业生产用电外，均含可再生能源电价附加，其中：居民生活用电按 0.1 分 / 千瓦时计征，其余用电按 1.9 分 / 千瓦时计征。汶川地震重灾区大工业用电（含子类别）、一般工商业及其他用电可再生能源电价附加征收标准按 1.8 分 / 千瓦时执行。

五、辽宁省电网销售电价表

单位：元/千瓦时；元/千瓦时.月；元/千伏安.月

电分类	电度电价						基本电价	
	不满1千伏	1～10千伏	20千伏	35～110千伏以下	110千伏	220千伏及以上	最大需量	变压器容量
一、居民生活用电	0.5	0.49	0.49	0.49				
二、一般工商业及其他用电	0.8012	0.7912	0.7892	0.7812				
三、大工业用电		0.5286	0.5256	0.5156	0.503	0.4926	33	22
其中：电石、电解烧碱、合成氨、电炉黄磷生产用电		0.5186	0.5156	0.5056	0.493	0.4826	33	22
四、农业生产用电	0.4946	0.4846	0.4826	0.4746				

注：1. 上表所列价格，均含农网还贷资金2分钱、国家重大水利工程建设基金0.3分钱。

2. 农业排灌、抗灾救灾，按上表所列相应分类电价降低2分钱（农网还贷资金）执行。

3. 上表所列价格，除农业生产用电外，均含大中型水库移民后期扶持资金0.62分钱、地方水库移民后期扶持资金0.05分钱。

4. 上表所列价格，除农业生产用电外，均含可再生能源电价附加，其中：居民生活用电0.1分钱，其余各类用电1.9分钱。

5. 大工业用电、一般工商业及其他用电实行峰谷分时电价和功率因数调整电费办法。

附录 5

2017 年电源工程投产重点项目

序号	工程名称	容量（规模）	建设地点	竣工时间
一	水电工程			
1	重庆武隆罗洲坝水电站	10 万千瓦	重庆武隆	2017-06
2	重庆芙蓉江浩口水电站	13.5 万千瓦	重庆武隆	2017-12
二	火电工程			
1	安徽利辛板集电厂新建工程	2×100 万千瓦	安徽亳州	2017-05
2	安徽淮北平山电厂新建工程	2×66 万千瓦	安徽淮北	2017-05
3	安徽皖能铜陵电厂 6 号机组工程	1×100 万千瓦	安徽铜陵	2017-10
4	福建国投湄洲湾电厂第二发电厂项目	2×100 万千瓦	福建莆田	2017-09
5	中铝兰州分公司自备电厂脱硫除尘增容改造项目	3×30 万千瓦	甘肃兰州	2017-04
6	国家电投甘肃兰州 2×350MW 热电联产工程	2×35 万千瓦	甘肃兰州	2017-12
7	大唐八〇三发电厂“上大压小”热电联产扩建工程	2×35 万千瓦	甘肃玉门	2017-12
8	中电广西防城港火电厂二期扩建工程	2×66 万千瓦	广西防城港	2017-02
9	广西鹿寨“上大压小”热电联产 2×300MW 级机组一期工程	2×350 万千瓦	广西柳州	2017-03
10	兴义市煤电铝一体化资源深加工基地清水河工业园热电联产动力车间（2×350MW）项目	2×35 万千瓦	贵州兴义	2017-05
11	河北建投承德上板城 2×350MW 超临界热电联产工程	2×35 万千瓦	河北承德	2017-12
12	国电廊坊热电 2×350MW 供热机组工程	2×35 万千瓦	河北廊坊	2017-06
13	河北建投邢台热电厂	2×35 万千瓦	河北邢台	2017-03
14	河南大唐三门峡火电厂“上大压小”三期工程	1×100 万千瓦	河南三门峡	2017-08
15	华能渑池热电厂“上大压小”新建工程	2×30 万千瓦	河南三门峡	2017-09
16	黑龙江华电富拉尔基热电“上大压小”扩建工程	1×30 万千瓦	黑龙江齐齐哈尔	2017-08
17	华能应城热电联产“上大压小”新建工程	40 万千瓦	湖北应城	2017-02
18	湖南华电常德电厂一期工程	2×66 万千瓦	湖南常德	2017-02

续表

序号	工程名称	容量（规模）	建设地点	竣工时间
19	江苏中电投协鑫滨海电厂	2×100 万千瓦	江苏盐城	2017-11
20	江苏沙洲电厂二期工程	2×100 万千瓦	江苏张家港	2017-09
21	内蒙古哈伦能源巴彦浩特 2×330MW 热电联产项目工程	2×33 万千瓦	内蒙古阿拉善	2017-03
22	内蒙古华云新材料有限公司 50 万吨合金铝 2×350MW 自备热电联产机组工程	2×35 万千瓦	内蒙古包头	2017-04
23	中电投赤峰新城热电“上大压小”2×300MW 新建工程	2×30 万千瓦	内蒙古赤峰	2017-10
24	内蒙古蒙泰不连沟煤业有限责任公司大路 2 组 300MW 坑口煤矸石热电厂工程	2×30 万千瓦	内蒙古鄂尔多斯	2017-03
25	鄂尔多斯煤炭深加工示范项目热电装置工程	30 万千瓦	内蒙古鄂尔多斯	2017-03
26	鄂尔多斯市绿舟实业有限公司公用工程项目热动力及电站项目工程	2×33 万千瓦	内蒙古鄂尔多斯	2017-08
27	内蒙古京能盛乐 2×350MW 冷热电联供机组工程	2×35 万千瓦	内蒙古呼和浩特	2017-03
28	内蒙古大唐托克托电厂五期扩建工程	2×66 万千瓦	内蒙古呼和浩特	2017-03
29	华电土右电厂 2×660MW 空冷机组工程	2×66 万千瓦	内蒙古土右旗	2017-03
30	内蒙古兴和热电 2×350MW 机组工程	2×35 万千瓦	内蒙古乌兰察布	2017-03
31	内蒙古京能集宁热电 2×350MW 供热机组工程	2×33 万千瓦	内蒙古乌兰察布	2017-03
32	内蒙古乌兰浩特 2×300MW 机组工程	2×30 万千瓦	内蒙古乌兰浩特	2017-03
33	内蒙古北方魏家峁电厂 2×660MW 工程	2×66 万千瓦	内蒙古准格尔旗	2017-03
34	中铝宁夏银星电厂 2×660MW 工程	2×66 万千瓦	宁夏宁东	2017-02
35	国华宁东电厂 2×660MW 扩建工程	2×66 万千瓦	宁夏宁东	2017-12
36	宁夏枣泉电厂一期 2×660MW 工程	2×66 万千瓦	宁夏宁东	2017-12
37	宁夏国电吴忠热电厂“上大压小”新建工程	2×35 万千瓦	宁夏吴忠	2017-01
38	中电投西宁火电厂 2×660MW 超超临界机组工程	2×66 万千瓦	青海西宁	2017-02
39	山东胜利油田发电厂“上大压小”三期工程	1×66 万千瓦	山东东营	2017-05
40	大同煤矿集团塔山坑口电厂（二期扩建）工程	2×66 万千瓦	山西大同	2017-04
41	山西国际国金文水电厂	1×35 万千瓦	山西吕梁	2017-02

续表

序号	工程名称	容量（规模）	建设地点	竣工时间
42	山西华电忻州广宇热电二期 2×350MW 机组	2×35 万千瓦	山西忻州	2017-04
43	神华神东电力公司店塔电厂改建 2×660MW 工程	2×66 万千瓦	陕西榆林	2017-01
44	攀钢集团钢铁钒钛股份有限公司煤矸石综合利用电厂 300MW 新建工程	1×30 万千瓦	四川攀枝花	2017-03
45	浙能阿克苏纺织工业城热电厂（2×350MW 超临界燃煤机组）项目	2×35 万千瓦	新疆阿克苏	2017-06
46	新疆国泰新华准东一期 2×350MW 动力站工程	2×35 万千瓦	新疆昌吉	2017-01
47	新疆天山电力奇台热电联产一期 2×350MW 工程	2×35 万千瓦	新疆昌吉	2017-01
48	湖北能源五星 2×150MW 热电联产新建工程	2×15 万千瓦	新疆昌吉	2017-01
49	新疆恒联五彩湾（2×660MW）电厂一期工程	2×66 万千瓦	新疆昌吉	2017-06
50	国电克拉玛依 2×350MW 热电联产工程	2×35 万千瓦	新疆克拉玛依	2017-10
51	新疆信友能源奇台电厂 2×660MW 项目	2×66 万千瓦	新疆奇台	2017-01
52	天山铝业工业园电源项目二期 2×350MW 机组 9 号、10 号机组安装工程	2×35 万千瓦	新疆石河子	2017-01
53	新疆天业自备热电厂三期 3×330MW 机组建设工程	3×33 万千瓦	新疆石河子	2017-01
54	新疆石河子开发区化工新材料产业园天富发电厂一期工程	2×66 万千瓦	新疆石河子	2017-01
55	新疆合盛电业（鄯善）有限公司 2×350MW 热电联产工程项目	2×35 万千瓦	新疆吐鲁番	2017-12
56	华电奉节电厂“上大压小”新建工程	2×60 万千瓦	重庆奉节	2017-01
57	重庆安稳电厂 2×660MW 扩建项目	2×66 万千瓦	重庆綦江	2017-02
三	**光伏发电工程**			
1	国家电投淮南窑河渔场 200MWp “渔光互补”光伏发电项目	20 万千瓦	安徽淮南	2017-02
2	中电谢家集 100MW 光伏发电项目	10 万千瓦	安徽淮南	2017-06
3	惠州市博罗县杨侨镇 100 兆瓦农业光伏电站	10 万千瓦	广东惠州	2017-03
4	广东粤电茂名露天矿林光互补项目之系统集成工程	10 万千瓦	广东茂名	2017-07

续表

序号	工程名称	容量（规模）	建设地点	竣工时间
5	安阳永歌伦掌镇100MW光伏电站项目	10万千瓦	河南安阳	2017-07
6	淇县庙口镇白寺村100MW荒山光伏电站项目	10万千瓦	河南鹤壁	2017-05
7	平顶山绿巨人能源有限公司100兆瓦光伏发电项目	10万千瓦	河南平顶山	2017-07
8	河南华电濮阳台前侯庙100MWp农光互补电站项目	10万千瓦	河南台前	2017-10
9	汪清县振发投资有限公司汪清县光伏扶贫项目（一期工程）	10万千瓦	吉林延吉	2017-12
10	特变电工宁夏红寺堡100MW光伏发电项目	10万千瓦	宁夏吴忠	2017-09
11	中卫市银阳100MWp光伏并网发电项目	10万千瓦	宁夏中卫	2017-09
12	中宁县兴业锦绣新能源有限公司中宁100MWp光伏电站项目	10万千瓦	宁夏中卫	2017-09
13	中宁隆基光伏新能源有限公司喊叫水200MW光伏发电项目	20万千瓦	宁夏中卫	2017-09
14	青海格尔木鲁能新能源有限公司海西州多能互补集成化示范工程（光伏发电）	20万千瓦	青海格尔木	2017-09
15	海南中晖新能源有限公司共和100兆瓦并网光伏发电项目	10万千瓦	青海海南	2016-12
16	青海黄河水电公司共和100MWp国家光伏发电试验测试基地项目	10万千瓦	青海海南	2017-02
17	青海黄河水电公司共和新增（三期）200MWp并网光伏发电项目	20万千瓦	青海海南	2017-02
18	青海省海南州太阳能生态发电产业园区2016-1#地块100兆瓦光伏电站项目	20万千瓦	青海海南	2017-09
19	华能沾化清风湖100MW光伏扶贫电站项目	10万千瓦	山东沾化	2017-12
20	榆阳区小壕兔200MWp并网光伏发电项目	20万千瓦	陕西榆林	2017-01
21	榆林市榆神工业区东投能源有限公司100MWp光伏发电项目	10万千瓦	陕西榆林	2017-06
22	榆神200MWp光伏发电项目	20万千瓦	陕西榆林	2017-07
23	信义光能（天津）有限公司黄港片区174兆峰瓦并网光伏发电项目	17.4万千瓦	天津滨海	2017-02
24	2014东南部150MWP光伏并网发电项目	15万千瓦	新疆哈密	2017-08

续表

序号	工程名称	容量（规模）	建设地点	竣工时间
25	新华水力和田墨玉二期 130 兆瓦光伏并网发电项目	13 万千瓦	新疆和田	2017-01
26	特变电工农十二师 221 团 300MWp 光伏电站一期 20MWp 工程项目	30 万千瓦	新疆乌鲁木齐	2017-10
27	慈溪市周巷镇长河水库 100MWp 渔光互补光伏发电项目	10 万千瓦	浙江宁波	2017-06
28	玉环晶能电力经济开发区 120MWp 农光互补地面光伏发电站	12 万千瓦	浙江台州	2017-04
29	乐清 150MW 农光互补光伏发电项目	15 万千瓦	浙江温州	2017-08
四	风电工程			
1	黄骅老石碑河 150MW 风电场	15 万千瓦	河北沧州	2017-11
2	河北建投丰宁森吉图风电场项目 150MW 工程	16 万千瓦	河北承德	2017-01
3	河北建投丰宁森吉图风电场二期项目 200MW 工程	200 万千瓦	河北承德	2017-03
4	承德围场富丰风电场 200MW 工程	200 万千瓦	河北承德	2017-07
5	内蒙古哈纳斯阿左旗贺兰山风电场一期 200MW 工程	200 万千瓦	内蒙古阿拉善	2017-03
6	国华巴彦淖尔（乌拉特中旗）风电有限公司乌兰 400MW 风电项目	40 万千瓦	内蒙古巴彦淖尔	2017-12
7	华润新能源海原西华山风电场 300MW 风电项目	150 × 2MW	宁夏中卫	2017-03
8	青海黄河上游水电开发有限责任公司海南共和 200 兆瓦风电场项目	100 × 2MW	青海海南	2017-12
9	三塘湖一 D 风电场（20 万千瓦）	20 万千瓦	新疆哈密	2017-01
10	国电哈密景峡第二风电场 A 区 200MW 项目	20 万千瓦	新疆哈密	2017-07
11	国投哈密烟墩八 A 风电场 200MW 工程	30 万千瓦	新疆哈密	2017-08
12	哈密景峡第二风电场 C 区 200MW 工程	20 万千瓦	新疆哈密	2017-12

附录 6

2017 年电源工程开工重点项目

序号	工程名称	容量（规模）	建设地点	计划竣工时间
一	水电工程			
1	陕西汉江旬阳水电站工程	4×8 万千瓦	陕西安康	2020-06
二	火电工程			
1	中电新能源东莞市虎门港立沙岛 2×200MW 级天然气热电冷联产项目	2×20 万千瓦	广东东莞	2019-01
2	国电中山民众天然气热电冷联产工程项目	2×26.9 万千瓦	广东中山	2018-06
3	京能秦皇岛开发区 2×350MW 热电联产项目	2×35 万千瓦	河北秦皇岛	2019-10
4	河南万基控股集团 2×60 万千瓦机组上大压小工程	2×60 万千瓦	河南新安	2018-12
5	湖南神华永州电厂 2×1000MW 项目工程	2×100 万千瓦	湖南东安	2020-12
6	大唐国际金坛燃机热电联产项目	2×40 万千瓦	江苏常州	2018-04
7	东亚电力（无锡）燃机发电项目	2×40 万千瓦	江苏无锡	2018-12
8	中电投白音华自备电厂 2×35 万千瓦机组工程	2×35 万千瓦	内蒙古锡林郭勒	2019-05
9	宁夏天元热电联产有限公司 2×350MW 自备热电厂工程	2×35 万千瓦	宁夏中卫	2019-03
10	山钢日照精品基地 2×350MW 自备电厂工程	2×35 万千瓦	山东日照	2019-03
11	天津华电军粮城六期 650MW 燃气 +350MW 燃煤热电联产项目燃煤机组工程	1×35 万千瓦	天津东丽	2018-12
12	华电吐鲁番 2×350MW 热电联产项目	2×35 万千瓦	新疆吐鲁番	2019-07
13	合盛电业（鄯善）有限公司 2×350MW 热电联产工程项目	2×35 万千瓦	新疆吐鲁番	2018-06
14	国网能源伊犁煤电公司 2×350MW 热电联产项目	2×35 万千瓦	新疆伊犁	2018-10
15	新疆准东五彩湾北二电厂 1 号、2 号机组工程	2×66 万千瓦	新疆准东	2019-06
16	神华神东电力准东五彩湾电厂 2×660MW 二期工程	2×66 万千瓦	新疆准东	2019-06

续表

序号	工程名称	容量（规模）	建设地点	计划竣工时间
三	**光伏发电工程**			
1	颍上县古城镇采煤沉陷区 130MW 光伏电站项目	13 万千瓦	安徽阜阳	2017-09
2	信义濉溪县韩村镇临涣矿采煤沉陷区 100MW 光伏发电项目	10 万千瓦	安徽淮北	2017-09
3	凤台县顾桥镇顾桥矿采煤深陷区 150MW 水面光伏电站项目	15 万千瓦	安徽淮南	2017-10
4	安徽招联清洁能源有限公司凤台新集镇新集一矿采煤沉陷区 100MW 水面光伏电站项目	10 万千瓦	安徽淮南	2017-09
5	潘集区泥河镇潘一矿采煤沉陷区 150MW 水面光伏电站项目	15 万千瓦	安徽淮南	2017-09
6	安徽科士达光伏有限公司金寨旱冲 100MW 光伏电站项目	10 万千瓦	安徽六安	2017-06
7	安徽金寨傅河信义 100MWp 光伏电站项目	10 万千瓦	安徽六安	2017-06
8	金寨华西新能源有限公司楼冲村 100MW 农光互补光伏电站项目	10 万千瓦	安徽六安	2017-06
9	金寨大德新能源有限公司现代产业园 100MW 农光互补光伏电站项目	10 万千瓦	安徽六安	2017-06
10	金寨太科光伏电力有限公司 100MWp 光伏电站项目	10 万千瓦	安徽六安	2017-06
11	金寨新皇明能源科技有限公司 100MW 光伏电站项目	10 万千瓦	安徽六安	2017-06
12	金寨汇金投资有限公司金寨县 100MWp 光伏扶贫电站项目	10 万千瓦	安徽六安	2017-06
13	金寨金叶光伏科技有限公司 200MW 农光互补光伏电站项目	20 万千瓦	安徽六安	2017-06
14	金寨鑫瑞白塔畈 100MWp 农光互补光伏发电项目	10 万千瓦	安徽六安	2017-06
15	朱桥乡中建材 100MW 渔光互补光伏发电项目	10 万千瓦	安徽宣城	2017-12
16	陆丰市明大星都经济开发区 110MW 光伏电站项目	11 万千瓦	广东汕尾	2018-02
17	董塘镇土壤修复与 150MW 光伏发电综合利用示范项目	15 万千瓦	广东韶关	2018-02

续表

序号	工程名称	容量（规模）	建设地点	计划竣工时间
18	广东粤电阳江盐场双鱼盐光互补项目之系统集成工程	10 万千瓦	广东阳江	2018-02
19	安阳县善应镇 100MW 太阳能光伏电站项目	10 万千瓦	河南安阳	2017-06
20	内乡县乍曲乡 100MW 光伏电站项目	10 万千瓦	河南南阳	2017-12
21	遂平协绿达常庄 100MWp 农光互补光伏发电项目	10 万千瓦	河南遂平	2017-12
22	河南华电濮阳台前侯庙 100MWp 农光互补电站项目	10 万千瓦	河南台前	2017-06
23	协鑫新安县 100MW 光伏发电项目	10 万千瓦	河南新安	2018-01
24	森源禹州梨园沟 120MWp 光伏发电项目	12 万千瓦	河南禹州	2017-05
25	湘阴县岭北镇鼻湖 100MW 渔光互补项目	10 万千瓦	湖南益阳	2018-06
26	益阳大通湖东大光伏发电有限公司 200MWp 渔光互补光伏发电项目（一期 100MWp）	10 万千瓦	湖南益阳	2018-02
27	益阳大通湖东大光伏发电有限公司 200MWp 渔光互补光伏发电项目（二期 100MWp）	10 万千瓦	湖南益阳	2018-02
28	汪清县振发投资有限公司汪清县光伏扶贫项目（一期工程）	10 万千瓦	吉林延吉	2017-12
29	南昌县绿川新能源有限公司蒋巷三洞湖 140MW 渔光一体光伏电站	14 万千瓦	江西南昌	2017-05
30	特变电工宁夏红寺堡 100MW 光伏发电项目	10 万千瓦	宁夏吴忠	2017-07
31	中卫市银阳 100MWp 光伏并网发电项目	10 万千瓦	宁夏中卫	2017-06
32	中宁县兴业锦绣新能源有限公司中宁 100MWp 光伏电站项目	10 万千瓦	宁夏中卫	2017-07
33	中宁隆基光伏新能源有限公司喊叫水 200MW 光伏发电项目	20 万千瓦	宁夏中卫	2017-07
34	宁夏中卫协鑫 100MWp 光伏发电项目	10 万千瓦	宁夏中卫	2017-07
35	微山采煤沉陷区光伏领跑技术基地华能欢城 100MW 光伏发电项目	10 万千瓦	山东济宁	2017-06
36	华能新泰光伏基地一期 100MW 农光互补项目	10 万千瓦	山东泰安	2017-06

续表

序号	工程名称	容量（规模）	建设地点	计划竣工时间
37	华能沾化清风湖 100MW 光伏扶贫电站项目	10 万千瓦	山东沾化	2018-06
38	汾西县协鑫 100MW 光伏发电扶贫项目	10 万千瓦	山西临汾	2017-12
39	三峡新能源阳泉市采煤沉陷区 100MW 光伏发电项目	10 万千瓦	山西阳泉	2017-12
40	中广核地小沟—山底（河底）100MWp 光伏发电项目	10 万千瓦	山西阳泉	2017-12
41	国电投石辉坪（刘家坡）100MW 光伏发电项目	10 万千瓦	山西阳泉	2017-12
42	平定晶科五矿煤矸石山（冶西）100MWp 光伏发电项目	10 万千瓦	山西阳泉	2017-12
43	漳泽电力阳泉市采煤沉陷区 100MW 光伏发电项目	10 万千瓦	山西阳泉	2017-12
44	盂县光华 100MW 光伏发电项目	10 万千瓦	山西阳泉	2017-12
45	盂县协鑫上、下榆林铺 100MWp 光伏发电项目	10 万千瓦	山西阳泉	2017-12
46	山西芮城县光伏领跑技术基地长坡 120MW 光伏发电项目	12 万千瓦	山西运城	2017-12
47	芮城县光伏领跑技术基地水峪西 100MW 光伏发电项目	10 万千瓦	山西运城	2017-12
48	吴起县华光新能源有限公司 100 兆瓦光伏电站项目	10 万千瓦	陕西榆林	2017-06
49	榆林市榆神工业区锦阳光伏电力有限公司榆神 100MW 光伏并网发电项目	10 万千瓦	陕西榆林	2018-04
四	**风电工程**			
1	河北围场棋新 300MW 风电项目	30 万千瓦	河北承德	2018-06
2	河北建投丰宁森吉图风电场（三期）150MW 工程	15 万千瓦	河北承德	2017-12
3	河北省围场石人梁 200MW 风电项目	20 万千瓦	河北承德	2018-06
4	国华巴彦淖尔（乌拉特中旗）风电有限公司乌兰 400MW 风电项目	40 万千瓦	内蒙古巴彦淖尔	2018-06
5	凉山州美姑县黄茅埂风电场工程项目	15 万千瓦	四川凉山	2018-06

附录 7

2017 年年底在建电源工程重点项目

（不含当年开工项目）

序号	工程名称	容量（规模）	建设地址
一	**水电工程**		
1	河北丰宁抽水蓄能电站	6×30 万千瓦	河北省承德市
2	河北丰宁抽水蓄能电站二期	6×30 万千瓦	河北省承德市
3	辽宁清原抽水蓄能电站	6×30 万千瓦	辽宁省抚顺市
4	丰满大坝全面治理工程	6×20 万千瓦	吉林省吉林市
5	吉林敦化抽水蓄能电站	4×35 万千瓦	吉林省延边自治州
6	黑龙江牡丹江抽水蓄能电站	4×30 万千瓦	黑龙江省牡丹江市
7	江苏句容抽水蓄能电站	6×22.5 万千瓦	江苏省镇江市
8	长龙山抽水蓄能电站	6×35 万千瓦	浙江省湖州市
9	安徽绩溪抽水蓄能电站	4×45 万千瓦	安徽省宣城市
10	安徽金寨抽水蓄能电站	4×30 万千瓦	安徽省六安市
11	福建厦门抽水蓄能电站	4×35 万千瓦	福建省厦门市
12	山东沂蒙抽水蓄能电站	4×30 万千瓦	山东省临沂市
13	山东文登抽水蓄能电站	6×30 万千瓦	山东省威海市
14	河南天池抽水蓄能电站	4×30 万千瓦	河南省南阳市
15	湖北溇水江坪河水电站	2×22.5 万千瓦	湖北省恩施
16	深圳抽水蓄能电站	3×30 万千瓦	广东省深圳市
17	梅州抽水蓄能电站	4×30 万千瓦	广东省梅州市
18	阳江抽水蓄能电站	3×40 万千瓦	广东省阳江市
19	海南琼中抽水蓄能电站	2×20 万千瓦	海南省琼中县
20	重庆蟠龙抽水蓄能电站	4×30 万千瓦	重庆市綦江区
21	乌东德水电站	12×85 万千瓦	云南省凉山彝族自治州
22	两河口水电站	6×50 万千瓦	四川省甘孜州
23	杨房沟水电站	4×37.5 万千瓦	四川省凉山州
24	大华桥水电站	4×23 万千瓦	云南省怒江傈僳族自治州
25	黄登水电站	4×47.5 万千瓦	云南省怒江傈僳族自治州

续表

序号	工程名称	容量（规模）	建设地址
26	里底水电站	3×14万千瓦	云南省迪庆藏族自治州
27	苗尾水电站	1×35万千瓦	云南省大理白族自治州
28	乌弄龙水电站	4×24.75万千瓦	云南省迪庆藏族自治州
29	西藏内需电源重大项目	4×16.5万千瓦	西藏山南地区
30	加查水电站	3×12万千瓦	西藏山南地区
31	陕西镇安抽水蓄能电站	4×35万千瓦	陕西省商洛市
32	新疆阜康抽水蓄能电站	4×30万千瓦	新疆阜康市
二	**火电工程**		
33	北疆二期	2×100万千瓦	天津市滨海新区
34	天津南疆燃机	3×30.77万千瓦	天津市和平区
35	曹妃甸二期项目	2×100万千瓦	河北省唐山市
36	河北京能涿州热电2×350MW项目	1×35万千瓦	河北省保定市
37	河北邯郸东郊热电	2×35万千瓦	河北省邯郸市
38	河北石家庄燃机	2×45.33万千瓦	河北省石家庄市
39	蔚县发电厂工程	2×66万千瓦	河北省张家口市
40	唐山北郊热电项目	2×35万千瓦	河北省唐山市
41	山西临县低热值煤2×350MW超临界发电机组新建工程	2×35万千瓦	山西省吕梁市
42	五间房项目	2×66万千瓦	内蒙古锡林郭勒盟
43	京能五间房电厂一期2×660MW机组工程	2×66万千瓦	内蒙古锡林郭勒盟
44	内蒙古京能双欣2×350MW低热值煤发电工程	2×35万千瓦	内蒙古鄂尔多斯市
45	和林发电厂	2×66万千瓦	内蒙古呼和浩特市
46	胜利电厂（锡林热电）	2×66万千瓦	内蒙古锡林郭勒盟
47	锦州项目	2×66万千瓦	辽宁省锦州市
48	辽宁朝阳热电	1×35万千瓦	辽宁省朝阳市
49	沈东热电工程	2×35万千瓦	辽宁省沈阳市
50	吉林长春东南热电项目	2×18万千瓦	吉林省长春市
51	宝清电厂	2×66万千瓦	黑龙江省双鸭山市
52	崇明燃气电厂一期工程	2×40万千瓦	上海市崇明县

续表

序号	工程名称	容量（规模）	建设地址
53	江苏宿迁二期	2×66 万千瓦	江苏省宿迁市
54	江苏句容二期	2×100 万千瓦	江苏省镇江市
55	江苏金坛燃机热电联产项目	2×45.88 万千瓦	江苏省常州市
56	安徽蚌埠二期	2×66 万千瓦	安徽省蚌埠市
57	安徽芜湖二期 #3 机	1×100 万千瓦	安徽省芜湖市
58	神华罗源湾港电一体化项目	2×100 万千瓦	福建省福州市
59	福建邵武三期	2×66 万千瓦	福建省南平市
60	罗源电厂	2×66 万千瓦	福建省福州市
61	江西神华九江电厂	2×100 万千瓦	江西省九江市
62	山东莱州二期	2×100 万千瓦	山东省烟台市
63	东营火电项目	2×100 万千瓦	山东省东营市
64	烟台八角电厂上大压小工程	2×67 万千瓦	山东省烟台市
65	河南周口燃气项目	2×22.35 万千瓦	河南省周口市
66	大唐巩义 2×660MW 火电工程	2×66 万千瓦	河南省郑州市
67	鄂州电厂三期扩建工程（2×1000MW）	2×100 万千瓦	湖北省鄂州市
68	京能十堰 2×350MW 热电联产工程	2×35 万千瓦	湖北省十堰市
69	湖北江陵一期	1×66 万千瓦	湖北省荆州市
70	永州电厂	2×100 万千瓦	湖南省永州市
71	惠州 LNG 电厂二期热电联产项目	3×46 万千瓦	广东省惠州市
72	中山三角天然气热电冷联产项目	3×40 万千瓦	广东省中山市
73	黄埔电厂天然气热电联产项目	2×39 万千瓦	广东省广州市
74	新会电厂天然气热电联产项目	2×35 万千瓦	广东省江门市
75	广东韶关南雄热电	2×35 万千瓦	广东省韶关市
76	深圳坪山分布式	5×7.28 万千瓦	广东省深圳市
77	雷州 2×100 万千瓦“上大压小”工程	2×100 万千瓦	广东省湛江市
78	大唐国际高要金淘天然气热电冷联产项目	2×41.6 万千瓦	广东省肇庆市
79	天明电厂	2×100 万千瓦	四川省绵阳市
80	富平热电项目	2×35 万千瓦	陕西省渭南市
81	陕西延安热电项目	1×35 万千瓦	陕西省延安市

续表

序号	工程名称	容量（规模）	建设地址
82	兰州热电异地扩建	2×35 万千瓦	甘肃省兰州市
83	宁夏方家庄	2×100 万千瓦	宁夏银川市
84	鸳鸯湖电厂二期	2×100 万千瓦	宁夏灵武市
85	宁夏平罗火电项目	2×66 万千瓦	宁夏石嘴山市
86	大坝四期	2×66 万千瓦	宁夏吴忠市
87	哈密燃机项目	2×168.3 万千瓦	新疆哈密地区
88	大唐准东五彩湾煤电一体化电厂一期项目	2×66 万千瓦	新疆昌吉回族自治州
三	核电工程		
89	辽宁红沿河核电厂二期工程	2×111.88 万千瓦	辽宁省大连市
90	田湾核电站 3、4 号机组工程	2×112.6 万千瓦	江苏省连云港市
91	田湾核电站 5、6 号机组工程	2×111.8 万千瓦	江苏省连云港市
92	三门核电一期工程	2×125 万千瓦	浙江省台州市
93	福清核电 5、6 号机组	2×116 万千瓦	福建省福州市
94	山东海阳核电项目 1、2 号机	2×125 万千瓦	山东省烟台市
95	石岛湾高温气冷堆示范工程	1×20 万千瓦	山东省威海市
96	台山核电站一期工程	2×175 万千瓦	广东省江门市
97	阳江核电站项目	2×109 万千瓦	广东省阳江市
98	广西防城港核电二期工程项目	2×118.76 万千瓦	广西防城港市
四	风电工程		
99	平鲁三期项目	50×2 万千瓦	山西省朔州市
100	滨海振东三期风电项目	21×2.3 万千瓦	江苏省盐城市
101	贵州雷家坡项目	22×2.18 万千瓦	贵州省黔东南州

附录 8

2017 年分省停、缓建煤电项目名单

一、停建项目

序号	项目名称	装机容量（万千瓦）	装机构成（万千瓦）	总投资额（亿元）
	全　国	3520		1459.8
一	山西	1006		457.9
1	华电襄垣低热值煤发电	120	2×60	51.4
2	阳煤西上庄低热值煤热电	132	2×66	52.8
3	华能国际左权低热值煤发电	132	2×66	52.6
4	中煤平朔安太堡低热值煤热电新建	70	2×35	32
5	华电锦兴兴县低热值煤发电	70	2×35	34.3
6	京能集团左云马道头低热值煤热电	70	2×35	48.4
7	晋能盂县鑫磊低热值煤发电新建	70	2×35	32.5
8	晋能长治欣隆低热值煤发电扩建	70	2×35	30.4
9	山煤河曲低热值煤发电	70	2×35	32.1
10	晋煤长子赵庄值煤发电	132	2×66	59.5
11	阳煤寿阳明泰低热值煤热电新建	70	2×35	32
二	内蒙古	456		163.7
1	华云新材料自备热电	35	1×35	13
2	锦联铝材动力车间	132	2×66	52.0
3	创源铝材动力车间	99	3×33	43.0
4	华能呼和浩特和林新建	120	2×60	55.7
5	鄂尔多斯绿能光电	70	2×35	
三	江西	200		76.7
1	赣能丰城三期扩建	200	2×100	76.7
四	山东	594		261.0
1	信发“上大压小”	198	3×66	87.0
2	信源电厂二期	396	6×66	174.0

续表

序号	项目名称	装机容量（万千瓦）	装机构成（万千瓦）	总投资额（亿元）
五	广东	448		158.0
1	粤电茂名博贺电厂新建	200	2×100	68
2	珠江投资阳西 5、6 号机扩建	248	2×124	90
六	广西	270		119.9
1	神华国华广投北海新建	200	2×100	82.6
2	广西桂东电力贺州燃煤发电	70	2×35	37.3
七	陕西	202		85.6
1	陕能商洛新建	132	2×66	53.8
2	陕能麟游低热值煤	70	2×35	31.8
八	甘肃	140		60
1	山丹花草滩低热值煤发电	70	2×35	30
2	庆阳西峰热电	70	2×35	30
九	新疆	204		77
1	新疆其亚铝电 160 万吨铝合金项目 7、8 号机	72	2×36	28
2	潞安准东新建（送华东）	132	2×66	49

二、缓建项目

序号	项目名称	装机容量（万千瓦）	装机构成（万千瓦）	总投资额（亿元）
	全　国	5517		2433.8
一	河北	210		135
1	保定西北郊热电	35	1×35	37.2
2	国电邯郸东郊“上大压小”热电	70	2×35	31.5
3	涿州热电	35	1×35	36.9
4	唐山北郊热电	70	2×35	29.4
二	山西	742		317.8
1	山西中煤平朔低热值煤发电新建	132	2×66	67.7
2	山西临县霍州煤电低热值煤发电新建	70	2×35	34.4
3	同煤朔南低热值煤热电新建	70	2×35	33

续表

序号	项目名称	装机容量（万千瓦）	装机构成（万千瓦）	总投资额（亿元）
4	华润电力宁武低热值煤发电新建	70	2×35	31.4
5	漳泽发电“上大压小”改扩建	200	2×100	80
6	山西神头发电二期“上大压小”扩建	200	2×100	71.3
三	内蒙古	431		202
1	蒙能锡林浩特热电新建（送山东）	35	1×35	28
2	京能五间房新建（送山东）	132	2×66	57
3	华润五间房新建（送山东）	132	2×66	62
4	蒙能科右中新建（蒙东）	132	2×66	55.0
四	黑龙江	155		73.9
1	哈尔滨热电扩建	35	1×35	17.7
2	神华宝清新建	120	2×60	56.2
五	安徽	96		80.3
1	恒源钱营孜低热值煤发电	30	1×30	31.8
2	国电蜂埠电厂二期	66	1×66	48.5
六	福建	664		247.8
1	华电邵武电厂三期	132	2×66	46.0
2	华电可门三期	200	2×100	69.4
3	华能罗源新建	132	2×66	56.7
4	神华罗源湾新建	200	2×100	75.8
七	河南	580		242.0
1	焦作丹河异地扩建	200	2×100	75.3
2	国投南阳内乡煤电运一体化新建	200	2×100	62.5
3	洛阳万基“上大压小”新建	60	1×60	51
4	濮阳龙丰“上大压小”新建	120	2×60	53.2
八	湖北	438		246.3
1	华电江陵新建	66	1×66	47.6
2	湖北能源鄂州三期扩建	100	1×100	74.6
3	京能十堰热电新建	70	2×35	40.1
4	华能随州新建	132	2×66	55.0

续表

序号	项目名称	装机容量（万千瓦）	装机构成（万千瓦）	总投资额（亿元）
5	大唐襄阳热电新建	70	2×35	29.1
九	广东	200		96.3
1	大唐湛江雷州新建	200	2×100	96.3
十	四川	200		69.5
1	神华天明新建	200	2×100	69.5
十一	贵州	198		76.2
1	大唐兴仁新建	132	2×66	47.3
2	华电大方二期扩建	66	1×66	28.9
十二	云南	30		16.3
1	云南思洪矿区煤矸石综合利用电厂	30	2×15	16.3
十三	甘肃	35		35.8
1	国电兰州“上大压小”热电异地扩建	35	1×35	35.8
十四	青海	202		84.0
1	神华格尔木火电厂	132	2×66	53.0
2	万象铝镁热电联产	70	2×35	31.0
十五	宁夏	936		338.4
1	华能宁夏大坝电厂四期（送浙江）	132	2×66	45.0
2	国电宁夏方家庄（送浙江）	200	2×100	76.9
3	神华国能鸳鸯湖二期（送浙江）	200	2×100	73.8
4	大唐平罗新建	132	2×66	42.7
5	中宁天元锰业自备热电	70	2×35	28.6
6	宁夏华电永利一期	132	2×66	45.6
7	国电大武口热电护建	70	2×35	25.8
十六	新疆	264		95.6
1	新疆信友能源奇台	132	2×66	50.0
2	新疆准东五彩湾北三电厂（国电，送华东）	132	2×66	45.6
十七	新疆生产建设兵团	136		76.5
1	可克达拉热电联产	70	2×35	27.3
2	农十三师哈密瑞虹新建（送河南）	66	1×66	49.2

附录 9

2017 年投产 500 千伏及以上电压等级重点电网建设项目

序号	工程名称	变电 / 换流容量（规模）	建设地点	竣工时间
一	特高压输变电工程			
1	锡盟—山东 1000 千伏特高压交流输变电工程	5×3000MVA/2×730km	内蒙古—山东	2017-07
2	榆横—潍坊 1000 千伏特高压交流输变电工程	5×3000MVA/2×1048km	陕西—山东	2017-09
3	酒泉—湖南 ±800 千伏特高压直流输电工程	8000MW/2413km	甘肃—湖南	2017-06
4	内蒙古锡盟—江苏泰州 ±800 千伏特高压直流输电工程	10000MW/1619.7km	内蒙古—江苏	2017-10
5	内蒙古扎鲁特—山东青州 ±800 千伏特高压直流输电线路工程	10000MW/1233.8km	内蒙古—山东	2017-12
6	山西晋北—江苏南京 ±800 千伏特高压直流输电工程	8000MW/1112km	山西—江苏	2017-06
7	金沙江中游电站送电广西直流输电工程	3200MW/1139km	云南—广西	2017-09
二	750kV 输变电工程			
1	桥湾 750kV 输变电工程	3×2100MVA	甘肃酒泉	2017-03
2	平凉 750kV 开关站扩建工程	3×2100MVA	甘肃平凉	2017-07
3	太阳山—六盘山—平凉 750kV 线路工程	2×285.4km	宁夏吴忠	2017-01
4	佑宁 750kV 变电站工程	2×1500MVA	青海海东	2017-08
5	塔拉 750kV 输变电工程	2×2100MVA/1×45.8km	青海海南	2017-08
6	青海海西 750kV 变电站主变扩建工程	2×1500MVA	青海乌兰	2017-08
7	西安南 750kV 输变电工程	2×2100MVA/2×221km	陕西西安	2017-01
8	榆横 750kV 变电站 2# 主变扩建工程	2100MVA	陕西榆林	2017-04
9	榆横 750kV 变电站主变扩建工程	1×210MVA	陕西榆林	2017-04
10	五彩湾—芨芨湖—三塘湖 750kV 线路工程	693.7km	新疆哈密	2017-01

续表

序号	工程名称	变电/换流容量（规模）	建设地点	竣工时间
11	烟墩 750kV 变电站扩建工程	2×1500MVA	新疆哈密	2017-01
12	芨芨湖 750kV 变电站新建工程	1×1500MVA	新疆哈密	2017-01
13	准北—乌北双回 750kV 线路工程	625.6km	新疆乌鲁木齐	2017-05
14	五家渠 750kV 变电站工程	2×1500MVA	新疆乌鲁木齐	2017-07
15	伊犁 750kV 变电站工程	2×1500MVA	新疆伊犁	2017-01
16	伊犁—库车 750kV 线路工程	1×353.7km	新疆伊犁	2017-10
17	准北 750kV 变电站工程	2×1500MVA	新疆准北	2017-11
三	500kV 输变电工程			
1	安徽蚌埠淝河 500kV 变电站工程	1×1000MVA	安徽蚌埠	2017-02
2	安徽阜阳沙河 500kV 变电站 2 号主变扩建工程	1×1000MVA	安徽亳州	2017-07
3	安徽亳州伯阳—颍州 500kV 线路工程	2×65km	安徽亳州	2017-10
4	安徽亳州伯阳 220kV 变电站扩建主变升压工程	1×1000MVA	安徽亳州	2017-10
5	安徽肥北 500kV 变电站工程	2×1000MVA	安徽合肥	2017-07
6	芜湖三 500kV 变电站新建工程	2×1000MVA	安徽芜湖	2017-04
7	安徽芜湖三 500kV 输变电工程	1×1000MVA	安徽芜湖	2017-08
8	皖南换流站—芜湖三变 500kV 线路工程	2×46.5km	安徽宣城	2017-04
9	繁昌—敬亭Ⅰ、Ⅱ回开断环入皖南换流站 500kV 线路工程	2×45km	安徽宣城	2017-04
10	宁德崇儒（宁德东）500kV 变电站工程	2×1000MVA	福建宁德	2017-07
11	宁德核电厂—宁德Ⅰ、Ⅱ回线π入崇儒（宁德东）500kV 线路工程	2×48.6km	福建宁德	2017-07
12	福建莆田湄洲湾第二电厂 500kV 送出工程	2×50.7km	福建莆田	2017-07
13	厦门 500kV 变电站三期扩建工程	1×750MVA	福建厦门	2017-09
14	潮州韩江变电站 #2 主变扩建	1×1000MVA	广东潮州	2017-07
15	500kV 崇文输变电工程	2×1000MVA/4×23km	广东惠州	2017-01

续表

序号	工程名称	变电 / 换流容量（规模）	建设地点	竣工时间
16	惠州 500kV 祯州站扩建第二台主变工程	1 × 1000MVA	广东惠州	2017-08
17	500kV 祯州至现代线路工程	4 × 55km	广东惠州	2017-10
18	惠州 500kV 祯州建第二台主变工程	1 × 1000MVA	广东惠州	2017-12
19	汕头 500kV 胪岗站扩建第二台主变工程	1 × 1000MVA	广东汕头	2017-05
20	广东 500kV 现代输变电工程	3 × 1000MVA/154km	广东深圳	2017-09
21	500kV 卧龙（云浮）输变电工程	2 × 1000MVA/2 × 30km	广东云浮	2017-12
22	500kV 北海变电站工程	2 × 750MVA	广西北海	2017-12
23	久隆—北海 500kV 线路工程	1 × 88.9km	广西北海	2017-12
24	北海—美林 500kV 线路工程	1 × 91.4km	广西北海	2017-12
25	崇左—靖西 II 回 500kV 线路工程	1 × 85.7km	广西崇左	2017-01
26	500kV 桂南变电站工程	2 × 750MVA	广西桂林	2017-07
27	久隆—北海 500kV 线路工程	1 × 89km	广西钦州	2017-01
28	美林—北海 500kV 线路工程（2 标段）	1 × 91.6km	广西玉林	2017-08
29	渤海 500kV 输变电工程	2 × 1000MVA/96.6km	河北沧州	2017-04
30	承德东 500kV 输变电工程	2 × 750MVA	河北承德	2017-12
31	廊坊南 500kV 输变电工程	2 × 1200MVA/2 × 16km	河北廊坊	2017-12
32	河南南阳群英 500kV 变电站三期扩建工程	1 × 750MVA	河南南阳	2017-12
33	河南武周 500kV 开关站扩建工程	1 × 1200MVA	河南郑州	2017-12
34	驻马店 500kV 嵖岈变第三台主变扩建工程	1 × 1000MVA	河南驻马店	2017-11
35	庆南—五家 500kV 线路工程	2 × 149.5km	黑龙江大庆	2017-12
36	庆南 500kV 变电站新建工程	2 × 1000MVA	黑龙江大庆	2017-12
37	五家 500kV 变电站新建工程	2 × 1000MVA	黑龙江哈尔滨	2017-12
38	常德北 500kV 变电站工程	1 × 1000MVA	湖南常德	2017-05
39	郴州苏耽 500kV 主变扩建工程	1 × 1000MVA	湖南郴州	2017-12
40	湘潭换流站—船山 500kV 线路工程	1 × 93.9km	湖南湘潭	2017-05

续表

序号	工程名称	变电/换流容量（规模）	建设地点	竣工时间
41	湘潭换流站—古亭Ⅰ、Ⅱ回500kV线路工程（含大跨越）	2×46km	湖南湘潭	2017-06
42	鹤—云双回接入湘潭换流站500kV线路工程	2×77.9km	湖南湘潭	2017-06
43	延吉500kV输变电工程	1×750MVA/2×123km	吉林延边	2017-03
44	常州西津渡—廻峰山—武南单改双500kV线路	2×118km	江苏常州	2017-05
45	天目湖500kV变电站主变扩建工程	1×1000MVA	江苏常州	2017-06
46	西津渡—廻峰山—武南单改双500kV线路	2×74.4km	江苏常州	2017-12
47	安澜500kV变电站#5主变扩建	2×1000MVA	江苏淮安	2017-01
48	淮安南500kV开关站扩建	1×1000MVA	江苏淮安	2017-03
49	秋藤500kV变电站新建	1×1000MVA	江苏南京	2017-06
50	昆南500kV变电站新建	1×1000MVA	江苏苏州	2017-06
51	常熟南500kV变电站主变扩建工程	1×1000MVA	江苏苏州	2017-07
52	苏州南部电网500kV统一潮流控制器（UPFC）示范	3×250MVA	江苏苏州	2017-11
53	锡盟—泰州特高压直流配套500kV线路工程	2×61km	江苏泰州	2017-01
54	泰州500kV调相机工程	2×300MVA	江苏泰州	2017-09
55	锡盟—泰州特高压直流配套500kV线路	2×61km	江苏泰州	2017-11
56	宿迁龙湖500kV变电站新建	2×1000MVA	江苏宿迁	2017-06
57	任庄500kV变电站主变扩建工程	2×1000MVA	江苏徐州	2017-11
58	滨响500kV变电站新建工程	2×1000MVA	江苏盐城	2017-06
59	访仙500kV变电站扩建	1×1000MVA	江苏镇江	2017-04
60	上党500kV变电站扩建	1×1000MVA	江苏镇江	2017-07
61	500kV东乡输变电工程	2×750MVA/92km	江西抚州	2017-04
62	上饶东500kV输变电工程	1×1000MVA/177km	江西上饶	2017-04
63	上饶东500kV变电站配套线路	1×1000MVA/177km	江西上饶	2017-12

续表

序号	工程名称	变电 / 换流容量（规模）	建设地点	竣工时间
64	500kV 鹰潭—抚州—罗坊Ⅱ回输电线路工程	216.4km	江西鹰潭	2017-05
65	德岭山至春坤山第二回 500kV 送出工程	145.9km	内蒙古巴彦淖尔	2017-12
66	达茂（百灵）500kV 输变电工程	4×750MVA/79km	内蒙古包头	2017-11
67	响沙湾三号主变 500kV 变电工程	2×750MVA	内蒙古鄂尔多斯	2017-12
68	伊敏—红城（兴安）500kV 线路工程	1×108km	内蒙古呼伦贝尔	2017-06
69	沾化—滨州 500kV 线路工程	103km	山东滨州	2017-01
70	沾化—黄河 500kV 线路工程	96km	山东滨州	2017-01
71	沾化—滨州 500kV 线路工程	2×51.5km	山东滨州	2017-02
72	沾化—黄河 500kV 线路工程	2×48.2km	山东滨州	2017-02
73	滨州沾化 500kV 变电站工程	2000MVA	山东滨州	2017-02
74	滨州 500kV 变电站 4 号主变扩建工程	1000MVA	山东滨州	2017-10
75	金乡—文亭 500kV 线路工程	127km	山东济宁	2016-12
76	智圣—密州 500kV 线路工程	113.1km	山东临沂	2017-01
77	智圣—鲁中 500kV 线路工程	101.1km	山东临沂	2017-01
78	临沂智圣 500kV 变电站工程	2000MVA	山东临沂	2017-08
79	智圣—密州（单回）500kV 输电线路工程	113.1km	山东临沂	2017-08
80	智圣—鲁中（单回）500kV 输电线路工程	101.1km	山东临沂	2017-08
81	临沂特高压变电站 500kV 配套送出工程	192km	山东临沂	2017-11
82	潍坊特高压—密州 500kV 线路工程	96km	山东潍坊	2017-01
83	潍坊特高压—益都 / 潍坊 500kV 线路工程	124km	山东潍坊	2017-01
84	潍坊特高压—密州 500kV 输电线路工程	2×47.5km	山东潍坊	2017-03
85	益潍开断入潍坊特高压站 500kV 输电线路工程	120km	山东潍坊	2017-05

续表

序号	工程名称	变电 / 换流容量（规模）	建设地点	竣工时间
86	峄城—兰陵 500kV 线路工程	144km	山东枣庄	2017-01
87	500kV 虹杨输变电工程（电气）	2×1500MVA/2km	上海杨浦	2017-12
88	成都新都 500kV 变电站新建工程	4×1200MVA	四川成都	2017-06
89	宣汉—达州 500kV 线路工程	2×87.2km	四川达州	2017-09
90	宣汉 500kV 变电站新建工程	2×1000MVA	四川达州	2017-09
91	南蔡 500kV 变电站工程	2×1200MVA	天津武清	2017-10
92	威信电厂—镇雄电厂—多乐 500kV 输变电工程	1×254.2km	云南昭通	2017-06
93	宁海电厂一期 500kV 送出线路改接工程	177km	浙江宁波	2017-05
94	铜梁 500kV 输变电工程 500kV 铜梁变电站工程	200MVA/150km	重庆铜梁	2017-06

附录 10

2017 年开工 500 千伏及以上电压等级重点电网建设项目

序号	工程名称	容量（规模）	建设地点	计划竣工时间
一	**跨省区特高压输电工程**			
1	川藏铁路拉萨至林芝段供电工程	1200MVA/1236.9km	西藏—四川	2018-05
2	西藏藏中和昌都电网联网工程川	1200MVA/1500.5km	西藏—四川	2018-05
3	准东—华东（皖南）特高压直流配套 1000kV 线路工程	5.5km	安徽芜湖	2018-03
4	苏州 1000kV 变电站扩建主变工程	2×3000MVA	江苏苏州	2018-06
5	泰州 1000kV 变电站扩建工程	1×3000MVA	江苏泰州	2017-12
二	**750kV 输变电工程**			
1	沙湖—上海庙 750kV 线路工程	142.2km	宁夏石嘴山	2018-04
2	青海海西至主网输电通道能力提升工程柴达木 750kV 变电站扩建串补工程（2×597Mvar）	2×597MVA/2×0.1km	青海海西	2018-10
3	宝鸡—西安南—信义 Ⅱ 回 750kV 输变电工程	210MVA/204km	陕西西安	2019-04
4	莎车—和田 750kV 线路工程	1×324km	新疆和田	2018-10
5	巴楚—莎车 750kV 线路工程	1×230km	新疆喀什	2018-10
6	五家渠 750kV 变电站工程	2×1500MVA	新疆乌鲁木齐	2018-06
7	达坂城 750kV 变电站扩建工程	1×1500MVA	新疆乌鲁木齐	2018-06
三	**500kV 输变电工程**			
1	安徽安庆三 500kV 变电站工程	1×1000MVA	安徽安庆	2018-12
2	安徽合肥肥西 500kV 变电站 2 号主变扩建工程	1×1000MVA	安徽合肥	2018-05
3	安徽合肥长临河（肥南）500kV 变电站 2、3 号主变扩建	2×1000MVA	安徽合肥	2018-06
4	安徽铜陵铜北 500kV 变电站工程	1×1000MVA	安徽铜陵	2019-01
5	安徽芜湖三 500kV 变电站工程	1×1000MVA	安徽芜湖	2018-06
6	安徽芜湖三 500kV 输变电工程	1×1000MVA	安徽芜湖	2018-06
7	芜湖三 500kV 变电站新建工程	2×1000MVA	安徽芜湖	2018-09

续表

序号	工程名称	容量（规模）	建设地点	计划竣工时间
8	安徽宣城河沥 500kV 开关站扩建工程	1×1000MVA	安徽宣城	2018-11
9	皖南换流站—芜湖三变 500kV 线路工程	2×46.5km	安徽宣城	2018-09
10	繁昌—敬亭Ⅰ、Ⅱ回开断环入皖南换流站 500kV 线路工程	2×45km	安徽宣城	2018-09
11	绩溪抽蓄—徽州 500kV 线路工程	70.3km	安徽宣城	2018-10
12	绩溪抽蓄—河沥 500kV 线路工程	66.2km	安徽宣城	2018-10
13	井门 500kV 变电站新建工程	2×1200MVA	福建福州	2018-12
14	福建福清核电 #5 机组厂用电源系统	1×1000MVA	福建福州	2019-04
15	宁德 500kV 变电站 3 号主变增容工程	1×1000MVA	福建宁德	2018-04
16	福建通港 500kV 输变电工程	1×1000MVA	福建泉州	2018-09
17	湛江 500kV 大唐雷州电厂一期接入系统工程	2×104km	广东湛江	2018-12
18	500kV 文山（上稔）变电站工程	2×1000MVA	广东中山	2018-12
19	御道口—金山岭Ⅱ回 500kV 线路工程	1×179.1km	河北承德	2018-06
20	石北 500kV 变电站扩建工程	1×1000MVA	河北石家庄	2018-01
21	洛阳东 500kV 变电站工程	1×1200MVA	河南洛阳	2019-06
22	齐南—庆南 500kV 线路工程	99.8km	黑龙江大庆	2017-12
23	冯屯—岭东 500kV 线路工程	2×92.3km	黑龙江齐齐哈尔	2017-12
24	冯屯变—齐南变 500kV 线路工程	108.8km	黑龙江齐齐哈尔	2017-12
25	齐南—兴安 500kV 线路工程	2×82km	黑龙江齐齐哈尔	2017-12
26	齐南 500kV 变电站新建工程	2×1000MVA	黑龙江齐齐哈尔	2017-12
27	宝清电厂—庆云变 500kV 线路工程	146km	黑龙江双鸭山	2017-10
28	湘潭 2×300 兆乏调相机工程	2×300MVA	湖南湘潭	2018-03
29	扎鲁特至吉林 500kV 配套输变电工程（吉林段）	508.6km	吉林白城	2017-10
30	利州—宽帮 500kV 线路工程（利州—巴什罕东）	150km	辽宁朝阳	2018-06
31	宽帮—高龄 500kV 送电工程	150km	辽宁葫芦岛	2018-06

续表

序号	工程名称	容量（规模）	建设地点	计划竣工时间
32	伊敏—红城（兴安）500kV 线路工程	1×108km	内蒙古呼伦贝尔	2018-06
33	贝州—高唐 500kV 输电线路工程	95km	山东德州	2019-06
34	贝州 500kV 变电站	1000MVA	山东德州	2019-06
35	济南特高压—天衔 500kV 线路	123km	山东济南	2019-06
36	山西临汾西 500kV 输变电工程	2×1000MVA/125.4km	山西临汾	2018-10
37	陕西锦界、府谷电厂送出工程（山西段）	443.6km	山西临汾	2018-06
38	凉山二滩—普提 I 回 π 入盐源变 500kV 线路工程	2×132.5km	四川凉山	2018-05
39	凉山甘泉—会东 500kV 线路工程	1×132km	四川凉山	2018-06
40	凉山盐源—水洛 500kV 线路工程	1×308km	四川凉山	2018-09
41	500kV 永昌输变电工程	1×75MVA/317km	云南保山	2019-03
42	澜沧江上游水电站送出工程	666km	云南大理	2018-08
43	500kV 砚山至通宝输变电工程	1×138km	云南建水	2018-06
44	舟山 500kV 变电站新建工程	2×1000MVA	浙江舟山	2018-12

附录 11

2017 年年底 500 千伏及以上电压等级重点电网在建项目

（不含当年开工项目）

单位：万千瓦/万千伏安，千米

序号	项目名称	建设规模		建设地点
		变电容量	线路长度	
1	准东—皖南特高压直流工程	2400	3324	新疆—安徽
2	上海庙—山东临沂特高压直流工程	2000	1238	内蒙古—山东
3	张北—北京柔性直流示范工程（北京段）		1	河北—北京
4	河北蔚县电厂—北京门头沟 500kV 送出工程（北京段）		114	河北—北京
5	河北张南—北京昌平 500kV 送出第三回工程（北京段）		51	河北—北京
6	古交电厂三期—晋中特高压站 500kV 线路工程		156	山西
7	盂县电厂—邢西变 500kV 线路工程（山西段）		228	山西—河北
8	承德御道口 500 千伏输变电扩建工程	120	182	河北
9	承德东—阳乐双回 500 千伏线路工程		200	河北
10	曹妃甸电厂 500 千伏送出工程		156	河北
11	锦界、府谷电厂送出工程		106	河北
12	辽宁 500 千伏阜新输变电工程	200	332	辽宁
13	丰满电厂扩建送出 500 千伏输变电工程		96	吉林
14	吉林长岭 500 千伏输变电工程	100	305	吉林
15	黑龙江冯屯—齐南—庆南—哈尔滨 500 千伏输变电工程	400	328	黑龙江
16	冯屯—齐南—庆南—哈尔滨 500 千伏输变电工程（齐南变新建、冯屯变扩建及冯屯至齐南线路工程）	200	109	黑龙江
17	黑龙江宝清电厂 500 千伏送出工程		152	黑龙江
18	黑龙江群林—鹤岗 500 千伏输变电工程		90	黑龙江
19	内蒙古国电双维上海庙电厂送出工程		116	内蒙古
20	内蒙古盛鲁上海庙电厂送出工程		107	内蒙古
21	华润、京能五间房电厂送出工程		143	内蒙古

续表

序号	项目名称	建设规模		建设地点
		变电容量	线路长度	
22	伊敏—兴安盟—乌兰浩特输变电工程		830	内蒙古
23	海北—牙克石—岭东（扎兰屯）500 千伏输变电工程	75	688	内蒙古
24	北方和林电厂接入工程		166	内蒙古
25	河套至德岭山第二回 500 千伏线路工程		167	内蒙古
26	德岭山至春坤山第二回 500 千伏线路工程		149	内蒙古
27	达茂（百灵庙）500kV 输变电工程	300	4	内蒙古
28	察右后旗 500 千伏输变电工程	240	70	内蒙古
29	500 千伏虹杨输变电工程	300	33	上海
30	淮南—南京—上海 1000kV 特高压交流苏通 GIL 管廊工程		12	安徽—江苏—上海
31	500 千伏句容—廻峰山—武南线路改造工程		283	江苏
32	浙江杭州钱江 500 千伏输变电工程	200	39	浙江
33	浙江绍兴江滨 500 千伏输变电工程	200	147	浙江
34	准东—华东（皖南）±1100 千伏特高压直流皖南换流站配套输变电工程（1000 千伏部分）		12	安徽
35	亳州伯阳 500 千伏输变电工程	100	130	安徽
36	六安金寨 500kV 输变电工程	425	140	安徽
37	后石三期自建送出工程		153	福建
38	江阴一期自建送出工程		118	福建
39	可门一期自建送出工程		115	福建
40	卓然变二期扩建输变电工程	150	164	福建
41	江西东乡 500 千伏输变电工程	150	191	江西
42	生米 500kV 输变电工程	200	58	江西
43	九江西（瑞昌）500kV 输变电工程	100	138	江西
44	山东菏泽桂陵（菏泽 III）500 千伏输变电工程	100	146	山东
45	山东枣庄—金乡 500 千伏线路工程		192	山东
46	山东枣庄峄城（枣庄 II）500 千伏输变电工程	100	318	山东
47	仙桃 500 千伏输变电工程	100	114	湖北

续表

序号	项目名称	建设规模		建设地点
		变电容量	线路长度	
48	铜梁 500 千伏输变电工程	200	150	重庆
49	会东 500 千伏输变电工程	150	134	四川
50	盐源 500 千伏输变电工程	75	441	四川
51	路平至绵阳富乐 500 千伏输变电工程		172	四川
52	神木 750 千伏输变电工程	420	112	陕西
53	陕北风电基地 750 千伏集中送出工程（定靖）	420	1113	陕西
54	清水川电厂二期 750 千伏送出工程		175	陕西
55	沙坡头、杞乡 750 千伏输变电工程	420	92	宁夏
56	达坂城 750 千伏变电站主变扩建工程	150		新疆
57	吐鲁番—哈密 750 千伏线路改接工程		100	新疆
58	准北 750 千伏输变电工程	300	638	新疆
59	新疆国信准东、信友奇台电厂 750 千伏送出工程		96	新疆
60	五家渠 750 千伏输变电工程	300	28	新疆
61	哈郑直流配套电源 500 千伏送出工程		195	新疆
62	东莞纵江站配套 500 千伏线路二期工程	200	3	广东
63	佛山糯扎渡直流受端配套交流工程（Ⅱ期工程）	200	54	广东
64	惠州深圳现代输变电工程		110	广东
65	惠州 500kV 演达（城西）输变电工程	150	24	广东
66	汕尾 500kV 宝丽华汕尾甲湖湾电厂一期接入系统工程		210	广东
67	滇西北至广东特高压直流工程受端配套交流工程		47	广东
68	贵州诗乡（遵义东）—碧江（大兴）500 千伏输变电工程（铜仁段）		143	贵州
69	500 千伏砚山至通宝输变电工程（500 千伏登高输变电工程）		138	云南
70	500 千伏永昌输变电工程	75	316	云南

附录 12

2017 年主要发电企业发电装机容量及发电量

企业名称	发电装机容量（万千瓦）												发电量（亿千瓦时）											
	合计		水电		火电		核电		风电		太阳能		合计		水电		火电		核电		风电		太阳能	
	2017	2016	2017	2016	2017	2016	2017	2016	2017	2016	2017	2016	2017	2016	2017	2016	2017	2016	2017	2016	2017	2016	2017	2016
中国华能集团有限公司	17187	16554	2226	2104	12928	12662			1785	1632	248	157	6496	6108	880	782	5255	5029			334	279	27	18
中国大唐集团公司	13776	13037	2685	2380	9470	9213			1520	1355	101	89	5169	4700	906	804	3975	3668			275	216	13	11
中国华电集团有限公司	14692	14281	2697	2681	10405	10150			1309	1232	281	218	5123	4919	824	873	4031	3827			235	196	33	23
国家能源投资集团有限责任公司	23042	22601	1849	1706	17483	17464			3590	3319	119	111	8880	8356	606	549	7583	7222			672	571	18	15
国家电力投资集团有限公司	12623	11663	2203	2160	7423	7146	448	448	1383	1198	1166	712	4226	3969	680	677	2945	2829	236	200	240	183	125	81
国投电力控股股份有限公司	3162	2928	1672	1672	1376	1176			99	68	16	13	1289	1242	830	805	442	427			15	9	2	2
中国核工业集团公司	1554	1430					1435	1326	99	89	20	15	1033	892					1013	879	18	11	2	2
中国长江三峡集团公司	6123	6044	5064	5064	263	245			524	512	272	223	2466	2368	2243	2183	90	91			102	71	32	23

续表

企业名称	发电装机容量（万千瓦）												发电量（亿千瓦时）											
	合计		水电		火电		核电		风电		太阳能		合计		水电		火电		核电		风电		太阳能	
	2017	2016	2017	2016	2017	2016	2017	2016	2017	2016	2017	2016	2017	2016	2017	2016	2017	2016	2017	2016	2017	2016	2017	2016
华润电力控股有限公司	3712	3732	47	47	3665	3685							1735	1691	20	19	1715	1672						
黄河万家寨水利枢纽有限公司	150	150	150	150									27	24	27	24								
新力能源开发有限公司	404	394			404	394							206	202			206	202						
北京能源投资（集 团）有限公司	2039	1993	58	58	1661	1626			235	230	86	79	818	804	20	19	738	734			47	42	12	9
河北建设投资集团有限责任公司	1141	1010			845	766			288	240	8	4	450	403			385	361			64	41	1	0
山西国际电力集团有限公司	609	609	13	13	512	512			59	59	25	25	204	169	5	4	185	156			11	8	3	2
申能股份有限公司	904	904			869	869			35	35	0	0	356	297			347	292			8	5	0	0
江苏省国信资产管理集团公司	1398	1116	160	10	1164	1035			65	65	9	6	562	515	13	2	533	502			15	10	1	1
浙江省能源集团有限公司	3343	3126	85	85	3230	3036			1	1	27	4	1337	1201	16	24	1318	1177			0	0	2	0

续表

企业名称	发电装机容量（万千瓦）												发电量（亿千瓦时）											
	合计		水电		火电		核电		风电		太阳能		合计		水电		火电		核电		风电		太阳能	
	2017	2016	2017	2016	2017	2016	2017	2016	2017	2016	2017	2016	2017	2016	2017	2016	2017	2016	2017	2016	2017	2016	2017	2016
安徽省皖能股份有限公司	655	555			655	555							271	261			271	261						
江西省投资集团公司	150	150	10	10	140	140							63	64	3	3	60	61						
广东省粤电集团有限公司	3009	2965	234	218	2694	2694			53	38	28	15	1193	1055	95	94	1087	954			9	6	3	1
中国广核集团有限公司	3581	3459	20	158	55	55	2147	2038	1128	1020	231	188	1777	1519	50	56	19	21	1472	1254	211	169	26	19
广州发展集团股份有限公司	455	449			439	439			8	5	8	5	186	185			185	183			1	1	1	0
深圳市能源集团有限公司	920	687	82	71	695	548			62	42	81	26	298	242	29	28	249	204			10	7	9	3
甘肃电力投资集团公司	541	468	177	174	267	197			80	80	17	17	149	134	67	57	69	67			11	8	2	2
中铝宁夏能源集团有限公司	415	264			264	132			131	115	20	17	158	88			136	66			19	19	3	2

附录 13

2017 年电网企业生产经营数据

指标名称		单位	国家电网有限公司		中国南方电网有限责任公司		内蒙古电力（集团）有限公司		陕西省地方电力（集团）有限公司	
			2016 年	2017 年	2016 年	2017 年	2016 年	2017 年	2016 年	2017 年
资产总额		亿元	34041	38113	6893	7445	946.48	899.15	256.35	301.13
主营业务收入		亿元	20750	23357	4713.5	4913.4	548.55	636.50	200.04	209.69
其中	国内主营业务收入	亿元	20626	22319			548.55	636.50	200.04	209.69
	国际主营业务收入	亿元	124	1038						
电网建设完成投资		亿元	4976	4854	774.51	816.61			31.36	31.04
主营业务利润总额		亿元	1165	1331			-7.43	7.56	13.62	8.2
公司利润总额		亿元	866	910	213	181				
公司合并净利润		亿元	660	672	160.3	136.4	2.23	13.52	16.33	12.38
上缴税金		亿元	1517	1699	393.4	358.7	21.50	22.18	9.95	10.19
所有者权益		亿元	15027	16154	2716.9	2938.8	355.26	395.24	121.11	136.69
资产负债率		%	55.9	57.6	60.6	60.5	62.47	56.04	52.76	54.61
资本保值增值率		%	107	106.5	106.2	104.8	100.64	103.77	117.39	112.86
全员劳动生产率		万元 /（人 · 年）	70.9	77.1	53.34	51.95	57.01	69.46	48.69	
可控发电装机容量		万千瓦	3683	3709	800	850			751.5	750.2

续表

指标名称		单位	国家电网有限公司		中国南方电网有限责任公司		内蒙古电力（集团）有限公司		陕西省地方电力（集团）有限公司	
			2016 年	2017 年	2016 年	2017 年	2016 年	2017 年	2016 年	2017 年
其中	1. 水电	万千瓦	3321	3320	800	850			49.6	52.3
	其中：抽水蓄能	万千瓦	1918	1918	608	658				
	2. 火电	万千瓦	221	221	15	15			544.1	531.8
	其中：气电	万千瓦			15	15				
	生物质能发电	万千瓦	98	98						
	3. 风电	万千瓦	119	144					70.3	75.2
	4. 太阳能发电	万千瓦	18	20					87.5	90.9
可控发电装机的发电量		亿千瓦时	781	740	148.57	173.72			354	358.4
年售电量		亿千瓦时	36051	38745	8297	8902	1465	1679	380	400.3
跨区送电能力		万千瓦	0.7165	0.8575	0.0395	0.0475			0	0
综合电压合格率	城市	%	99.993	99.994	99.340	99.420	97.99	98.48	97.53	97.81
	农村	%	99.491	99.650	97.825	98.021	95.89	97.24	97.06	97.18
供电线路损失率		%	6.75	6.66	6.38	6.52			5.69	5.51
供电可靠率（RS-1）	城市	%	99.946	99.948	99.944	99.945	99.879	99.882	99.968	99.97
	农村	%	99.782	99.784	99.761	99.772	99.635	99.747	99.84	99.85

附录 14

2017 年主要发电企业生产经营数据

单位名称	主要指标	资产总额（亿元）	收入		利润总额			公司合并净利润（亿元）	上缴税金（亿元）	所有者权益（亿元）	所有者权益收益率（%）	资产负债率（%）	资本保值增值率（%）	全员劳动生产率（万元/人·年）
			综合业务收入（亿元）	电力业务收入（亿元）	综合利润总额（亿元）	电力业务利润总额（亿元）	火电业务利润总额（亿元）							
中国华能集团有限公司	2016 年	10029	2461	1996	139	138	91	76	68	299	1756	3.96	82.49	91.4
	2017 年	10305	2586	2163	118	23	−57	−70	67	258	2181	3.41	78.84	–
中国大唐集团有限公司	2016 年	7063	1584	1356	107	185	121	109	84	223	1306	6.36	81.51	96.1
	2017 年	7266	1708	1505	52	25	−51	−63	39	160	1456	2.85	79.96	109.62
中国华电集团有限公司	2016 年	7791	1874	1558	131	168	107	88	85	268	1439	6.02	81.53	104.29
	2017 年	7984	2006	1721	66	50	−19	−36	33	218	1533	2.23	80.8	103.8
国家能源投资集团	2016 年	17757	4294	2513	492	292	183	0	339	762	6611		62.77	
	2017 年	17872	5104	2733	653	159	34	34	435	865	6898	6.30	61.40	105.46
国家电力投资集团公司	2016 年	8761	1959	1336	132	90	32		87	217	1553	6.05	82.27	106.58
	2017 年	10012	2029	1437	94	53	−39		57	219	1863	5.61	81.39	
中国核工业集团公司	2016 年	2913	308	305	93	91			81	64	745	11.44	74.44	112.38
	2017 年	3132	347	342	95	71			81	65	804	10.11	74.28	110.92
中国长江三峡集团公司	2016 年	6601	783	661	380	311	5		239	218	3503	7.25	46.93	110.83
	2017 年	7009	900	768	420	333			343	262	3714	9.51	47.02	

续表

单位名称	主要指标	资产总额（亿元）	收入		利润总额			公司合并净利润（亿元）	上缴税金（亿元）	所有者权益（亿元）	所有者权益收益率（%）	资产负债率（%）	资本保值增值率（%）	全员劳动生产率（万元/人·年）
			综合业务收入（亿元）	电力业务收入（亿元）	综合利润总额（亿元）	电力业务利润总额（亿元）	火电业务利润总额（亿元）							
中国广核集团有限公司	2016年	5205	658	501	126	117	19		110	78	1473	8.00	71.70	109.70
	2017年	6352	850	700	145				117	97	1691	7.42	73.38	111.41
广东粤电集团有限公司	2016年	1269	400	377						63	674	5.48	46.87	104.60
	2017年	1371	436	411						48	680	5.07	50.43	104.70
浙江省能源集团有限公司	2016年	1805	662	395	116	54	47		93	64	1000	9.29	44.58	105.44
	2017年	1932	818	446	71	23	19	20	56	55	1054	5.32	45.45	105.36
华润电力控股有限公司	2016年	2001	662	626	111				86	109	746	0.11	62.74	0.97
	2017年	1847	635	587	74				49		675			1.09
北京能源投资（集团）有限公司	2016年	2426	590	286	47	49	46	25	35	54	980	2.73	59.60	103.36
	2017年	2628	634	300	31	27	20	2	18	58	1031	1.81	60.77	101.96
河北省建设投资集团有限责任公司	2016年	1393	213	155	51	42	37		43	25	597	8.88	57.13	110.52
	2017年	1538	268	169	42	16	6	6	38	16	657	6.01	57.28	108.48
甘肃省电力投资集团公司	2016年	729	41	34	−9.57	−1.62	0.03	0.03	−10	6	349	−2.90	37.93	112.99
	2017年	742	45	39	1.77	−0.03	−2.68	−2.68	1	6	347	0.31	53.22	99.34
国投电力控股股份有限公司	2016年	2033	293	289	89	93	5		79	52	567	14.54	72.10	113.55
	2017年	2083	316	312	75	78	−8	−8	66	52	607	11.19	70.85	110.22

续表

单位名称	主要指标	资产总额（亿元）	收入		利润总额			公司合并净利润（亿元）	上缴税金（亿元）	所有者权益（亿元）	所有者权益收益率（%）	资产负债率（%）	资本保值增值率（%）	全员劳动生产率（万元/人·年）
			综合业务收入（亿元）	电力业务收入（亿元）	综合利润总额（亿元）	电力业务利润总额（亿元）	火电业务利润总额（亿元）							
四川省能源投资集团有限责任公司	2016年	994	341	59	70	1	0		67	12	337	30.20	66.10	123.60
	2017年	1183	413	71	13	12			12	12	370	3.65	68.71	103.14
晋能集团有限公司	2016年	415	55	54	0	0	−2		0	7	93	0.12	77.73	105.74
	2017年	562	137	105	−6	−5	−9	−10	−7	2	116	−5.85	79.32	125.58
山西漳泽电力股份有限公司	2016年	462	82	62	4	2	1		2	9	106	2.16	77.07	142.28
	2017年	493	96	72	−19	−17	−18	−18	−20	4	87	−20.28	82.40	80.24
安徽省能源集团有限公司	2016年	271	106	75	15	9	9		12	10	149	12.89	45.00	113.57
	2017年	265	122	82	1	−1	−1	0	1	4	138	0.55	48.08	92.80
广州发展集团股份有限公司	2016年	353	220	70	15	17	15		10	15	185	4.51	47.75	104.54
	2017年	385	248	71	13	4	4		9	12	193	4.39	50.06	104.55
新力能源开发有限公司	2016年	118	65	61	14	13	13		11	9	54	19.66	54.58	93.63
	2017年	116	69	64	7	6	6	6	5	5	49	10.97	56.22	90.66
申能股份有限公司	2016年	537	324	101	28	–	–	–	25	16	329	–	38.10	
	2017年	540	278	83	38	–	–	–	17	13	334	–	38.78	
江苏国信股份有限公司	2016年	1489	473	281	66	50	34	29	45		773	5.76	47.50	
	2017年	1545	578	343	69	27	17	12	46		816	5.67	47.00	

附录 15

2017 年电力建设集团生产经营数据

指标名称		单位	中国电力建设集团有限公司		中国能源建设集团有限公司	
			2016 年	2017 年	2016 年	2017 年
资产总额		亿元	6024	7099	3070	3452
营业总收入		亿元	3247	3550	2254	2402
其中	国内业务营业收入	亿元	2473	2678	1966	2051
	国际业务营业收入	亿元	771	873	288	351
当年签订的合同额		亿元	5120	5718	4161	4458
年底合同存量		亿元	8964.81	10715	8353	10332
利润总额		亿元	121	130	92	109
其中	国内业务利润	亿元	86	89	73	83
	国际业务利润	亿元	35	41	19	26
公司合并净利润		亿元	96	97	72	83
上缴税金		亿元	174	187	102	
所有者权益		亿元	1121	1429	788	864
所有者权益收益率		%	9.28	7.63	10.24	10.05
资产负债率		%	81.39	79.87	74.32	74.96
资本保值增值率		%	118.44	127.49	109.12	
全员劳动生产率		万元 /（人・年）	172.00	190.8	27.19	
可控发电装机容量		万千瓦	1213	1368	136	143
其中	水电	万千瓦	620	625	80	80
	火电	万千瓦	161	227	32	32
	风电	万千瓦	369	418	15	19
	太阳能发电	万千瓦	63	98	10	12
可控发电装机的发电量		亿千瓦时	322	343	37	37
权益发电装机容量		万千瓦	1213	1368	190	193
其中	水电	万千瓦	620	625	103	103
	火电	万千瓦	161	227	70	70
	风电	万千瓦	369	418	10	12
	太阳能发电	万千瓦	63	98	9	9
权益发电装机的发电量		亿千瓦时	322.4	343.12	51	31

附录 16

2017 年国内电力企业在境外承包的电力工程投产项目

一、火电项目

序号	项目名称	合计		其中：煤电		其中：燃机		投产日期
		台数	容量（万千瓦）	台数	容量（万千瓦）	台数	容量（万千瓦）	
合计		51	1212	28	817	23	395	
1	白俄戈梅利 1 号热电站改造项目	1	3.5	1	3.5	—	—	#1 机组 2017-07-24
2	俄罗斯捷宁斯卡娅燃气—蒸汽联合循环供热电站	1	16.07	—	—	1	16.07	2017-06-20
3	吉尔吉斯比什凯克热电站	2	30	2	30	—	—	#2 机组 2017-03-11 #1 机组 2017-04-27
4	巴基斯坦萨希瓦尔 2×660MW 燃煤电站工程	1	66	1	66	—	—	#1 机组 2017-05-24
5	巴基斯坦法蒂玛蔗渣燃煤 2×60MW 电站项目安装工程	2	12	2	12	—	—	2017-05-02
6	巴基斯坦百路凯 1223MW 联合循环项目	2	81.8	—	—	2	81.8	#1 机 2017-07-31 #2 机 2017-08-01
7	巴基斯坦毕凯项目（#1、#2 燃机完成 168 试运）	2	78	—	—	2	78	#2 机 2017-04-15 #1 机 2017-04-24
8	巴基斯坦赫维利联合循环 EPC 项目 #1、#2 燃机	2	80	—	—	2	80	2017-07-07
9	巴基斯坦萨希瓦尔电站项目 #2 机组	1	66	1	66	—	—	#2 机组 2017-06-08

续表

序号	项目名称	合计		其中：煤电		其中：燃机		投产日期
		台数	容量（万千瓦）	台数	容量（万千瓦）	台数	容量（万千瓦）	
10	巴基斯坦卡西姆港2×660MW燃煤电站#1机组	1	66	1	66	—	—	#1机组 2017-11-22
11	越南台塑河静钢汽电厂燃煤3号机组	1	15	1	15	—	—	#3机组 2017-03-19
12	越南沿海三期2×622MW燃煤电站项目#1机组	1	62.2	1	62.2	—	—	#1机组 2017-01-15
13	越南沿海三期2×622MW燃煤电站项目#2机组	1	62.2	1	62.2	—	—	#2机组 2017-03-17
14	印尼吉利普多二期2×135MW燃煤电站EPC项目	2	27	2	27	—	—	#1机组 2017-10-16 #2机组 2017-12-31
15	印尼塔卡拉2×100MW燃煤电站项目	1	10	1	10	—	—	#1机组 2017-11-03
16	印尼龙目岛LOMBOK 2×30MW电厂工程	2	6	2	6	—	—	#2机组 2017-02-17 #1机组 2017-04
17	印度尼西亚万丹燃煤电站工程1号机组	1	67	1	67	—	—	#1机组 2017-04-16
18	印度纳佳电站项目	2	132	2	132	—	—	2017-02-28
19	土耳其卡赞联合循环电站项目动力岛	1	40	—	—	1	40	2017-11-29
20	土耳其卡拉毕加2×660MW燃煤电站项目	2	132	2	132	—	—	#1机组 2017-11-14 #2机组 2017-12-31
21	厄立特里亚HIRGIGO电站二期2×23MW扩建项目5号机	1	2.3	1	2.3	—	—	#5机组 2017-09-03

续表

序号	项目名称	合计		其中：煤电		其中：燃机		投产日期
		台数	容量（万千瓦）	台数	容量（万千瓦）	台数	容量（万千瓦）	
22	蒙古额尔登特热电厂4×12MW汽轮机发电机组扩建工程	4	4.8	4	4.8	—	—	#3机 2017-06-19 #4机 2017-07-03 #5机 2017-08-22 #6机 2017-08-14
23	摩洛哥杰拉达1×350MW燃煤电站项目	1	35	1	35	—	—	2017-11-25
24	伊拉克米桑油田2×44MW单循环燃机电站#4机组（EPC）	1	4.4	—	—	1	4.4	2017-12-27
25	阿曼萨拉拉二期联合循环发电工程	6	45.6	—	—	6	45.6	2019-12-27
26	加纳安所固二期360兆瓦燃机电站项目第二套机组	1	18	1	18	—	—	2017-01-21
27	委内瑞拉巴里纳斯重油电厂项目	6	10.5	—	—	6	10.5	2017-08-03
28	委内瑞拉新卡夫雷拉燃气电厂工程	2	38.2	—	—	2	38.2	2017-04-17

二、水电项目

序号	项目名称	合计		投产日期
		台数	容量（万千瓦）	
合　计		35	165.84	
1	科特迪瓦苏布雷水电站项目	4	27.5	#1机组 2017-05-01 #2机组 2017-08-23 #3机组 2017-10-28 #4机组 2017-12-10

续表

序号	项目名称	合计		投产日期
		台数	容 量（万千瓦）	
2	苏丹上阿特巴拉水电站（4×8万千瓦）	3	24	#4 机组 2017-01-14 #3 机组 2017-06-23 #4 机组 2017-12-11
3	柬埔寨桑河水电站 1#、#2 机组	2	10	#1 机组 2017-12-09 #2 机组 2017-12-29
4	越南中宋水电站	4	26	#1 机组 2017-02-19 #2 机组 2017-03-25 #3 机组 2017-05-03 #4 机组 2017-06-24
5	老挝南湃水电站项目	2	8.6	#1、#2 机 2017-05-08
6	津巴布韦卡里巴南岸扩机项目	1	15	#7 机组 2017-12-30
7	尼泊尔上马相迪 A-BOOT 水电站项目	2	5	#1、#2 机 2017-07
8	安哥拉琼贝达拉水电站	4	1.24	4 台机组 2017-03
9	赞比亚穆松达水电站项目	7	1	#1 ~ #5 机组 2017-11 #6、#7 机组 2017-10
10	斯里兰卡 M 坝水电站	4	2.5	4 台机组 2017-12
11	伊朗鲁德巴水电站	2	45	#1 机组 2017-03 #2 机组 2017-05

后 记

在《中国电力行业年度发展报告 2018》的编撰过程中，国家政府相关部门给予了大力支持和帮助。国家电网有限公司、中国南方电网有限责任公司、中国华能集团有限公司、中国大唐集团有限公司、中国华电集团有限公司、国家能源投资集团有限责任公司、国家电力投资集团有限公司、中国长江三峡集团有限公司、神华集团有限责任公司、中国核工业集团有限公司、中国广核集团有限公司、中国电力建设集团有限公司、中国能源建设集团有限公司、广东省粤电集团有限公司、浙江省能源集团有限公司、内蒙古电力（集团）有限责任公司、北京能源投资（集团）有限公司、申能股份有限公司、陕西省地方电力（集团）有限公司、河北建设投资集团有限责任公司、华润电力控股有限公司、国投电力控股股份有限公司、晋能集团有限公司、山西漳泽电力股份有限公司、新力能源开发有限公司、甘肃省电力投资集团公司、安徽省皖能股份有限公司、江苏省国信资产管理集团有限公司、广州发展集团股份有限公司、深圳能源集团股份有限公司、四川能源投资集团有限责任公司等中电联理事单位及有关大型电力企业为报告提供了详实的资料；全球能源互联网发展合作组织也为报告提供了相关资料；中信证券的高超同志整理并提供了上市公司数据。中电联相关理事单位和有关电力企业的乔蝉、王晓茜、王勉、王家玉、张大伟、张代军、张明霞、张鹏、张宪丽、吴海明、沈俊花、陈丽、陈武、邹江、罗旭杰、罗莉、周德发、杨光军、杨小红、娜日斯、郭晋杰、郜俊秀、要建华、徐小炜、顾青、梁建红、程岭、彭亚玲、潘洁、魏华山等同志为本单位资料整理、汇总、提供做了大量的协调工作。冉莹、王信茂、沙亦强等资深专家审核了报告，在此一并表示衷心感谢！

中电联本部于明、马小琨、王冬、王茁、尹琳琳、叶静、田进步、孙昶辉、石丽娜、许宝霞、李露、刘志强、刘旭龙、汪毅、陈旦、陈勇、宋杰、陈瑞卿、杜洋、吴立强、杨娟、杨帆、杨迪、周宏、周丽波、郑媛媛、侯勇、侯春杰、姜锐、郭文怡、徐纯毅、顾爽、靳坤坤以及电能替代发展促进联盟的冯宜轩同志分别承担了相关章节的撰稿或文稿资料整理任务；中电联行业发展与环境资源部牵头负责报告的组织编写、统稿、审议等工作。

受编撰时间、资料收集和编者水平所限，报告难免存在疏漏，恳请读者谅解并批评指正。我们将不断总结经验，进一步提高编撰质量，使报告成为研究、了解、记录电力行业发展的载体，在立足行业、联系政府、服务企业、沟通社会中发挥更大的作用。